Marlon Brando · *Mein Leben*

Marlon Brando

Mein Leben

Aufgezeichnet von
Robert Lindsey

Aus dem Amerikanischen von
Sonja Hauser und Elke Link

C. Bertelsmann

Die Originalausgabe erschien 1994 unter
dem Titel »Brando. Songs My Mother Taught Me«
bei Random House, New York

Umwelthinweis:
Dieses Buch und der Schutzumschlag wurden auf
chlorfrei gebleichtem Papier gedruckt.
Die Einschrumpffolie (zum Schutz vor Verschmutzung) ist
aus umweltschonender und recyclingfähiger PE-Folie.

1. Auflage

This translation is published by arrangement
with Random House, Inc.
Schutzumschlag: Klaus Renner unter Verwendung eines
Fotos aus dem Film
»Der letzte Tango in Paris« (pwe, Bildarchiv Engelmeier)
Satz: Uhl + Massopust, Aalen
Lithos: Lorenz & Zeller, Inning
Druck und Bindung: Wiener Verlag
ISBN 3-570-02039-8 · Printed in Austria

Für meine Schwestern,
Tiddy und Frannie;
für G. L. Harrington, Clyde Warrior
und Bobby Hutton;
und für meine Kinder, die mich
erzogen haben.

Einleitung

1988 rief mich eine alte Freundin an, die mit einem Hollywoodschauspieler verheiratet ist. Sie, die selbst eine begabte Autorin und Schauspielerin ist, fragte mich, ob sie einem Freund meine Privatnummer geben könne, sagte mir aber weder, wer der Freund war, noch, um was es ging. Kurz darauf klingelte das Telefon erneut, und ich hörte eine vertraute Stimme langsam sagen: »Hier spricht Marlon Brando.«

Es wäre nicht nötig gewesen, daß er sich vorstellte, denn wie Millionen von Menschen, die einen nicht unerheblichen Teil ihres Lebens im Kino verbracht haben, erkannte ich seine Stimme sofort. Wie Millionen von Menschen in den letzten fünfzig Jahren war ich mit dieser Stimme aufgewachsen.

Er sagte, ich solle ein Buch über einen Abschnitt seines Lebens schreiben, in dem jemand seiner Ansicht nach einem anderen Menschen, den er liebte, schreckliches Unrecht angetan hatte.

Wenige Tage später stand ich vor einem verschlossenen Tor am Mulholland Drive in Beverly Hills. Kurz darauf schwang das Tor auf, und ich folgte einer gewundenen Allee aus Pfefferbäumen, ohne genau zu wissen, wohin mich der Weg führte. Dann passierte plötzlich etwas Gespenstisches: Fast sah es so aus, als würde sich ein Teil des Bambusdickichts dicht neben mir bewegen. Schließlich kam zwischen dem Laubwerk ein verstecktes elektrisches Tor zum Vorschein und öffnete sich. Es war wie im Märchen, eine Art modernes Sesam öffne dich.

Schon bald war ich nicht nur in Marlon Brandos Haus, das oben auf einem Hügel lag, sondern auch in seiner Welt. Seit meinem ersten Besuch bin ich zahlreiche Male zu dem Haus am Mulholland Drive zurückgekehrt, und er und ich sind gute Freunde geworden, obwohl wir auf den ersten Blick nicht so recht zusammenpassen: Ich bin Journalist, ein Durchschnittsmensch, der seit mehr als dreißig Jahren mit derselben Frau verheiratet ist und als Korrespondent der *New York Times* in Los Angeles nur Verachtung übrig hat für die Oberflächlichkeit und den kindischen Egoismus der meisten Filmschauspieler, mit denen er es in seinem bisherigen Leben zu tun gehabt hat. Er hingegen ist ein ziemlich unkonventioneller Schauspieler, der recht zurückgezogen lebt und nach fast fünfzig Jahren im Licht der Öffentlichkeit kein großer Freund der Presse mehr ist. Er hat in seinem Leben schon Hunderte von Frauen gehabt und mir erzählt, daß er mit keiner von ihnen »mehr als zwei Minuten« verbracht hat.

Schon zwanzig Minuten nachdem wir uns kennengelernt hatten, hatte er mich dazu gebracht, die Schuhe auszuziehen, den Gürtel zu lockern und meine Finger mit einem Gerät verbinden zu lassen, das meine körperlichen Reaktionen maß. Das wäre eine Technik, so erklärte er mir, die er manchmal anwendete, um zu einem Persönlichkeitsprofil zu gelangen. Er würde den Leuten Fragen stellen und dann beobachten, wie das Gerät reagierte. Ich war eher verdutzt als nervös. Schon bei unserem ersten Treffen merkte ich, daß ich es mit dem neugierigsten Menschen zu tun hatte, dem ich je begegnet war, und daß er sich in seiner Rolle als Filmstar alles andere als wohl fühlte. Der Film, erklärte er mir immer wieder, sei der unwichtigste Aspekt seines Lebens. Als Schriftsteller war ich es gewohnt, den Leuten Fragen zu stellen, aber er drehte den Spieß um und bombardierte mich mit Fragen zu meiner Familie, meiner Kindheit, meiner Ehe, meinen Ansichten. Ich hatte das Gefühl, einem Mann vom CIA Bericht zu erstatten. Er interessierte sich für eine Vielzahl von Themen und wußte über eine Menge Dinge etwas zu sagen – über Physik, Shakespeare, Philosophie, Psychologie, Schach, Religion, Musik, Chemie, Genetik, Skatologie, das Schusterhandwerk und vieles mehr.

Zu meiner größten Überraschung mußte ich feststellen, daß wir vieles gemeinsam hatten, und so freundeten wir uns schon bald näher an. Lediglich über das Showbusineß wollte er sich nicht unterhalten. Er sprach nie von sich aus darüber. Wir redeten oft stundenlang an einem Stück – manchmal bis spät in die Nacht fernmündlich via Telefon, dann wieder saßen wir uns im Wohnzimmer seines Hauses hoch über dem San Fernando

Valley persönlich gegenüber. Manche der Gespräche dauerten bis in die frühen Morgenstunden und endeten in seinem beheizten Swimmingpool oder seiner überhitzten Sauna.

Das Buch, um das es in unserem ersten Gespräch gegangen war, ist nie entstanden. Im Lauf unserer Gespräche begann er sich zu verändern. Schließlich erklärte er mir, er sehe die Dinge jetzt nicht mehr so schwarzweiß wie früher und habe kein Bedürfnis mehr danach, mit seinen Feinden abzurechnen.

Sosehr er sich bemühte, alles über mich herauszufinden, so offen war er auch in bezug auf sich selbst, auf seine intimsten Gedanken, Erfahrungen und Verletzlichkeiten. Anfangs machte mich das mißtrauisch, aber im Verlauf unserer Freundschaft merkte ich, daß er aufrichtig war. Zuerst meinte er, er beabsichtige nicht, jemals seine Autobiographie zu schreiben: Er fand es haarsträubend und erniedrigend, seine innersten Gedanken öffentlich zu machen und damit das – wie er es sah – schlüpfrige Interesse des Publikums an einem Filmstar zu befriedigen. Doch auch in dieser Hinsicht änderte er seine Meinung. Irgendwann sagte er mir, er sei inzwischen zu dem Schluß gekommen, daß es »durchaus Sinn haben könnte, die Geschichte meines Lebens niederzuschreiben«, und machte sich für Random House an die Arbeit. Doch nach fast zwei Jahren, in denen die Sache nur schleppend voranging, meinte er zu mir, er habe nicht die innere Kraft, um eine vollständige Biographie zu verfassen, und bat mich um meine Hilfe. Zuerst lehnte ich ab. Es sei nicht klug, sagte ich ihm, wenn ein Journalist sich berufsmäßig mit einem guten Freund befasse, weil unter solchen Umständen die Objektivität nicht gewährleistet sei. Aber er versprach, nichts zu verbergen, mir gegenüber vollständig aufrichtig zu sein und auf alle meine Fragen – abgesehen von Fragen nach seinen Ehen und seinen Kindern – eine Antwort zu geben. Er hielt sein Versprechen. Ich erklärte mich also bereit, ihm zu helfen, und fing an, mir Notizen über unsere Gespräche zu machen. Später nahm ich sie dann auf Band auf. Die Stunden unserer Gespräche wurden zu Tagen, dann zu Wochen. Wenn er seine Lebensgeschichte erzählen wolle, erklärte ich ihm, müsse er über kurz oder lang auch über seine Erfahrungen beim Film reden. Er stimmte, wenn auch widerwillig, zu. Bis zum Schluß beharrte er jedoch darauf, nichts über seine Kinder oder seine Exfrauen zu sagen. Des weiteren bestand er darauf, daß die Namen all der anderen Frauen in seinem Leben in diesem Buch geändert würden, abgesehen von den wenigen Fällen, in denen die betreffende Frau inzwischen gestorben war. Alles andere, meinte er, sei eine Geschmacklosigkeit.

Unsere Gespräche bilden zusammen mit Marlons eigenen Schriften und Gedanken die Grundlage für dieses Buch. Ich habe versucht, anhand der Geschichten, die er mir erzählte, anhand seiner Schriften, Überlegungen und Erfahrungen ein möglichst genaues Bild seines Lebens zu zeichnen. Natürlich habe ich durch die Struktur, die ich dem Buch gab, durch die Auswahl der Worte, Ereignisse, Bilder und Anekdoten darin, Marlons Lebensgeschichte meiner Wahrnehmung und meinen Interessen entsprechend verfärbt. Marlon selbst hat die Rohfassung des Manuskripts noch einmal überarbeitet, um sicherzustellen, daß alles seine Richtigkeit hat, und er hat zusätzliche Erinnerungen, Beobachtungen und Einsichten hinzugefügt. Er hat ebenfalls entschieden, was im Text stehenblieb und was gestrichen wurde.

Robert Lindsey

1

Wenn ich heute auf mein Leben zurückblicke und mich daran zu erinnern versuche, wie es war, stelle ich fest, daß mir das gar nicht so klar ist. Die ersten Eindrücke stammen vermutlich aus einer Zeit, in der ich noch viel zu jung war, um mich heute daran erinnern zu können, wie jung. Ich schlug meine Augen auf, schaute mich in dem mausgrauen Licht um, und als ich merkte, daß Ermi noch schlief, zog ich mich, so gut ich konnte, an und schlich mich, immer mit dem linken Fuß zuerst, die Treppen hinunter. Weil ich meine Sandalen noch nicht alleine zumachen konnte, mußte ich hinaus zur Veranda schlurfen. Draußen vor der Tür, am Ende der 32nd Street, einer Sackgasse, setzte ich mich auf die eine Stufe, die in der Sonne lag, und wartete. Es muß Frühling gewesen sein, weil von dem großen Baum vor unserem Haus zweiflügelige Fruchthülsen herunterflatterten, die aussahen wie Libellen. An windstillen Tagen drehten sie sich in der Luft, während sie sacht zum Boden trieben.

Ich verfolgte ihren Flug mit zurückgelegtem Kopf und offenem Mund und streckte die Hand nach ihnen aus, um sie aufzufangen, aber sie landeten nie darauf. Wenn eine von ihnen die Erde berührte, sah ich wieder hinauf und wartete auf das nächste kleine Wunder, während die Sonne auf meine blonden Haare brannte.

Dieses Warten auf das nächste wunderbare Ereignis ist mir ebensogut im Gedächtnis geblieben wie manch anderer Moment aus den letzten fünfundsechzig Jahren.

Viele der Erinnerungen, die mir jetzt, wo ich zu Hause sitze und darüber nachdenke, in den Sinn kommen, tauchen bloß als unzusammenhängende Bilder und verschwommene Gefühle auf. Ich erinnere mich an den süßen Duft von frisch gemähtem Heu, an den Geruch von verbranntem Laub und den heruntergefallenen Blättern, die ich mit den Füßen aufwirbelte. Ich erinnere mich an die Maiglöckchen in unserem Haus in Omaha, in dem ich an heißen Nachmittagen oft ein Nickerchen hielt. Wahrscheinlich werde ich den Duft dieser Maiglöckchen ebensowenig vergessen wie den der wilden Rosen oder den der Bäume in unserem Viertel, die ein Frühlingsschneesturm mit Silberlamé überzogen hatte, was ihnen ein fast elegantes Aussehen gab. Auch jenes unvergeßliche Geräusch des Schnees unter meinen Stiefeln, wenn die Temperaturen im Mittleren Westen wieder einmal auf fünfzehn Grad unter Null gesunken waren, wird mich auf ewig begleiten. Genauso wie der köstliche Geruch von Toast, gebratenem Speck, Grütze und Eiern, der am Sonntagmorgen immer durch unser Treppenhaus zog.

Wir hatten einen altmodischen Holzfeuerofen, für den ich mich immer schämte. Es war ein wundervoller Ofen, aber damals gab er mir das Gefühl, daß wir arm waren. Wenn ich Freunde zu mir nach Hause einlud und wir durch die Küche gingen, versuchte ich immer, sie irgendwie abzulenken, damit ihnen der Ofen nicht auffiel.

Wenn meine Mutter trank, roch ihr Atem auf eine Art und Weise, die schwer zu beschreiben ist. Es war eine seltsame Kombination: die Süße ihres Atems und mein Abscheu vor ihrer Trinkerei. Immer wieder nahm sie verstohlen einen Schluck aus ihrer Flasche Emperin, die sie als »Meine Medizin der Wechseljahre« bezeichnete. Normalerweise war in dieser Flasche Gin. Als ich älter wurde, machte ich hin und wieder die Bekanntschaft von Frauen, deren Atem dieselbe unaussprechliche Süße verströmte wie der meiner Mutter. Es war ein Geruch, der mich sexuell erregte, so sehr ich ihn auch haßte. Er übte einen unbestreitbaren Reiz auf mich aus.

Im Laufe der Jahre fiel es meiner Mutter immer schwerer, die Tatsache vor uns zu verbergen, daß sie schlicht und ergreifend eine Alkoholikerin war. Uns wurde mit der Zeit schmerzlich bewußt, daß ihr der Alkohol wichtiger war als wir.

Meine Mutter war schon immer ziemlich unkonventionell gewesen. Wenn es regnete, stülpte sie sich manchmal einfach eine Einkaufstüte über den Kopf, in die sie kleine Sehschlitze gerissen hatte. Das sah absurd aus, aber sie fand es lustig.

Damals war mir die Sache peinlich, heute würde ich mich wahrscheinlich kranklachen.

Die Erinnerungen an jene Tage ziehen durch mein Gedächtnis wie die Wanderarbeiter, die sich an den Eisenbahngleisen ganz in der Nähe unseres Hauses herumtrieben, die auftauchten und wieder verschwanden. Erstaunlicherweise haben diese Erinnerungen in den seltensten Fällen etwas mit Schmerz oder Scham zu tun.

Man hat mir erzählt, daß ich am 3. April 1924, eine Stunde vor Mitternacht, im Omaha Maternity Hospital zur Welt gekommen bin. Es war eine Steißlage, aber abgesehen davon verlief die Geburt normal. Meine Familie lebte schon seit Generationen in Nebraska und stammte zum größten Teil von irischen Einwanderern ab. Meine Mutter Dorothy Pennebaker Brando war siebenundzwanzig, als ich geboren wurde; mein Vater, Marlon Brando senior, neunundzwanzig. Ich machte die Familie komplett, zu der damals bereits meine knapp fünfjährige Schwester Jocelyn und meine fast zweijährige Schwester Frances gehörten. Alle hatten wir einen Spitznamen: Meine Mutter hieß »Dodie«, mein Vater »Bowie«, obwohl ich ihn »Pop« und meine Schwestern ihn »Poppa« nannten, Jocelyn riefen wir »Tiddy«, Frances »Frannie«, und ich war »Bud«.

Bis ich sieben war, wohnten wir in einem großen Haus mit Holzschindeln. Es lag in einer breiten Straße in Omaha, die beiderseits von ähnlichen Häusern wie dem unseren und riesigen belaubten Ulmen gesäumt wurde. Ich habe viele schöne Erinnerungen an diese Zeit, denn anfangs merkte ich noch nicht, daß meine Mutter trank und mein Vater, ebenfalls Alkoholiker, unglücklich war und oft verschwand, um sich seinerseits vollaufen zu lassen und sich nach Prostituierten umzusehen.

Ich erinnere mich daran, daß ich immer ein winziges Kissen mit mir herumtrug, als ich noch sehr klein war. Mein Talisman der Kindheit sozusagen. Mit dem Kissen im Arm schlief ich zu den unmöglichsten Zeiten und an den unmöglichsten Orten ein. Später nahm ich es sogar mit, wenn ich auf Bäume kletterte oder auf den leeren Grundstücken der Nachbarschaft die Grenzen meines eigenen kleinen Reiches absteckte.

Es ist schwer, wenn nicht sogar unmöglich, zu beurteilen, wie sehr unsere Kindheitserlebnisse unsere Ansichten, unser Verhalten und unsere Persönlichkeit als Erwachsene beeinflussen oder inwieweit die Gene dabei eine Rolle spielen. Vermutlich ist es eine Mischung aus beidem. Von meiner Mutter habe ich wahrscheinlich meine ausgeprägten Instinkte und meine Liebe zur Musik geerbt; von meinem Vater eher die Ausdauer, denn er war ein ausgesprochen zäher Kerl. In späteren Jahren erinnerte er mich oft an einen britischen Offizier bei den Bengal Lancers. In meinen Augen war er so etwas wie eine kultivierte Version von Victor McLaglen. Mein Vater war Vertreter und die meiste Zeit unterwegs, um Kalziumkarbonatprodukte an den Mann zu bringen – Materialien, die aus den versteinerten Überresten urzeitlicher Meerestiere hergestellt und für den Hausbau sowie in der Landwirtschaft verwendet wurden. Damals steckten die Vertreter den Hotelboys noch fünf Dollar zu, wenn sie Lust auf eine Flasche Whiskey und eine Nutte hatten. Dann bekam der Hausdetektiv noch einen Extradollar, damit die Frau auf dem Zimmer bleiben konnte. Mein Vater war so ein Mann.

Von meinem Vater ist mir besonders eines in Erinnerung geblieben – nämlich, daß er mir kaum Beachtung schenkte. Ich trug zwar den gleichen Namen wie er, aber ich schaffte es nie, ihm etwas recht zu machen oder auch nur sein Interesse zu wecken. Er sagte mir immer wieder, daß ich es nie zu etwas bringen würde. Damit richtete er weitaus größeren Schaden an, als ihm wahrscheinlich jemals bewußt wurde. Er bedachte mich nie mit einem Lob, belohnte mich nie mit einem Blick oder einer Umarmung. Er war ein ausgemachtes Arschloch, das von seiner Mutter im Stich gelassen wurde, als er vier Jahre alt war – von da an wurde er von einer ledigen Tante zur nächsten weitergereicht. Vermutlich war das der Grund, warum er einen so tiefen Groll auf alle Frauen empfand. Mein Verhältnis zu ihm würde ich als eine Art Haßliebe bezeichnen. Er war ein schweigsamer, grüblerischer, jähzorniger Mann, ein Trinker und Tyrann, der gern Befehle erteilte und Ultimaten stellte – und er war genauso hart, wie er sich gab. Vielleicht habe ich deshalb mein Leben lang jede Art von Autorität abgelehnt. Er hatte rotblondes Haar, war groß gewachsen, sah gut aus und wirkte ungeheuer männlich. Sein Blut war ein Gemisch aus Alkohol, Testosteron und Adrenalin. Auf der anderen Seite konnte er ein Zimmer voller Leute zum Lachen bringen. Die Frauen mochten ihn, weil er stark und ansehnlich war, und er hatte überdies einen ausgeprägten Sinn fürs Absurde.

Aber mein Vater konnte genauso schnell in die Rolle eines Schlägers schlüpfen. Ich stelle ihn mir als den Kerl vor, den man in einer Bar nur schief anzusehen braucht – und schon bekommt man's mit ihm zu tun. Ich erinnere mich an eine Geschichte – ich weiß nicht mehr, wer sie mir erzählt hat –, die typisch für ihn war: Einmal betrank er sich in einer Bar in San Francisco und legte sich mit einem Mann an, den er mit Fausthieben hinaus auf die Straße und auf die Straßenbahnschienen trieb, wo sie sich weiterprügelten und beinahe von einer Straßenbahn überfahren worden wären. Ich habe ihn nie selbst kämpfen sehen, weiß aber noch, daß er hin und wieder mit einem Veilchen nach Hause kam. Er war ein Mann, dessen emotionale Störungen die Form von krankhaftem Geiz annahmen, ein richtiger Pfennigfuchser. Außerdem wollte er andere Menschen immer beherrschen, was vielleicht dazu beigetragen hat, daß auch ich einen großen Teil meines Lebens mit dem Versuch verbracht habe, Macht über andere auszuüben. Ich weiß noch, wie er mir einmal im Kino seinen Arm um die Schultern legte und mit meinem Ohrläppchen spielte. Und wenn er von seinen Reisen zurückkam, gab er mir immer einen flüchtigen Kuß, aber solche Momente waren rar. Vielleicht wußte er es nicht besser, vielleicht hatte er Angst vor so viel Nähe, oder sein Stolz hinderte ihn daran, seine Zuneigung zu zeigen. Die einzigen Lebewesen, mit denen er wirklich zärtlich umging, waren jedenfalls unsere Hunde.

Nachdem seine Mutter auf und davon war, wurde mein Vater nicht nur von seinen ledigen Tanten großgezogen, die nach strikten viktorianischen Wertmaßstäben lebten, sondern auch von meinem gleichermaßen viktorianischen Großvater, den wir »Pa« nannten, einem imposanten, steifen und ziemlich sparsamen Mann, der immer zelluloidverstärkte Krägen trug.

Mein Vater verliebte sich in meine Mutter, als sie beide noch zur High-School gingen, wahrscheinlich, weil sie so lebhaft, witzig und unkonventionell war und genausogern lachte wie er. Er war in seiner Jugend zutiefst verletzt worden und vergab seiner Mutter nie, daß sie ihn verlassen hatte. Die Leidtragenden waren meine Mutter, wir drei Kinder und jeder, der es wagte, meinen Vater an der Theke schief anzusehen.

Erst vor kurzem habe ich einen Brief von Frannie bekommen, in dem sie mir schreibt, das Großwerden in unserer Familie sei in etwa so gewesen, »als hätten wir vier Eltern gehabt oder sechs oder acht. Wenn Poppa sich nicht gerade wieder mit seinen irrationalen Ängsten herumschlug, konnte er nett, herzlich und rücksichtsvoll sein, amüsant und amüsiert, charmant und sensibel. Doch all das war wie ausgelöscht, wenn er schlechte Laune hatte, wieder einmal aus unerfindlichen Gründen ins Schweigen verfiel oder aufgrund nichtiger Anlässe jähzornig wurde. Wir lebten in einem einsamen Haushalt ohne Freunde. Ich glaube nicht, daß Poppa sich das alles bewußt gemacht hat, aber er konnte nicht aus seiner Haut. Er mußte seine Erfahrung des Mißhandelt- und Verlassenwerdens an andere weitergeben«.

Woran es in unserer Familie am meisten mangelte, war die Fähigkeit, zu vergeben. »Ich kann mich nicht daran erinnern, daß bei uns jemals etwas vergeben worden wäre«, schreibt Frannie. »Das gab es einfach nicht! Bei uns zu Hause gab es Schuld, Scham und Strafen, die sehr oft in keinem Verhältnis zu dem ›Vergehen‹ standen. Ich denke, mit diesem Gefühl der Ungerechtigkeit sind wir nie fertig geworden. Es hat uns alle fürs Leben gezeichnet.«

Meine Mutter war eine zarte, witzige Person, die die Musik und die Bildung liebte. Allerdings war sie auch nicht liebevoller als mein Vater. Bis heute verstehe ich nicht, was sie letztlich zur Alkoholikerin gemacht hat, welche psychodynamischen und pathologischen Prozesse da am Werk waren. Vielleicht war es genetisch bedingt, oder vielleicht diente ihr der Alkohol auch als Betäubungsmittel gegen die Enttäuschungen des Lebens. Ich habe immer nach Antworten gesucht und sie nie gefunden. Sie war selten zu Hause, als ich heranwuchs, aber ich weiß noch gut, daß wir manchmal zusammen im Bett lagen, ihre hellbraunen Locken waren über die Kissen gebreitet, und sie las mir ein

Buch vor, während wir uns eine Schüssel Kekse mit Milch teilten. Hin und wieder standen wir auch alle ums Klavier und sangen, während sie spielte. Das gehörte zu den wenigen gemeinsamen Familienaktivitäten, an die ich mich erinnere.

Meine Mutter kannte eine Unzahl von Liedern, und aus Gründen, die mir nicht ganz klar sind – vielleicht wollte ich ihr einfach gefallen –, merkte ich mir so viele wie möglich. Noch heute habe ich die Melodien und Texte von Tausenden von Liedern im Kopf, die sie mir beigebracht hat. Die Nummer meines Führerscheins habe ich mir nie merken können, und es gab Zeiten, in denen ich nicht einmal mehr meine eigene Telefonnummer wußte, aber wenn ich ein Lied höre – manchmal genügt ein einziges Mal –, speichere ich sofort die Melodie und den Text. Ich summe in Gedanken immer vor mich hin. Ich kenne afrikanische Lieder, chinesische Lieder, tahitische Lieder, französische Lieder, deutsche Lieder und natürlich die Lieder, die mich meine Mutter lehrte. Es gibt kaum ein Land, aus dem ich kein Lied kenne. Aber merkwürdigerweise erinnere ich mich an keinen einzigen Song, der nach den siebziger Jahren geschrieben wurde.

2

Einige meiner frühesten und schönsten Kindheitserinnerungen haben mit Ermi zu tun, mit den Nächten, wenn das Mondlicht durch mein Schlafzimmerfenster fiel. Ich war drei oder vier Jahre alt, als Ermi mein Kindermädchen wurde und zu uns nach Omaha zog. Ich sehe sie noch vor mir, als wäre es gestern: Sie war achtzehn, schielte ein bißchen und hatte seidige dunkle Haare. Eigentlich stammte sie aus Dänemark, aber durch ihre indonesische Abstammung hatte ihre Haut einen dunklen, rauchigen Schimmer. Ich werde nie ihr Lachen vergessen. Wenn sie einen Raum betrat, wußte ich das sofort – ich mußte sie weder sehen noch hören –, weil sie einen ungewöhnlich wohlriechenden Atem hatte. Ich kenne seine chemische Zusammensetzung nicht, aber er war süß und duftete nach zerdrückten, leicht vergorenen Früchten. Tagsüber spielten wir miteinander, in der Nacht schliefen wir im selben Bett. Sie war nackt, genau wie ich, und es war eine herrliche Erfahrung für mich. Sie schlief ziemlich fest, und ich kann sie noch vor mir sehen, wie sie in unserem Bett lag, während das Mondlicht durch mein Fenster schien und ihre Haut mit einem weichen, wunderbaren, bernsteinfarbenen Schimmer überzog. Ich saß da und studierte ihren Körper, streichelte ihre Brüste, legte mich auf sie, kroch über sie. Sie gehörte mir ganz allein. Hätte sie von meiner blinden Verehrung gewußt, hätten wir geheiratet und wären auf und davon, in den siebten Himmel, geschwebt. Sie hätte sich von mir entführen lassen in meinem reich mit Diamanten geschmückten Wagen – hinter die Sterne, hinter die Erdenzeit, hinein in die Ewigkeit.

Ermi hatte einen Freund namens Wally. Einmal, als ich sieben war und allein an einem kleinen Fluß spielte, sah ich, wie die beiden im Auto saßen und sich küßten. Ich war verwirrt, hatte aber keine Ahnung von dem Desaster, das noch folgen sollte. Als Ermi mich wenig später verließ, um zu heiraten – wenn auch nicht Wally, sondern einen Jungen namens Eric –, war ich am Boden zerstört. Sie hatte mir nie eine Andeutung gemacht, daß sie mich verlassen oder heiraten würde. Mir sagte sie lediglich, sie gehe auf Reisen und käme bald wieder. (Tatsächlich kam sie auch wieder – nach zwanzig Jahren.)

In der Nacht, in der ich begriff, daß Ermi für immer gegangen war, schaute ich hinauf zum buttermilchfarbenen Himmel. Als der Vollmond aus den Wolken trat und in das safrangelbe Universum zu entschwinden schien, spürte ich, wie meine Träume starben. Es war Wochen her, seit sie gegangen war. Ich hatte gewartet und gewartet. Jetzt endlich wußte ich, daß sie mich verlassen hatte. Ich fühlte mich so allein. Wie meine Mutter, der die Flasche wichtiger war als ich, hatte mich auch Ermi im Stich gelassen. Mein ganzes Leben habe ich mir daraufhin Frauen gesucht, die das ebenfalls taten; immer wieder mußte ich dieses Kindheitsszenario durchleben. Von diesem Tag an fühlte ich mich als Fremder auf der Welt.

Als ich sechs war, zogen wir von Omaha nach Evanston, Illinois, ganz in der Nähe von Chicago, wo mein Vater seine eigene Firma, die Calcium Carbonate Corporation, gründete. Mir kam dieser Wechsel gerade recht. In der Field Elementary School in Omaha war ich der einzige gewesen, der nicht einmal den Vorschulkindergarten geschafft hatte. Warum, weiß ich nicht mehr so genau. Vielleicht lag es daran, daß ich allmählich begann, mich gegen jede Form von Autorität aufzulehnen. Ich weiß nur noch, daß ich der böse Bube der Klasse war und unter dem Pult der Lehrerin sitzen mußte, wo ich die meiste Zeit damit verbrachte, ihr unter den Rock zu schauen. Höchstwahrscheinlich litt ich unter Legasthenie, obwohl es für diese Krankheit damals noch keinen Namen gab. Auch heute noch muß ich mich bei Zahlen und Buchstaben sehr konzentrieren. Ich kann immer nur eine Ziffernfolge, einen Satz auf einmal lesen, besonders, wenn ich unter Streß stehe. Nach wie vor fällt es mir schwer, eine Telefonnummer richtig zu wählen, wenn ich dabei die Tasten ansehe. Ich muß mich dazu zwingen, sie blind einzugeben.

In Evanston wurde es mit der Trinkerei meiner Mutter immer schlimmer. Manchmal bekam sie einen Weinkrampf nach dem Alkohol, aber anfangs entspannte er sie immer und versetzte sie in ausgelassene Stimmung. Hin und wieder setzte sie sich dann sogar ans Klavier und sang, und wir stimmten alle ein. Jetzt wo Ermi nicht mehr da war, war ich viel allein. Bald fing ich an, mich seltsam aufzuführen. In der Schule wurde ich immer schlechter, ich schwänzte, randalierte in Häusern herum, die gerade renoviert wurden. Ich schoß auf Vögel, verbrannte Insekten, schlitzte Reifen auf und klaute Geld. Außerdem hatte ich keine Lust, nach Hause zu gehen, und verbrachte die meiste Zeit bei Jimmy Ferguson, einem Klassenkameraden, oder bei einer griechischen Familie, die am anderen Ende des Häuserblocks wohnte.

Außerdem begann ich so sehr zu stottern, daß man mich – ohne Erfolg – in die Northwestern University zur Sprachtherapie schickte. Mit meiner Schrotflinte schoß ich versehentlich einen Chauffeur an, und auch das große Erkerfenster in unserem Haus zertrümmerte ich, was bei meinem Vater einen mittleren Wutausbruch auslöste. In einer der problemloseren Phasen, an die ich mich erinnere, hatten wir ein Hausmädchen aus Martinique. Einmal leerte sie, um die Laune meines Vaters zu verbessern, eine Wasserkaraffe, und füllte sie statt dessen mit Gin. Als sich mein Vater am nächsten Morgen an den Frühstückstisch setzte, nahm er mehrere kräftige Schlucke daraus und ging mit einem ordentlichen Schwips ins Büro.

Wie alle Erinnerungen sind auch diese verzerrt durch meine jetzige Lebenserfahrung. Viele Jahre sind seit jenen Tagen vergangen, und ich weiß, daß man restlos überzeugt von etwas sein kann, obwohl es sich so nie abgespielt hat – man denkt, man weiß genau, was passiert ist, bis einem jemand sagt: »Nein, so ist das nie passiert. Du warst damals nicht mal dabei.« Wir alle bilden uns manchmal Dinge ein und sind dann erstaunt, wenn wir feststellen müssen, daß es ganz anders gewesen ist. Ich bitte deshalb den Leser, bei der Lektüre dieser Seiten nie zu vergessen, daß mein Gedächtnis nicht unfehlbar ist.

Ich habe oft gedacht, daß es für mich wahrscheinlich besser gewesen wäre, wenn ich in einem Waisenhaus aufgewachsen wäre. Meine Eltern stritten sich zwar selten direkt vor unseren Augen, aber es herrschte ständig eine gereizte Stimmung. Nach unserem Umzug aus Evanston wurden die Spannungen noch schlimmer, und die unausgesprochene Feindseligkeit nahm zu. Ich weiß nicht so recht, woran das lag. Vermutlich wurde meine Mutter immer desillusionierter und wütender, weil mein Vater ständig anderen Frauen nachstieg, während mein Vater seinerseits ihre Trinkerei immer weniger ertragen konnte.

3

Carol Hickock litt unter einer merkwürdigen Krankheit, die sie von jetzt auf nachher in den Tiefschlaf versetzte. Im einen Augenblick war sie noch hellwach, im nächsten war sie schon im Stehen eingeschlafen. Nach ein paar Minuten blinzelte sie dann ein wenig, wachte wieder auf und wußte gar nicht mehr, daß sie geschlafen hatte. Als uns ein Lehrer an der Lincoln School von ihrem Problem erzählte und uns bat, ein bißchen auf sie aufzupassen, freute ich mich über diese Aufgabe. Ich wollte mich um sie kümmern. Dann setzte ich mir in den Kopf, sie zu heiraten. Ab und zu begleitete ich sie von der Schule nach Hause, und schon bald fragte ich sie, ob sie mit mir ausgehen wolle. Ich fühlte mich wie ein richtiger Draufgänger, als ich sie zum Mittagessen in Coolie's Restaurant einlud, und hinterher schauten wir uns Boris Karloff in *Die Mumie* an. Als es gruselig wurde, machte ich mich mit der Entschuldigung, ich müsse mal aufs Klo, aus dem Staub. In Wahrheit war ich zu Tode erschreckt und lief ins Foyer. Dort schaute ich dann durch den Vorhang und wartete, bis die schlimmsten Szenen vorbei waren. Dann kehrte ich wieder auf meinen Platz zurück. Wieder wurde es gruselig, und wieder bekam ich es mit der Angst zu tun, also verschwand ich noch mal und schließlich ein drittes Mal. Ich weiß nicht, was Carol von meinen Ausflügen aufs Klo hielt – sie sagte jedenfalls kein Wort.

Eines Nachmittags besuchte ich Carol, und während wir auf ihrem Sofa saßen, verlor sie plötzlich das Bewußtsein. Ich beugte mich zu ihr hinüber und küßte sie – es war mein erster Kuß. Als sie vielleicht eine Minute später wieder zu sich kam, fragte ich sie: »Wie geht's dir?« Von dem geraubten Kuß erzählte ich ihr nichts. Vielleicht hätte ich Carol später tatsächlich heiraten sollen. Ich habe leider nie wieder etwas von ihr gehört.

In der Lincoln School gab es nur zwei schwarze Kinder, und beide waren meine Freunde, besonders Asa Lee. Als ich ihn eines Tages besuchte, beschlossen er, sein Cousin und ich, einen Klub zu gründen. Als es darum ging, den Präsidenten, Vizepräsidenten und Geschäftsführer zu wählen, gab es Probleme. Jeder wollte Präsident sein. Also sagte ich: »Zählen wir doch einfach aus. ›Eene, meene, miste, sitzt 'n Nigger in der Kiste. Eene, meene, maus, jetzt laß ihn raus . . .‹« Plötzlich spürte ich eine Hand auf meiner Schulter. Es war Asas Mutter. Sie beugte sich zu mir herunter und sagte: »Kleiner, das Wort verwenden wir hier nicht.« Ich schaute sie überrascht an und fragte: »Was für ein Wort?« Sie antwortete: »Nigger.« Ich sagte: »Oh.« Ich hatte keine Ahnung, was das Wort bedeutete, aber an Asas Gesichtsausdruck konnte ich erkennen, daß es hier um etwas Wichtiges ging. Dann steckte sie mir einen Kaugummi in den Mund, tätschelte mir liebevoll den Kopf und sagte: »Du bist ein netter Junge.« Das war das erste Mal, daß ich mit Rassenbewußtsein konfrontiert wurde.

In den vier Jahren, in denen ich die Lincoln School besuchte, lernte ich ein paar Lehrer kennen, die mich ganz gut leiden konnten, aber die meisten hielten mich für einen hoffnungslosen Fall, weil ich ziemlich aufmüpfig war und mich nicht anpassen wollte. Zur zweiten Kategorie gehörte auch Miss Miles, deren Name wunderbar zu ihr paßte, weil sie über einsachtzig groß war und in ihrer Persönlichkeit einem groben Granitklotz glich.

Als sie merkte, daß Asa und ich viel Zeit miteinander verbrachten, holte sie uns eines Tages aus dem Klassenzimmer auf den Flur und sagte: »Also gut, ihr zwei, jetzt sagt mir mal, was hier los ist.«

Ich hatte keine Ahnung, was sie eigentlich wollte, also sagte ich: »Nichts ist los.«

»Erzähl mir doch keine Märchen«, meinte sie. »Wieso hängt ihr zwei die ganze Zeit zusammen?«

Als ich ihr antwortete, wir seien im selben Klub, fragte sie: »Und was für ein Klub soll das sein?«

Als wir beide nichts darauf sagten, packte sie mich am Arm und schüttelte mich ziemlich heftig. Ich fing an zu weinen, und Asa möglicherweise auch.

»Jetzt sagt mir sofort die Wahrheit«, sagte sie. »Was für eine Art Klub ist das?«

»Das ist *unser Klub*«, antwortete ich. »Asa ist der Präsident, und ich bin der Vizepräsident.«

Ich erwähnte lieber nicht, daß Asas Cousin das einzige weitere Mitglied unseres Klubs war.

Miss Miles sagte: »Ihr solltet euch lieber vorsehen.« Als ich wieder im Klassenzimmer war, sank ich, immer noch weinend, auf meinen Stuhl. Ich fühlte mich gedemütigt und hatte nicht den blassesten Schimmer, was eigentlich los war. Ich weinte so sehr, daß sich plötzlich ein Schleimpfropfen aus meiner Nase löste und auf meinem Tisch landete. Ich tat so, als sei das lustig, und brachte die anderen Kinder zum Lachen, aber in Wahrheit kaschierte ich damit nur mein großes Gefühl der Demütigung.

In unserem Familienalbum klebt ein Foto von mir, auf dessen Rückseite eine meiner Schwestern ein paar Worte gekritzelt hat: »Bud – was für ein prächtiger Bursche! Nett und lustig, idealistisch und so verdammt jung.« Tiddy erzählte mir einmal: »Als du sieben oder acht warst, hast du ständig irgendwelche halb verhungerten Tiere, kranke Vögel oder Leute, die deiner Meinung nach in Schwierigkeiten steckten, nach Hause gebracht. Wenn du vor der Wahl standest, hast du dich immer für das schielende oder dickste Mädchen entschieden, weil ihr niemand Beachtung schenkte und du wolltest, daß es ihr gutging.«

Wahrscheinlich hatte sie recht. Jedenfalls schwang ich mich zum Beschützer der Schwächeren auf. Ich hörte auf, Vögel zu schießen, und nahm sie unter meine Fittiche. Ich schimpfte meine Freunde, die Ameisen zertraten, und erklärte ihnen, daß Ameisen das gleiche Recht zu leben hätten wie wir. Als ich eines Tages mit dem Fahrrad am Strand von Evanston entlangfuhr, kam ich an einer Frau vorbei, die am Boden lag. Später stellte sich heraus, daß sie völlig blau war, aber ich dachte, ihr sei übel. Also brachte ich sie mit dem Fahrrad zu mir nach Hause und erklärte meinen Eltern, die draußen auf der Veranda saßen, wir müßten ihr helfen, weil sie krank sei. Die Sache war ihnen ziemlich peinlich, aber sie wußten, daß ich es ehrlich meinte, also halfen sie ihr. Diese Episode deutet darauf hin, daß ich mich schon früh verpflichtet fühlte, Menschen zu helfen, denen es schlechter ging als mir oder die keine Freunde hatten – wobei ich mich nicht nur Menschen gegenüber verpflichtet fühlte. Als ich etwas später in New York lebte, dachte ich jedesmal, wenn ich ein Stück Papier auf dem Gehsteig liegen sah: »Wenn ich es nicht aufhebe, wer soll's dann machen?« Folglich bückte ich mich und warf es in den nächsten Abfalleimer.

Als ich elf war, trennten sich meine Eltern; und meine Mutter, meine Schwestern und ich zogen nach Kalifornien zu meiner Großmutter – dem Oberhaupt der Familie –, die wir Bess oder Nana nannten. Sie war drall, hatte scharfe Gesichtszüge, weiße Haare, eine aristokratische Haltung und das Aussehen eines Gibson-Girls. Wie meine Mutter weigerte sie sich, sich dem viktorianischen Verhaltenskodex zu beugen, und hielt viel auf ihre Individualität. Als Irin war sie natürlich auch geistreich und amüsant. Der Humor zeichnet unsere Familie ohnehin aus; wenn es etwas gibt, was uns am Leben hielt, dann das. Wir wußten nie, was meiner Großmutter als nächstes einfallen würde. Sie lachte viel und gern und hatte einen Sinn fürs Absurde, konnte aber durchaus auch ernsthaft sein. Sie war Mitglied der Christian Scientists, und zwar ein angesehenes, wie ich mir sagen ließ.

Ich besuchte die siebte und achte Klasse der Julius C. Lathrop Jr. High-School in Santa Ana, einer bäuerlichen Gegend in Orange County, südlich von Los Angeles. Meine Mutter trank mehr denn je. Sie versprach, sich zurückzuhalten, aber dann verschwand sie wieder für vier oder fünf Tage. Danach wollte sie das meist wiedergutmachen, indem sie sich besonders liebevoll um uns kümmerte, aber letztlich beachtete sie uns kaum. Ich wußte damals wahrscheinlich noch nicht, was ein Alkoholiker ist, mußte aber genau wie meine Schwestern mit den Auswirkungen ihrer Sucht leben. Meine Mutter trank heimlich, und hinterher versuchte sie, ihren Zustand zu vertuschen, wie es alle Trinker tun. In Santa Ana hatte ich eine Zeitlang die Vorstellung, daß alle wichtigen Menschen in meinem Leben in Wirklichkeit tot waren und bloß so taten, als lebten sie. Ich lag dann stundenlang schwitzend im Bett und schaute zur Decke hoch, überzeugt davon, daß ich der einzige Überlebende war. Das wäre für jeden – nicht nur für einen zwölfjährigen Jungen – ein beängstigender Gedanke gewesen.

Gelobt wurde ich daheim nie sonderlich viel. Auch mit aufmunternden Bemerkungen hielt man sich zurück. Abgesehen von ein paar netten Lehrern hielten mich alle für einen Nichtsnutz. Zu den etwas wohlgesonnenen Leuten gehörte auch mein Lehrer im Fach Werken, ein Mann, dessen Name ich zwar vergessen habe, dessen ermutigende Worte mir jedoch immer im Gedächtnis bleiben werden. Einmal gab er mir ein Stück Metall, aus dem ich etwas Sinnvolles machen sollte. Ich klopfte es in der Schmiede in die Form eines Schraubenziehers, legte diesen dann in eine Kiste mit feuchtem Sand, damit ich eine Form bekam, schmolz Aluminium und goß es in die Form. Schon hatte ich einen Schraubenzieher, und mein Lehrer lobte mich dafür. Zum erstenmal im Leben hatte ich etwas gemacht, worauf ich stolz sein konnte.

In Lathrop merkte ich auch, daß ich gar nicht so schlecht im Sport war. Ich gewann die Schulmeisterschaften im Zehnkampf und stellte einen beeindruckenden Rekord auf: tausend Liegestützen ohne Unterbrechung. Ich hätte noch weitergemacht, wenn mich der Trainer nicht gestoppt hätte. Er meinte, ich solle aufhören, weil das sonst meinem Herzen schaden könnte.

Sogar heute noch kann ich mich wie ein Schneekönig über diese kleinen Erfolge der Vergangenheit freuen.

Nach beinahe zwei Jahren beschloß meine Mutter, sich wieder mit meinem Vater zu versöhnen, und wir zogen nach Libertyville, Illinois, einer kleinen Stadt nördlich von Chicago, gleich beim Lake Michigan. Wieder einmal freuten wir uns alle auf einen Neuanfang.

Fast sechzig Jahre sind seither vergangen, und noch immer habe ich den Rhythmus des Zuges im Blut, der uns nach Illinois zurückbrachte. Es ratterte und klapperte, während ich hinaus auf eine Plattform zwischen den Waggons trat und spürte, wie die Räder über die Verbindungsstücke der Gleise holperten. Plötzlich fing ich an, im gleichen Rhythmus mit den Fäusten gegen die Türen und Wände zu hämmern, als spiele ich in einem Jazzquartett. Danach wußte ich: Ich wollte Schlagzeuger werden. Nie wieder konnte ich in einem Zug fahren, ohne die Melodie der Schienen mit meinen Händen und Fingern zu begleiten. Wann immer ich in der Nacht das Pfeifen eines Zuges hörte, stützte ich mich im Bett auf die Ellbogen und lauschte auf das Klacken der Räder gegen die Schienen. Dann ging ich ans Fenster und hielt nach einer Dampfwolke Ausschau. Lange bevor ich etwas über den Dopplereffekt wußte, versuchte ich mir vorzustellen, wohin der Zug unterwegs war und wie schnell er fuhr, indem ich auf sein leiser werdendes Pfeifen und das stählerne Lied seiner Räder lauschte. Ich vermisse sie sehr, diese alten Züge.

4

Wes Mickler balancierte auf seinem Stuhl vor dem Raum in der Scheune, wo das Sattel- und Zaumzeug aufbewahrt wurde, als ich auf Peavine Frenzy angeritten kam. Sie hatte ein bißchen Schaum vor dem Maul und blähte die Nüstern.

»Hast du den Gaul galoppieren lassen, Bud?«

»Na ja, vielleicht.«

»Wenn du das noch mal machst, prügle ich dir die Scheiße aus dem Arsch.«

Ich mußte mich beherrschen, damit ich nicht laut loslachte.

»Siehst du denn nicht, daß der alte Gaul lahmt?« fragte Wes.

»Hab' ich nicht gemerkt, Wes.«

»Was zum Doifel ist bloß los mit dir?«

Wes redete immer so komisch; ich mußte über fast alles, was er sagte, lachen.

Er war Miteigentümer einer Farm an der Bradley Road, wo meine Familie ungefähr sieben Kilometer außerhalb von Libertyville ein Haus gemietet hatte. Es war keine richtige Farm mehr, sondern eher ein Reiterhof, wo die Leute aus der Nachbarschaft ihre Pferde unterstellten oder tageweise ein Pferd mieten konnten. Wes' Partner Bill Booth war als Roßhändler viel unterwegs und transportierte ständig Pferde in der Gegend herum.

Wes liebte Pferde. Obwohl Peavine uns gehörte, gab er mir immer das Gefühl, daß sie eigentlich seins war.

Ich stieg ab und machte mich auf der anderen Seite von Peavine an ihrem Steigbügel zu schaffen, damit Wes nicht sah, wie ich mein Lachen zurückhalten mußte. Das passierte mir oft. Eigentlich wollte er gar nicht witzig sein, aber je ernster er wurde, desto mehr mußte ich mir das Lachen verkneifen. Heute weiß ich, daß es ihm wahrscheinlich egal gewesen wäre, ob ich gelacht hätte oder nicht, aber damals dachte ich, es würde ihn vielleicht wütend machen, also hustete ich und spuckte ziemlich oft auf den Boden, um mein Lachen zu kaschieren.

Als ich eines Tages die Box eines Pferdes ausmistete, das erst seit kurzem auf der Ranch war, stand Wes draußen und beobachtete mich. Das Pferd rührte sich nicht, blähte aber die Nüstern und legte die Ohren an. Ich streckte langsam die Hand aus, um seine Nüstern zu streicheln, und Wes sagte: »Paß mal lieber auf deine Eier auf, Junge. Der verdammte Gaul kann dich genausogut von vorn erwischen wie von hinten.«

Ich konnte mich nicht mehr halten vor Lachen und sank langsam auf den warmen Mist. Wes sagte nichts, starrte mich nur schweigend an, woraufhin ich mich nur noch mehr auf dem Boden kugelte.

Als Wes endlich wegging, schaute mich das Pferd mit großen Augen an, als wolle es sagen: »Was um Himmels willen ist denn los mit dir?« Daraufhin prustete ich wieder los. Erst nach ein paar Minuten gelang es mir, mich hochzurappeln. Schließlich kroch ich im ganzen Stall herum und suchte nach meiner Mütze.

Wes litt unter Tuberkulose im Endstadium. Schon bald hatte er einen krummen Rücken und spreizte die Ellbogen beim Gehen ab wie Pfeile. Er hustete ständig vor sich hin und spuckte Schleim aus, der manchmal so dick war, daß er an seinen Schneidezähnen hängenblieb. Er lächelte fast nie, aber wenn er tatsächlich einmal den Mund aufmachte, schaute es darin aus wie auf einem Goldfriedhof. Seine Schädelknochen schienen schon durch, und jedesmal, wenn er sich vorbeugte, um auf den Boden zu spucken, fielen ihm fast die rauchigblauen Augen aus dem Kopf.

Aber wenn Wes auf einem Pferd saß, sah er mit seinem Lächeln – Goldzähne hin oder her – so glücklich aus, daß man meinte, er wisse etwas, wovon man selbst keine Ahnung habe. Man konnte beinahe den Eindruck gewinnen, er sei mit dem Rücken des Pferdes verwachsen. Und er sprach mit jedem Pferd so sanft, als wäre es eine Frau. Auf dem Rücken der Pferde fühlte er sich daheim, hier war er in seinem Element. Doch schon bald hatte er keine Kraft mehr zum Aufsteigen. Die meiste Zeit saß er nun nur noch auf seinem Stuhl vor dem Raum mit dem Sattel- und Zaumzeug und wartete auf den Tod. Eines Tages, das wußte ich, würde er nicht mehr aufhören können zu spucken, und so kam es auch.

Wes Mickler wurde irgendwo geboren und starb in der Bradley Road. Was dazwischen lag, hat er nie erzählt.

Wenn meine Mutter sich wieder einmal sinnlos betrunken hatte, brachte sie manchmal ein Bekannter aus der Bar oder auch ein völlig Fremder nach Hause. Andere Male mußten wir nach ihr suchen, oder das Telefon klingelte, und ein Polizeibeamter sagte: *»Wir haben eine Dorothy Pennebaker Brando hier. Würden Sie bitte ins Revier kommen, um sie abzuholen?«*

Jocelyn sorgte gewöhnlich dafür, daß daheim alles lief. Obwohl sie nur ein paar Jahre älter war als Frannie und ich, übernahm sie die Verantwortung für uns und zog uns auf. Dafür kann ich ihr gar nicht genug danken. Mit Frannie stritt ich mich zwar immer mehr als mit Jocelyn, aber auch wir standen uns nahe. Schließlich schliefen wir im selben Stockbett. Doch letztlich war es Tiddy, die die Familie zusammenhielt. Wenn meine Mutter wieder mal nicht daheim war, wandte ich mich immer mit allem an sie. Sie kümmerte sich darum, daß ich etwas zu essen und saubere Kleidung zum Anziehen hatte. Sie war die prachtvollste, stärkste Person, die ich je kannte, aber selbst die Stärksten brechen irgendwann zusammen, und das passierte auch Tiddy und Frannie.

Wir drei, manchmal auch unser Vater, suchten sehr oft nach unserer Mutter. Mit vierzehn marschierte ich an sonnigen Nachmittagen durch die Kaschemmengegend von Chicago, stieß eine Tür nach der anderen auf, schaute hinein in die dunklen Löcher und versuchte, sie auf einem der Hocker zu entdecken.

Einmal brachte mein Vater sie nach Hause und führte sie nach oben. Ich war gerade unten im Wohnzimmer. Ich hörte, wie sie hinfiel, dann das Geräusch von Schlägen, und rannte nach oben. Sie lag weinend auf dem Bett, er stand drohend über ihr. Ich spürte eine unbändige Wut in mir aufsteigen und knurrte ihn, das Gesicht kaum zwanzig Zentimeter von seiner Nase entfernt, an: »Wenn du sie noch einmal schlägst, bringe ich dich um.«

Er starrte mich nur an. Wahrscheinlich spürte er, daß er es mit soviel Wut noch nie in seinem Leben zu tun gehabt hatte. Mein Vater fürchtete sich vor nichts, und wir hätten wahrscheinlich bis aufs Messer gekämpft, wenn er keine Schuldgefühle gehabt hätte. Vermutlich war das das einzige Mal, daß er einer physischen Auseinandersetzung auswich. Er ging einfach aus dem Schlafzimmer und ließ meine Mutter auf dem Bett liegen.

Die Straße, in der wir wohnten, war nach dem alten Bradley benannt, dem Besitzer einer hübschen Farm von vierzig Morgen, die sich etwa eineinhalb Kilometer weiter die Straße hinunter befand. Er hatte zwei Söhne, Dutch und Indian. Auf seiner Nase saßen so große Mitesser, daß man sie mit einem Schöpflöffel hätte ausdrücken können. Ich bekam selten etwas von dem mit, was er sagte, weil ich die ganze Zeit diese gigantischen Mitesser anstarren mußte. Er hatte kaum noch Zähne im Mund und war wahrscheinlich schon achtzig Jahre alt, aber trotzdem ging er jeden Tag den Kiesweg vor unserem Haus entlang, blieb stehen und begrüßte meine Kuh Violet, wenn sie gerade zu sehen war. Wir hatten schon immer Tiere gehabt, aber im Laufe der Jahre wurden sie immer wichtiger für mich, weil sie mir halfen, mit dem Mangel an Liebe in unserer Familie fertig zu werden. Wenn ich von der Schule nach Hause kam, war gewöhnlich keiner da. In der Spüle stapelte sich das Geschirr, und unter dem Klavier lag die Katzenscheiße. Die Betten waren nicht gemacht, alles war unordentlich, im Haus war es totenstill. Meine Schwestern waren entweder noch in der Schule oder bei Freundinnen, meine Mutter trank mal wieder irgendwo, und mein Vater trieb sich bei den Nutten herum. Also suchte ich damals – und tue es auch noch heute – Zuneigung, Loyalität und Freundschaft bei Tieren.

Zu meinen Freunden gehörte eine riesige schwarze Dogge, die wir Dutchy nannten. Jedes Jahr im Frühling wurde die Wiese vor unserem Haus zu einem Meer von kanariengelben Senfblüten, und wenn Wind aufkam, war es, als sehe man goldenen Wogen zu, die sich mit der Brise hoben und senkten, bevor sie sich an der Klippe brachen. Durch das Feld führte ein Weg zur anderen Seite des Ortes, auf dem wir oft mit den Pferden etwa fünf Kilometer hinüber zum Des Plaines River ritten. Dutchy jagte gern die Kaninchen in dem Senffeld, auf dem die Pflanzen am Ende des Frühjahrs fast einen Meter fünfzig hoch standen. Wenn die Dogge ein Kaninchen aus den Augen verlor, blieb sie gewöhnlich wie angewurzelt stehen. Dann vergingen ein paar Sekunden, und schließlich sprang sie beinahe zwei Meter hoch – ein großer, pechschwarzer Hund vor dem gelben Senffeld –, um nach dem Kaninchen Ausschau zu halten. Wie Nurejew schien sie in der Lage, außerordentlich lange in der Luft zu schweben. Danach begann die Jagd von neuem. Der Anblick von Dutchy, wie sie scheinbar regungslos am Himmel hängt, gehört zu den Erinnerungen, die sich mir unauslöschlich eingegraben haben. Ich glaube nicht, daß Dutchy je ein Kaninchen erwischt hat, aber sie hat es immer wieder versucht.

Außer Dutchy war da noch unsere Jersey-Kuh Violet. Meine Aufgabe war es, sie zweimal am Tag zu melken. An manchen Wintermorgen war es so kalt, daß sie richtig dampfte. Wenn ich aufstand, zog ich meinen Overall und meine Gummischuhe an und ging hinüber zur Scheune, wo ich sie im Dunst ihrer eigenen Körperwärme kaum sehen konnte. Oft saßen ein Bantamhahn und ein paar Hennen zwischen ihren Hörnern, so daß Violet, wenn sie den Kopf wandte, um mich mit einem freundlichen Muhen zu begrüßen, ausschaute, als habe sie einen schikken Hut aus Paris aufsitzen.

Es ist mir schon immer leichtgefallen, Tiere zu lieben, weil ihre Liebe so bedingungslos ist. Sie vertrauen einem, sind loyal und fordern nichts, als geliebt zu werden. Im Sommer machte ich immer das Tor auf, kletterte auf Violet und ritt auf ihr hinaus auf die Weide. Sie beklagte sich nie darüber. Ich legte meine Arme um sie, gab ihr einen Kuß und spürte, daß sie meine Liebe erwiderte. Kühe haben einen süßen Atem – was vom Heu kommt, das sie fressen –, und ich spürte seine Wärme. Im Sommer streunten normalerweise an die fünfzehn, zwanzig Katzen auf der Farm herum, die genau wußten, wann ich Violet molk. Jeden Morgen, wenn ich in die Scheune ging, warteten sie schon in etwa fünf Meter Entfernung auf mich. Sobald ich anfing, Violet zu melken, setzten sie sich auf die Hinterbacken und streckten mir ihre Vorderpfoten entgegen, damit ich ihnen ein bißchen Milch hinüberspritzte. Das brachte mich jedesmal wieder zum Lachen. Manchmal hob Violet einfach das Bein, wenn ich sie molk, und steckte es zusammen mit dem Mist, dem Heu und dem Dreck vom Scheunenboden in meinen Eimer. Weil ich die Milch nicht wegschütten wollte, hatte ich immer ein Baumwolltuch dabei, durch das ich sie drückte, um das Heu und den Dung loszuwerden, bevor ich den Eimer wieder ins Haus trug. Niemand beschwerte sich je, und ich erzählte auch nie etwas von meinem Behelfssieb oder davon, daß schon mal Dung in der Milch gewesen war.

Jedesmal wenn ich Violet molk, die Hühner fütterte oder den Stall saubermachte, hatte ich hinterher Mist an den Gummischuhen kleben, was mir immer schrecklich peinlich war. Ich schrubbte an den Schuhen herum, so fest ich konnte, aber ganz wurde ich den Gestank nie los. Das war besonders unangenehm, weil es mich sofort als Farmerkind brandmarkte. In der Liberty Township High-School galten nämlich Kinder, die im Ort wohnten, mehr als die von den Bauernhöfen oder – schlimmer noch – aus Roundout, dem Gebiet um den örtlichen Rangierbahnhof herum, wo viele arme Kinder lebten. Unsere Farm lag nicht weit von Roundout entfernt, folglich rangierten wir nicht gerade hoch in der Hackordnung der Libertyville-Jugend und hatten mit einem doppelten Stigma zu kämpfen. Jeden Morgen verbrachte ich eine Ewigkeit damit, meine Schuhe und Überschuhe abzuschrubben. Wenn ich dann in die Schule kam, wartete ich, bis alle andern im Klassenzimmer waren, bevor ich es selbst in der Hoffnung betrat, daß niemand den Mist riechen möge. Wenn ich mit einem Mädchen zu einem Basketballspiel ging, schnüffelte ich immer verstohlen herum, weil ich Angst hatte, daß sie den Kuhdung im Auto riechen könnte.

Trotzdem habe ich viele schöne Erinnerungen an diese Zeit meiner Kindheit. Die Schule lag mitten im Ort, also fuhr ich entweder bei einem Nachbarn mit oder nahm die Bahn, die Libertyville auf einer Nebenlinie über Lake Forest und Waukegan mit Chicago verband. Wenn die Sonne schien, ging ich manchmal zu Fuß nach Hause und warf mit Steinen nach den Glasisolatoren an den Telefonmasten, die am Weg standen. Es gab nichts Schöneres, als wenn ich einen davon erwischte oder, besser noch, ein Kabel herunterriß. Manchmal machte ich auch mit Freunden einen Umweg nach Roundout und unterhielt mich ein bißchen mit den Eisenbahnern, die an den Schienen nach losen Nägeln suchten. Dann wieder holten wir uns eine Lore, mit der wir ein paar Kilometer auf den Schienen fuhren – immer auf der Hut, daß wir keinen Zügen begegneten. Im Winter waren die Gleise rutschig und eisig. Dann gingen wir nach Roundout und sahen zu, wie sich die Dampflokomotiven abmühten, wie ihre Räder schoben und rutschten; im Sommer saßen wir neben den Schienen, klebten mit Kaugummi eine Münze aufs Gleis und warteten darauf, daß der Zug sie plattwalzte. Später machten wir dann Anhänger und Gürtelschnallen daraus.

Wenn wir einen Zug herandampfen hörten, brüllten alle: »Na komm schon, na komm schon, ... der Zug kommt!« Wir stellten uns so nahe wie möglich neben die Gleise, und sobald der Zug nur noch ein paar Meter weit weg war, drehten wir uns alle um, damit wir den Kies und die Steine nicht ins Gesicht bekamen, die gleich hochgeschleudert wurden und stachen wie Hornissen.

Mit vierzehn oder fünfzehn beschloß ich, daß ich mir später meinen Lebensunterhalt als Schlagzeuger verdienen würde. Ich würde auf einem Instrument aus leeren Bierfässern spielen und eine Gruppe mit dem Namen *Keg Brando and His Kegliners* anführen. Tatsächlich brachten wir eine kleine Band zusammen, aber sie hielt nicht lange, und wir verdienten auch kein Geld damit. Also versuchte ich es als Platzanweiser in einem örtlichen Kino, um mein Taschengeld aufzubessern. Am Samstag gingen die meisten Farmer mit ihren Familien in die Stadt, um sich einen Film anzuschauen, egal, was gerade lief. Es machte mir großen Spaß, die Leute zu einer Sitzreihe zu bringen, die bereits besetzt war. Es gab nichts Schöneres, als einem Dutzend Menschen dabei zuzuschauen, wie sie sich im Dunkeln an den Sitzen entlangtasteten, sich versehentlich auf andere Leute setzten, ihnen auf die Füße traten und dann auf der anderen Seite wieder herauskamen. Ich mußte eine steife Uniform tragen, die mir, besonders wenn es sehr heiß war, lästig war. Also zog ich normalerweise das Hemd gar nicht erst an, nähte aber ein paar

Manschetten an meine Jacke, damit es so aussah, als würde ich es doch tragen. Ich dachte mir, niemand würde das merken, weil ich ja eine Hemdbrust unter der Jacke trug. Aber einer von den anderen Platzanweisern verpetzte mich, und ich wurde gefeuert. Als Rache schnitt ich vergammelten Broccoli klein – es gibt kaum etwas, das schlimmer stinkt als Broccoli, der zwei oder drei Wochen in der Sonne gelegen hat –, mischte ihn mit mehr als überreifem Limburger und stopfte das brisante Paket in die Klimaanlage, so daß das Publikum schnellstens das Weite suchte. Der Mann, der mich feuerte, kam nie dahinter, wer ihm diesen Streich gespielt hatte.

Ich war ein schlechter Schüler an der Libertyville High-School, war aufmüpfig und schwänzte chronisch den Unterricht. Deshalb wurde ich ziemlich häufig ins Büro des Direktors zitiert. Mr. Underbrink konnte mich nicht sonderlich leiden und erteilte mir von seinem großen Holzschreibtisch aus mehr als eine Lektion. Mein Aufsichtslehrer, Mr. Russell, war genauso wütend über meine mangelnde Achtung vor der Autorität. Also versuchte er mich immer herunterzumachen; einmal verlor er die Beherrschung, schüttelte mich vor versammelter Mannschaft so fest er konnte und erklärte mir, daß ich einen IQ von höchstens neunzig hätte und besser aufpassen solle, wenn ich mit dem Rest der Klasse Schritt halten wollte. Ich gab mir keine sonderliche Mühe, weil mich die Sache ärgerte und die Schule langweilte.

Die Situation verbesserte sich auch im zweiten Schuljahr nicht. Ich bestand so viele Kurse nicht, daß ich die Klasse wiederholen mußte.

Ich war der erklärte Bösewicht der Schule, hatte zwar immer Freunde, sowohl Jungen als auch Mädchen, aber meinen Lehrern und vielen Eltern war ich ein Greuel. Manche mieden mich wie die Pest. Damals machte ich die erste Bekanntschaft mit einer der Realitäten des Lebens, die mir später immer klarer werden sollte: Die Angehörigen fast jeder sozialen Gruppierung geben sich alle Mühe, um sich einzureden, daß sie den anderen überlegen sind, egal, ob es sich dabei um religiöse Sekten, Nationen, benachbarte Stämme im Regenwald oder rivalisierende Country Clubs handelt, die behaupten, daß die

Mitgliedschaft in ihrem Club der Beweis für eine höhere gesellschaftliche Stellung ist. Möglicherweise ist das Kastensystem in Ländern wie Indien oder England noch ausgeprägter, aber in fast allen bekannten Kulturen versuchen Gruppen andere Gruppen zu dominieren, die sie als minderwertig erachten. In Libertyville gehörte ich so ziemlich der untersten Kaste an.

Die Lösung meines Vaters für meine Probleme in der Liberty High-School sah folgendermaßen aus: Er schickte mich auf dieselbe Schule, die auch er besucht hatte, auf die Shattuck Military Academy in Faribault, Minnesota. Er war der Meinung, daß mir die Disziplin dort guttun würde.

Mein Aufenthalt an der Shattuck Military Academy stand jedoch von Anfang an unter keinem guten Stern, weil ich mich zu der Zeit bereits mit jeder Faser meines Körpers gegen alles Autoritäre und auch nur im entferntesten Konforme auflehnte.

5

Der Campus der Shattuck Military Academy strahlte die Ruhe eines englischen Landinternats aus. Von weitem sah die Militärakademie auch fast so aus mit ihren symmetrischen Reihen von anmutigen gotischen Kalksteingebäuden und dem hohen, viereckigen, von Efeu überwucherten Glockenturm. Der Turm stand gleich beim Exerzierplatz, auf dem ich schon bald zwei- oder dreimal pro Tag hin und her marschierte. Jenseits der Gebäude befanden sich ein Fußballfeld und Wanderwege für lange Übungsmärsche. Geweckt wurde um halb sieben, dann polierten wir unsere Schuhe und legten die Uniform für die erste Inspektion des Tages an. Nach den Freiübungen mußten wir uns in Reih und Glied aufstellen, brachten das morgendliche Exerzieren hinter uns und gingen zum Frühstück. Die Nachmittage waren – nach fünf oder sechs Schulstunden – dem Sport gewidmet.

Ich war sechzehn, als ich nach Shattuck kam. Da ich schon ein Jahr hatte wiederholen müssen, war ich ein Jahr älter als die anderen Kadetten in meiner Klasse. Shattuck hatte bereits seit der Zeit des Bürgerkrieges Soldaten für die Armee der Vereinigten Staaten hervorgebracht. Deshalb wurden wir vom ersten Tag an mit der Tradition der Schule und den Leistungen der Ehemaligen vertraut gemacht, die für all das standen, was wir lernen sollten: Disziplin, Ordnung, Ehre, Gehorsam, Mut, Loyalität, Patriotismus.

Wie viele Militärakademien seinerzeit wurde auch Shattuck von der Regierung mit Gewehren und Kanonen zu Übungszwecken versorgt. Jedes Jahr gingen ein paar Absolventen nach West Point. Wir mußten unsere Lehrer mit »Master« ansprechen, und ihre Aufgabe war es, aus uns ordentliche Bürger zu machen und uns den Gehorsam gegenüber Autoritäten beizubringen, den Generäle schon seit Anbeginn aller Zeiten von ihren Truppenangehörigen verlangt haben. Das militärische

Denken kennt letztlich nur ein Ziel: die Soldaten dazu zu erziehen, daß sie so mechanisch wie möglich reagieren. Der Mensch soll mit derselben vorhersehbaren Präzision funktionieren wie ein Telefon oder ein Maschinengewehr; Soldaten sollen als Einheit agieren, nicht als Individuen. Nur so läßt sich eine Armee führen. Nur durch Ordnung, absolute Disziplin und Ausschaltung aller Individualität wird man ein guter Soldat. Manchen Leuten macht das Spaß. Das habe ich nicht nur in Shattuck beobachten können, sondern auch später noch oft. Aber ich konnte nichts damit anfangen. Mir wurde schon bei dem Gedanken, die Handlungen von Menschen zu reglementieren – sie zum uniformierten Gleichschritt zu zwingen – übel.

Ich vermißte meine Eltern, die mich nur selten besuchten und mir auch kaum schrieben, aber trotz meiner Einsamkeit und mancher Qualen hatte ich auch eine Menge Spaß in Shattuck. Ich tat mein Bestes, um die Schule auf den Kopf zu stellen und mich nicht dabei erwischen zu lassen. Ich wollte diesen Ort vernichten. Ich haßte, wie gesagt, jegliche Autorität und widersetzte mich ihr, wo ich nur konnte, indem ich versuchte, die Obrigkeit aufs Glatteis zu führen. Alles war mir lieber, als mich zu einer bloßen Nummer degradieren zu lassen, was ja der Sinn und Zweck von militärischer Uniform, Konformität und Disziplin ist.

Erst vor kurzem sind mir wieder ein paar Briefe in die Hände gefallen, die ich von Shattuck aus nach Hause geschrieben habe und die meine Schwester Frannie aufgehoben hat. In meinem ersten Brief, den ich ein paar Wochen nach meiner Ankunft verfaßte, erklärte ich meinen Eltern: »Die Schule hier ist ganz schön streng. Dazu kommen noch meine Konzentrationsschwäche und meine wackeligen Grundkenntnisse in Englisch, Französisch und Algebra. Aber ich lerne, vielleicht nicht schnell, aber immerhin. Ich hoffe, daß ich mir alles merken kann. Jedenfalls arbeite ich hart, und ich glaube, ich schaffe es... Ich teile mir das Zimmer mit einem schrecklich netten Jungen aus Portland. John Adams würde Euch gefallen...« Das Essen im Kasino von Shattuck, so schrieb ich, war »großartig. Man kann sich so viel nehmen, wie man schafft. Ich habe schon zehn Pfund zugenommen. Jetzt wiege ich 157 Pfund mit Kleidern und 150 ohne. Abgesehen von meinem Rücken, den ich mir beim Football verdorben habe, geht's mir wunderbar. Aber der wird auch besser, und ich merke langsam, daß ich ganz schön hart sein kann, wenn ich will. Die Leute denken immer, man muß ein Schrank von einem Kerl sein im Football. Aber das ist Quatsch. Man muß sich bloß ein bißchen abhärten ... Hier hat man nicht mal Zeit zum Naseputzen. Jeden Augenblick ist was anderes los. Die Älteren gehen nicht gerade zimperlich mit einem um. Manche von ihnen sind eigentlich ganz in Ordnung, die wollen auch bloß ihren Spaß haben. Aber andere sind hin und wieder richtig gemein. Mir paßt das zwar nicht, aber manchmal ist es besser, wenn man die Dinge auf sich beruhen läßt ...«. Einmal ging ich zu einer Tanzveranstaltung in einer örtlichen Mädchenschule, aber offenbar war das ein eher enttäuschendes Erlebnis: »Die Mädchen sind eigentlich klasse, langweilen sich aber zu Tode. Ein wildes Damespiel oder ein Plauderstündchen auf dem Rasen – mehr haben sie einem nicht zu bieten ... Manchmal fühle ich mich sehr einsam und wäre am liebsten daheim. Mutter, bitte schreib mir doch. *Weißt Du, ich bin jetzt in der Militärakademie. Adresse: Shattuck School, Faribault, Minn.*«

In anderen Briefen, die meine Schwester aufbewahrt hat, schreibe ich über die Höhen und Tiefen des ersten Jahres in Shattuck:

September 1941

Hallo Ihr,
hier ist die Hölle los, und ich muß zusehen, daß ich mit all meinen Verpflichtungen Schritt halte. Ich hätte schon früher geschrieben, aber ich schwöre bei Gott, dem Allmächtigen, daß ich wirklich keine Zeit gehabt habe ...
Ihr meint also, daß ich nicht Football spielen kann? Von wegen! Ich bin jetzt in der ersten Mannschaft, »first string right half«. Mein Gott, mir tut alles weh! Gerade, daß ich mir noch die Schnürsenkel zubinden kann ... Wir haben inzwischen zwei Prüfungen gehabt, und ich glaube, daß ich in beiden ganz gut abgeschnitten habe. Ich kann John wirklich gut leiden und denke – nein, ich weiß es, daß wir sicher

gut miteinander auskommen werden... Ich bin so erschöpft, daß ich keine Zeile mehr schreiben kann.

Euer Euch liebender Sohn
Bud

September 1941

Hallo Ihr,
im großen und ganzen habe ich mich gut eingelebt, auch wenn ich mich geistig noch nicht ganz mit der Situation abfinden kann. Die Lehrer hier sind streng, und ihr einziger Lohn besteht normalerweise in einem gutgemeinten, ordentlichen Tritt in den Arsch. Wie gesagt, ich bin in der ersten Football-Mannschaft, aber die Lehrpläne sind ziemlich streng, also werde ich den Sport wohl aufgeben müssen. Eigentlich wollte ich sowieso nur sehen, ob ich es schaffe.
Ich weiß jetzt, daß ich ganz schön austeilen kann und daß mir das gefällt. Nächstes Jahr ist noch genug Zeit für alle Kämpfe und Siege dieser Welt. Aber zuerst möchte ich in akademischer Hinsicht etwas leisten. Erstaunlicherweise mag ich Geometrie und lateinamerikanische Geschichte...
Irgendwie habe ich Heimweh und sehne mich nach Mutters Rockzipfel, aber das vergeht sicher wieder. Seit ich hier bin, habe ich genau einen Brief bekommen. Ihr seid mir eine schöne moralische Stütze. Ihr habt ja keine Ahnung, wie sehr wir hier alle auf ein paar aufmunternde Worte warten.

Euer schwermütiger
Bud

Oktober 1941

Hallo Ihr,
ich bin doch kein so guter Football-Spieler, wie ich dachte, aber ich gebe mir immer noch Mühe. Mittlerweile habe ich ziemlich viel über diesen Sport gelernt. Ein paarmal habe ich gespielt, aber ich war vor Angst wie gelähmt. Egal, was die anderen sagen: Ich versuche wirklich, in jeder Hinsicht voranzukommen. Ich rauche nicht und fluche nicht und

mache nichts, was meine Schwestern oder meine Mutter nicht gern sehen würden ... In Englisch habe ich *Sturmhöhen* lesen müssen. Im meinem ganzen Leben hat mir noch kein Buch so gut gefallen wie dieser Roman ...
John kommt immer wieder in Schwierigkeiten. Er verschwindet nachts, obwohl er weiß, daß das ein ernstes Vergehen ist, und obwohl man ihn schon einmal dabei erwischt hat. Er spuckt auf den Boden. Er hat eine Automatik, mit der er ohne Vorwarnung in der Gegend herumschießt, wenn es ihm gerade paßt. Um zwei Uhr früh hat er sich mit einem verrufenen kleinen Flittchen in Faribault verabredet. Er läßt sich nichts sagen. Aber im großen und ganzen ist er nett ... Ich muß Euch viel erzählen, wenn Ihr kommt, also beeilt Euch.

Lova ya,
Bud

P. S. Bitte kommt bald.

Oktober 1941

Liebe Frannie,
dieser Brief ist nur so etwas wie eine Einleitung zu einem Text, den ich Dir bald schicken werde. Ich habe mich wirklich sehr über Deinen Brief gefreut, hier zählt so etwas viel. Tut mir leid, daß ich nicht schon früher geantwortet habe, aber ich hab' nicht mal Zeit gehabt, aufs Klo zu gehen. Ja, liebe Schwester, so ist das! Ich habe fast vier Tage lang Verstopfung gehabt.
Die Schule ist wahnsinnig schwierig, und ich muß mich dazu zwingen, gewissenhaft zu lernen, aber irgendwie wird es schon gehen. Bisher habe ich in der ersten Football-Mannschaft gespielt, aber jetzt habe ich eine Rückenverletzung und darf deswegen überhaupt keinen Sport treiben. Ich bin im »Drum und Bugle Corps«, der Militärband, die auch mal zum Tanz aufspielt. Jesus, ich kann's gar nicht erwarten, Dich wiederzusehen und Dir all die komischen Sachen zu erzählen, die hier passieren ...

Alles Liebe,
Bud

November 1941

Hallo Ihr,
heute war ein ziemlich ereignisreicher Tag ... Die einflußreichen älteren Offiziere haben mich gefragt, ob ich nicht ihrer Verbindung beitreten möchte (die bei weitem die beste ist hier in der Akademie). Da Mitglied zu sein, bedeutet schon was, weil nur die Beliebtesten reinkommen. Und das mir, einem »Frischling«! Junge, Junge. Der Verbindung gehören nicht viele an, aber die, die drin sind, haben ziemlich viel Einfluß. Da wird es nächstes Jahr nicht mehr schwierig für mich sein, in die Elitetruppe zu kommen ... Wir lesen gerade *Die drei Musketiere*. Ich kenne das Buch noch nicht und finde es sehr interessant.
Ich liebe Euch beide sehr.

Bud

November 1941

Hallo Ihr,
Ihr seid wirklich die geduldigsten, tollsten Eltern, die es gibt. Was bin ich froh, wenn ich wieder heimkomme und bloß mit Euch reden kann. In der Schule geht es gut, aber es ist auch verwirrend. Das Leben ist überhaupt verdammt verwirrend. Ich lerne eine Menge und werde allmählich zum Mann. Vielleicht zu einem jungen Mann, aber immerhin zu einem Mann. Vieles von dem, was ich früher für wichtig gehalten habe, ist es jetzt nicht mehr ...

Grüße an alle,
Bud

Dezember 1941

Hallo Ihr,
wahrscheinlich habt Ihr inzwischen meine Noten bekommen. In Euren Augen sehen sie vermutlich nicht berauschend aus; aber das, was meine Lehrer als Kommentar geschrieben haben, ist mir egal. Ich gebe mein Bestes. Mittlerweile bin ich, was die Arbeit angeht, sehr viel organisierter. BITTE habt Vertrauen in mich. Ich schaffe es, das weiß ich. Es geht schon vorwärts, in vielerlei Hinsicht. Seit

John weg ist, bin ich besser geworden, und in den Weihnachtsferien habe ich wunderbar Zeit zum Wiederholen, wenn die anderen sich einen schönen Lenz machen. Ich freue mich wirklich auf zu Hause. So um den Zwanzigsten herum fahre ich los ... Die letzten Tage hier sind schrecklich. Wir bekommen so viel Arbeit aufgehalst, daß uns der Schädel brummt. Wahrscheinlich muß das so sein, denn drei Wochen sind eine lange Zeit, da kann man viel vergessen. Ich habe eine ziemlich schwere Grippe gehabt und war ein paar Tage im Krankenhaus.
P. S. Bitte sprecht mit mir nicht über meine Noten. Ich arbeite hart und werde Euch nicht enttäuschen.

Bud

6

Zu den Pflichten der Kadetten gehörte es, einmal pro Woche nach Hause zu schreiben, und ich habe mich strikt daran gehalten. Wenn ich mir die Briefe aus Shattuck, die Frannie für mich aufgehoben hat, heute so anschaue, bin ich verblüfft über die Unschuld, Naivität und Unehrlichkeit ihres Verfassers. Ich sehe ein waches, einsames Kind, das keine nennenswerte Kindheit hatte, nach Zuneigung und Aufmunterung lechzte und seine Eltern anlog, weil es hoffte, so deren Liebe zu gewinnen. Der kleine Junge von damals hatte wenig Selbstvertrauen. Das Kind hungerte nach dem Beifall seiner Eltern und hätte einfach alles getan, um ihn zu erringen. Der Junge glaubte, sie dazu überreden zu können, daß sie ihm sagten, wie sehr sie ihn liebten, wenn er ihnen nur oft genug schrieb, wie sehr *er sie* liebte. Immer behauptete er, es sei alles in Ordnung, wenn natürlich genau das Gegenteil der Fall war. Aber dies waren keine bewußten Gefühle; ich hatte damals keine Ahnung, warum es mir schlechtging. Heute ist mir natürlich klar, daß zu diesem Zeitpunkt schon jegliche Hoffnung, von meinen Eltern Liebe oder Zuspruch zu bekommen, vergebens war. Ich wollte das jedoch nicht wahrhaben und schickte ihnen immer wieder Briefe, in denen ich versuchte, mich ihrer Liebe als würdig zu erweisen. Denn ein liebender Sohn wird von seinen Eltern wiedergeliebt, dachte ich damals noch. Eins stand nicht in meinen Briefen: Ich gab mir selbst die Schuld für all meine Unsicherheiten und anderen Probleme. Ich wußte noch nichts von den tödlichen Waffen, die Eltern gegenüber ihren Kindern einsetzen können, und auch nichts von ihrer Pflicht, ihren Kindern Selbstwertgefühl mit auf den Lebensweg zu geben statt Scham.

Ich möchte hier keinen falschen Eindruck erwecken. Meine Jugend war nicht ein einziges Jammertal, nein, ich hatte auch eine Menge Spaß und lachte viel. Aber mein damaliges Leben bestand hauptsächlich aus feindseligen Aktionen gegen jegliche Form von Autorität. Ich hatte keinerlei Gefühl von emotionaler Sicherheit. Erst sehr viel später wurde mir klar, warum ich mir so wertlos vorkam oder daß ich auf mein eigenes mangelndes Selbstwertgefühl mit Feindseligkeit reagierte. Alles in allem war meine Zeit in Shattuck eine zwiespältige Erfahrung: Einerseits fühlte ich mich manchmal allein und ungeliebt, andererseits erfreute es mich immer wieder, wenn ich den Obrigkeiten ein Schnippchen schlagen konnte.

Als ich nach Shattuck kam, war ich hochgradig reizbar. Damals wie heute haßte ich laute, unerwartete Geräusche und konnte es gar nicht leiden, wenn mich jemand oder irgend etwas erschreckte. Dann ging ich regelmäßig in die Luft. Zu Hause schlug ich einmal eine meiner Schwestern nieder, nachdem sie in mein Zimmer gekommen war und mich geweckt hatte, um mir zu sagen, daß das Essen fertig sei. Ich war so überrascht, daß ich aufstand, quer durchs Zimmer ging und sie niederstreckte. Hinterher war ich ziemlich verwirrt und zerknirscht. Das passiert mir sogar heute noch: Wenn ich erschreckt werde, gehe ich instinktiv auf Gefechtsstation – hebe meine Hände und bringe meine rechte Faust in Stellung. Ich schlage heute keine Leute mehr, nehme aber automatisch eine entsprechende Haltung ein. Warum das so ist, weiß ich nicht. Eine Anekdote aus der Zeit in Shattuck zeigt, daß ich wahrscheinlich schon immer so gewesen bin: Ich war beim Aufstellen immer der letzte, weil ich den morgendlichen Krach in der Sporthalle, wenn jemand laute Kommandos brüllte, nicht aushielt. Also kam ich jedesmal zu spät. Ich war erst zur Stelle, wenn Signal gegeben wurde. Einmal schlurfte ich im Winter gerade widerwillig in Richtung Sporthalle, als mir ein Freund von hinten auf die Schulter klopfte und sagte: »Guten Morgen, Banjo.« (Das war einer meiner Spitznamen.) Ich drehte mich um und schlug ihn ohne Vorwarnung nieder. Dann türmte ich mich vor ihm auf und drohte ihm: »Wenn du das noch mal machst, du Bastard, bringe ich dich um.« Ich sah, daß er wütend wurde, aber als er merkte, wie ernst es mir war, zog er sich zurück. Hinterher entschuldigte ich mich.

Ungefähr drei Monate nach meiner Ankunft in Shattuck rief

uns der Leiter der Schule – sein Name war Dr. Nuba Fletcher, aber wir nannten ihn »Nuba, the Tuba« – zusammen, um uns mitzuteilen, daß Amerika Japan den Krieg erklärt hatte. Ich saß in der ersten Reihe, und er schaute mich an und sagte zu mir, ich säße auf genau dem gleichen Stuhl, auf dem mein Vater gesessen hätte, als das damalige Bataillon über den Eintritt der Vereinigten Staaten in den Ersten Weltkrieg informiert worden war. Da mein Vater, nachdem er Shattuck absolviert hatte, Leutnant der Artillerie geworden war, erwartete »Nuba, the Tuba« wohl auch von mir, daß ich es zum Offizier bringen würde. Hin und wieder sagte er oder einer meiner Lehrer zu mir: »Marlon, wenn Sie endlich aufhören würden, hier den Schlaumeier zu spielen, könnten Sie einen guten Offizier abgeben.« Aber ich hätte es keine Sekunde in Uniform ausgehalten. Mein ganzes Leben habe ich mich bei allen Aufgaben, die mir gestellt wurden, immer sofort gefragt: *Warum* soll ich das machen? Vernünftige Argumente können mich umstimmen, aber wenn ich etwas nicht einsehe, mache ich es auch nicht. Ich habe das mit dem Haltung-Annehmen und Salutieren nie richtig gekonnt, aber das war genau das, was die Lehrer in Shattuck von einem nun mal erwarteten.

Trotzdem habe ich die besten, wärmsten Erinnerungen an Shattuck, wenn es um unsinnige Streiche, das Ärgern von Lehrern und hemmungsloses Herumblödeln geht. Das waren Dinge, die den Aufenthalt dort fast schon lohnenswert machten.

Nach dem Ausbruch des Krieges gingen viele der jüngeren Lehrer in die Armee, und wir mußten uns mit dem zufriedengeben, was die Schulleitung noch an Personal auftreiben konnte. Die meisten Lehrer waren jetzt müde, ältere Männer, die den Kadetten nicht Herr wurden. Jugendliche, besonders wenn sie sich zu einer Gruppe zusammenrotten, können fast schon satanische Kräfte entwickeln und die Erwachsenen an den Rand des Wahnsinns treiben – und genau das taten wir. Irgendwann kam ich dahinter, daß das Haarwasser »Vitalis« Alkohol enthielt und daß es sekundenlang mit blauer Flamme brannte, wenn man ein Streichholz daran hielt. Also lief ich wenig später mitten in der Nacht zwei Stockwerke hinunter, schüttete das Haarwasser bis zum Zimmer eines der Jungen, die ich nicht leiden konnte, und zwar auf den Boden und gegen die Wände, rannte wieder hinauf und zündete die Vitalis-Spur an. Die Flamme fraß sich hell leuchtend die Stufen hinunter.

Ein anderes Mal tat sich eine Gruppe von uns zusammen und schüttete Vitalis über die Sachen eines Lehrers, der schreckliche Angst vor uns, dieser wilden Rabaukentruppe, hatte, die bei Lehrern, die Schwäche zeigten, kein Erbarmen kannte. Wir erschreckten ihn zu Tode; durch die geschlossene Tür hindurch konnten wir hören, wie er voller Panik die Flammen mit seinen Kleidern erstickte. Natürlich entstand kein Schaden, denn der Alkohol in dem Haarwasser war schon bald verbrannt. Es ging uns nur um das schaurig-blaue Spektakel.

Ich war auch verantwortlich für eines der großen ungelösten Rätsel in der Geschichte von Shattuck. Wie gesagt, ertrage ich Lärm nur sehr schlecht. Obwohl es zugegebenermaßen Ausnahmen gibt: Musik kann ich stundenlang in solcher Lautstärke hören, daß andere fluchtartig den Raum verlassen. Aber die meisten lauten Geräusche – besonders solche, die aus Autoritätsgründen entstehen – ärgern mich. Die Glocke im Turm von Shattuck läutete alle fünfzehn Minuten – zur Viertelstunde, halben Stunde, dreiviertel Stunde und zur vollen Stunde – und rief uns in den Unterricht, zum Essen, zum Schlafen, zum Appell. Das war die Stimme der Autorität, und ich haßte sie. Irgendwann entschied ich, daß ich es einfach nicht mehr aushielt, und kletterte spätnachts auf den Turm – was allein schon zu meiner sofortigen Entlassung geführt hätte, wäre es bekanntgeworden –, um das Läutwerk zu sabotieren. Schon bald mußte ich allerdings feststellen, daß die Glocke nur zum Schweigen zu bringen war, wenn ich den Klöppel klaute. Das Ding wog an die hundertfünfzig Pfund, aber ich war wild entschlossen, es mir unter den Nagel zu reißen. Ich wartete, bis die Glocke die Viertelstunde schlug, und wurde fast taub dabei. Dann beugte ich mich vor, hängte den Klöppel aus und schleppte ihn die Stufen hinunter. Es war Frühling, der Mond schien, ich fühlte mich wunderbar. Ich zerrte den Klöppel noch ein paar hundert Meter weiter und vergrub ihn. Und genau dort liegt er noch heute. Mit einem Metalldetektor wäre er ganz leicht zu finden. Während ich das

Ding mit Erde zudeckte, kicherte ich vor mich hin, wie es nur ein schadenfroher Jugendlicher kann. Am nächsten Morgen war es wunderbar ruhig auf dem Schulgelände. Die Lehrer versammelten sich am Fuß des Turms, schauten hinauf, kratzten sich am Kopf und versuchten herauszufinden, was passiert war. Ich mußte mich beherrschen, um nicht laut loszuprusten angesichts der allgemeinen Verwirrung. Es herrschte Krieg, und jedes Gramm Metall wurde für Panzer, Gewehre und Flugzeuge gebraucht. Deshalb konnte man den Klöppel auch nicht ersetzen – gute Nachrichten für mich, aber eine Katastrophe für das Personal, weil sich die Lehrer immer darauf verlassen hatten, daß die Glocke die Kadetten in den Unterricht und zu den anderen Aktivitäten des Tages rief. In ihrer Verwirrung suchten sie einen Kadetten, der Trompete spielte, und wiesen ihn an, jede Stunde Signal zu geben. Da sie sich nicht darauf einigen konnten, was er spielen sollte, versuchte er es ständig mit neuen Songs. Es hätte völlig gereicht, wenn er zum Beispiel *Annie Laurie* trompetet hätte, aber er mußte immer wieder neue Melodien einstudieren und spielte deshalb immer falsch. Es war eine komische Sache, und ich lachte mich immer fast kaputt darüber. Den armen Narren mit seiner Trompete und den falschen Tönen werde ich wahrscheinlich nie vergessen.

Als die Schulleitung merkte, daß der Klöppel fehlte, kam sie zu dem Schluß, daß einer der Kadetten für sein Verschwinden verantwortlich sein mußte, also wurden wir alle zusammengetrommelt und mußten strammstehen. Der Schuldige wurde aufgefordert, sich zu melden. Als niemand vortrat, wurden dem ganzen Bataillon fürs erste die sonst üblichen Privilegien gestrichen: Wir durften nicht mehr in die Stadt und mußten in unserer Freizeit zum Lernen im großen Saal bleiben. Die Lehrer waren sich sicher, daß der Schuldige über kurz oder lang mit seinem Schurkenstück angeben würde. Wenn man das ganze Bataillon bestrafte, würde er bald von den Mitkadetten verpfiffen werden.

Ich verkündete prompt, daß ich spontan ein Kadettenkomitee zur Aufklärung des Verbrechens bilden wolle, das ich als frevlerischen Anschlag auf eine der würdigsten Traditionen von Shattuck bezeichnete. Natürlich machte ich mich damit beim Personal beliebt. Dann gab ich die Namen all der Kadetten, die ich nicht leiden konnte, als mögliche Konspiratoren bei dem »Verbrechen« an. Sogar heute noch kann ich mich über diesen cleveren Streich und die Art und Weise, wie ich ihn durchzog, amüsieren.

Niemand ist je hinter die Wahrheit gekommen. Irgendwann mußte sich die Schule geschlagen geben – unsere Privilegien wurden uns wieder gewährt, und man kehrte zum Alltag zurück. In der Zwischenzeit stand ich hoch im Kurs bei den Lehrern, denn ich war der einzige Kadett von Shattuck gewesen, der den Mut, die Ehre und das Traditionsbewußtsein besessen hatte, zu fordern, daß der Missetäter für seinen Streich bestraft werde. Merke: Erfolgreicher Vandale in der Militärschule kann man nur dann werden, wenn man alles allein macht, denn bekanntermaßen ist ein Geheimnis kein Geheimnis mehr, sobald zwei Leute darüber Bescheid wissen. Wenn man dagegen den Mund hält und noch ein bißchen Geschick mitbringt, wird man nie erwischt werden.

7

Nach zwei Semestern in Shattuck ging ich einen Sommer lang auf Trebe, sprang auf Züge und ließ mich von ihnen mitnehmen, übernachtete nachts in Landstreicher- und Wanderarbeiterkolonnen. Meine Reisegefährten – professionelle Penner – kamen aus ganz Amerika und hatten ein soziales System mit ebenso strengen Regeln, Bräuchen und Traditionen wie andere Kulturen, die ich später kennenlernte. Das erste, was ich bei ihnen lernte, war das Gebot, einen Fremden nie nach seinem Vorleben zu fragen. Viele der Landstreicher waren auf der Flucht vor ihrer Frau, vor der Polizei oder vor einem Leben, das sie nicht mehr wollten, und wenn man sich danach erkundigte, was sie machten, antworteten sie oft: »Die Zeit totschlagen.« Ich lernte ihren Jargon und ihre Geheimcodes kennen: Ein bestimmtes Kreidezeichen an einem Weg bedeutete, daß ganz in der Nähe ein bissiger Hund war; ein anderes Symbol wies darauf hin, daß die Bewohner des nächsten Hauses großzügig waren. Mittags mußten alle im Camp etwas zum großen Eintopf beisteuern. Also kamen wir mit unseren jeweiligen Beiträgen ins Lager zurück und warfen sie in den gemeinsamen Topf, dann aßen wir zusammen – von einem Blechteller, wenn wir einen hatten, oder gleich aus dem Topf, wenn nicht. In den Camps ging es demokratisch zu, wobei es eine Hackordnung gab, wie in fast jeder menschlichen Gemeinschaft: Jüngere Landstreicher wie ich mußten älteren, die schon mehr Kilometer auf dem Buckel hatten, eine gewisse Achtung entgegenbringen; oft fungierte einer von ihnen sozusagen als Schiedsmann, wobei Auseinandersetzungen nicht selten mit den Fäusten ausgetragen wurden. Den ganzen Tag über brannte im Lager ein Feuer, über dem eine verrußte Kaffeekanne vor sich hin dampfte. Die Landstreicher schütteten den Kaffee einfach direkt in die Kanne. Alle tranken ihn dann so, wie es ihn gab – schwarz, ohne Milch und Zucker.

In diesem Sommer freundete ich mich mit Hasso an, einem kleinen Juden, der als Messer- und Scherenschleifer von Haus zu Haus zog, Nadeln verkaufte und für ein warmes Mittagessen Sachen reparierte. Er brachte mir eine ganze Menge bei: wem man vertrauen konnte, zum Beispiel, und wem man besser aus dem Weg ging, wie man sich mit ein bißchen körperlicher Arbeit ein Abendessen verdiente, wie man die Bahnwärter austrickste, die auf den Rangierbahnhöfen mit Eichenknüppeln lauerten, um sie den Landstreichern über den Kopf zu ziehen, wenn sie sie in den Güterzügen erwischten. Hasso sagte mir, ich solle schon ungefähr einen Kilometer vor dem nächsten Bahnhof vom Zug abspringen und erst einen Kilometer dahinter wieder auf einen anderen aufspringen. Von ihm lernte ich, daß man leere Güterwagen besser mied, weil sie auf und ab hüpften und so stark ratterten, daß man darin kaum schlafen konnte. Such dir lieber einen vollgeladenen Waggon, sagte er, und schlaf oben auf ein paar Pappkartons, wenn's irgendwie geht. Wenn nicht, versuch's auf den Stahlstangen unter den Wagen. Die sicherste Methode, meinte er, sei es, eine breite Holzlatte zwischen die Stangen zu schieben und sich daraufzulegen. Das sei, abgesehen von dem Kies, der bei höheren Geschwindigkeiten von unten hochspritzte, eine ziemlich sichere Art des Reisens. Bei Kälte, erklärte mir Hasso, isoliere Holz schlecht, aber Zeitungen hielten warm. Drei oder vier Bogen Zeitungspapier, sagte er, helfen bei feuchtem Untergrund gegen Nässe, und unters Hemd gestopft, sorgen sie selbst bei scharfen Winden für mollige Wärme. Als ich später anfing, Motorrad zu fahren, half mir dieser Trick oft.

Wenn ich nicht im Waggon oder in einem Landstreicherlager schlief, machte ich es mir bei einem Freund oder bei Fremden bequem, die ich unterwegs kennengelernt hatte. Normalerweise waren die Frachtwagen außen markiert, damit das Personal wußte, wo sie hingeleitet werden sollten. Einmal wollte ich Wisconsin durchqueren, um rechtzeitig zur Ernte nach Minnesota zu kommen, aber ich wurde krank und schaffte es nicht. Statt dessen landete ich bei meinem guten Freund Jimmy Ferguson in Rice Lake, Wisconsin.

In jenen Tagen waren die Menschen noch großzügig, und

wenn sie etwas entbehren konnten, gaben sie dir als Gegenleistung für ein bißchen Arbeit ein Essen. Auch die Kriminalität hielt sich noch in Grenzen, also mußte ich mir eigentlich nur über die Bahnwärter Gedanken machen. Eines Tages klopfte ich an die Tür eines Farmhauses und fragte wie üblich, ob ich etwas zu essen haben könne, wenn ich dafür arbeitete.

»Na, mein Junge, was kannst du denn?« erkundigte sich der Mann.

»Ich mache alles.«

Als er mich fragte, ob ich schon mal auf einem Bauernhof gearbeitet hätte, erzählte ich ihm, daß ich von einer Farm käme, also nahm er mich mit in den Stall, und ich molk die Kühe und fütterte die Schweine. Dann aß ich mit der Familie zu Abend. Danach durfte ich oben bei der Tochter des Hauses im Zimmer schlafen, der Traum eines jeden jungen Mannes wurde sozusagen wahr. Sie war sehr hübsch, und nachdem wir das Licht ausgeschaltet hatten, mußte ich mich wirklich beherrschen, um nicht zu ihr ins Bett zu schlüpfen. Doch ich dachte mir: »Die Leute waren so nett zu mir, das kann ich ihnen nicht antun.« Diese Dummheit habe ich nie wieder begangen.

Als ich im Herbst wieder nach Shattuck zurückkehrte, verflog das Gefühl der Freiheit, das ich den ganzen Sommer über genossen hatte, schnell wieder. Erneut hatte ich es mit Uniformen, Appellen, Inspektionen und notfalls erbarmungslos durchgesetzter Konformität zu tun, und erneut flüchtete ich in meine Streiche.

Das Lernen und der Unterricht machten mir in Shattuck genausoviel oder genausowenig Spaß wie an den anderen Schulen, die ich besucht hatte. Ob das etwas mit meiner Legasthenie zu tun hatte oder auf andere Ursachen zurückzuführen war, werde ich wohl nie erfahren, jedenfalls war ich nie gut in der Schule und suchte immer wieder nach Möglichkeiten, wie ich dem Ganzen entgehen konnte. Wie die anderen Kadetten begann ich jedes Semester mit fünf Fächern, doch schon bald schaffte ich eines nicht mehr und gab es auf, dann folgte das nächste und noch eines. Am Ende des Semesters waren normalerweise nur noch ein oder zwei Fächer übrig.

Manchmal täuschte ich auch eine Krankheit vor, um diesen Kursen auch noch zu entgehen. Wir hatten in Shattuck eine Krankenschwester namens Mahalia (bei uns hieß sie Mahoola). Sie war wirklich eine nette Frau, obwohl die jahrelange Beschäftigung mit aufmüpfigen Jugendlichen nicht spurlos an ihr vorübergegangen war. Wenn ich ihr erzählte, ich sei krank, fühlte sie meine Stirn und meinte: »Na ja, sonderlich heiß ist sie aber nicht. Messen wir mal Fieber.« Dann steckte sie mir ein Thermometer in den Mund und kümmerte sich um jemand anderen. Sobald sie weg war, holte ich das Thermometer heraus, rieb es kräftig an meiner Hose und steckte es wieder in den Mund. Als sie wiederkam, um nachzusehen, war das Quecksilber schon fast auf vierzig Grad gestiegen. Mahoola sah mich dann immer voller Mitleid an und meinte: »Das ist ja wirklich ganz schön hoch. Deine Stirn ist zwar nicht heiß, aber trotzdem legst du dich jetzt besser ins Bett.« Ich antwortete meistens: »Muß ich wirklich?« Drei oder vier Tage lang mußte ich dann nicht zum Unterricht, und ein paar Wochen später wiederholte ich das Spiel von neuem.

An manchen Morgen, wenn ich keine Lust auf die Schule hatte, stand ich früh auf, schlich zum Klassenzimmer, steckte eine Büroklammer ins Schloß und bewegte sie so lange hin und her, bis sie abbrach. Meistens dauerte es eine ganze Weile, bis man den Schlosser aus dem Ort geholt hatte, und der Unterricht fiel aus. Ich habe eine ganze Reihe von Schlössern auf dem Gewissen. Dann fand ich irgendwann heraus, daß es genauso einfach war, die Lehrer *in* ihre Zimmer einzusperren, so daß sie nicht zum Unterricht erscheinen konnten. Sie wohnten in gegenüberliegenden Zimmern des Flurs. Wenn ich nun ein Seil an die Türknäufe zweier direkt gegenüberliegender Räume band, konnte keiner der Bewohner die Tür öffnen, die nach innen aufging. Die Zimmer befanden sich im ersten Stock, also war auch der Weg aus dem Fenster versperrt. Wieder hatten wir keinen Unterricht.

Weil ich so viele Fächer nicht bestand, mußte ich viel Zeit im großen Lernsaal verbringen, denn dorthin wurde man geschickt, wenn man aus einem Kurs geworfen worden war. Ich hatte mir eine Liste von ungefähr einhundertfünfundzwanzig

Songs gemacht, die meine Mutter mir beigebracht hatte, und jedesmal, wenn ich im Saal saß, holte ich die Liste heraus, suchte mir ein Lied aus und pfiff es leise in meine gewölbten Hände hinein.

Zu den wenigen Fächern, die ich mochte, gehörte Englisch, das Earle Wagner unterrichtete, ein Lehrer, den wir alle nur Duke nannten. Durch ihn lernte ich Shakespeare kennen, dessen wunderbare Sprachbeherrschung mir eine völlig neue Welt eröffnete. Im großen Lernsaal hatte ich mehr als genug Zeit, um Shakespeare zu lesen und Texte auswendig zu lernen, die ich heute noch im Kopf habe. Viel Zeit verbrachte ich auch damit, die *National-Geographic*-Hefte durchzublättern, wo ich ein neues Interessengebiet entdeckte, Tahiti. Ich war völlig verzückt von der Schönheit der Strände und den Sitten und Gebräuchen der Inselbewohner, am meisten jedoch von ihrem Gesichtsausdruck. Das waren glückliche, zufriedene, *unverdorbene* Gesichter. Dem Gefangenen eines Ortes, der kaum besser war als die Teufelsinsel, mußte Tahiti vorkommen wie das Paradies.

8

Duke Wagner hatte seinen alten, ramponierten Hut immer unglaublich schief auf dem Kopf sitzen. Er hielt sich offenbar für einen schneidigen Draufgänger, obwohl er meiner Meinung nach für einen richtigen Schwerenöter viel zuviel Angst vor der Welt hatte. Mit schiefem Grinsen und einem sämtliche Normen sprengenden Schnurrbart spazierte er in Begleitung seiner englischen Bulldogge auf dem Campus herum, seinen schon ziemlich abgewetzten Trenchcoat hatte er über die Schulter geworfen, was ihm ein flottes Aussehen verlieh. Er gab sich unbekümmert und hoheitsvoll, fast schon ein wenig theatralisch – vermutlich sah er sich selbst als Duke, als Herzog.

Der Duke leitete nicht nur den Fachbereich Englisch, sondern war auch für die Dramagruppe von Shattuck verantwortlich. Er forderte mich auf, für eine Rolle in *A Message from Khufu*, einem Einakter, der auf der Legende von König Tut basiert, vorzusprechen. Tatsächlich durfte ich die Figur des Ben spielen. Als mir meine Freunde und später auch der Duke sagten, ich habe mich gut geschlagen, fühlte ich mich wunderbar. Es war das erste Mal seit damals, als ich an der Julius C. Lathrop Junior High-School in Werken ein Lob erhalten hatte, daß mich jemand – abgesehen vom Sport – in dem, was ich machte, bestätigte. Anschließend sprach ich auch für andere Stücke vor. An Frannie schrieb ich: »Ich lerne jede Menge neue Wörter und studiere im Englischkurs den *Hamlet* ein. Wagner bringt einem wirklich was bei.« In einem Brief an meine Eltern meinte ich: »Englisch ist ziemlich schwierig, aber auch sehr interessant, weil wir verschiedene Stücke einstudieren. Wir machen gerade Shakespeare. *Was für ein Mann, dieser Duke!*«

Während meines zweiten Jahres in Shattuck schaffte ich es tatsächlich in die Elitetruppe, in die »Crack Squad«, wie wir sie nannten. Sie zählte zu den besten des Landes, und es bedeutete schon etwas, ihr anzugehören. Wir hielten Paraden ab und traten in Wettbewerb mit anderen Schulen. Dabei marschierten wir dann immer im geschlossenen Verband, warfen unsere Gewehre in die Luft und machten alle möglichen komplizierten Übungen mit koordinierten Bewegungen. Wir unterlagen nie in den Wettbewerben, aber es war harte Arbeit, denn für jede Minute unseres Auftritts mußten wir vorher ungefähr zehn Stunden üben.

In meinen Briefen nach Hause, die ich in diesem Jahr schrieb, appellierte ich immer noch ständig an meine Eltern, mich doch zu besuchen oder mir zu schreiben. »Wer von Euch ist nun gestorben, und wer hat sich den rechten Arm gebrochen?« fragte ich beispielsweise in einem Brief. Im Herbst teilte ich meinem Vater mit:

> Am Donnerstag haben wir das letzte Football-Training gehabt, und unsere Mannschaft bestreitet am Samstag in Culver das letzte Spiel der Saison. Unsere Chancen auf einen Sieg stehen ungefähr vier zu eins, aber ich glaube, daß es wegen unserer eingefleischten Rivalität ein gutes Spiel wird. Der Coach hat mich getröstet und gesagt, ich wäre mit Sicherheit in die erste Mannschaft gekommen, wenn ich wegen meiner Verletzung nicht drei Wochen lang mit dem Training hätte pausieren müssen. Aber nächstes Jahr klappt's, da bin ich mir sicher. Ich habe jetzt eine Galauniform und schaue todschick aus. Die werden Augen machen. Sie ist perfekt geschnitten und sieht richtig militärisch-zackig aus ...
>
> Ich habe mir nie klargemacht, wie wenig ich wußte, als ich hierherkam. Es ist wirklich erstaunlich, was man alles dazulernt. Ich hoffe sehr, daß Ihr bald kommt. Ich vermisse Dich und Mom. Sie ist so eine tolle Frau. Wenn Ihr kommt, wird hier einiges los sein. Erstens ist Erntedankfest, zweitens führen wir Dramen auf (in denen ich auch mitspiele). Dann haben wir noch einen großen Tanz. Im Moment mache ich mir überhaupt nichts aus Mädchen. Es wär mir wirklich schnuppe, wenn ich nie mehr eins zu Gesicht bekäme. Gott sei Dank habe ich diese Phase des Erwachsenwerdens endlich hinter mir. Und ob Ihr's glaubt oder

nicht: Am liebsten würde ich gar nicht zu den Tanzveranstaltungen gehen!

Alles Liebe,
Bud

Hallo Ihr,
die Zeit vergeht so langsam. Ich habe das Gefühl, als wäre ich schon acht Monate hier. Alle hassen den Coach. Ich auch. Die Sache mit der »Crack Squad« läuft gut. Der Hauptmann meint, ich schaffe es ... Der Campus glüht schon in den schönsten Farben des Herbstes. Es haut einen wirklich um. Der Duke steigt jeden Tag in meiner Achtung. Was für ein Typ. Englisch fällt mir im Moment ziemlich schwer, weil wir Grammatik machen, aber ich lasse nicht locker.

Ich liebe Euch beide *sehr*,
Bud

Jeden Sonntag mußten wir zum Gottesdienst in die Kirche, wo die meisten Kadetten prompt einschliefen. Der Duke, der sehr religiös war, und die anderen Lehrer versuchten immer, uns beim Schnarchen zu erwischen. Wie alle anderen langweilte ich mich fürchterlich. Meistens stießen wir uns gegenseitig in die Rippen, damit sich was tat. Ab und zu fingen wir auch einen Furzwettbewerb an. Als Jugendliche hatten wir in dieser Richtung viel drauf – manchmal erzitterten regelrecht die Holzbänke unter uns. Sobald ein Kadett gefurzt hatte, mußte er nur einen vorwurfsvollen Blick zu seinem Nachbarn werfen. Wenn der dann lachte, um so besser, das konnte ihm als Schuldgeständnis ausgelegt werden, und sobald der Übeltäter erst einmal gefunden war, starrten ihn alle voller Abscheu an. Dann versuchte es der nächste mit einem noch lauteren Furz.

An einem Sonntag, an dem mehrere Kadetten zum Altar gingen, um die heilige Kommunion zu empfangen, gewann meine Neugierde die Oberhand, und ich beschloß herauszufinden, was da vor sich ging. Man hatte mir erzählt, daß es vorne etwas zu essen, ja vielleicht sogar zu trinken gab, nämlich Wein, also ging ich zur Kommunionbank und kniete nieder. Als ich an der Reihe war, legte mir der Priester eine Oblate auf die Zunge, doch statt sie zu schlucken, schob ich sie in die Backe und untersuchte sie mit der Zunge. Als er mir den Kelch mit dem Wein reichte, nahm ich einen langen Schluck und wollte gar nicht mehr loslassen. Der Priester mußte sich mit aller Gewalt gegen das Geländer stemmen, um mir den Kelch wieder aus den Händen zu reißen. Wieder zurück auf meinem Platz holte ich die Oblate aus dem Mund und sah sie mir genauer an. Aus den Augenwinkeln bekam ich mit, daß der Duke mich vom anderen Ende der Bank mit finsterer Miene beobachtete. Nach der Messe rief er mich in sein Zimmer und sagte: »Mein Junge, du hast mit der gewaltigsten Macht des Universums leichtfertig herumgespielt. Gott helfe dir. Du darfst Gott, den Herrn, nie wieder so beleidigen, wie du es heute gemacht hast. *Nie wieder*, hast du gehört?«

»Aber was habe ich denn gemacht?«

»Ich habe gesehen, wie du mit dem heiligen Sakrament gespielt hast. Du mußt es mit der größten Hochachtung behandeln, denn wenn du es nicht tust, spielst du mit dem Teufel.«

Ich hatte ein furchtbar schlechtes Gewissen, weil ich den Duke verärgert hatte. Dieser Mann, der mir so wichtig war, schien erschreckt über das, was ich getan hatte. Ich sagte ihm, es tue mir leid, aber ich wisse nicht, was die Zeremonie bedeute.

»Das ist der Leib Christi«, sagte er, »und das Blut Christi.«

Mein erster Gedanke war: »Das ist ja wie bei den Kannibalen.« Aber ich hielt lieber den Mund, denn schließlich wollte ich den Duke nicht verletzen.

Trotz meiner kläglichen schulischen Leistungen glaubten manche Lehrer immer noch, einen Offizier aus mir machen zu können. Um mich zu ermutigen, vielleicht auch, um mich ebenfalls davon zu überzeugen, daß ich Führungsqualitäten hätte, beförderten sie mich zum Obergefreiten und übertrugen mir die Aufsicht über ein Stockwerk. Ich nutzte diese Macht weidlich aus und erpreßte meine Mitkadetten, indem ich ihnen versprach, sie bei der sonntäglichen Inspektion nicht auf die Liste zu setzen, wenn sie mir von ihrem Essen und ihren Süßigkeiten abgaben. Ich verhielt mich wirklich wie ein Mafioso. Aber ich ärgerte nur die Jungs, von denen ich wußte, daß sie mich nicht leiden konnten, oder die immer herumjammerten. Unnötig zu sagen, daß ich schon bald meines Amtes wieder enthoben wurde.

Hin und wieder schickte die Armee Inspektionsgruppen nach Shattuck und zu anderen Militärschulen, um zu sehen, wie wir uns machten. Das konnte für die weitere Karriere entscheidend sein. Ein paar Tage vor solchen Inspektionen wurde gewöhnlich das Kadettenkorps zusammengerufen, und man erklärte uns, wie wichtig die bevorstehende Inspektion sei, nicht nur für Shattuck, sondern auch für unsere eigene Zukunft als Offiziere der Armee. Es war wesentlich, so sagte man uns, daß wir den Inspektoren mit dem größten Respekt begegneten und unser Äußerstes taten, um ihnen zu zeigen, was wir über solche Dinge wie das Kartenlesen, die Taktik und die militärische Disziplin gelernt hatten.

In meinem zweiten Jahr bekam ein knochenharter Oberst den Auftrag, nach Shattuck zu kommen, und einer meiner Lehrer erzählte ihm von mir. Er meinte, ich sei zwar ein bekannter Unruhestifter, aber irgendwelche Führungsqualitäten müßte ich wohl haben, weil es mir immer wieder gelang, die anderen Kadetten mit in meinen Unfug hineinzuziehen. Als der Glokkenklöppel damals aus dem Turm verschwunden war, war ich außerdem der einzige Kadett gewesen, der genug Pflichtbewußtsein und Ehrgefühl gehabt hatte, um eine Bestrafung der Übeltäter zu fordern.

Eines Tages nun mußten wir mit unseren Gewehren und dem anderen Rüstzeug zu einem Übungsmarsch in den Wald. Ich war der Anführer der blauen Mannschaft, die das rote Team ausmanövrieren sollte. Der Oberst kam zu mir und fragte mich: »Soldat, Ihr Bataillonsführer ist gefallen. Was machen Sie?«

»Sir«, antwortete ich, »ich wende mich an den Kompaniechef.«

»Der ist auch gefallen. Was machen Sie dann?«

»Nun, dann wende ich mich an den Kommandeur«, sagte ich.

»Der ist auch gefallen«, erwiderte der Oberst. »Was machen Sie dann?«

»Sir«, antwortete ich, »dann mache ich, daß ich wegkomme.«

Das war wohl nicht die Antwort, die er hören wollte, und ich wurde wegen Insubordination auf mein Zimmer geschickt, was mir gerade recht war, weil das hieß, daß ich an dem langen Marsch, der für später am Tag angesetzt war, nicht teilnehmen mußte. Doch nachdem ich ungefähr eine Stunde allein in meinem Zimmer gesessen hatte, wurde mir langweilig, und ich beschloß, ein bißchen in den Ort zu gehen. Unglücklicherweise wurde meine unerlaubte Abwesenheit jedoch schon bald entdeckt, und ich wurde von der Schule verwiesen.

»Marlon, diese Schule ist nichts für Leute wie Sie«, meinte Nuba, the Tuba, als er mir die Neuigkeit mitteilte. »Wir mögen uns nicht mehr mit Ihnen herumschlagen.«

Traurig ging ich von Zimmer zu Zimmer und verabschiedete mich von meinen zahlreichen Freunden. Als ich schließlich zum Duke kam, überraschte er mich, indem er sagte: »Machen Sie sich keine Gedanken, Marlon, es kommt schon alles wieder in Ordnung. Ich weiß, daß man noch von Ihnen hören wird.«

Als er mich umarmte, traten mir die Tränen in die Augen. Ich legte den Kopf an seine Schulter und konnte gar nicht mehr aufhören zu weinen. Bis dahin war mir nicht klar gewesen, daß ich den Wunsch, geliebt und bestätigt zu werden, immer unterdrückt hatte. Wahrscheinlich verstand ich es noch nicht einmal jetzt. Es war das einzige Mal, daß sich jemand mir gegenüber so liebevoll und besorgt verhielt. Ich wußte, daß er es wirklich so meinte. Selbst heute noch bin ich gerührt und bewegt, wenn ich daran denke, wieviel mir der Duke bedeutete.

Wieder daheim, sah ich die Hoffnungslosigkeit und die Enttäuschung in den Gesichtern meiner Mutter und meines Vaters. Doch zu diesem Zeitpunkt war das nichts Neues mehr für mich.

Ungefähr zwei Wochen später kam ein Brief aus Shattuck. »Lieber Kadett Brando«, hieß es darin, »die Schüler und alle Offiziere des gesamten Bataillons haben gestreikt, weil wir glauben, daß Sie ungerecht behandelt wurden. Wir haben erklärt, wir würden dem Unterricht nicht mehr beiwohnen, solange Sie nicht rehabilitiert würden . . .« Der Brief schloß nach einer Schilderung des Streiks mit folgenden Worten: »Wir freuen uns,

Ihnen mitteilen zu können, daß wir Ihre Rehabilitation durchgesetzt haben. Die Schulleitung hat sich bereit erklärt, Sie wieder nach Shattuck zurückkommen zu lassen. Sie können die Zeit, die Sie hier versäumt haben, in der Summer School aufholen.« Der Brief war von allen Kadetten des Bataillons unterzeichnet.

Meine Mutter war zu Tränen gerührt, und ich war stolz, daß mir die Reaktion meines Vaters egal war.

Nachdem ich ein paar Tage über die Sache nachgedacht hatte, schrieb ich einen Antwortbrief, in dem ich erklärte, daß ich den Kadetten nie vergessen würde, was sie für mich getan hatten, und ihnen auf ewig dankbar sein würde, mich aber entschieden hätte, nicht nach Shattuck zurückzukehren. Ich sei an einem Scheideweg angekommen und wolle für mein weiteres Leben eine andere Richtung wählen.

Daraufhin suchte ich mir einen Job bei einer kleinen Baufirma, wo ich fünfunddreißig Dollar die Woche dafür bekam, daß ich Gräben aushob, Rohre und Fliesen verlegte und bei allem mithalf, was beim Hausbau nötig war. Das erste Mal im Leben hatte ich Geld in der Tasche, das ich selbst verdient hatte. Ich kann das Bier fast immer noch schmecken, das ich mir von meinem ersten eigenen Lohn gönnte.

Zu Hause waren wir jetzt nur noch zu dritt, weil meine beiden Schwestern nach New York gezogen waren. Tiddy, die schon in der High-School ein paar Rollen auf der Bühne gespielt hatte, nahm jetzt Unterricht an der American Academy of Dramatic Arts, und Frannie studierte Malerei bei der Art Students League. Sie war schon dabei, sich als Künstlerin in Greenwich Village einen Namen zu machen.

Trotz meines großspurigen Briefs an meine Mitkadetten wußte ich nicht, welchen Weg ich einschlagen oder wohin mein weiteres Leben führen sollte. Ich hatte aber das untrügliche Gefühl, daß ich schon bald wieder in einer Uniform stekken würde. Die meisten Jungs aus Libertyville in meinem Alter wurden eingezogen oder meldeten sich freiwillig zum Wehrdienst. Die Armee holte sich Absolventen aus Militärakademien und setzte sie als Offiziere ein, also beschloß ich, mich ebenfalls freiwillig zu melden.

Bei der Musterung fragte mich ein Arzt, ob ich irgendwelche körperlichen Probleme hätte.

»Manchmal tut mir das Knie ein bißchen weh«, sagte ich.

Ich hatte mich in Shattuck bei einem Football-Spiel verletzt, als mich jemand von hinten attackiert hatte. Dabei war mir der Meniskus rausgesprungen, und schließlich war er entfernt worden. Der Arzt packte mein Knie und drehte es so, daß das Gelenk aus der Pfanne sprang.

»Tut mir leid, mein Sohn, mit dem Knie sind Sie untauglich«, sagte er. »Sie sind vorläufig ausgemustert.«

Meine Eltern setzten sich tapfer mit mir zusammen und fragten mich, was ich jetzt machen wolle. »Ich weiß es nicht«, antwortete ich, obwohl ich durchaus ein paar Ideen hatte. Das vergangene Weihnachtsfest hatte ich bei meinen Schwestern in New York verbracht, und hinterher hatte ich Frannie geschrieben: »Ich mag N. Y. und werde dort leben, sobald mein Leben erst einmal richtig beginnt... Mein Gott, ich wünschte, ich wäre schon da. Es ist die faszinierendste Stadt der Welt...«

Meine Mutter sagte, es sei wichtig, daß ich mir klar darüber würde, was ich mit meinem Leben anfangen wolle, und mein Vater bot mir an, eine Handwerksausbildung zu finanzieren. Da es, abgesehen vom Sport, nur eine einzige andere Sache gab, für die ich je gelobt worden war, sagte ich: »Ich glaub', ich geh' nach New York und versuch' mein Glück als Schauspieler.«

9

Als ich im Frühjahr 1943 aus dem Taxi stieg, das mich von der Pennsylvania Station zum Apartment meiner Schwestern in Greenwich Village gebracht hatte, hatte ich einen leuchtendroten Schlapphut auf dem Kopf, den ich damals schlicht für weltbewegend hielt.

Ich erinnere mich gern an jene ersten Tage in New York zurück, besonders an das Gefühl der Freiheit, das ich verspürte, jetzt wo ich keiner Autorität mehr gehorchen mußte und mich frei bewegen und tun und lassen konnte, was ich wollte. Keine Uniformen, Appelle, Zapfenstreiche, Übungsmärsche, Paraden oder Lehrer mehr. Ich hatte die Schule gehaßt, und jetzt war ich endlich frei.

Eines Nachts ging ich hinüber zum Washington Square und betrank mich zum allerersten mal richtig. Ich schlief auf dem Gehsteig ein, und niemand störte sich daran. Als ich pinkeln mußte, stand ich auf und erleichterte mich hinter einem Busch. Niemand verbot es mir.

Es war ein unbeschreibliches Hochgefühl, einfach so auf dem Gehsteig des Washington Square schlafen zu können – ohne irgendwem zu irgendwas verpflichtet zu sein. Wenn ich keine Lust hatte, ins Bett zu gehen, tat ich es auch nicht. Damals bildeten sich die Schlafgewohnheiten heraus, die ich bis heute beibehalten habe: Ich blieb bis nach Mitternacht auf und schlief bis zehn oder elf am nächsten Morgen.

Einmal machte ich die Nacht auf einer Party in Brooklyn durch und schaute so gegen sechs Uhr hinaus auf die morgendlichen Straßen, über die sich langsam die Scheinwerferlichter der ersten Busse, Autos und Taxi legten. Dann begannen sich die Bürgersteige mit Leuten zu füllen, die Aktenkoffer trugen und ins Büro hasteten. Ich dachte bei mir: »Mein Gott, wäre das nicht schrecklich, wenn ich jeden Tag genauso aufstehen und zur Arbeit gehen müßte?«

Frannie, die in einem Apartment beim Patchin Place im Village wohnte, bot mir an, bei ihr einzuziehen. Ich ergatterte einen Job als Liftboy bei Best & Company, einem Kaufhaus, dann arbeitete ich als Kellner, als Sandwichverkäufer und was weiß ich noch alles.

Eines Nachmittags ging ich in einen Coffee-Shop Ecke 4th Street/7th Avenue und setzte mich neben zwei Männer. Schon bald kamen wir ins Gespräch. Mir fiel auf, daß der eine der beiden Männer einen starken texanischen Akzent hatte, also fragte ich ihn, wo er herkäme.

»Aus New York«, antwortete er.

»Woher haben Sie dann diesen texanischen Akzent?« wollte ich wissen.

»Ich war in der Armee.«

»Wieso kriegt man in der Armee einen texanischen Akzent?« Ich muß ziemlich verblüfft dreingeschaut haben.

»Das war nur zur Tarnung«, sagte er. »Wenn die in der Armee herauskriegen, daß man Jude ist, machen sie einem das Leben zur Hölle. Also hab' ich so getan, als käme ich aus Texas.« Er erzählte, daß er schon seit acht Monaten aus der Armee sei, sich aber den Akzent immer noch nicht abgewöhnen könne. Dann stellten wir uns vor. Sein Name sei Norman Mailer, meinte er, und der andere Mann war Jimmy Baldwin.

Mailer, der zu dem Zeitpunkt noch nichts veröffentlicht hatte, wurde nie ein enger Freund von mir, aber Jimmy Baldwin und ich schlossen uns nach unserem zufälligen Zusammentreffen in Hector's Cafeteria enger zusammen. Es war ein ganz besonderes Verhältnis zwischen uns beiden. Wir hatten beispielsweise nie das Gefühl, unterschiedlichen Rassen anzugehören, was ich bei anderen schwarzen Freunden so nur selten erlebt habe. Wir hatten auch nie das Bedürfnis, darüber zu reden. Wir waren einfach zwei Menschen, die sich miteinander wohl fühlten und einander alles ganz offen und ehrlich sagen konnten. Mein Job langweilte mich, ihm ging es genauso; er hatte noch nicht viel geschrieben, ich wußte noch nicht, wie es weitergehen sollte.

Jimmy gehört leider zu den vielen Freunden, die ich seit meinem Abschied aus Libertyville gewonnen habe, die viel zu früh gestorben sind. Er hat mir nie etwas von seiner Krankheit gesagt, und ich habe erst nach seinem Tod erfahren, daß er Krebs hatte.

Im Apartment neben dem meiner Schwester wohnte Estrelita Rosa Maria Cunsuelo Cruz, zu der ich einfach nur »Luke« sagte. Sie kam aus Kolumbien und war zehn oder fünfzehn Jahre älter als ich, hatte olivbraunen Teint, war einfach bezaubernd und besaß große Talente sowohl als Künstlerin als auch als Köchin. Ihr Mann war gerade bei den Marines unterwegs, und eines Abends lud sie mich zum Essen bei Kaminfeuer und Kerzenschein ein. Es kam, wie es kommen mußte: Ich verlor meine Unschuld.

Luke war außerordentlich leidenschaftlich und unkonventionell in sexuellen Dingen. Sie trug nie einen Slip. Oft schlenderten wir eine Straße in New York entlang, drückten uns schnell in eine Gasse und trieben es dort. Einmal sahen wir uns im Theater ein Ballett an. Sie nahm meinen Schwanz in ihre Hand, und ich ließ meine Hand unter ihren Rock gleiten. Wir kamen beide, wobei sie einen solchen Höllenlärm machte, daß sich die anderen Zuschauer ihren Teil gedacht haben werden. Als ihr Mann wieder nach Hause kam, erfuhr er von ihrem Seitensprung und ließ sich von ihr scheiden. Wir waren noch Jahre später befreundet. Sie war immer sehr wichtig für mich, aber nach ihr gab es noch viele andere Frauen in meinem Leben.

10

Damals kamen die besten Bands der Welt nach Manhattan. Überall in Harlem und hinter den bunten Neonlichtern und den roten Vordächern der Jazzklubs entlang der West 52nd Street gab es aufregende Musik zu hören. In Libertyville waren meine Jazzidole noch Gene Krupa und Buddy Rich gewesen, aber als ich eines Abends ins Palladium, einen Tanzsaal am Broadway, ging, war ich völlig aus dem Häuschen, als ich die afrokubanische Musik entdeckte. Jeden Mittwochabend gab es dort einen Mambo-Wettbewerb, und man hätte meinen können, alle Puertoricaner aus ganz New York strebten aufs Parkett, um ihre während der Woche angestauten Frustrationen beim Tanz abzulassen. Menschen, die im normalen Leben als Kellner arbeiteten oder im sogenannten »Garment District«, wo sich die Schneidereien und Bekleidungsfabriken konzentrierten, Karren herumschoben, verrenkten ihre Körper auf unvorstellbare Weise. Es war die verrückteste Art zu tanzen, die ich je gesehen hatte, und sie zog mich in ihren Bann. Jeder Mittwochabend war wie ein großes Fest, und ich freute mich jede Woche von neuem darauf. Jedesmal herrschte ausgelassene Stimmung, und man hatte das Gefühl, hier pulsierte das Leben. Hier spielten Tito Puente und Tito Rodriguez, also die besten afrokubanischen Bands, und wenn ein Set zu Ende war, übernahm die nächste Gruppe. Mir war schon immer jede Art von Rhythmus ins Blut gegangen, sogar das Ticken einer Uhr, und dem Zauber dieser Musik konnte ich mich schon gar nicht entziehen. Normalerweise hatte jede Band zwei oder drei Leute an den Congas sitzen, und bei ihren außergewöhnlichen, höchst komplexen Synkopierungen hielt es mich nie auf dem Sitz. Ich war selbst einmal ein ziemlich guter Schlagzeuger gewesen – ich hatte sogar Stunden genommen –, hatte aber nie die Congas gespielt. Nach meinen ersten Besuchen im Palladium gab ich das Schlagzeugspielen auf, kaufte mir meine eigenen Congas und meldete mich zu einem Kurs bei Katherine Dunham an, einer wunderbaren schwarzen Tänzerin. Eine Weile glaubte ich, ich könnte mir vielleicht einmal meinen Lebensunterhalt mit modernem Tanz verdienen. Katherine war überall auf der Welt gewesen, um das zu lernen, was damals »primitiver Tanz« hieß. Ich war völlig fasziniert davon, aber ich muß zugeben, wenn ich im Kurs vor der Wahl zwischen Trommeln und Tanzen stand, spielte ich lieber auf den Congas.

Es waren nur zwei Weiße in unserem Kurs, alle anderen waren schwarz. Besonders attraktiv fand ich Floretta, eine Krankenschwester aus Jamaica, die ziemlich ungewöhnliche Augen hatte. Ihre Lider senkten sich so tief über ihre Augen, daß es immer so aussah, als wären sie fast geschlossen. Aus irgendeinem Grund fand ich das sehr sinnlich. Als wir dann schließlich im Bett landeten, sagte sie mir, daß sie noch nie zuvor mit einem Weißen geschlafen hatte, und mir ging es umgekehrt genauso: Ich hatte noch nie mit einer Schwarzen geschlafen. Damals dachte ich: Komisch, aber es ist gar kein Unterschied, ob man mit einer farbigen oder mit einer weißen Frau schläft, nur daß die Haut schöner ist, eine Symphonie in Sepia. Wenn ich mit dem Daumen darauf drückte, schimmerte sie an den Rändern. So etwas hatte ich noch nie erlebt. Wir hatten eine wunderbare Zeit miteinander, aber irgendwann trennten sich unsere Wege. Sie verließ den Kurs, und ich hörte nie wieder etwas von ihr.

Eines Abends erzählte mir jemand von einer guten Band in Harlem, also setzte ich mich in die U-Bahn und machte mich auf die Suche nach einem kleinen, düsteren Klub an der 132nd Street, der vorne eine Bar hatte und hinten eine Tanzfläche mit der Band. Ich war schon ein bißchen beschwipst, und nachdem ich eine Weile zugehört hatte, fragte ich den Mann an den Congas, ob ich ein Set spielen könnte. Dabei zog ich einen Fünfdollarschein aus der Tasche und hielt ihn ihm vor die Nase, aber er würdigte mich keines Blickes. Auch der Mann neben ihm, der ein ziemlich mürrisches Gesicht machte, schaute mich nicht an. Plötzlich tauchte ein Schrank von einem Mann mit Augen so groß wie Kugellager wie aus dem Nichts auf und sagte: »Gib mir dein Geld, mein Junge. Du willst also die Congas übernehmen? Gib mir dein Geld, dann sorg' ich dafür, daß du die Congas spielst.«

»Ich glaub', ich hör' jetzt lieber erst mal zu«, meinte ich darauf, »und spiele dann später.«

Stille. Merkwürdig, dachte ich. Plötzlich wurde mir klar, daß der kräftige Mann der einzige im ganzen Raum gewesen war, der mir in die Augen gesehen hatte. Mir ging auf, daß ich der einzige Weiße hier war.

Als ich mich wieder setzte, fielen mir ein paar Frauen am Tisch hinter mir auf. Die Band fing erneut an zu spielen, und ich lehnte mich zurück, um ihnen zuzuhören. Ich ahnte immer noch nichts Böses. Dann hörte ich eine Stimme fragen: »Willst du tanzen?«

Als ich mich umdrehte, sah ich eine ausgesprochen hübsche Frau. »Tanzen? Aber klar«, sagte ich.

Wir tanzten, und ich fragte sie nach ihrem Namen.

»Ruby.«

»Und ich heiße Buddy.«

»Buddy. *Buddy?*«

»Genau«, antwortete ich, und ein plötzliches Grinsen glitt über ihr Gesicht. Es war ein einnehmendes Lächeln und gab den Blick auf einen Goldzahn frei. Wir tanzten weiter, und als die Band eine Pause machte, setzten wir uns und plauderten ein wenig. Während wir uns unterhielten, fiel mir auf, daß sie über meine Schulter nach hinten starrte. Völlig unerwartet sagte sie dann auf einmal: »Für dich heiße ich immer noch Sugar.«

Ich drehte mich um und sah fünf oder sechs Frauen, daneben einen riesigen schwarzen Muskelprotz. Erst jetzt wurde mir klar, daß ich einen Fehler gemacht hatte; es war alles andere als ratsam, einem solchen Panzer in die Quere zu kommen. Ich stand also auf, schluckte, senkte den Blick und überlegte, was man in so einer Situation sagen konnte. Schließlich ging ich mit zitternden Knien zu ihm hinüber und stellte mich neben ihn. Meine Magennerven flatterten wie die Hände eines Jazzpianisten. Die Mädchen starrten mich mit ausdruckslosem Gesicht an, aber er würdigte mich keines Blickes. So lässig wie möglich sagte ich: »Hey, Mann, ich bin neu hier in der Stadt.«

Er fiel mir ins Wort und sagte, ganz, ganz langsam: »Mein Name ist Leroy, L-E-R-O-Y.« Diese Buchstaben haben sich mir bis heute ins Gedächtnis gebrannt.«

»Tja, Mr. Leroy«, meinte ich, »ich mag die Musik hier und wollte mir einfach einen netten Abend machen. Ich heiße Bud. Ich bin nicht von hier«, sagte ich noch. »Ich bin gerade von Chicago herübergekommen. Ich wollte niemandem auf die Zehen treten oder so.«

»Das ist cool«, sagte Leroy. »Das ist wirklich *cool*.«

Es dauerte fast fünf Sekunden, bis er das Wort »cool« endlich über die Lippen gebracht hatte. »Das ist wirklich *cool*, Mann«, wiederholte er, und ich sagte: »Danke. Geht das in Ordnung, wenn ich hierbleibe?«

Er meinte: »Mmmm, hmmm.« Wieder brauchte er ziemlich lange dafür. Und er schaute mich keine Sekunde an.

Also ging ich mit einem stummen Stoßgebet wieder zu meinem Stuhl zurück, setzte mich und unterhielt mich weiter mit dem Mädchen, während ich versuchte, mein gequältes Lächeln unter Kontrolle zu kriegen. »Ist das dein Freund?« fragte ich.

»Könnte man so sagen«, meinte sie, bewegte den Kopf leicht und lächelte wieder.

»Hör zu«, sagte ich, »warum kommst du nicht mit mir nach Downtown? Ich kenne da ein paar nette Lokale, wo wir eine Menge Spaß haben und tanzen können. Was meinst du, möchtest du mit?«

»Aber klar«, antwortete sie. »Warum nicht, Baby? Also los.«

Ich legte Geld für die Rechnung auf den Tisch und ging hinüber zur Garderobe, die sich vorn in der Nähe der Bar befand, um meinen Mantel zu holen. Als ich ihn anzog, drehte ich mich um und sah gerade noch, wie jemand fast horizontal in die Stühle und Tische krachte, die am Eingang übereinandergestapelt standen. Es war Ruby/Sugar. Ohne zu überlegen, machte ich auf dem Absatz kehrt, hastete durch die Tür und rannte wie von Furien gehetzt davon. Hinter mir hörte ich Schritte, also legte ich noch einen Zahn zu, lief an ein paar Kerlen vorbei, die mich aus einer offenen Tür heraus fragten: »Wo willst du denn hin, Weißer?« Ich hatte jetzt so viel Adrenalin im Blut, daß ich es wahrscheinlich sogar mit Jesse Owens in seinen besten Tagen aufgenommen hätte. Ungefähr zwei Häuserblocks weiter stand ein Wagen an einer roten Ampel. Ich schwang mich über seine Kühlerhaube wie ein Hürdenläufer und rannte dann zur U-Bahn in der 110th Street, die Treppe hinunter zu den Gleisen, wobei ich immer vier Stufen auf einmal nahm. Am Ende des Bahnsteigs versteckte ich mich hinter einem Pfosten und hielt nach meinen Verfolgern Ausschau. Als nach einer Ewigkeit endlich ein Zug einfuhr, kamen auch schon ein paar Männer die Treppe herunter. »Das war's dann wohl«, dachte ich. »Wirklich kein schönes Ende, schon mit neunzehn tot in einer Blutlache in der U-Bahn unter dem Central Park zu liegen.« Ich wußte, daß der Zug erst wieder in der 59th Street halten würde, und die Fahrt kam mir vor wie eine Ewigkeit. Schweißgebadet wartete ich darauf, daß die Männer kommen würden, um mich zu erledigen. Noch nie in meinem Leben hatte ich so sehr geschwitzt. In der 59th Street hastete ich aus dem Wagen, schaute mich um, aber niemand sonst stieg aus. Erst jetzt merkte ich, daß mich überhaupt niemand verfolgt hatte; ich hatte mir das alles nur eingebildet.

11

Ein Brief, den ich in jenem Herbst nach Hause schrieb, beweist, daß ich trotz der Freiheit, die ich in New York genoß, noch immer keine klare Linie gefunden hatte:

»Morgen geht die Schule wieder los, und darüber bin ich ganz schön froh. Ich bin in letzter Zeit ziemlich unruhig gewesen, was kein Wunder ist bei all den aggressiven Busfahrern, Pazifisten, Philosophen und Spinnern hier in New York, ganz zu schweigen von mir selbst.
Mein Gott! Ich drehe mich im Kreis auf der Suche nach einer Antwort, aber ich finde einfach keine. Nichts. Ich hab' versucht, ein bißchen auszuspannen, aber das hat auch nichts genützt. Ich hab' mir den Kopf über die Wahrheit mit all ihren Facetten zerbrochen, aber ich bin fast wahnsinnig darüber geworden. Ich verstehe es nicht. Es ergibt alles keinen Sinn. Rund um mich herum gibt es so viel Verbitterung und Angst und Haß und Unwahrheit. Ich möchte etwas dagegen unternehmen. Es treibt mich zum Wahnsinn, wenn ich kein Risiko mehr eingehen kann, weil ich Angst habe. Wenn man versucht, anständig und rücksichtsvoll und nett und aufrichtig zu sein, nennen einen die Leute einen Lügner und sind mißtrauisch und hassen einen. Ich geb' mir wirklich redliche Mühe, das alles zu verstehen und zu verzeihen, aber wenn ich meine Gefühle formulieren oder ausleben sollte, würde mich das das Leben kosten. Die Gesellschaft hat was gegen gerade Leute, weil sie viel zuviel Angst hat. Ich hab' versucht, mich anzupassen und mein Fähnlein nach dem Wind zu hängen, aber dann habe ich das Gefühl, daß ich meine eigenen Gedanken und Prinzipien verrate ... Ich werde den Herbst daheim vermissen mit all dem Laub ... Mir kommen fast die Tränen, wenn ich bloß daran denke ... Alles Liebe, Bud.«

Ich ging nur ein Jahr auf die New School for Social Research, aber dieses Jahr hatte es in sich. Nicht nur die Schule, sondern ganz New York war zu einem Zufluchtsort für unzählige europäische Juden geworden, die vor und während des Zweiten Weltkriegs aus Deutschland und anderen Ländern geflohen waren und das intellektuelle Leben der Stadt auf einzigartige Art und Weise bereicherten. Ich habe sehr, sehr viel gelernt von diesen Juden. Damals lebte ich praktisch in einer jüdischen Welt. Sie waren nicht nur meine Lehrer, sondern auch meine Arbeitgeber. Sie machten mich mit Büchern und Gedanken vertraut, von deren Existenz ich bis dahin nichts gewußt hatte. Ich schlug mir ganze Nächte mit ihnen um die Ohren – stellte Fragen, diskutierte, argumentierte, forschte, entdeckte, wie wenig ich wußte, lernte, wie unzulänglich ich mich ausdrückte und wie abgrundtief schlecht meine Ausbildung war. Ich hatte nicht einmal die High-School abgeschlossen, während viele von ihnen in Europa einzigartige akademische Würden erworben hatten. Ich kam mir dumm und klein vor, aber sie weckten meine Wißbegier. Ich glaubte, daß ich mit mehr Wissen, mehr Informationen klüger würde, doch heute weiß ich, daß das nicht stimmt. Ich las Kant, Rousseau, Nietzsche, Locke, Melville, Tolstoi, Faulkner, Dostojewski und unzählige andere Autoren, von denen ich oft kaum ein Wort verstand.

Die New School war eine Zwischenstation für einige der klügsten jüdischen Intellektuellen aus Europa. Sie war eine Anlaufstelle, bevor sie zu den namhaften Universitäten wie Princeton, Yale oder Harvard gingen. Sie waren die *Crème de la crème* der europäischen Intelligenz, und als Lehrer waren sie großartig.

Ich habe mich immer gefragt, wie die Juden, die einen so geringen Teil der Weltbevölkerung ausmachen, es in so vielen Bereichen so weit bringen konnten – in den Naturwissenschaften, der Musik, der Medizin, der Literatur und der Kunst ganz allgemein sowie in der Wirtschaft. Wenn man eine Liste der einflußreichsten Menschen der letzten hundert Jahre aufstellen würde, befänden sich darunter mit Sicherheit Einstein, Freud und Marx – alle drei Juden. Es gehörten noch viele andere auf diese Liste, obwohl die Juden nicht einmal drei Prozent der amerikanischen Bevölkerung ausmachen. Was für ein erstaunliches Volk. Man muß nur einmal daran denken, was sie im Lauf der Jahrhunderte immer wieder erdulden mußten. Pogrome, brennende Synagogen, Kosakenüberfälle, die Entwurzelung von Familien, die Zerstreuung in alle Winde, dann schließlich der Holocaust. Nach der Vertreibung aus ihren angestammten Gebieten durften sie in vielen Teilen der Welt weder Land besitzen noch ihre Religion ausüben; sie hatten kein Stimmrecht und mußten dort leben, wo man es ihnen sagte. Trotzdem überlebte ihre Kultur, und die Juden wurden zum vielseitigsten Volk, das die Menschheit je hervorgebracht hat.

Lange Zeit dachte ich, die Brillanz und der Erfolg vieler Juden seien auf ein besonders reiches Genmaterial zurückzuführen, das sich im Nahen Osten im Verlauf der Evolution angesammelt habe. Doch dann erkannte ich, daß sich meine Theorie nicht aufrechterhalten ließ, denn infolge der Vertreibung entwickelten sich die Aschkenasim zu einer Gruppe, die sich physisch stark von den Sephardim unterschied. Die spanischen Juden hatten nichts mit den russischen gemein, sie konnten sich nicht einmal miteinander verständigen. Die russischen Juden wiederum waren abgeschnitten von den deutschen Juden, die sich als überlegen begriffen, und die Juden in Osteuropa hatten nichts mit den Sephardim zu tun. Außerdem hatte es im Verlauf der Jahrhunderte so viele Mischehen gegeben, daß die Gene allein das Phänomen nicht erklären konnten.

Nachdem ich mich mit vielen Juden unterhalten und zahlreiche Bücher über die jüdische Geschichte und Kultur gelesen hatte, kam ich zu dem Schluß, daß das Judentum eher ein kulturelles als ein genetisches Phänomen war. Es ist sozusagen ein Geisteszustand. Es gibt ein jüdisches Wort, »Schekel«, mit dem sich die profundesten Aspekte jüdischer Kultur erklären lassen. Es bedeutet: nach Wissen streben und wenn man stirbt, die Welt in einem besseren Zustand verlassen. Die Juden schätzten nichts mehr als Bildung und harte Arbeit, und sie geben diese Werte von Generation zu Generation weiter. Meines Wissens findet sich diese spezielle Art des Strebens nach herausragenden Leistungen sonst nur noch in bestimmten asiatischen Kulturen. Es muß diese kulturelle Tradition sein, die für ihren erstaunlichen Erfolg verantwortlich ist. Sie ist die eine Konstante, die überlebt hat, während die Juden in alle Welt zerstreut wurden.

Die Traditionen, die mit Hilfe von Thora und Talmud weitergegeben werden, haben den Juden geholfen, das Schicksal zu erfüllen, das sie für sich in Anspruch nehmen, nämlich ein »auserwähltes Volk« zu sein – nimmt man ihre spektakulären Leistungen in so vielen Bereichen als Beweis dafür. Doch egal, was die Gründe für ihre Brillanz und ihren Erfolg letztlich sein mögen, eines steht fest: Vor meinem Zusammentreffen mit ihnen hatte ich keine nennenswerte Bildung. Sie vermittelten mir ein Gefühl für Kultur, das ich mein Leben lang nicht verloren habe.

Abgesehen von den Akademikern und Gelehrten aus Osteuropa lernte ich in jenen frühen Jahren in New York vor allem von den jüdischen Mädchen, die in vielerlei Hinsicht weltgewandter waren als ich. Damals war es in reichen New Yorker Kreisen üblich, daß sich die Töchter ein Apartment in der Stadt nahmen und noch einmal gehörig auf den Putz hauten, bevor sie nach dem Schulabschluß ihre Berufslaufbahn begannen oder heirateten. Unbeholfen und ungebildet, wie ich war, wirkte ich auf sie wahrscheinlich wie ein Wesen von einem anderen Stern. Ich war ein ungebildeter Goi, der Motorrad fuhr; ich war jung, nicht unattraktiv, steckte voller Energie und Hormone, kurzum, ich war ein exotisches Tier in der Welt dieser Mädchen, und sei es nur, weil die jüdischen Jungen so ganz anders waren. Ich lebte nicht nach ihren Regeln und sie lebten nicht nach meinen. Sie waren fasziniert von mir und ich von ihnen. Viele von ihnen waren auf sexuellem Gebiet erfahrener als ich, aber ich war ein gelehriger Schüler. Ich erinnere mich besonders an eine von ihnen, an Caroline Burke, eine schöne Frau, die etwa zehn Jahre älter war als ich. Bis zum heutigen Tag bedaure ich es, daß aus der Geschichte mit ihr damals nichts Ernsteres geworden ist. Sie war nicht nur körperlich attraktiv und außerordentlich gebildet, sondern auch elegant und charmant, hatte Geschmack und liebte schöne Dinge. Sie wohnte in einem Apartment voll mit alten Möbeln und trug ein betörendes Parfüm. Für sie war ich wohl nur ein Landei – ein neunzehnjähriger Bauernjunge, der sich insgeheim noch immer Sorgen machte, ob er vielleicht Mist an den Schuhen hatte –, aber sie brachte mir eine Menge bei.

Einmal ging ich zusammen mit Caroline die 57th Street entlang und fragte ganz naiv: »Ist das nicht komisch, daß hier so viele Frauen mit Nerzmänteln rumlaufen?« Vor uns ging eine solche Frau, und Caroline sagte: »Sie ist Jüdin.« Ich fragte: »Woher weißt du das?« Sie antwortete: »Tja, weil ... Keine Ahnung, sie ist eben Jüdin.« Darauf meinte ich: »Willst du damit sagen, bloß weil sie blonde Haare und einen Nerzmantel hat ...« Sie fiel mir ins Wort: »Hör zu, ich bin selber Jüdin, und ich kenne die Juden eben, und zwar in- und auswendig.« »Aber wie kann man einen Juden von einem Nichtjuden unterscheiden?« »Tja, dazu muß man Jude sein.« Ich war nicht nur verblüfft über ihre Antwort, sondern auch erstaunt über ihre erstaunlich scharfe Wahrnehmung.

Ich war jetzt schon mehrere Monate in New York und immer noch am modernen Tanz interessiert, aber als ich mich für den Dramatic Workshop an der New School einschrieb, änderten sich meine Pläne in der Folge schlagartig. Ich hielt meine Eltern in diesem Herbst 1943 über meine Fortschritte in Briefen auf dem laufenden, die von einer völlig fremden Person zu stammen scheinen – einem naiven Jungen, der mit aller Kraft versucht, die Welt, in die er da hineingestolpert ist, zu verstehen und seinen eigenen Platz in ihr zu finden. Wie immer in dem Alter, ging es um die Sinnfrage:

> Hallo Ihr,
> es geht mir gut, ich habe keine Pickel mehr und bin gesund. Zwar habe ich noch kein Zimmer gefunden, hoffe aber, bis Ende der Woche eines zu bekommen, auf das ich ein Auge geworfen habe ... Letzte Woche haben wir *Heute abend wird aus dem Stegreif gespielt* von Pirandello aufgeführt. Es lief gut. Piscator war mit mir zufrieden. Die Sache hat Spaß gemacht.
> Ich habe eine interessante junge Frau kennengelernt. Sie heißt Renata (was für ein schöner Name). Sie verdient sich ihren Lebensunterhalt mit Klavierspielen und spricht

Deutsch, Italienisch, Französisch und Englisch. Ein nettes Mädchen. Sie ist gebürtige Deutsche . . .
Ich lerne gerade, daß man keine völlig offene und aufrichtige Beziehung zu einer Frau haben kann. Die meisten langweilen mich, um ehrlich zu sein, zu Tode . . . Ich habe in der Bibel gelesen. Sie steckt voll von wunderbaren Gedanken, die mir aber nicht viel bedeuten. Nana, warum lernen wir, daß wir Gott fürchten müssen? Ich verstehe das nicht . . . Ich schreibe diesen Brief in der U-Bahn und bringe meine Gedanken einfach so zu Papier, wie sie mir in den Kopf kommen . . . Joy Thompson (von der Sommertheateraufführung) ist auf den Kopf gefallen und mußte ins Krankenhaus – sie hat eine Gehirnerschütterung. Inzwischen ist sie wieder in Kanada . . .
Wie läuft's zu Hause? Pop, allmählich verstehe ich vieles von dem, was Du mir gesagt hast. Ma, wie geht's Deiner Erkältung? Ich begreife das Leben zwar nicht, aber ich versuche, so viele Erfahrungen wie möglich zu sammeln. Ihr seid mir alle ein großer Trost.

Alles Liebe,
Bud

Hallo Ihr,
lieb, daß Ihr mir nicht böse seid, weil ich so lange nicht geschrieben habe. Habe ich irgendwelche Geburtstage vergessen? Ich habe in letzter Zeit geschuftet wie ein Pferd . . . in der Schule läuft's gut. Wir machen gerade Molières *Eingebildeten Kranken,* wo ich einen jungen Liebhaber . . . spiele. Eine gute Rolle. Außerdem lerne ich die Rolle des Tempelherrn in *Nathan der Weise,* sie ist mir wirklich wie auf den Leib geschrieben. Der Philosophiekurs gefällt mir wirklich gut, und Dr. Kaplan bestätigt in seinen Vorträgen all das, was ich (wenn auch nicht offen) schon immer über die Macht der Kirche und gewisse Aspekte der Religion gesagt habe. Es ist wunderbar. Ich habe wirklich etwas zu sagen. Meine Sachen wasche ich jetzt im Waschbecken.
Ich kann meine Vermieterin nicht sonderlich leiden, weil sie mir zu viele Ratschläge gibt. Viel zu viele.

Allmählich lerne ich, wie ein Schauspieler agiert, wie er Handlungen und Gefühle auf die Bühne bringt. Wie alles andere ist auch das Knochenarbeit, aber ich habe trotzdem meine Freude daran, weil mir das, was ich mache, gefällt. Fran schuftet wie ein Pferd und hat deshalb auch großen Erfolg. Es geht ihr gut . . . Ich versuche, meine Finanzen zu ordnen.

Liebe Grüße an alle,
Bud

12

Der Dramatic Workshop der New School wurde damals von Erwin Piscator geleitet, einem Mann, der im deutschen Theater großes Ansehen genoß, aber für mich war Stella Adler die eigentliche Seele der Schule. Anfang der dreißiger Jahre ging sie nach Europa und studierte unter Konstantin Stanislawski vom Moskauer Künstler-Theater, dann fuhr sie wieder nach Hause und unterrichtete die anderen Mitglieder des Group Theatre in seinen Techniken. Das Group Theatre war eine Gruppe von Schauspielern, Schriftstellern und Regisseuren, die ab 1931 etwa zehn Jahre lang versuchten, eine Alternative zum kommerziellen Broadwaytheater aufzubauen und gesellschaftliche Veränderungen einzuläuten.

Als ich Stella kennenlernte, war sie einundvierzig, ziemlich groß gewachsen und sehr, sehr hübsch. Sie hatte blaue Augen, verblüffend blonde Haare und eine unglaubliche Präsenz als Person. Trotzdem war sie vom Leben enttäuscht. Sie war eine wunderbare Schauspielerin, die nie die Chance bekommen hatte, ein Star zu werden, und ich denke, das verbitterte sie. Sie gehörte einer der großen amerikanischen Theaterdynastien an und trat im Verlauf von dreißig Jahren in beinahe zweihundert Stücken auf. Sie wünschte sich nichts sehnlicher als eine berühmte Schauspielerin zu werden. Doch ihr ging es genauso wie den meisten anderen jüdischen Schauspielern ihrer Zeit: Sie mußte sich mit der damals üblichen verdeckten grausamen Form des Antisemitismus auseinandersetzen; die Produzenten in New York und besonders die in Hollywood engagierten nämlich keine Schauspieler, die irgendwie »jüdisch aussahen«, egal, wie gut sie ihr Handwerk verstanden.

Hollywood war seit Anbeginn eine jüdische Gemeinde; es wurde von Juden aufgebaut und ist auch heute noch fest in jüdischer Hand. Aber lange Zeit war es auf perverse Weise antisemitisch, besonders vor dem Krieg, als Juden ihr Jüdischsein leugnen mußten, wenn sie einen Job wollten. Die Schauspieler hatten Angst, und das zu Recht. Als ich meine schauspielerische Laufbahn begann, hörte ich von Kollegen, die zum Vorsprechen in ein Theater eingeladen wurden, immer wieder folgende Geschichte: Der Produzent sagte zu ihnen: »Prima. Herzlichen Dank. Wir rufen Sie an.«

Wenn der Schauspieler gegangen war, fragte der Agent: »Na, Al, was meinst du?«

»Großartig«, antwortete der Produzent: »Er war wirklich großartig, *aber er ist einfach zu jüdisch*.«

Wenn man »jüdisch aussah«, bekam man keine Rollen und verdiente auch kein Geld. Man mußte ausschauen wie Kirk Douglas, Tony Curtis, Paul Muni oder Paulette Goddard und seinen Namen verändern. Auch sie waren Juden, aber sie sahen eben nicht jüdisch aus und hatten zur Tarnung nichtjüdische Namen angenommen. Julius Garfinkle wurde so zu John Garfield, Marion Levy zu Paulette Goddard, Emmanuel Goldenberg zu Edward G. Robinson und Muni Weisenfreund zu Paul Muni. Das änderte sich erst später, als Leute wie Barbra Streisand sagten: »Warum sollte ich einen neuen Namen annehmen, verdammt? Ich bin Jüdin, und ich bin stolz darauf.« Heute müssen sich Juden nicht mehr die Nase operieren lassen, um einen Job zu bekommen, aber zu Stellas Zeiten war das noch anders. Sie ging nach Hollywood, spielte in drei Filmen mit und veränderte, in der Hoffnung, daß ihr das weiterhelfen würde, ihren Familiennamen zu »Ardler«, aber sie hatte unglücklicherweise eine ziemlich lange Adlernase, die ihr das typische »jüdische Aussehen« gab. Sie ließ sie dann operieren und sah danach weniger jüdisch aus; aber die Produzenten waren immer noch nicht überzeugt und boten ihr auch jetzt nicht die Rollen an, die ihrem Talent entsprachen und sie zum Star gemacht hätten.

Obwohl Stella ihren eigenen Traum nie verwirklichen konnte, hinterließ sie doch ein erstaunliches Erbe. Sie ist praktisch die Begründerin der modernen Filmschauspielerei, und sie hatte großen Einfluß auf die Kultur ihrer Zeit. Den Zuschauern ist wahrscheinlich nicht klar, wieviel wir ihr und anderen Juden sowie dem russischen Theater zu verdanken haben. Die Techniken, die sie von dort mitbrachte und anderen vermittelte, veränderten die ganze Schauspielkunst. Zuerst gab sie sie an die anderen Mitglieder des Group Theatre weiter, dann an Schauspieler wie mich, die als Schüler zu ihr kamen. Wir saugten alles begierig auf, was sie uns lehrte, und da der amerikanische Film seit jeher den Weltmarkt beherrscht, wurden Schauspieler auf der ganzen Welt von Stellas Methoden beeinflußt.

Stella behauptete immer, niemand könne einem die Schauspielerei beibringen, aber sie *konnte* es. Sie hatte eine große Begabung, Leuten einen Spiegel vorzuhalten, sie dazu zu bewegen, ihre Gefühle in die Rolle einzubringen und ihre verborgene Sensibilität freizusetzen. Sie verstand es wie keine andere, ihr Wissen zu vermitteln; sie konnte einem nicht nur sagen, *daß* man etwas falsch machte, sondern auch *warum*. Sie besaß einen untrüglichen Instinkt. Wenn ich in einer Szene danebenlag, merkte sie das sofort und sagte: »Nein, warte, warte ... so geht das nicht!« Dann erklärte sie mir, warum die Figur, die ich spielen sollte, sich in der gegebenen Situation nicht so verhalten würde, wie ich es getan hatte, und was der Autor mit der Figur gewollt hatte.

»*Method acting*« – die »Methode«, eine Schauspieltechnik, die von Stanislawski stammte – war ein Begriff, den Lee Strasberg popularisierte, verfälschte und mißbrauchte. Ich hielt nicht sonderlich viel von Strasberg, deshalb benutzte ich auch den Terminus nur sehr ungern. Stella brachte ihren Schülern bei, ihre eigene emotionale Dynamik zu entdecken und damit auch die der anderen. Sie zeigte mir, wie ich auf der Bühne ich sein konnte. Bei ihr mußte ich bei einer Aufführung keine Gefühle darstellen, die ich nicht persönlich erlebte.

Mit Stella veränderte sich die Schauspielkunst in den fünfziger und sechziger Jahren völlig. Vor ihr wurde das Metier von Leuten beherrscht, die ich immer als »Charakterschauspieler« betrachtet habe, so zum Beispiel Sarah Bernhardt, Katherine Cornell oder Ruth Gordon. George Bernard Shaw hat einmal gesagt: »Ein Charakterschauspieler ist jemand, der wenig Talent zum Schauspieler hat und sich deshalb ausgiebig mit Verstellungsstrategien und Bühnentricks befaßt, mit deren Hilfe sich die Schauspielerei auf groteske Weise simulieren läßt.« Viele Schauspieler glaubten, sie würden schon allein dadurch

Moses werden, wenn sie sich nur einen Bart wachsen ließen und einen langen Mantel sowie einen Stab aus der Requisite holten, doch in Wirklichkeit spielten sie sich nur immer wieder selbst. Um Verwirrung oder Schmerz anzudeuten, hoben sie die Hand zur Stirn und seufzten laut. Sie spielten äußerlich, nicht innerlich.

Doch es gab auch ein paar gute unter den früheren Schauspielern. Einmal sah ich einen Ausschnitt aus dem Film *Cenere* von 1916, in dem Eleonora Duse mitspielte, eine wunderbare Schauspielerin, deren Karriere unglücklicherweise von ihrer extravaganten Rivalin Sarah Bernhardt überschattet wurde. Sie spielte zurückhaltend, einfach, ohne große Effekte, und war doch höchst eindrucksvoll. Andere Naturtalente, deren Begabung sich an ihrer Arbeit ablesen läßt, waren Paul Muni oder Jimmy Cagney, aber sie waren meiner Meinung nach Ausnahmen. Vor Stella bestand die Schauspielerei auf der Bühne hauptsächlich aus Deklamieren, oberflächlichen Gesten, übertriebener Mimik, lauten Stimmen, theatralischem Duktus und unechten Emotionen. Die meisten Schauspieler bemühten sich nicht, die Gefühle einer Figur *nachzuerleben*.

Die Schauspielerei ist im Prinzip eine Kunst ohne jedes Geheimnis. *Jeder* ist Schauspieler, vom Hosenmatz, der schon sehr bald weiß, was er tun muß, um die Aufmerksamkeit seiner Mutter auf sich zu lenken, bis zu den Eheleuten mit ihren tagtäglichen Ritualen des Zusammenlebens. Unter unseren Politikern befinden sich ein paar der augenfälligsten und gleichzeitig schlechtesten Schauspieler. In unserer Welt kann man ohne schauspielerische Fähigkeiten kaum überleben. Die Schauspielerei ist ein notwendiges soziales Mittel: Wir setzen sie ein, um unsere Interessen zu schützen und uns Vorteile zu verschaffen. Sie ist etwas Instinktives, denn wir alle besitzen diese Fähigkeit und verwenden sie, wenn wir etwas von jemandem wollen oder etwas verbergen möchten. Die meisten Leute spielen den ganzen Tag. Wenn wir nicht so empfinden, wie es unser Gegenüber gern hätte, und nett zu ihm sein wollen, spielen wir eben das Gefühl, das er unserer Meinung nach von uns erwartet. Wir reagieren enthusiastisch auf seine Pläne, selbst wenn sie uns eigentlich langweilen. Jemand sagt etwas Verletzendes, aber wir verstecken unseren Schmerz. Der Unterschied zur professionellen Schauspielerei besteht lediglich darin, daß die meisten Menschen ganz unbewußt und automatisch spielen, während Schauspieler im Film und auf der Bühne damit eine Geschichte erzählen wollen. Tatsächlich liefern viele Schauspieler ihre besten Vorstellungen, wenn die Kamera nicht mehr läuft.

Viele Filmstars der alten Schule waren ziemlich schlechte Schauspieler, aber sie hatten trotzdem Erfolg, weil sie eine ausgeprägte Persönlichkeit besaßen. Sie hatten Markencharakter und boten so etwas wie einen geregelten Speiseplan: Am Mittwoch gab's Cornflakes und Gary Cooper; am Freitag Müsli und Clark Gable. Man erwartete von ihnen, daß sie sich nie veränderten und mit kleinen Variationen immer wieder die gleiche Rolle spielten. Clark Gable war in jeder Rolle Clark Gable; Humphrey Bogart war immer Humphrey Bogart, und Claudette Colbert wurde nie etwas anderes als Claudette Colbert. Loretta Young veränderte sich auch im hohen Alter nicht, die Filmemacher schoben nur immer mehr Schichten seidige Gaze zwischen sie und die Kamera, damit sie in den Augen der Zuschauer immer dieselbe blieb. In Amerika nennen die Leute vom Film die Mittel, mit denen man die Zeichen des Alterns verbirgt, deshalb heute noch immer »Loretta Young silks«. Die Seidentücher waren Lorettas Jungbrunnen.

Ich hatte das Glück, in einer Zeit des Umbruchs Schauspieler zu werden, in der das Metier dank Stella interessanter wurde. Sie meinte einmal zu einem Reporter, eine meiner Tugenden als Schauspieler bestünde wahrscheinlich darin, daß ich ein hohes Maß an Neugierde Menschen gegenüber mitbrächte. Das stimmt – mich hat schon immer interessiert, was Menschen empfinden, was sie denken, welche Motive sie für ihr Handeln haben –, und ich habe mich seit jeher bemüht, all das herauszufinden. Wenn ich jemanden nicht durchschaue, bleibe ich ihm so lange auf den Fersen, bis ich herausgefunden habe, was für ein Mensch er ist, wie er funktioniert. Ich tue das nicht, um ihn auszunützen – obwohl ich zugeben muß, daß ich das manchmal getan habe, als ich noch jung war –, sondern weil ich auf diese Weise auch mehr über mich selbst erfahren kann. Immer wieder denke ich über die Motive menschlichen Handelns nach. Woher kommt es, daß wir uns so verhalten, wie wir uns verhalten? Wie kommt es zu den inneren Zwängen, die uns in die eine oder andere Richtung treiben?

Das sind Fragen, die mich ein Leben lang beschäftigt haben. Früher habe ich stundenlang in den Coffee-Shops am Washington Square gesessen und einfach nur Menschen beobachtet. Wenn ich mit einer Frau ausging, versuchte ich herauszufinden, warum sie in einem bestimmten Augenblick die Beine übereinanderschlug, sich eine Zigarette anzündete, sich im Verlauf der Unterhaltung räusperte oder sich eine Locke aus der Stirn strich. Ich saß oft in der Telefonnische im Optima Cigar Store Ecke Broadway/42nd Street und sah den Menschen zu, die draußen vorbeigingen. Nach zwei oder drei Sekunden waren sie wieder verschwunden, manchmal noch schneller. In dieser kurzen Zeit studierte ich ihre Gesichter, die Art und Weise, wie sie die Köpfe hielten und die Arme hin und her schwangen, ihre Körperhaltung. Ich versuchte, ihre Persönlichkeit in mich aufzusaugen – ihre Geschichte, ihren Job, ob sie verheiratet waren, verliebt oder in Schwierigkeiten. Das Gesicht ist ein außerordentlich feines Instrument – soweit ich weiß, hat es einhundertfünfundfünfzig Muskeln. Durch ihr Zusammenspiel läßt sich vieles verbergen; und Menschen verstecken ihre Gefühle immer. Einige haben sehr ausdruckslose Gesichter. Das gilt besonders für Menschen aus dem Orient sowie für die Indianer Nord- und Südamerikas. In ihren Gesichtern läßt sich sehr schwer lesen. In solchen Fällen versuche ich, die Körperhaltung zu deuten, ein Augenzwinkern, ein unvermitteltes Gähnen – alles, was auf Gefühle hinweist, die sie nicht zeigen wollen.

Für solche Dinge habe ich mich seit meiner Kindheit interessiert. Ich wollte immer schon soviel wie möglich über die Schrullen von Menschen herausfinden, von denen sie selbst nichts ahnten. Ich habe immer wieder versucht, so lange nachzubohren, bis ich mir im klaren darüber war, wie sehr sie lieben oder hassen, wütend oder egoistisch sein konnten, wie sehr sie sich bestimmte Dinge im Leben wünschten. Ich wollte erfahren, wo ihre Grenzen lagen und wie ihre Motivationen aussahen. Das gleiche gilt für meine eigene Person. Ich habe mich selbst immer bis an meine Grenzen getrieben, um festzustellen, wie aufrichtig ich sein konnte, wie unehrlich, wie materialistisch oder weltfern, wie verängstigt, welche Risiken ich bereit war einzugehen und wovor ich mich am meisten fürchtete.

Nach meinen ersten Erfolgen wollte Lee Strasberg die Lorbeeren für mich einheimsen, obwohl er mir nie etwas beigebracht hat. Das machte er immer so. Er war ein ehrgeiziger und selbstsüchtiger Mann, der die Leute ausnutzte, die ins Actors Studio kamen, und er versuchte, sich selbst als Schauspielerguru zu inthronisieren. Manche Leute verehrten ihn, aber ich habe nie begriffen, warum. Für mich war er nichts als ein geschmackloser Mensch ohne großes Talent, den ich nicht sonderlich gut leiden konnte. Manchmal ging ich am Samstagmorgen ins Actors Studio, weil dann Elia Kazan unterrichtete und meistens eine ganze Reihe hübscher Mädchen da war. Strasberg hat mir nichts beigebracht. Ich verdanke alles Stella – und später Kazan.

13

Meine Mutter folgte Frannie, Tiddy und mir ein paar Monate, nachdem ich in New York angekommen war; meine Eltern hatten sich wieder einmal getrennt. Sie suchte sich eine Wohnung in der West End Avenue, und wir drei Geschwister zogen zusammen mit Tiddys dreijährigem Sohn Gahan zu ihr. Sie versprach, trocken zu bleiben, schaffte es aber nicht, und schon bald hatten wir wieder die gleiche Situation wie in Libertyville und Evanston. Sie versteckte Flaschen unter ihrem Bett und in den Küchenschränken und tauchte immer wieder ab. Wir versuchten, sie am Trinken zu hindern, und manchmal glückte uns das auch ein paar Wochen lang, aber dann ging sie wieder auf Sauftour. Für uns war dieses emotionale Auf und Ab unerträglich.

Während meines Jahres an der New School war ich ein gewissenhafter Schüler, hatte aber in mancher Hinsicht noch nicht viel Ahnung vom Leben. Bei einer Probe kam einmal ein anderer Teilnehmer des Dramatic Workshop zu mir herüber und sagte, er wolle mir helfen. Da ich natürlich mein Bestes geben wollte, hörte ich ihm aufmerksam zu. Er meinte, ich solle meine Rolle mit Würde spielen.

»Ja«, stimmte ich ihm zu. »Das versuche ich ja.«

»Aber dazu mußt du dich aufrechter halten«, sagte er. »Nimm die Schultern zurück, streck die Brust raus, zieh die Schultern nicht so hoch.«

Ich versuchte, alles so zu machen, wie er es mir sagte.

Dann griff er mir in den Schritt. »Und den da mußt du ein bißchen einziehen.«

Ich war starr vor Schreck und stand schweigend da. Als er es noch einmal machte, war ich vor Entsetzen fast wie gelähmt. Dann fragte er: »Was magst du am liebsten? Männer, Frauen oder Kinder?«

Ich versetzte ihm einen solchen Schlag, daß er mit blutendem

Gesicht ins Krankenhaus mußte. Als Erwin Piscator mich dafür rügte, erklärte ich ihm, daß er mich sexuell belästigt hätte. Doch Piscator meinte, im Theater würden die Leute solche Angelegenheiten nicht durch Schläge aus der Welt räumen.

Am Ende des Jahres fuhr Piscator mit unserer Gruppe nach Sayville, Long Island, um einige Stücke, darunter auch Shakespeares *Was ihr wollt* aufzuführen, wo ich den Sebastian spielte. In jenem Sommer 1944 ging fast jeder mit jedem ins Bett, und ich war da keine Ausnahme. Eines Tages hob Piscator die Falltür zu dem Speicher, in dem ich schlief, und erwischte mich mit einem Mädchen. Er sagte, ich müsse gehen, weil ich die »Regeln der Sommeraufführungen« verletzt habe. Ich war tief enttäuscht, weil mir die Sache großen Spaß gemacht hatte, aber damals war ich nicht viel mehr als ein Blatt Papier, das die Straße hinabfegt: Ich ließ mich treiben, wohin der Wind mich wehte. Doch das Glück ließ mich nicht im Stich, denn gerade wegen meines Rausschmisses bekam ich etwa drei Wochen später mein erstes Engagement in *I Remember Mama (Geheimnis einer Mutter).* So war das mein ganzes Leben lang: Ich habe immer jede Menge Probleme gehabt, aber auch jede Menge Glück; in vielerlei Hinsicht kann ich mich als Glückspilz bezeichnen. Im nachhinein erfuhr ich, daß eine der Frauen aus der Kompanie den ganzen Sommer über mit Piscator zusammengewesen war. Es ärgerte mich maßlos. Was für eine Heuchelei, mich heimzuschicken!

Es war ein Agent, Maynard Morris, der mich für *I Remember Mama* vorschlug. Das Stück stammte von John Van Druten und war insofern ein Novum, als Richard Rodgers und Oscar Hammerstein II., die sich normalerweise mit Musicals befaßten, es produzierten. Ich war damals zwanzig, aber Morris dachte, ich könnte Nels spielen, den Sohn norwegischer Einwanderer, der im Stück größtenteils vierzehn sein sollte. Er schickte mich zum Vorsprechen ins Büro von Rodgers und Hammerstein. Als ich ankam, musterte mich Richard Rodgers skeptisch mit seinen dunklen, schweren Augen, die Hemdsärmel hochgekrempelt, einen gehässigen Ausdruck im Gesicht. Das war mein erstes Vorsprechen für eine richtige Rolle, und ich wußte nicht, was ich sagen oder tun sollte.

Rodgers sah mich ungeduldig an und fragte mich: »Wie heißen Sie?«

»Marlon Brando.«

»Und was haben Sie schon gemacht?«

»Nun, ich war bei Sommeraufführungen dabei und habe in *Was ihr wollt* mitgespielt, und . . .«

»Ach, hören Sie doch auf damit. *Was haben Sie gemacht?*« meinte er, ziemlich laut.

Ich antwortete: »Sonst nichts.«

Nach dem ich vorgesprochen hatte, sagte Rodgers zu Hammerstein, daß er nichts von mir halte und mich nicht nehmen wolle, aber John Van Druten mochte mich. Er ließ nicht locker, und schließlich bekam ich die Rolle.

I Remember Mama hatte am 19. Oktober 1944 im Music Box Theatre Premiere, und ich bekam ein paar faire Kritiken, wenn auch nichts Außergewöhnliches. Das Stück wurde ein Hit und lief zwei Jahre lang. Heute verbinde ich damit hauptsächlich den Spaß, den ich hinter der Bühne hatte. Auf einem Fragebogen für meine Kurzvita im Programm erfand ich die wildesten Geschichten, unter anderem dachte ich mir auch einen phantastischen Geburtsort aus, nämlich Kalkutta in Indien. Später machte ich daraus Bangkok in Thailand oder Mukden in China. Mit solchen bizarren Geschichten wollte ich herausfinden, ob die Leute mir glaubten. Normalerweise taten sie es.

Oskar Homolka, der in dem Stück meinen Vater spielte, war ein ziemlich schroffer, unangenehmer, aufgeblasener Mann, und deshalb machte es mir Spaß, ihn zu ärgern. In einer Szene, in der er in ein Auto einstieg, das mit einem Drahtseil über die Bühne gezogen wurde, sollte er auf die Hupe drücken, um den Rest der Familie zusammenzurufen. Immer wenn er das tat, blies gleichzeitig ein Requisiteur hinter der Bühne so kräftig in eine Art Trompete, daß man es bis auf die hintersten Plätze hören konnte. Aber oft verpaßte der Requisiteur auch seinen Einsatz und war ein paar Sekunden zu spät dran. Homolka machte das fuchsteufelswild; manchmal drehte er sich um und brüllte den armen alten Requisiteur hinter der Bühne so laut an, daß es die Zuschauer mitbekamen. Nach einiger Zeit war die Stimmung zwischen den beiden ziemlich aufgeladen. Der Requisiteur gab sich größte Mühe, aber eines Tages, als er es nicht merkte, verstopfte ich seine Hupe mit Kleenex, und als Homolka wieder einmal auf die Hupe drückte und der Requisiteur es ihm – diesmal genau rechtzeitig – gleichtat, herrschte Totenstille.

Er blies stärker. Noch immer kein Geräusch. Homolka wurde rot im Gesicht und brüllte ihn von der Bühne aus an, während der Requisiteur all seine Kraft zusammennahm und versuchte, das Letzte aus seinen Lungen herauszuholen – schließlich blies er so fest, daß sein Gebiß mit Schwung aus seinem Mund herauskatapultiert wurde. Es war herrlich, ihm zuzuschauen, wie er versuchte, mit den Lippen die Zähne zurückzuhalten, während er sich gleichzeitig abmühte, die Trompete zu blasen. Ich krümmte mich vor Lachen.

In einer anderen Szene mußte Mamas Schwester sagen: »Du machst wirklich einen hervorragenden Kaffee. Ich hätte gern noch eine Tasse.« Einmal schüttete ich Salz und Tabascosauce in den Kaffee, und sie mußte das Gebräu nicht nur trinken, sondern durfte auch das Gesicht nicht verziehen und mußte sogar noch nach einer zweiten Tasse verlangen.

Kurz nach der Premiere des Stückes begann ich wieder zu stottern. Wenn ich die Worte »the«, »that«, »there« oder »those« sagen sollte, stolperte ich über das »th« und brachte das Wort nicht heraus. Die Sache passierte sporadisch. Manchmal verhaspelte ich mich überhaupt nicht, an manchen Abenden jedoch begann ich mitten im Stück zu stottern. Irgendwann fand ich einen Trick, mit dem ich mich selbst überlisten konnte: Immer wenn ein Wort kam, das mit einem »th« begann, brachte ich schon vorher die Zunge in die richtige Stellung. Auf diese Weise war ich gewappnet. Das klingt leichter, als es war. Ich mußte mich sehr konzentrieren, und das Publikum durfte nichts merken. Manchmal glückte der Trick, manchmal nicht.

Im Theater hatte ich ein eigenes Bücherregal, und wenn ich nicht gerade auf der Bühne stand, saß ich in einer Ecke und las. Eines Abends kam Richard Rodgers ins Theater, sah, wie ich in der kurzen Hose, die ich auf der Bühne trug, las, und kam herüber, um mich zu begrüßen.

»Na Junge, du hast aber eine Menge Bücher«, sagte er.

»Hallo, Mr. Rodgers«, antwortete ich.

»Was liest du denn gerade?«

Er beugte sich vor und warf einen Blick auf das Buch in meiner Hand. Ich las gerade *Unterredungen des Epiktet*. Dann überflog er die anderen Titel in meinem Regal – Kants *Kritik der reinen Vernunft* und Bücher von Thoreau, Gibbon und Rousseau. Er schaute mich mit verwirrtem Gesichtsausdruck an und ging davon, ohne ein weiteres Wort zu sagen. Danach grüßte er mich nie wieder.

Inzwischen war Edith Van Cleve vom New Yorker Büro der Music Corporation of America (die spätere MCA, Inc.) meine Agentin. Nachdem ich ein Jahr lang in *I Remember Mama* auf der Bühne gestanden hatte, sagte sie mir, Alfred Lunt und Lynn Fontanne wollten ein neues Stück produzieren und ich solle vorsprechen. Als ich im Theater ankam, mußte ich feststellen, daß schon Dutzende von jungen Schauspielern warteten, die sich für die gleiche Rolle bewerben wollten. Alle paar Minuten rief der Inspizient einen Kandidaten auf die Bühne, der dort ein paar Zeilen rezitierte und dann wieder weggeschickt wurde. Als ich an der Reihe war, fragte mich eine Stimme aus dem Zuschauerraum: »Wie heißen Sie?«

»Marlon Brando.«

»Sind Sie schon einmal auf der Bühne aufgetreten?«

»Ja.«

Die Scheinwerfer waren auf mich gerichtet; auf der anderen Seite des Rampenlichts war es stockdunkel.

»In welchem Stück, Mr. Brindel?« erkundigte sich die gestaltlose Stimme.

»Ich habe in *I Remember Mama* gespielt.«

Darauf folgte langes Schweigen.

»Würden Sie vielleicht ein paar Zeilen sagen?«

Ich kam mir ziemlich blöde vor und fand die Situation absurd. Nach einer ganzen Weile sagte ich: »Hickory, dickory, dock, the mouse ran up the clock. The clock struck one, the mouse run down, hickory, dickory, dumb.« Dabei betonte ich das Wort »dumb«, doof.

Wieder herrschte langes Schweigen, dann hörte ich Gemurmel aus der Dunkelheit, und schließlich sagte jemand: »Tja, danke, Mr. äh ... Brindle, wir lassen von uns hören.«

Das war meine kurze Karriere bei den Lunts.

In jenen frühen Jahren in New York lernte ich viele Leute kennen, mit denen ich mein ganzes Leben lang befreundet bleiben sollte: Janice Mars, William Redfield, Sam Gilman, Maureen Stapleton, Philip und Marie Rhodes, Carlo Fiore und zahlreiche andere. Janice, die aus Lincoln, Nebraska, stammte, und den gleichen Sinn für Humor hatte wie ich, war eine wunderbare Sängerin und fungierte als Gastgeberin und Star im sogenannten »Back Room«. Ihrer Meinung nach waren wir alle eine große Familie von heimatlosen Kindern. »Wir setzten uns über alle Konventionen hinweg und führten uns auf wie Waisen, die gegen alles rebellierten«, erinnerte sie sich in einem Brief, den sie mir erst kürzlich geschrieben hat. »Wir hatten alle keine sichere emotionale Basis in unserem Elternhaus, aber wir fühlten uns irgendwie voneinander angezogen und haben uns so etwas wie eine eigene Familie geschaffen. Dieses Gefühl der Familienzugehörigkeit habe ich nie vergessen, auch wenn ich es mir vielleicht nur eingebildet habe. Ich sehne mich danach zurück – nach unserer Jugend, der Tatsache, daß wir uns gegenseitig unterstützten, uns akzeptierten, ohne einander in Frage zu stellen –, ich sehne mich nach unseren Schrullen und unseren Fehlern zurück. Wir waren Gestrandete, die sich im Sturm aneinanderklammerten.«

Janice meinte, mir seien ältere Frauen lieber gewesen, so zum Beispiel Estrelita: »Du hast immer nach einer Ersatzmutter gesucht. Du bist zu ihr, wenn es Dir schlechtging. Manchmal kam sie vorbei, um Dich zu suchen, als wärst Du ein unartiger kleiner Junge. Du hast Dich in unserem Wandschrank vor ihr versteckt ... Du hattest das perverse Bedürfnis, Frauen zu demütigen, herauszufinden, wie weit sie sich von Dir beherrschen ließen. Für Dich war der Sex ungefähr so wichtig wie ein Marsriegel oder eine Tablette ... Deine Einstellung Frauen gegenüber war ziemlich zwiespältig. Ich habe Deine Macht immer als greifbare Aura empfunden, als einen Magnetismus, den Du sowohl manipulierend als auch schützend eingesetzt hast. In

Deiner Berührung lag etwas verführerisch Tröstendes. Niemand konnte Dich je festhalten, weder damals noch jetzt...«

In meinem ganzen Leben ist mir kein Freund nähergestanden als Wally Cox. Wir waren damals in Evanston Spielkameraden gewesen, als wir sieben oder acht waren, und wir zogen beide ungefähr zur gleichen Zeit nach New York. Er verdiente sich seinen Lebensunterhalt als Silberschmied und Juwelier, hatte aber immer schon eine Gabe für witzige Monologe gehabt. Wir erneuerten unsere Freundschaft, und sie hielt bis zu seinem Tod 1973.

Ich bin mir nicht sicher, ob ich Wally jemals verzeihen werde, daß er gestorben ist. Er war mehr als ein Freund für mich; er war so etwas wie ein Bruder und stand mir, abgesehen von meinen Schwestern, näher als jeder andere Mensch. Wir stammten aus dem gleichen Teil des Landes, kamen aus der gleichen Kultur und teilten nicht nur die gleichen Werte, sondern hatten auch einen ganz ähnlichen Sinn für Humor. Er war wirklich witzig und fand auch mich amüsant, und wir hatten viel Spaß miteinander. Der Charakter, den er erfand, »Mr. Peepers«, war ihm ungefähr so ähnlich wie Nancy Reagan. Wally ist für mich der einzige Mensch, den ich als »Genie« bezeichnen würde. Er sprach vier oder fünf Sprachen und konnte sich kenntnisreich über Botanik, Geschichte, Physik, Chemie, Elektronik und zahlreiche andere Themen unterhalten. Wenn er gewollt hätte, wäre er sicher ein hervorragender Naturwissenschaftler geworden. Wir gingen gern zusammen in den Wäldern spazieren und kamen nie ohne interessante Steine, Blätter, verkrüppelte Äste oder vom Giftsumach verbrannte Gesichter zurück. Er interessierte sich genau wie ich für alle menschlichen Schrullen und war einer meiner besten Lehrer. Im Umgang mit der Sprache war ich anfangs ziemlich unsicher. Wally nahm mich sozusagen bei der Hand und brachte mir bei, wie man richtig sprach und in den Worten die Melodie des Lebens entdeckte. Als er starb, war ich verwirrt und wollte seinen Tod nicht akzeptieren. Ich habe ein paar von den Sachen, die ihm gehörten, unter anderem auch den Schlafanzug, in dem er starb, aufbewahrt. Sogar heute noch unterhalte ich mich mit ihm. Ich verfluche ihn und beschimpfe ihn – »du Scheißkerl« –, weil er gestorben ist. Oft lache ich über etwas, wenn ich allein bin, weil ich mir vorstelle, daß er bei mir ist und mit mir lacht.

Es vergeht kein Tag, an dem ich nicht an Wally denke. Manchmal gehe ich im Haus herum und nehme einen von den Kastanienholzstöcken in die Hand, die wir damals von unseren Spaziergängen mitbrachten, denke an etwas Lustiges, das er gesagt hat, und lache. Dann verfluche ich ihn wieder, weil er Alkoholiker war und sich nicht gut genug im Griff hatte, um mit dem Trinken aufzuhören, und schließlich an einem Herzinfarkt starb.

14

Während ich in dem Stück *I Remember Mama* auftrat, kehrte meine Mutter nach Libertyville zurück und versöhnte sich wieder mit meinem Vater. Kurze Zeit nach ihrer Abreise hatte ich einen Nervenzusammenbruch, der sich ganz allmählich aufbaute und mich noch monatelang beschäftigen sollte. Ich aß fast nichts mehr, nahm zehn Pfund ab und fühlte mich niedergeschlagen und verletzlich, obwohl ich nicht wußte, warum. Ich stand immer noch jeden Abend auf der Bühne, war aber emotional ziemlich durcheinander.

Ich versäumte nicht eine Vorstellung, aber das Leben ergab immer weniger Sinn für mich. Ich zog in eine Einzimmerwohnung Ecke 58th Street/6th Avenue, und obwohl ich fast jede Nacht ein anderes Mädchen mit ins Bett nahm, war ich oft einsam. Ich konnte es nicht ertragen, wenn sich Leute stritten. Wenn ich Zeuge einer Auseinandersetzung wurde, hatte ich das Gefühl, als würde ich von innen heraus aufgefressen, und mußte auf der Stelle gehen. Auch laute Stimmen oder Geräusche konnte ich nicht ertragen. Sogar das Zuschlagen einer Tür versetzte mich in Panik. Etwas machte mir angst, aber ich wußte nicht, was. Ich schlief schlecht und war nervös, und manchmal hatte ich das Gefühl, daß ich den Verstand verlor. Wenn mich jemand auf dem falschen Fuß erwischte, wurde ich aggressiv. Nichts, was ich tat, ergab Sinn oder brachte mich weiter. Ich wußte nicht mehr ein noch aus. Ich irrte in der Stadt herum oder ging in den Lehrsaal der Christian Scientists, wo ich stundenlang allein herumsaß und las. Religion hatte in meinem Leben nie eine große Rolle gespielt – meine Eltern waren beide nicht sonderlich gläubig –, aber hin und wieder hatte mich meine Mutter dazu ermutigt, Trost im Glauben meiner Großmutter zu suchen. Das tat ich nun und versuchte etwas zu finden, das mir helfen würde zu verstehen, was los war mit mir. Es war der Beginn einer schwierigen Phase meines Lebens.

Ich verbrachte mehr und mehr Zeit mit Stella Adlers Familie, die mich sozusagen adoptierte, nachdem mich meine Mutter verlassen hatte, und mich möglicherweise davor bewahrte, den Verstand zu verlieren. Stella war die Tochter von Sarah und Jacob P. Adler, ein großer Star des jiddischen Theaters, und ihr Mann Harold Clurman war als Schriftsteller, Produzent und Kritiker bekannt und angesehen. Mit ihnen zu Abend essen war, als verbringe man einen Abend mit den Marx Brothers. In Libertyville hatte ich nur ein oder zwei Juden kennengelernt, so daß ich bis dahin nicht viel über den jüdischen Humor wußte, der subtil und trotzdem ausgelassen und lebhaft sein kann. Bei den Adlers ging es so urkomisch zu, daß ich jedesmal Lachkrämpfe bekam, wenn ich bei ihnen war. Sie spielten sich beim Essen die Witze zu wie andere Leute die Bälle, halb auf jiddisch, halb auf englisch, und ich machte mir manchmal fast in die Hose vor Lachen. Doch wie jeder von uns war auch Stella alles andere als perfekt, und in ihren Schwächen verletzte sie manchmal andere. Zu manchen Leuten war sie richtig gemein. Sie pflegte sie in aller Öffentlichkeit niederzumachen und kritisierte sie in gehässiger Weise, aber als Lehrerin war sie die Integrität in Person. In dieser schwierigen Zeit meines Lebens brachte sie mir nicht nur die Schauspielerei bei, sondern lehrte mich auch viel über das Leben. Aus mir unerfindlichen Gründen konnte sie mich sehr gut leiden, und dafür bin ich ihr auf ewig dankbar. Ich saß beim Essen immer direkt neben ihr, und sie hielt ständig meine Hand. Manchmal ging ich in ihr Zimmer, wenn sie sich zum Ausgehen fertig machte, und sah ihr beim Anziehen zu. Sie saß dann in Slip und Büstenhalter vor dem Spiegel und schlang sich schnell ein Kleidungsstück über die Schultern, während sie sagte: »Ach, Marlon. Bitte, Darling. Ich ziehe mich gerade an.«

»Deswegen bin ich ja hier«, sagte ich dann. »Um aufzupassen, daß du dich auch *anständig* anziehst.«

Ein paarmal berührte ich ihre Brüste, und sie meinte mit einem leisen Lächeln: »Marlon, laß das, oder ich scheuer dir eine.«

Ich sah sie dann nur an und sagte: »Das würdest du mir doch nie antun.«

Wir flirteten ständig miteinander, und vermutlich hätte ein

Mehr durchaus im Bereich des Möglichen gelegen, aber es ergab sich irgendwie nie.

In meinem Leben hat es drei wichtige Lehrer gegeben: Duke Wagner, den Lehrer für Werken in Santa Ana, und Stella Adler. Genau wie die beiden ersteren vermittelte mir Stella emotionale Stärke in einer Zeit, in der ich sie am dringendsten brauchte. Sie schenkte mir den Glauben, daß ich etwas leisten konnte. Wenn ich verwirrt war und durcheinander, oder wenn mir die psychische oder physische Orientierung fehlte, bot sie mir nicht nur ihre Fähigkeiten als Lehrerin an, sondern auch ihr Zuhause, ihre Familie und ihre großzügige Liebe. Sie stellte mich ihrer Tochter Ellen vor, einer schönen, intelligenten, charmanten jungen Frau, die Stella in nichts nachstand, von ihrer Mutter aber immer in den Hintergrund gedrängt wurde. Sie war sehr fotogen und hätte wahrscheinlich eine großartige Leinwandpersönlichkeit abgegeben, aber wegen ihrer Konflikte mit ihrer Mutter ließ sie sich nie auf die Schauspielerei ein, was sie hätte tun sollen. Nachdem ich ihr begegnet war, führte eins zum anderen, und ich begann eine Beziehung mit ihr, die mit Unterbrechungen Jahre dauern sollte.

Während mir die Juden in New York ein neues Zuhause gaben und meine Bildung auf Vordermann brachten, endete der Zweite Weltkrieg. Am Abendbrottisch der Adlers und auf der Bühne des Music Box Theatre war vom Krieg kaum etwas zu spüren gewesen. Niemand hatte wirklich eine Ahnung davon, was mit den europäischen Juden tatsächlich passierte, und mein eigenes Wissen vom Krieg bezog ich hauptsächlich aus dem Translux Theatre Ecke 47th Street/Broadway, wo ich mir zwischen den Vorstellungen das Feuerwerk der tödlichen Schlachten anschaute. Während andere Menschen litten und starben, bedeutete für mich der Krieg nur, daß ich nicht meine Lieblingszigaretten oder -süßigkeiten bekam, daß ich in überfüllten Zügen fahren mußte, daß in New York viele Menschen Uniform trugen und wir zur Unterhaltung der Soldaten in USO-Shows auftreten mußten. Trotz der verheerenden Umwälzungen, die auf der Welt stattfanden, hatte sich für mich nicht allzuviel verändert: In Harlem wurden die Schwarzen nach wie vor wie Tiere behandelt, überall herrschte Armut und Antisemitismus, und es schien so viel Ungerechtigkeit wie eh und je zu geben. Immer öfter meldete sich eine Stimme in mir zu Wort, die sagte, es sei meine Pflicht, etwas dagegen zu unternehmen, und bei so viel Elend und Problemen auf der Welt sei die Schauspielerei keine wirklich wichtige Berufung.

Man bot mir an, mit *I Remember Mama* auf Tournee zu gehen, aber ich hatte die Nase voll und lehnte das Angebot ab. Schon nach meiner ersten Bühnenrolle wußte ich, wie zuwider es mir war, achtmal die Woche – sechs Abendvorstellungen und zwei Matineen – immer wieder im gleichen Stück aufzutreten. Zum Glück bekam ich, bevor mir das Geld ausging, das Angebot, in einem neuen Stück von Maxwell Anderson, *Truckline Café*, mitzuspielen, das von Elia Kazan, Harold Clurman und anderen Angehörigen des Group Theatre, darunter Stella, Cheryl Crawford und Lee Strasberg, produziert werden sollte. In einem Brief teilte ich meinen Eltern mit, daß ich die Rolle erhalten hatte:

> Was ist bloß los mit der amerikanischen Post?
> Natürlich sind Brieftauben ziemlich zuverlässig, aber im Verlauf der letzten Jahre hat Mr. Farley doch sicherlich größere Fortschritte im Postwesen gemacht. Warum schreibt Ihr also nicht? Wie wär's mit einem Brief?
> Ich habe den Vertrag für ein Stück unterzeichnet, das von Max Anderson geschrieben wurde, von Harold Clurman und Elia Kazan produziert und von H. Clurman auf die Bühne gebracht werden soll. Das Stück heißt *Truckline Café* – und es geht darin um heimkehrende Veteranen. Ich habe eine ordentliche, wenn auch kleine Rolle (worüber ich froh bin), habe ihnen aber offenbar so gut gefallen, daß sie mir dafür zweihundert Dollar pro Woche zahlen wollen. Nach Abzug der Steuern und der Gebühren für meine Agentin bleiben mir davon ungefähr 154 Dollar. Das heißt, ich kann ein bißchen Geld sparen und mir trotzdem noch etwas leisten. Nicht schlecht!
> Die Proben fangen in zwei Wochen an. Mit *Mama* höre ich am 6. Febr. auf. Habe einen netten langen Brief von Nana

bekommen. Sie und Du, Mom, Ihr seid die tollsten Frauen der Welt. Ich liebe Euch beide sehr. Es dauert nicht mehr lange, dann kann ich Euch die Welt zu Füßen legen.
Pop, Du hast schon seit Ewigkeiten nicht mehr geschrieben. Ich bin wirklich ein bißchen wütend auf Dich.

Alles Liebe,
Bud

P. S. Alles Gute zum Geburtstag, Pappy! Wegen dem Streik konnte ich kein Telegramm schicken! Die nächsten Jahre werden Dir, wie Nana immer sagt, Freude und Zufriedenheit bringen, wenn Du es nur zuläßt.

Gruß und Kuß, alter Mann
von mir

Man hatte mir die Rolle in *Truckline Café* hauptsächlich wegen Stella gegeben. Harold hatte mich zwar in *I Remember Mama* gesehen, war sich aber nicht so sicher, bis sie ihn dazu überredete, mir eine Chance zu geben. Schließlich überließ er mir jedoch eine höchst dynamische Rolle. Ich spielte einen psychopathischen Soldaten namens Sage McRae, der aus dem Krieg zurückkommt und feststellen muß, daß seine Frau, gespielt von Ann Shepherd, ihn während seiner Abwesenheit betrogen hat. Anfangs will er das nicht wahrhaben, doch dann erhärtet sich sein Verdacht, und er bringt sie um. Es gibt einen explosiven Moment in dem Stück, in dem sich die Spannung entlädt und Sage zugibt, seine Frau erschossen zu haben, und dann zusammenbricht. Das riß das Publikum immer mit.

Am Tag bevor wir abreisten, um das Stück an Theatern außerhalb von New York auszuprobieren, schickte ich meinen Eltern einen Brief, aus dem mein damaliger Optimismus und Idealismus zu sprechen scheinen:

Hallo Ihr,
tja, nun fahre ich also am Mittwoch, den 13., nach Schenectady, wo wir das Stück am 16. zum erstenmal spielen, und dann für eine Woche nach Baltimore und weiter nach Newark, wo wir noch mal eine Woche bleiben. Wahrscheinlich

sind wir in der ersten Märzwoche wieder zurück in New York.

Das Stück schaut gut aus. Es ist zwar in diesem Stadium der Proben noch schwer zu sagen, wie gut, aber meine Rolle ist einfach sagenhaft, wenn auch ziemlich schweißtreibend. Aber ich schaffe es schon. Die Leute, die mich schon gesehen haben in dem Stück, sagen mir, daß ich meine Sache sehr gut mache, also wird schon alles klappen. Ich schufte wie ein Pferd und hoffe zu Gott, daß wir Erfolg haben mit dem Stück, weil ich mir gern ein bißchen Ruhe gönnen würde, damit ich Klavier- und Tanzstunden nehmen und ein oder zwei Wochen aufs Land fahren kann. Auf der anderen Seite macht es auch Spaß, jeden Tag etwas zu tun zu haben. Seit ungefähr eineinhalb Wochen sind wir ständig auf Achse. Dazu kamen noch die anderen Vorstellungen, die letzte war am Donnerstag. Ihr könnt Euch vorstellen, daß ich ziemlich genervt bin . . .

Wißt Ihr, je öfter ich den Text des Stückes höre, desto mehr komme ich zu der Überzeugung, daß es für uns alle wichtig ist, unser Leben so diszipliniert wie möglich zu leben, damit wir den anderen, die ohne jegliche Orientierung und voller Verwirrung sind, ein Beispiel geben können. Hysterie ist genauso ansteckend wie die Grippe oder die Ruhr. Eine Hälfte der Menschheit sucht völlig verängstigt Zuflucht und Sicherheit bei der anderen, die aber genauso kopflos und verschreckt in der Gegend herumläuft. Das Ergebnis ist ein mörderischer Zusammenstoß von Leuten, die sich in die Hosen machen. Oder wie Max Anderson in seinem Stück sagt: »Man muß sein Leben selbst in die Hand nehmen und es verändern – es so lange formen und verändern, *bis ein richtiges Leben draus wird!*« Wenn ich jemanden sehe, der allein zurechtkommt, der leben und arbeiten und glücklich sein kann, dann schaffe ich das auch. Dieses Stück ist wirklich nötig in unserer Zeit. *Ich bete zu Gott, daß es ein Erfolg wird.*

Tja, meine Süßen, dann erst mal gute Nacht.

Alles Liebe,
Bud

Das Stück hatte am 17. Februar 1946 am Belasco Theatre Premiere. Nicht nur ich bekam gute Kritiken, sondern auch Ann und Karl Malden, mit denen ich ein Leben lang befreundet blieb; aber das Stück an sich mochten die Kritiker nicht, so daß es nach weniger als zwei Wochen abgesetzt wurde. Trotzdem wurde *Truckline Café* zu einem Wendepunkt in meinem Leben. Nichts, das lernte ich jetzt, zieht Frauen mehr an als Ruhm, Geld und Erfolg.

Ich war nur ein paar Wochen ohne Arbeit. Nach *Truckline Café* bekam ich weitere Angebote, unter anderem eines von Guthrie McClintic, einem Produzenten und Regisseur, der mit Katharine Cornell verheiratet war. Zusammen mit Helen Hayes und Lynn Fontanne zählte sie zu den Königinnen des Broadway. Guthrie hatte *Truckline Café* gesehen und bot mir die Rolle des Eugene Marchbanks an, eines jungen Dichters aus George Bernard Shaws *Candida*, der sich in eine ältere Frau verliebt. Guthrie war ein unterhaltsamer und energischer Mann, der über einen bizarren Sinn für Humor verfügte – und über Hernie, die sich immer dann bemerkbar machte, wenn er lachte. Jedesmal drückte es ihm dann den Unterleib heraus, woraufhin er sich selbst mit der Faust auf den Bauch schlug und noch heftiger lachte. Katharine Cornell war eine anständige Frau, sehr hübsch, hatte aber nicht allzuviel im Kopf. Doch sie besaß eine Bühnenpräsenz, die aus ihr einen Star machte, ohne daß sie eine gute Schauspielerin sein mußte. Ihre Schauspielerei hatte etwas Verschwommenes an sich, und ich hatte Probleme damit auf der Bühne. Die Zusammenarbeit mit ihr war so, als wolle man ein Tomatenkörnchen mit den Schneidezähnen zerbeißen. Sie sprach ihren Text auf eine Art und Weise, die manchmal überhaupt nicht zu der Figur paßte, die sie spielte, aber ich gab mir alle Mühe, ihr zu folgen.

Wir waren wie zwei Menschen, die zu einem unterschiedlichen Rhythmus tanzten, wobei der eine dem anderen immer hinterherhinkte. Trotzdem mochte ich das Stück, das an meinem zweiundzwanzigsten Geburtstag Premiere hatte. Auf der Besetzungsliste standen nicht nur Sir Cedric Hardwicke, sondern auch Wesley Addy und Mildred Natwick, die ich verehrte. Hardwicke hatte als Schauspieler nicht sonderlich viel zu bieten, er kam während seiner ganzen Karriere mit einem einzigen Gesichtsausdruck aus. Er ließ sich durch nichts aus der Ruhe bringen. Einmal sah er mir von den Kulissen aus zu und murmelte kopfschüttelnd: »Das nennt man wohl Sexappeal.« Wahrscheinlich hatte er sogar recht damit, denn ich war hoffnungslos fehlbesetzt in der Rolle.

Nach *Truckline Café* und *Candida* kamen nicht nur Angebote für die Bühne, sondern auch fürs Fernsehen und aus Hollywood. Ich spielte in einer Fernsehsendung mit dem Titel *Come Out Fighting* mit, und zwar einen Boxer, wobei für diese Rolle eher Sprinterqualitäten benötigt wurden. Weil die Sendung live war, mußte ich alle paar Minuten ungefähr fünfundzwanzig Meter von einer Kulisse zur anderen rennen, ohne abgehetzt zu wirken. Laut Drehbuch mußte ich mich nach einem verlorenen Kampf duschen und sollte den Eindruck erwecken, als wäre ich deprimiert. Ich stand also in meinen Shorts da und wartete darauf, daß das Wasser auf mich herunterprasselte. Aber der Requisiteur verpaßte seinen Einsatz und vergaß, das Wasser anzustellen. Die Kamera lief weiter, doch es kam nichts aus dem Hahn. Ich wußte nicht, was ich machen sollte, dachte aber: »Na ja, dann schaue ich eben verzweifelt und bedauernd hinauf zum Duschkopf und denke darüber nach, wie schrecklich es doch war, den Kampf zu verlieren.« In der Zwischenzeit versuchte ich, durch Willenskraft das Wasser zum Sprudeln zu bringen. Dann plötzlich traf mich ein dicker Wasserstrahl, so kalt wie Eis. Der Schock nahm mir den Atem, und ich dachte, das überstehe ich nicht. Aber die Kamera war auf mich gerichtet, und ich mußte weitermachen. Trotzdem fiel ich aus der Rolle und brüllte: »Scheiße!« Hinterher machte mir jemand ein Kompliment für die Duschszene. Das war meine erste und letzte Erfahrung mit dem Live-Fernsehen.

Damals hatten alle Hollywoodstudios Talentsucher in New York, die sich nach neuen Gesichtern am Broadway umsahen. Das alte System, in dem die Studios einen großen Stall von Schauspielern, Regisseuren, Schriftstellern und Produzenten unter Vertrag hatten, löste sich allmählich auf. Einige dieser

Talentsucher streckten ihre Fühler nach mir aus und boten mir einen der üblichen Siebenjahresverträge an, aber ich sagte, ich sei nicht interessiert. Sollten sie eine gute Story für mich haben, sagte ich, würde ich vielleicht für einen einzelnen Film unterschreiben.

Einer der Talentsucher erzählte Joe Schenck von der Twentieth Century Fox, der einer der Pioniere des Filmgeschäfts war, er habe einen jungen Schauspieler entdeckt, der ihn vielleicht interessieren würde. Es kam zu einem Vorstellungsgespräch bei Schenck, und der zerbrechliche, fast achtzigjährige Mann, den die Studios schon beinahe aufs Altenteil geschickt hatten, sah sich den grünen Jungen, der vor ihm stand, an und fragte: »Was hast du bis jetzt gemacht, mein Sohn?«

»Ich hab' in ein paar Stücken mitgespielt . . .«

»Warum läßt du dir nicht die Nase richten?« wollte er wissen.

»Wieso sollte ich mir die Nase richten lassen?«

»Weil du dann besser aussiehst«, antwortete er. Dann drehte er sich um und schaute auf ein riesiges Bild von Tyrone Power, das hinter ihm an der Wand hing. »Wir unterhalten uns ein andermal«, sagte er noch, und damit war das Vorstellungsgespräch beendet.

Der Broadwayproduzent Edward Dowling sagte mir, daß der American Theatre Wing ein neues Stück von Eugene O'Neill produzieren wolle, und bat mich, dafür vorzusprechen. Ich hatte schon verschiedene Stücke von O'Neill gelesen, darunter *Gier unter Ulmen*, aber ich hatte ihn immer für ziemlich verbissen, negativ und düster gehalten und verstand die philosophische Dimension dessen, was er sagen wollte, nicht. Trotzdem sagte ich Mr. Dowling, daß ich zum Vorsprechen kommen würde. Am Abend zuvor schickte er mir einen fast vier Zentimeter dicken Hefter mit der Kopie vom Skript. Ich fing an, das Stück zu lesen, hielt aber nicht lange durch, weil ich die Dialoge schrecklich langatmig und langweilig fand. Nach ungefähr einem Zehntel schlief ich darüber ein. Am nächsten Tag ging ich ins Theater und setzte mich mit Mr. Dowling und Margaret Webster, der Koproduzentin, fast eineinhalb Stunden lang darüber auseinander, warum das Stück meiner Meinung nach mangelhaft konstruiert und schlecht geschrieben war und nie ein Erfolg werden würde. »Wie finden *Sie* es denn eigentlich?« fragte ich schließlich. »Sagen Sie mir bitte doch, was gut daran ist.«

Es blieb mir nichts anderes übrig, als diese Frage zu stellen, denn trotz meiner Großspurigkeit wußte ich ja kaum etwas darüber, weil ich ja nicht einmal den ersten Akt zu Ende gelesen hatte.

Geduldig erklärte mir Eddie, warum ihm das Stück gefiel und was O'Neill seiner Meinung nach damit ausdrücken wollte. Ich bluffte weiter, da ich noch immer keine Ahnung hatte, worum es in der Geschichte eigentlich ging, und erklärte ihm schließlich, daß ich keine Lust hätte, eine Rolle darin zu übernehmen.

Es kam, wie es kommen mußte: Bei der Premiere von *Der Eismann kommt* wurde das Stück natürlich als O'Neills Meisterwerk gelobt.

15

Statt in *Der Eismann kommt* trat ich dann in einem Stück auf, bei dem Stellas Bruder Luther Regie führte: *A Flag is Born*. Es handelte sich dabei um ein eindrucksvolles, gut geschriebenes historisches Drama von Ben Hecht mit Musik von Kurt Weill, obwohl das Ganze natürlich im Grunde genommen nichts anderes war als politische Propaganda zugunsten der Schaffung des Staates Israel. Indirekt wurden darin die Briten kritisiert, die die jüdischen Flüchtlinge auf ihrem Weg von Europa nach Palästina abfingen und an der Weiterfahrt hinderten. Damals, es war der September 1946, beschäftigten sich die Juden in New York und auf der ganzen Welt vorrangig mit der Zukunft Palästinas und des Zionismus. Ich wollte das Stück unbedingt machen, weil allmählich bekannt wurde, was in Europa tatsächlich mit den Juden passiert war, und ich außerdem größte Sympathien für die Adlers und all die anderen Juden hegte, die inzwischen zu meinen Lehrern und Freunden geworden waren und mir von ihren Träumen von einem jüdischen Staat erzählt hatten. Im nachhinein betrachtet, glaube ich, daß ich bereits damals herausfinden wollte, warum Menschen sich immer wieder eine andere Gruppe von Menschen herauspicken und sie zu zerstören versuchen. Diese dunkle Seite des menschlichen Verhaltens hat mich seitdem immer wieder beschäftigt. Alle, die bei *A Flag is Born* mitmachten, waren Juden – außer mir. Paul Muni, der Star, lieferte eine erstaunliche schauspielerische Leistung, etwas Besseres habe ich nie wieder gesehen. Wenn ich zusammen mit ihm auf der Bühne stand, bekam ich eine Gänsehaut. Sein Auftritt war die reinste Magie, ich war zutiefst davon berührt. Er war der einzige Schauspieler, der mich jemals dazu brachte, meine Garderobe zu verlassen, um ihm von den Kulissen aus zuzuschauen. Besonders ein Monolog beeindruckte mich immer wieder. Ich spielte einen jüdischen Hitzkopf namens David, der versuchte, irgendwie nach Palästina zu kommen. Auf einem Friedhof begegnet er dem schwerverletzten Tevya, einem prophetischen Menschen, den Muni spielte. Tevya versucht, David zu helfen, stirbt aber vorher. David deckt ihn mit der jüdischen Flagge zu und geht dann ab, wahrscheinlich, um den Kampf um ein Heimatland Palästina fortzuführen. Zu Beginn des zweiten Akts mußte ich ein paar Zeilen aufsagen. Während meines Auftritts war ein Scheinwerfer von oben auf mich gerichtet, und zwei weitere beleuchteten mich von der Seite. Der Monolog war eine feurige Anklage, der ein langes Schweigen voranging. Nachdem der Vorhang hochgegangen war, wartete ich eine ganze Weile, dann sagte ich leise: »Wo wart ihr?« Wieder schwieg ich, dann sagte ich: »Wo wart ihr, Juden?« Wieder eine Pause, dann brüllte ich, so laut ich konnte: »Wo wart ihr Juden, als sechs Millionen Juden vergast wurden? Wo wart ihr?« Das Publikum, das fast immer ausschließlich aus Juden bestand, bekam eine Gänsehaut, denn damals machte sich die jüdische Gemeinde viele Gedanken darüber, ob sie genug getan hatte, um die Vernichtung ihres Volkes zu verhindern. Manche meinten, daß man beispielsweise Präsident Roosevelt hätte unter Druck setzen müssen, Auschwitz zu bombardieren. Also traf der Monolog einen empfindlichen Nerv. Bei manchen Aufführungen sprangen jüdische Mädchen von ihren Sitzen hoch und fingen vor Trauer an zu weinen oder zu schreien. Einmal war eine Frau bei meiner Frage: »Wo wart ihr, als sechs Millionen Juden in Auschwitz vergast wurden?« so überwältigt von Zorn und Schuldgefühlen, daß sie zurückrief: »Und wo warst *du*?«

Damals war ich, genau wie die meisten anderen, ob Juden oder Gojim, entsetzt darüber, daß die Briten die Schiffe, die die halbverhungerten Überlebenden aus Hitlers Todeslagern in eine neue Zukunft bringen sollten, aufhielten. Menschen, die außer ein paar Hoffnungen nichts mehr hatten, unter ihnen Kinder, die an Typhus oder inneren Blutungen litten. Daß Menschen, die gerade erst Bergen-Belsen, Dachau oder Auschwitz entkommen waren, auf hoher See von britischen Kriegsschiffen aufgehalten und auf Zypern erneut hinter Stacheldraht interniert wurden, war unfaßbar. Ich wußte damals nicht, daß jüdische Terroristen willkürlich Araber töteten und sie von ihrem

Land vertrieben; mir war auch nicht klar, daß die Briten die Aufgabe übernommen hatten, Millionen von Arabern, die genauso lange das Land bewohnt hatten wie die biblischen Juden, zum Rückzug aus ihren Gebieten zwangen.

Das Stück und meine Freundschaft mit den Adlers machten aus mir einen hitzigen Verfechter der Sache Israels. Meinen Eltern erklärte ich das in einem Brief, den ich kurz nach dem Ende der Laufzeit des Stückes schrieb:

> Hallo Ihr,
> ich bin jetzt aktives Mitglied einer politischen Organisation mit dem Namen *The American League for a Free Palestine.* Meine Aufgabe ist es, im Land herumzureisen und Vorträge vor sympathisierenden Gruppen zu halten sowie Geld zu sammeln und Gruppen zu organisieren, die ihrerseits wieder Geld sammeln und uns unterstützen. Das Ganze wird ungefähr zwei Monate dauern. Ich weiß noch nicht genau, wann ich nach Chicago geschickt werde.
> Die Fakten des Palästinakonflikts sind kaum bekannt, aber nichtsdestotrotz schockierend. Ihr könnt Euch keine Vorstellung davon machen, wie ungerecht und brutal das British Colonial Office vorgeht. Ich urteile nicht vorschnell. Wir haben eine dreiwöchige Ausbildung hinter uns, in der alle Argumente fair und leidenschaftslos diskutiert wurden. Ich schicke Euch Literatur zu dem Thema. Wir fahren in ungefähr einer Woche los.
> Ich gefährde weder meine Karriere, noch lasse ich beruflich die Zügel schleifen. Die Arbeit, die wir zu verrichten haben, wird alles andere als leicht werden. Das ist eine viel härtere und verantwortungsvollere Aufgabe, als das Theater sie je bieten könnte. Ich werde mir alle Mühe geben, auch etwas zum Gelingen beizutragen. Ich bin so motiviert wie selten zuvor. Ich muß jetzt los, aber später schreibe ich Euch mehr.

Nachdem ich mich freiwillig dazu bereit erklärt hatte, Geld aufzutreiben, wurde mir erst klar, wie gespalten die jüdische Gemeinde in Amerika hinsichtlich der Frage war, wie militant die Juden ihre Forderung nach einem eigenen Heimatland vertreten sollten. Manche unterstützen David Ben Gurion, der offiziell den Briten das Wort redete und der Internierung von jüdischen Flüchtlingen auf Zypern und anderswo zustimmte, heimlich jedoch ganze Schiffsladungen nach Palästina schmuggelte. Andere hatten weniger Geduld und unterstützten jüdische Untergrundorganisationen wie die Gruppe um Stern oder die Irgun Zwai Leumi, deren Anführer der Ansicht waren, daß Terrorismus und militärische Aktionen nötig waren, um den Widerstand der Briten zu brechen und so möglichst bald einen Staat Israel zu schaffen. Ich sympathisierte genau wie viele meiner jüdischen Freunde mit den Militanten, weil ich die Filme gesehen hatte, die während der Befreiung der Juden aus den Todeslagern der Nazis gemacht worden waren. Die Bilder hatten mich zutiefst getroffen. Ich war der Meinung, daß die Juden, die so viel durchlitten hatten, alles unternehmen mußten, um sich einen sicheren Lebensraum zu schaffen.

Ich spendete der Irgun so viel Geld, wie ich konnte, und half dabei, für Nahrungsmittel in den Internierungslagern zu sammeln. Dann trat ich auch noch einem der ungefähr zwanzig Zwei-Mann-Teams bei, die im Land herumreisten und um Unterstützung für The League for a Free Palestine warben, einer Deckorganisation der Irgun. Wir gingen in jüdische Schulen, Synagogen und an andere Orte und schilderten, wie europäische Juden, die Hitlers Todeslager überlebt hatten, nun in anderen Lagern auf genauso unmenschliche Weise interniert wurden wie bei den Nazis. Wir argumentierten, daß man die Briten aus Palästina vertreiben müsse. Bei solchen Veranstaltungen kam es immer wieder zu lautstarken Auseinandersetzungen zwischen den Juden, die das Vorgehen Ben Gurions befürworteten, und denen, die genau wie ich die Terroristen – ihr damaliger Name war »Freiheitskämpfer« – unterstützten. Heute ist mir die Komplexität der damaligen Situation sehr viel klarer.

16

Während ich für die Irgun unterwegs war, schickte ich meinen Eltern einen Brief, in dem ich die Lage in Washington beschrieb: »Hier herrscht eine starke Anti-Schwarzen-Stimmung«, erklärte ich, »und das macht mich schrecklich wütend, ich hoffe also, daß wir bald abfahren. Habe in der Wochenschau gesehen, daß der Ku-Klux-Klan wieder im großen Rahmen zu funktionieren beginnt... Bei diesem Gedanken fehlen einem die Worte. Wenn wir in Chicago sind, komme ich nach Libertyville, um über die Aktion zur Beschaffung von Nahrungsmitteln zu sprechen. Ich schicke fast alles, was ich verdiene, nach Europa, habe aber das Gefühl, daß das immer noch nicht genug ist... Ich habe noch keine definitiven Pläne für den Sommer gemacht, doch es gibt tausend Möglichkeiten, vielleicht sogar ein Stück mit Tallulah Bankhead...«

Edie Van Cleve wollte, daß ich für eine Produktion von Jean Cocteaus *Der Doppeladler* mit Tallulah vorsprach, die eng mit Edie befreundet war. Ich hätte wahrscheinlich alles für Edie getan, denn sie war nett, großzügig und half mir unglaublich viel in dieser für mich so entscheidenden Zeit. Außerdem brauchte ich Geld.

Bevor Edie mich zum Vorsprechen nach Westchester County in Tallulahs Haus schickte, sagte mir ein Freund, sie sei lesbisch, aber ich wußte es bald schon besser. Tallulah war das beste Beispiel für eine Schauspielerin, die kein sonderlich großes Talent hatte, dafür aber eine in jeder Hinsicht außergewöhnliche Persönlichkeit. Ihre Stimme war tief und einnehmend, sie roch nach Russian-Leather-Parfüm und rauchte englische Zigaretten, die sie aus einem roten Etui zog, in einen langen silbernen Halter steckte und ganz langsam und bedächtig anzündete, als stünde sie auf der Bühne. Sie hatte eine spitze Nase und ein ebenso spitzes Kinn und dazu einen schmalen Mund – in *Der Zauberer von Oz* wäre sie die Idealbesetzung für die Hexe gewesen. Sie sprach immer mit leiser Stimme, und ihr Atem roch nach Alkohol. Dabei konnte sie aber ausgesprochen amüsant sein. Sie war intelligent, geistreich und hatte immer eine witzige Geschichte auf Lager. An diesem Tag erzählte sie mir, sie habe erst vor kurzem ein Verhältnis mit einem Mann gehabt, dessen Nase riesig und voller Warzen gewesen sei; er sei die personifizierte Häßlichkeit gewesen. Nachdem sie das Wochenende mit ihm verbracht hatte, erklärte sie einer Freundin, sie habe Fellatio bei ihm gemacht.

Die Freundin, die wußte, wie häßlich der Mann war, war natürlich erstaunt. »Wie konntest du nur?« fragte sie.

»Darling«, meinte Tallulah, »ich hätte alles getan, um von diesem Gesicht wegzukommen.«

Tallulah bat mich sofort nach dem Vorsprechen, in dem Stück mitzuspielen, aber ich glaube, sie war mehr an Sex interessiert als an meiner Darstellung des Stanislas. Nach Beginn der Proben merkte ich, daß sie immer schon morgens einen sitzen hatte und den Rest des Tages damit zubrachte, ihren Schwips auszubauen. Sie begann, sich Gründe auszudenken, warum ich zu ihr ins Elysee-Hotel kommen mußte, zum Beispiel, um gemeinsam den Text durchzugehen. Mir graute immer davor, aber sie war der Star der Aufführung, und ich brauchte das Geld. Gewöhnlich fingen diese Abende damit an, daß sie mit halbverschleierten Augen und einem angedeuteten Lächeln auf den Lippen dasaß und schon bald in den Tanz der Verführung hinüberglitt. Sie war dreiundvierzig, ich zweiundzwanzig, und offenbar hatte sie eine Vorliebe für junge Männer. Heute empfinde ich mehr Mitleid für sie als damals, denn seither habe ich noch andere Schauspielerinnen kennengelernt, für die Schönheit und Attraktivität die Grundlage ihres Selbstwertgefühls waren und die im Alter Schwierigkeiten hatten, den Verlust dieser Attribute zu verkraften. Ähnlich wie Tallulah wandten sie sich dann jüngeren Männern zu, um das zu retten, was sie ihrer Meinung nach verloren hatten. Auch Tallulah ging es so, obwohl ich das damals noch nicht verstand.

Nach meinem ersten Treffen mit Tallulah schrieb ich an Frannie: »Mein Gehirn fühlt sich an wie zehn Tintenfische, die in einer Streichholzschachtel zusammengesperrt sind, wobei jeder davon versucht, seine Zehennägel zu maniküren.« Frannie hat auch einen Brief, den ich damals an meinen Vater schrieb, aufgehoben:

Lieber Pop,
ich probe jetzt schon seit einer Woche Tag und Nacht... Die Zusammenarbeit mit der Bankhead klappt gut, aber privat ist sie unausstehlich. Ich verachte ihre Dekadenz, ihre Maßlosigkeit und ihre gräßlichen Vertraulichkeiten. Ihre politischen Ansichten sind völlig daneben. Es wird noch ein hartes Stück Arbeit sein, sie taktvoll davon abzubringen, mich nicht zu sehr zu vereinnahmen.
Ich werde die Rolle eines jungen unverdorbenen Puritaners spielen, der an ihr besseres Ich appelliert. Vielleicht ändert sie ja ihre Lebensweise...
Wie toll, daß Mom da war. Sie sieht großartig aus... Ich hoffe, sie hat bald einmal die Zeit, um sich auszuruhen und sich ein bißchen gehenzulassen. Wenn sie ein Stück schreibt, sorge ich dafür, daß es zur Aufführung kommt. Sie hat wundervolle Sachen von Dir erzählt, Pop, die mich ganz glücklich und zufrieden gemacht haben. Glaubst Du, Du wirst zur Premiere im Februar kommen können? Ich lege einen Aufführungsplan bei, damit Du weißt, wo ich jeweils bin. Und herzlichen Dank dafür, daß Du mir das Geld für die Einkommensteuer geschickt hast. Eigentlich wollte ich Dich deswegen nicht belästigen, weil ich das Gefühl habe, daß ich allmählich lernen muß, besser mit meinem Geld umzugehen oder mit den Konsequenzen zu leben... Mein Gehalt wird jetzt jede Woche in Form eines Schecks an meine Bank in der 57th Street geschickt. Ich eröffne ein Spar- und ein Girokonto, dann arbeitet das Geld endlich einmal für mich. Ich bin Dir wirklich dankbar, Pop. Es ist verdammt anständig von Dir, daß Du Deinem ungeschickten Sohn immer wieder aus der Patsche hilfst... Schreib mir bald einmal.

Alles Liebe,
Bud

Die Premiere fand in den Neuenglandstaaten statt, und ich spielte Tallulahs jungen Liebhaber. Ich glaube nicht, daß ich eine besonders gute Figur abgab. Zum Beispiel stimmte mein Akzent nicht, weil ich mich noch nicht mit Akzenten befaßt hatte. Und noch schlimmer, jedesmal wenn ich mit ihr auf der Bühne stand und sie küssen sollte, wurde mir fast übel. Aus irgendeinem Grund waren ihr Mund und ihre Zunge immer ganz kalt. Sie hatte die schreckliche Angewohnheit, mir auf der Bühne Zungenküsse zu geben. Das war wie ein glitschiger Aal, der sich rückwärts in ein Loch schiebt. Anfangs gab ich mich noch so gelassen, wie es unter den gegebenen Umständen möglich war, und dachte nur: Wie kriege ich es bloß fertig, ihrer Zunge aus dem Weg zu gehen, ohne die Rolle zu verlieren? Ihre Zunge erforschte grundsätzlich jeden Winkel meines Mundes, bevor sie langsam bis tief in meinen Rachen glitt. Ich versuchte dem Charakter, den ich spielte, einen schüchternen Touch zu geben und mich verschämt zurückzuziehen, indem ich sie – ganz romantisch und naiv – auf den Nacken küßte. Aber sie mochte keine Nackenküsse und zwang mir auch weiterhin ihre Zunge auf. Ich versuchte es mit Knoblauch, doch auch das hielt sie nicht ab. Schließlich bat ich einen Bühnenarbeiter, mir eine Flasche Mundwasser zu kaufen. Jedesmal, wenn sie mich geküßt hatte, ging ich hinter die Bühne und nahm einen Schluck. Als auch das nicht funktionierte, besorgte ich mir eine noch beißendere Essenz und gurgelte nach jedem Kuß hinter den Kulissen.

Tallulah hatte in ihrem Leben schon viel Leid erfahren und redete gern darüber. Ich hatte Mitleid mit ihr; denn sie hatte es wirklich nicht leicht gehabt. Ich habe mir immer gedacht, daß sie eine großartige Schauspielerin und eine außergewöhnlich attraktive Frau hätte sein können, wenn sie emotional nicht so verquer gewesen wäre, aber wahrscheinlich waren ihr die Bumserei und der Alkohol wichtiger als die Schauspielerei. Zu allem Unglück erzählte ihr jemand, daß ich nach jedem Kuß von ihr gurgelte, was sie natürlich verletzte. Außerdem weigerte ich mich inzwischen, sie in ihrem Zimmer zu besuchen. Deshalb erklärte sie den Produzenten des Stücks, daß ich nicht die richtige Besetzung für die Rolle sei, und so wurde ich nach einer sechswöchigen Versuchstournee gefeuert. Der Job war weg, aber meine Tugend war zum Glück noch intakt. Ich wäre lieber über glühende Kohlen gegangen, als mit Tallulah zu schlafen.

Ich beschloß, daß ich die Nase voll hatte von der Schauspielerei. Nachdem man mich gefeuert hatte, schrieb ich von New Haven aus folgenden Brief an meine Eltern:

> Hallo Ihr,
> ich verlasse »Eagle Rampant« mit folgendem Gebet: Mögen die Wale T. Bankhead anscheißen, wenn sie das nächste Mal schwimmen geht. Gott schütze die Eidechsen und vernichte Tallulah! Das ist wahrscheinlich das Ende. Ein Ende mit Schrecken ... Wenn ich wieder in New York bin, nehme ich Unterricht in Klavierspielen und Harmonielehre und besuche Tanzkurse bei Katherine Dunham. Ich freue mich sehr darauf. Ich habe mir eine Flöte gekauft und stelle mich gar nicht so dumm an. Bald werde ich eine Oberlippe wie ein Kamel oder wie Pop haben.
> Im Zug habe ich einen Mann kennengelernt, dessen Frau kurz davor steht, Alkoholikerin zu werden. Ich habe ihm von den Anonymen Alkoholikern erzählt und versprochen, ihm ein Buch darüber zu schicken. Was sollte ich sonst tun? Wenn er mit ihr über ihre Trinkerei reden will, wird sie wütend und angriffslustig. Was kann man da machen?
>
> Alles Liebe,
> Bud

An dem Tag, an dem ich gefeuert wurde, hatte ich eine schwere Erkältung, und ich erinnere mich, daß ich gleichzeitig deprimiert und erleichtert war.

Am gleichen Abend fuhr ich mit dem Zug von Boston nach New York, und während ich schlief, klaute mir jemand meine Brieftasche mit ungefähr achthundert Dollar – das ganze Geld, das ich mit dem Stück verdient hatte. Ich kam in New York mit leeren Taschen, leerem Gehirn und Löchern in den Socken an und hatte keine Ahnung, was ich als nächstes tun sollte. Ich wußte lediglich: Ich brauchte einen Job.

Dann hatte ich wieder einmal Glück. Ein paar Wochen später erzählte ich meinem Vater in einem Brief davon:

Lieber Pop,
jetzt ist alles wieder im Lot. Am 4. Okt. fange ich mit den Proben zu *Endstation Sehnsucht* an. Ich bekomme 550 Dollar (die Woche) und bin auf den Plakaten als zweiter angekündigt. Der Regisseur ist Elia Kazan. Die weibliche Hauptrolle spielt Jessica Tandy. Karl Malden tritt in einer Nebenrolle auf. Das Stück ist eindringlich, brutal, aufrichtig – es zielt eher auf den Bauch als auf den Kopf. Mom schreibt Dir in ihrem nächsten Brief mehr über meine Rolle.
Pop, ich möchte Dir mit dem Geld, das ich verdiene, einen Teil Deiner Last abnehmen. Ich möchte nicht auf meinem Geld hocken, lege aber Wert darauf, daß es einem sinnvollen Zweck zugeführt wird. Wir unterhalten uns ausführlicher darüber, wenn Du herkommst.

Bud

17

Ein paar Wochen, bevor ich diesen Brief abschickte, hatte mir Edie Van Cleve mitgeteilt, daß Elia Kazan ein neues Stück von Tennessee Williams auf die Bühne bringen wollte. Aus dem Arbeitstitel *The Poker Night* war schließlich *A Streetcar Named Desire (Endstation Sehnsucht)* geworden. Man hatte sich bereits für Jessica Tandy als Blanche DuBois entschieden, aber es gab noch Probleme, die richtige Besetzung für die männliche Hauptrolle, Stanley Kowalski, zu finden.

Ursprünglich war John Garfield dafür vorgesehen, aber er wurde sich nicht mit der Produzentin Irene Selznick einig, der Tochter von Louis B. Mayer, dem Chef von MGM, und Ehefrau des Filmproduzenten David O. Selznick (von dem sie jedoch getrennt lebte). Als nächstes boten sie die Rolle Burt Lancaster an, aber der kam nicht aus einem Studiovertrag in Hollywood heraus. Daraufhin schlug Harold Clurman mich für die Rolle vor, aber Gadg (das war Kazans Spitzname) und Irene meinten beide, daß ich wahrscheinlich zu jung sei, und vor allem Irene konnte sich nicht so recht für mich begeistern. Sie kamen zu dem Schluß, Tennessee Williams die Entscheidung zu überlassen. Gadg sagte, ich solle ihn auf Cape Cod besuchen, wo er ein Ferienhaus hatte, und lieh mir zwanzig Dollar für eine Zugfahrkarte. Aber ich war so pleite, daß ich den größten Teil des Geldes schon ausgegeben hatte, bevor ich New York überhaupt verließ, so daß ich per Anhalter nach Princetown fahren mußte. Das dauerte länger, als ich gedacht hatte, und so kam ich ein oder zwei Tage zu spät zum Vorsprechen. Als ich Tennessee Williams' Haus endlich gefunden hatte, entschuldigte er sich bei mir, weil seine Toilette verstopft war, woraufhin ich ihm anbot, sie für ihn zu reparieren. Dann sprach ich vor, wir unterhielten uns ungefähr eine Stunde lang, und dann rief er Gadg an und sagte ihm, er solle mir die Rolle geben.

Jahre später gab mir Lady Maria St. Just, die Verwalterin von

Tennessees Nachlaß, eine Abschrift des Briefes, den er seiner Agentin Audrey Wood nach meinem Vorsprechen geschrieben hatte. Daraus läßt sich seine Sicht des Stückes wunderbar ablesen. Seine Agentin hat mir die Erlaubnis gegeben, den Brief an dieser Stelle abzudrucken:

29. August 1947

Liebe Audrey,

... ich kann Dir gar nicht sagen, wie dankbar ich für diesen Brando, dieses Gottesgeschenk von einem Stanley bin. Mir war es vorher noch gar nicht in den Sinn gekommen, welche außerordentliche Vorteile es hätte, wenn man die Rolle einem so jungen Schauspieler gäbe. Dadurch wird Stanley menschlicher, denn auf diese Weise hat er die Brutalität oder Insensibilität der Jugend, nicht die Bösartigkeit eines älteren Mannes. Ich will die Schuld nicht irgendeiner bestimmten Figur in die Schuhe schieben, sondern eine Tragödie der Mißverständnisse und Gefühllosigkeit anderen gegenüber schaffen. Bei Brandos Vorsprechen – dem mit Abstand besten Vorsprechen, das ich je gehört habe – ist eine völlig neue Qualität des Stückes zum Vorschein gekommen. Er schien bereits einen mehrdimensionalen Charakter entwickelt zu haben, den Charakter eines jungen Kriegsveteranen. Garfield hätte das nie geschafft. Zusätzlich zu seiner Begabung als Schauspieler hat Brando überdies noch eine große körperliche Ausstrahlung und Sinnlichkeit, mindestens soviel wie Burt Lancaster. Wenn Brando unterzeichnet, haben wir meiner Meinung nach eine beachtliche Besetzungsliste von vier Stars zusammen, die all die Mühe wert war. Etwas Besseres hätten wir kaum finden können. Wenn wir ihn nehmen anstelle eines Hollywoodstars, machen wir mit Sicherheit einen guten Eindruck, weil die Produktion dadurch ihr Hollywoodstigma verliert, das ihr anzuhaften schien. Bitte mach all Deinen Einfluß geltend, damit der Junge wirklich genommen wird und Irene sich nicht querstellt. Hoffentlich unterschreibt er den Vertrag, bevor sie in New York auftaucht.

Diese Woche haben wir ein volles Haus: Joanna, Margo

[Jones, ein Produzent], Marlon, Pancho [Tennessees Gefährte] und ich. Es war alles so schlecht organisiert, daß Margo und Brando im gleichen Zimmer schlafen mußten – in zwei Betten. Soweit ich weiß, haben sie sich ordentlich aufgeführt – die Narren! Eigentlich hatten wir für Margo und Joanna ein Stockbett vorgesehen, aber als Margo in das obere kletterte, mußten wir feststellen, daß einige der Latten nachgaben. Außerdem hatten wir Schwierigkeiten mit den Wasserleitungen und mußten schließlich zum Pinkeln in die Büsche gehen.
Ich habe mich am Telefon so heftig mit dem Installateur gestritten, daß er nicht mehr zu uns herauskommen wollte. Dann ist auch noch die elektrische Anlage ausgefallen, und wir »fielen der ewigen Dunkelheit anheim« wie die Wingfields beim Abendessen. Ein Unglück kommt selten allein! Die ganze Küche stand unter Wasser! Mittendrin in dieser häuslichen Verheerung tauchte dann Marlon auf und brachte alles wieder in Ordnung. Aber das ist nicht der Grund, warum er die Rolle bekommen soll. Für Pancho war das alles zuviel. Er hat seine Siebensachen gepackt und gesagt, er wolle wieder nach Eagle Pass zurück. Aber wie immer hat er es sich dann doch anders überlegt. Ich hoffe, daß er während der Probenzeit, also bis Dezember, nach Hause fährt oder wenigstens nach New Orleans. Er ist alles andere als ausgeglichen. Aber trotz seiner Launen ist er wirklich liebenswert, und ich habe mich mittlerweile schon richtig an seine Zuneigung und seine Gesellschaft gewöhnt. Für New York ist er jedoch zu kapriziös und zu leicht erregbar, das gilt besonders für die Phasen, in denen ich mitten in den Proben zu einem Stück stecke. Hoffentlich klappt es, daß er während dieser Zeit im Süden bleibt oder sich wenigstens einen Job sucht. Das würde mir die Sache wesentlich erleichtern ...

Herzliche Grüße,
Tennessee

Nach seinem Erfolg mit *Endstation Sehnsucht* schrieb Tennessee noch weitere Stücke, doch dieses Drama war der Höhepunkt seiner Karriere. Danach bewegte er sich irgendwie im Kreis, als wisse er nicht so recht, wo er hinwolle. Er saß in einer Art geistigem Kerker. Doch auf dem Höhepunkt seiner Fähigkeiten war er nicht nur ein außergewöhnlicher Schriftsteller, sondern auch ein liebenswürdiger Mann, ausgesprochen bescheiden und sanft. Kazan beschrieb ihn einmal als einen Mann ohne Haut. Er hatte keine Haut, die ihn schützte, ließ sich von allen und jedem verletzen, war auf schon brutale Weise aufrichtig, ein Dichter mit einer makellosen Seele, der unter tiefen Neurosen litt, ein sensibler, sanfter Mann, dessen Schicksal es war, sich selbst zu zerstören. Er log nie, sagte nie etwas Böses über andere und war immer geistreich, aber in seinem tiefsten Innern war er verletzt. In einer Kultur, die einem so sensiblen Menschen Unterstützung und Halt geboten hätte, hätte er vielleicht überlebt. Er war homosexuell, ließ das aber nie besondes heraushängen oder gab sich übertrieben weiblich und machte sich auch nie an die Schauspieler in seinen Stücken heran. Wenn er es einem nicht selbst gesagt hätte, hätte man es gar nicht gemerkt, daß er schwul war. Doch sein Inneres wurde von einer seltsamen Todessehnsucht zerfressen.

Endstation Sehnsucht hatte am 3. Dezember 1947 am Ethel Barrymore Theatre in New York Premiere, nachdem wir in New Haven, Boston und Philadelphia bereits Probevorstellungen gegeben hatten. Meine Schwester hat noch ein Telegramm, das ich meinem Vater aus Boston schickte: BRAUCHE GELD AUFFÜHRUNG TOLL BRIEF FOLGT MARLON. Nach der Premiere gingen wir in den Russian Tea Room und lasen die Kritiken, als erste die in der *New York Times*. Schon bald folgten auch die anderen, und wir konnten uns entspannen. Wir hatten einen Hit gelandet.

Manche Kritiker waren der Meinung, daß ich mit dem unsensiblen, brutalen Stanley Kowalski nur mich selbst spielte – mit anderen Worten: Die Aufführung wurde ein Erfolg, weil ich Stanley Kowalski *war*. Ich habe in meinem Leben eine ganze Reihe von Stanley Kowalskis kennengelernt – maulfaule Muskelprotze, aggressive Machos, die nur ihren eigenen Bedürfnissen folgen, ohne sich selbst je in Frage zu stellen, und rein instinktiv handeln, ohne sich über ihr eigenes Ich bewußt zu sein. Aber das war nicht ich. Ich war das genaue Gegenteil von Stanley Kowalski. Ich war von Natur aus sensibel, während man ihn nur als ungehobelt bezeichnen konnte, als Mann mit untrüglichen animalischen Instinkten. In meiner späteren schauspielerischen Laufbahn bereitete ich mich immer intensiv auf eine Rolle vor, bei ihm tat ich das nicht. Er war ein Kompendium meiner Phantasie, basierend auf dem Text des Stückes. Ich schuf ihn aus Tennessees Worten.

Inzwischen habe ich gelernt, daß Schauspieler, besonders im Film, viele Rollen selbst entwickeln müssen. Wenn man keine gut geschriebenen Geschichte hat, muß man als Schauspieler selbst die Figur zum Leben erwecken, damit sie glaubwürdig wird. Aber wenn man ein gutes Stück hat wie in *Endstation Sehnsucht*, muß man selbst nicht mehr viel machen. Man muß lediglich den Dingen ihren Lauf lassen, ohne ihnen im Weg zu stehen. Improvisation funktioniert in einem Stück von Tennessee Williams genausowenig wie in einem Stück von Shakespeare. Diese Dramatiker liefern den Schauspielern so gute Texte, daß es reicht, sich von ihren Worten leiten zu lassen.

Natürlich ist es schwierig, sich selbst objektiv zu beurteilen, aber ich habe nie das Gefühl gehabt, daß ich die Rolle des Stanley wirklich erfolgreich gespielt habe. Meiner Meinung traf eine Kritik, in der es hieß, ich sei eine Fehlbesetzung, den Kern am besten. Kim Hunter hingegen als Stella war wunderbar, das gleiche galt für Karl Malden – einen ausgezeichneten Schauspieler, der trotz seiner großen Erfolge immer ein hochanständiger Mensch geblieben ist. Aber Jessica und ich waren, glaube ich, beide fehlbesetzt, und wir brachten das Stück aus dem Gleichgewicht. Jessica ist eine hervorragende Schauspielerin, doch die Blanche habe ich ihr nie abgekauft. Meiner Ansicht nach besaß sie nicht die Finesse oder kultivierte Weiblichkeit, die die Rolle erforderte, und auch nicht die Zerbrechlichkeit, die Tennessee wohl im Sinn gehabt hat. Er stellte sich Blanche DuBois als etwas Reines vor; sie war ein abgestürzter Schmetterling, sanft und zart, während Stanley die dunkle Seite des Menschen verkörperte. Wenn Blanche zu Stella sagt: »Du darfst doch nicht zurückfallen auf das Niveau der wilden Tiere!« meint sie damit die animalische Seite des Menschen. Natürlich ist Blanche eine Lügnerin und eine Heuchlerin, aber sie lügt, um zu leben – sie lügt, um ihre Illusionen aufrechtzuerhalten. Wenn sie sagt: »Ich sage nicht die Wahrheit, nicht was ist, sondern was sein sollte«, und »In meinem Herzen habe ich nicht gelogen«, meint Tennessee diese Worte auch. Er sagte Kazan, er wolle, daß die Zuschauer Mitleid mit Blanche hätten. »Blanche«, sagte er, »muß am Ende das Verständnis und das Mitleid der Zuschauer haben ... ohne daß Stanley damit zum Bösewicht gestempelt wird.«

Ich denke, Jessica hätte die Blanche als ergreifende Persönlichkeit gestalten können, aber sie war zu schrill, um beim Publikum das Mitgefühl zu wecken, das die Figur verdient hätte. Das Stück kam aus dem Gleichgewicht, weil die Zuschauer das Potential dieser Figur nicht erkannten. Deshalb reagierten sie auf die Figur, die ich darstellte, positiver, als Tennessee eigentlich beabsichtigt hatte. Weil das Stück aus dem Gleichgewicht war, lachten die Leute an manchen Stellen über mich, was Blanche dumm aussehen ließ, und das war nie Tennessees Absicht gewesen. Ich versuchte nicht, Stanley komisch darzustellen. Die Leute lachten einfach, und Jessica machte das so wütend, daß sie Gadg bat, etwas dagegen zu unternehmen, was er nie tat. Jedesmal, wenn die Zuschauer über mich lachten, blitzte Zorn in ihren Augen auf. Sie machte mich verantwortlich dafür, wobei ich immer das Gefühl gehabt habe, daß sie im Grunde ihres Herzens wußte, daß es nicht an mir lag. Ich machte einfach nur das, was der Text von mir verlangte; das Lachen überraschte mich auch.

Aber trotzdem wurde das Stück ein großer Erfolg. Ein Schauspieler wird mit einem schlechten Stück nie zurechtkommen, egal, wie sehr er sich auch abstrampelt. Wenn das Drama schlecht geschrieben ist, könnte Jesus Christus die Hauptrolle spielen und seine zwölf Apostel die Nebenrollen, und trotzdem würde es kein Erfolg werden. Ein Schauspieler kann einem Stück auf die Beine helfen, aber er kann es nicht zum Laufen bringen, einen Erfolg daraus machen. Mit *Endstation Sehnsucht* hatten wir eines der besten Stücke, das je geschrieben wurde; wir konnten also gar nicht scheitern.

18

Meine Ängste und Depressionen, die nach der Abreise meiner Mutter aus New York eingesetzt hatten, dauerten während der ganzen Spielzeit von *Endstation Sehnsucht* an und kehrten auch danach immer wieder. Ich brauchte Jahre, um das, was ich als Kind gelernt hatte – nämlich, daß ich wertlos war – in den Griff zu bekommen. Damals war mir dieser Mangel an Selbstwertgefühl natürlich noch in keiner Weise bewußt. Etwas nagte an mir, aber ich wußte nicht, was. Nach außen hin versteckte ich meine Gefühle und spielte den starken Mann. So ist es fast mein ganzes Leben lang gewesen; ich habe immer so tun müssen, als sei ich stark, auch wenn ich es gar nicht war. Nicht lange nach der Premiere wurde mir jedoch klar, daß ich Hilfe brauchte. Gadg empfahl mir seinen Psychiater, einen bekannten New Yorker Freudianer namens Bela Mittelman, den kältesten Menschen, der mir je begegnet ist. Ich bin jahrelang zu ihm gegangen, weil ich von ihm Mitgefühl, Hilfe und Einsichten erwartete, aber alles, was ich von ihm je bekam, war eisige Kälte. Menschliche Wärme war ihm unbekannt. Sogar die Einrichtung in seiner Praxis war kalt; jedesmal, wenn ich seine Räume betrat, bekam ich eine Gänsehaut. Vielleicht hielt er sich nur an die Regeln seiner Schule, aber auf menschlicher Ebene nützten mir die Besuche überhaupt nichts. Ich war nach wie vor auf mich selbst gestellt und versuchte Gefühle in den Griff zu bekommen, die ich noch immer nicht recht verstand. Ich weiß bis heute nicht, warum diese Gefühle ausgerechnet damals an die Oberfläche kamen, aber wahrscheinlich hatte es etwas damit zu tun, daß meine Mutter aus New York wegging. Ich hatte noch einmal eine Chance erhalten, ihr meine Liebe zu zeigen, aber wieder hatte es nicht ausgereicht, um sie zu halten.

Erst mit vierzig wurden mir die Zusammenhänge allmählich klarer. Bis dahin reagierte ich auf Emotionen, die ich nicht verstand, gewöhnlich mit Zorn.

Ich war immer der Meinung, daß die Schauspielerei einen großen Vorteil hat: Man bekommt die Möglichkeit, Gefühle auszudrükken, die man im wirklichen Leben nicht zeigen darf. Auf der Bühne können sich die heftigen Emotionen, die in einem vergraben liegen, endlich einen Weg nach draußen bahnen, man kann sozusagen sein eigenes kleines Psychodrama aufführen. Im nachhinein betrachtet hat meine emotionale Unsicherheit als Kind – die Frustration darüber, nicht das sein zu dürfen, was ich sein wollte; sich nach Liebe zu sehnen und sie nicht zu erhalten, zu erkennen, daß man wertlos war – mir vielleicht als Schauspieler weitergeholfen. Zumindest führte es wohl zu einer gewissen Intensität, die die meisten Menschen nicht haben. Durch meine Probleme in der Kindheit erwarb ich mir auch die Fähigkeit zur Imitation, denn ein unerwünschtes, unwillkommenes Kind, dessen ganzes Wesen unakzeptabel scheint, sucht immer nach einer Identität, die akzeptabel *ist*. Üblicherweise findet sich diese Identität dann in den Gesichtern der jeweiligen Gesprächspartner. Man macht es sich zur Gewohnheit, andere Menschen zu beobachten, die Art und Weise zu erkunden, wie sie reden, saugt die Antworten auf, die sie geben, und ihre Ansichten. Sozusagen als Selbstschutz reflektiert man dann das, was man in ihren Gesichtern gefunden hat, und verhält sich so wie sie, denn die meisten Menschen lieben es, Spiegelbilder ihrer selbst zu sehen. Als ich Schauspieler wurde, hatte ich deshalb bereits eine breite Palette von Mitteln zur Verfügung, um bestimmte Reaktionen bei anderen hervorzurufen. Ich denke, das kam mir in meinem Beruf ebenso zugute wie meine Intensität.

Ich stand meinen Schwestern immer sehr nahe, weil wir alle, wenn auch vielleicht auf unterschiedliche Weise, gebrandmarkt waren durch unser Elternhaus, das eher einem Hochofen als einer richtigen Familie glich. Wir gingen jeweils unsere eigenen Wege, aber uns verband immer ein Gefühl der Vertrautheit und Zuneigung, das nur Menschen füreinander empfinden können, die im gleichen Boot sitzen. Tiddy kennt mich wahrscheinlich besser als jeder andere Mensch.

Vor nicht allzulanger Zeit hat sie mir einen Brief über meine frühen Jahre in New York geschrieben:

Du warst damals dreiundzwanzig Jahre, als die Geschichte mit *Endstation Sehnsucht* anfing – noch ein richtiges Kind. Eigentlich wolltest Du Dich nur irgendwie zurechtfinden in der Welt. Am Anfang hattest Du Deine Fähigkeiten noch nicht sonderlich gut im Griff. Du bist einfach Deinen Instinkten gefolgt – und die waren nicht schlecht, wie sich herausstellen sollte –, aber woher solltest Du wissen, ob die Entscheidungen, die Du trafst, die richtigen waren? Kann sich irgend jemand vorstellen, wie beunruhigend es sein muß, erst dreiundzwanzig zu sein und plötzlich mit soviel Ruhm und Ehre wie Du überschüttet zu werden? Das war einfach peinlich. Du konntest gar nicht glauben, daß das alles wirklich gerechtfertigt war. Du konntest Dir nicht vorstellen, daß das alles tatsächlich mit Dir zusammenhing, wo doch Poppa immer gesagt hatte, aus Dir würde nie was werden. Was zum Teufel ging da vor sich? Klar, es ist schön, endlich einmal das Gefühl zu haben, daß man irgend etwas richtig macht, aber ist es das alles wert? Du bist Schauspieler geworden, weil das offenbar das einzige war, wofür Du eine Begabung hattest. Nur hier sagten die Leute: »Das machst du aber wirklich gut.« Außerdem hat's Spaß gemacht, und man hatte ein Forum, auf dem man sich wunderbar verstecken konnte. Die meisten Schauspieler verstecken sich hinter den Charakteren, die sie spielen. So läßt sich das Leben aus zahlreichen Perspektiven heraus erkunden. Es ist schließlich aufregend, in die Haut all dieser Menschen zu schlüpfen, ohne für ihre Handlungen verantwortlich zu sein. Das Problem ist nur, daß die Zuschauer den Schauspieler mit der Figur identifizieren, die er spielt, und so entsteht ein Bruch ... Klar, die Sache macht Spaß und bringt auch noch Geld. Geld macht das Leben leichter, aber alles kann man sich damit auch nicht kaufen.

Hatte Jocelyn recht, wenn sie behauptete, daß der plötzliche Erfolg und, noch wichtiger, die Reaktion der anderen Leute darauf, gar nicht so leicht zu verdauen waren für einen unsicheren Jungen aus Illinois? Ich erinnere mich nicht mehr so genau, was ich damals empfunden habe. Am gegenwärtigsten ist mir immer noch die psychische Anstrengung, die damit verbunden war, an sechs Abenden und zwei Nachmittagen in der Woche aufzutreten. Stellen Sie sich einmal vor, wie es ist, wenn man jeden Abend um halb neun auf die Bühne geht und dort brüllen, kreischen, Geschirr kaputtschlagen, Möbel zertrümmern, mit den Fäusten gegen die Wände hämmern und dieselben heftigen, aufwühlenden Gefühle *durchleben* muß, die man versucht, auch beim Publikum hervorzurufen. Es war furchtbar anstrengend. Stellen Sie sich weiter vor, wie es ist, wenn man nach all diesen Gefühlsausbrüchen von der Bühne geht, ins Bett fällt und mit dem Gedanken aufwacht, daß man in ein paar Stunden schon wieder ran muß. Beim Sport war ich immer sehr ehrgeizig, und auch als Stanley Kowalski wollte ich keinesfalls versagen, sondern mein Bestes geben, also zwang ich mich jedesmal wieder, die Rolle so gut wie möglich zu spielen. Aber das war emotional erschöpfend, ermüdend und bedrückte mich, und schon nach wenigen Wochen wollte ich nicht mehr. Doch mein Vertrag endete erst mit dem Absetzen des Stückes.

Am meisten haßte ich die Tage, an denen ich noch eine zusätzliche Matineevorstellung hatte. Dann wachte ich auf, schaute auf die Uhr, stellte meistens fest, daß ich zu spät dran war, und mußte quer durch die Stadt rasen, damit ich noch rechtzeitig ins Theater kam. Mehrere Male rannte ich den ganzen Weg von meinem Apartment Ecke 52nd Street/5th Avenue zum Theater 42nd Street/Broadway, nur um festzustellen, daß ich mich im Tag geirrt hatte: Es war weder Mittwoch noch Samstag, ich hätte länger schlafen können. Meistens stand ich erst um zwei Uhr nachmittags auf, nachdem ich in der Nacht vorher ein, zwei Abenteuer gehabt hatte, und schlief etwa eine Stunde, bevor ich im Theater sein mußte, noch einmal ein. Wenn ich dann aufwachte, mußte ich mich wieder abhetzen. Spätestens um Viertel nach acht mußte ich zum Schminken dasein, aber ich kam gern ein bißchen früher, um noch ein paar Gewichte zu stemmen, damit Stanley auf der Bühne auch richtig schön verschwitzt aussah. Gewöhnlich tauchte ich jedoch so spät wie möglich auf, und manchmal kam ich auch zu spät. Ich ging sehr, sehr ungern zur Arbeit.

Natürlich hatte eine erfolgreiche Rolle in einem Broadwaystück, abgesehen von den fünfhundertfünfzig Dollar pro Woche – das entspricht heute wahrscheinlich so um die fünftausend Dollar –, auch seine Vorteile. Obwohl ich meinem Vater nach den Proben zu *Der Doppeladler* geschrieben hatte, daß ich mich selbst um meine finanziellen Angelegenheiten kümmern wolle, überzeugte er mich davon, daß ich nicht nur zuviel zu tun hatte, sondern auch nicht genügend Erfahrung besaß, um vernünftig mit meinem Geld umzugehen. Also überließ ich ihm meine Schecks. Er zahlte meine Miete, gab mir ein Taschengeld und legte den Rest an. Doch das Geld, das ich mit *Endstation Sehnsucht* verdiente, war mir weit weniger wichtig als etwas anderes: Nach jeder Vorstellung warteten sieben oder acht Mädchen in meiner Garderobe auf mich. Ich sah sie mir an und suchte mir eine für die Nacht aus. Für einen Vierundzwanzigjährigen, der seinem Penis bereitwillig überallhin folgte, war das das Paradies auf Erden. Es war noch mehr als das: Jede Frau zu kriegen, die ich wollte, war regelrecht berauschend. Ich feierte Partys, tanzte, spielte Conga und bumste alle Frauen. Manchmal tat ich völlig verrückte Dinge. Als ich im elften Stock eines Wohnhauses in der 72nd Street wohnte, gab ich eines Nachts eine Party, bei der alle, auch ich, blau wie die Haubitzen waren. Ich ging hinüber zu einem Fenster, öffnete es und sagte zu meinen Gästen: »Ich habe die Schnauze voll von der Welt und dem ganzen Drumherum. Ich hasse die Menschen, ich habe das Leben satt.« Dann schwang ich mich über die Brüstung und verschwand – das heißt, ich stellte mich auf einen Vorsprung ungefähr fünfzehn Zentimeter unter dem Fenster, duckte mich und preßte meinen Körper dicht gegen die Mauer. Mit den Händen hielt ich mich am Fensterbrett fest. Dann packte ich mit der einen Hand eine Zementbalustrade an der Seite des Gebäudes und ließ das Fensterbrett los. Meine Gäste schrien auf. Sie dachten, daß ich gleich unten auf der 72nd Street landen würde. Ich versteckte mich kichernd unter dem Fenster, warf einen Blick nach unten auf die Straße und mußte dann doch schlukken. Die anderen kreischten immer noch, aber schließlich rannte ein Mädchen hinüber zum Fenster, um nach mir zu suchen. Als sie mich entdeckt hatte, meinte sie: »Na, laß schon los. Ist mir doch egal.« Ich kroch lachend wieder nach oben. Alle hatten vor Wut einen hochroten Kopf und drohten mir zornentbrannt mit den Fäusten. Natürlich war das ganze Unternehmen Wahnsinn, aber nach zwei oder drei Drinks wurde ich immer so tollkühn.

Wir stellten eine ganze Menge an in dieser Wohnung. Manchmal nahmen meine Freunde und ich Schachteln mit altmodischen Küchenstreichhölzern her und kippten sie aus dem Fenster auf die Straße. Wenn sie unten aufkamen, entzündeten sie sich gewöhnlich alle auf einmal, und wir hatten ein prächtiges Spektakel. Mehrere Male zerrupften wir das New Yorker Telefonbuch in kleine Stücke und warfen sie aus dem Fenster, oder wir zerfetzten die *New York Times* und ließen die Papierschnipsel zum Fenster hinaussegeln.

Ich habe in dem Apartment viele Abenteuer erlebt. Eines Nachts rief mich ein Freund an und sagte: »Ich hab' da ein paar tolle Miezen. Sie fahren in einem schwarzen Cadillac spazieren, haben ganz nett Kohle, und obendrein schaun sie auch noch gut aus. Du kannst dir eine aussuchen, aber ich glaube, die sind beide zu haben.«

Die Mädchen holten uns ab, und ich mußte meinem Freund Freddie zustimmen. Sie waren schwarz, wirklich attraktiv und hatten ein süßes Parfüm aufgelegt, von dem mir fast schwindlig wurde.

»Wo wollen wir hinfahren?« wollte eins der Mädchen wissen, und ich antwortete: »Keine Ahnung. Ich fühl' mich hier sauwohl.« Ich hatte schon angefangen, an dem Mädchen auf dem Rücksitz herumzugrapschen.

»Wie wär's, wenn wir auf unsere Bude gingen?« fragte sie, und ich sagte: »Das ist cool. Wo ist eure Bude?«

»In Harlem.«

Irgendwo in meinem Kopf ging ein rotes Licht an, aber ich sagte trotzdem: »Warum nicht.«

Ihre Wohnung lag im zweiten Stock. Im Haus gab es keinen Lift. Nachdem wir getan hatten, weswegen wir gekommen waren, spielte ich in der Küche Karten mit meinem Mädchen, während mein Freund sich mit dem anderen wieder ins Schlafzimmer verzog. Plötzlich hörte ich draußen laute Schritte wie von einem wütenden Dinosaurier. Ich dachte, ich würde mir das Ganze nur einbilden, aber der Dinosaurier kam näher und näher, blieb schließlich vor der Tür stehen und fing an, dagegen zu hämmern. Ich fragte mich flüchtig, ob Dinosaurier Fäuste hatten. Die attraktive Frau mir gegenüber in der Unterwäsche machte plötzlich ein Gesicht, als hätte sie den *Exorzisten* gesehen, und starrte mich mit riesigen Augen und weit aufgerissenem Mund an. Das Hämmern wurde immer lauter, und mit jedem Schlag gab die Tür ein bißchen nach.

»Wer ist denn das?« fragte ich und versuchte, ruhig zu bleiben.

»Das ist mein *Daddy*«, antwortete sie.

»Ich fragte: ›Dein Vater‹?«

»Baby, das ist mein *Daddy*.«

Ich hatte den Ausdruck noch nie gehört; ich wußte nicht, daß manche Frauen ihre Liebhaber »Daddy« oder »mein Alter« nannten, aber jetzt kapierte ich es. Ich schaute sie so ungerührt wie möglich an und fragte: »Gibt's hier irgendwo eine Feuerleiter?«

Sie schaute in Richtung Schlafzimmer. Ich packte meine Kleider und meine Schuhe, schüttelte Freddie und sagte: »Ich klettere die Feuerleiter runter, weil ihr *Daddy* an der Tür steht. Wir treffen uns an der nächsten Straßenecke, aber vielleicht willst du ja auch gleich mitkommen.«

Freddie kapierte sofort und beendete sein Schäferstündchen. Zusammen kletterten wir die Feuerleiter hinunter, so schnell wir konnten. Als wir endlich unten waren und die Leiter sich auf den Boden senkte, schauten wir die drei Stockwerke hinauf direkt in ein Gesicht, das schrie: »Hey, ihr Arschlöcher, bleibt stehen!«

Wir rannten wie die Feuerwehr, aber das war uns der Spaß wert. Die Mädchen waren wirklich äußerst attraktiv gewesen.

Mein Kumpel an diesem Abend war Freddie Stevens. Ich hatte ihn in der Schauspielklasse der New School kennengelernt. Eigentlich hieß er Carlo Fiore, aber er hatte seinen Namen geändert, weil er dachte, daß er dann leichter zu einem Engagement kommen würde. Er war einer meiner ersten Freunde in New York, und wir teilten uns oft die Mädchen. Wenn ich eine aufriß, versuchte auch er, sie ins Bett zu kriegen, und umgekehrt.

Freddie hatte eine riesige römische Nase, einen urwüchsigen Brooklyner Akzent und wenig Talent als Schauspieler – alles Dinge, die seiner Karriere als Star entscheidend im Weg standen. Er ließ sich die Nase zwei- oder dreimal operieren, das letzte Mal von einem Chirurgen, der vermutlich einen Dosenöffner als Skalpell verwendete, aber das half auch nichts. Freddie betrachtete sich selbst als Intellektuellen und hoffnungsvolles New Yorker Literaturtalent und war so von sich selbst überzeugt, daß einer unserer Freunde in Anlehnung an Shakespeare sagte, seine Geschichten seien »Märchen, erzählt von einem Blöden«. Später versuchte ich, Freddie Jobs zu verschaffen, aber ich hatte damit eigentlich nur Erfolg, wenn ich ihm die Arbeit selbst gab. Er konnte charmant sein und geistreich, aber er hatte Probleme. Ich weiß nicht, ob sein Mißerfolg als Schauspieler etwas damit zu tun hatte oder nicht, jedenfalls entwickelte er sich zum Junkie und wollte auch mich überreden, Heroin zu probieren – *skin pop*, wie er es nannte. Wenn ich mich weigerte, sagte er immer: »Du verstehst eben nicht zu leben.« Obwohl ich mein möglichstes tat, um ihn daran zu hindern, sank er immer tiefer in den Sumpf der Sucht. Ich war dabei, als er plötzlich von einem Tag auf den anderen aufhören wollte, es war schrecklich. Er zitterte, schüttelte sich und kotzte die ganze Zeit, und schließlich meinte er, er müsse nach Hause in das italienische Viertel in Brooklyn und seine Familie um Hilfe bitten. Ein paar Stunden später rief er mich völlig verzweifelt von zu Hause an und flehte mich an, ihm Seconal zu besorgen. Ich kaufte welches, fuhr zu ihm und wurde Zeuge einer rührenden Szene: Er hatte mir einmal erzählt, daß seine Mutter etwas wirr im Kopf sei. Als er nun neben ihr stand, sah ich, daß er sich ihrer schämte, aber trotzdem legte er liebevoll den Arm um sie, weil er sie nicht verleugnen wollte.

Nachdem ich als Schauspieler immer erfolgreicher wurde, verschlechterte sich meine Beziehung zu Freddie. Er wurde neidisch, und schließlich haßte er mich – etwas, was mir auch bei anderen Freunden passierte, von denen viele ebenfalls Schauspieler oder Schriftsteller waren und deren Karrieren sich nicht immer so positiv entwickelten wie meine. Mir tat das weh, aber ich war damals noch zu jung, um es zu verstehen. Viele Jahre später meinte Janice Mars einmal zu mir, Freddie sei in mancherlei Hinsicht das Opfer seiner Freundschaft mit mir geworden. »Der arme Carlo konnte es einfach nicht ertragen, auf ewig dein Handlanger zu bleiben, aber ein eigenes Leben hatte er sich auch nicht zurechtgezimmert ... Dein Ruhm und dein Geld, das war zuviel für ihn. Es konnte tödlich sein, dir zu nahe zu kommen. Du warst wie Treibsand für Menschen, die zu schwach waren, um sich aus eigener Kraft wieder daraus zu befreien. Es war nicht deine Schuld. Du wolltest den Leuten helfen, aber es war dir dann letztlich doch wichtiger, daß sie dir jederzeit zur Verfügung standen. Sie gaben sich selbst auf. Carlo endete als Versager, als Drogensüchtiger, er war zum Untergang verdammt.«

Freddie kam schließlich doch noch von den Drogen los, aber dann wurde er Alkoholiker und schrieb ein Buch über mich. Das war wahrscheinlich das einzige, was er noch zu verkaufen hatte. Er folgte dem Pfad der Selbstzerstörung, den er eingeschlagen hatten, bis zu seinem Tod.

19

Noch heute liebe ich es, in den dunklen, frühen Morgenstunden wach zu sein, wenn alle anderen noch schlafen. Daran hat sich seit meiner Zeit in New York wenig geändert. Nachts kann ich am besten denken und schreiben. In meiner Anfangszeit holte ich oft mitten in der Nacht mein Motorrad heraus und machte eine Spritztour – irgendwohin. Damals gab es noch keine nennenswerte Kriminalität auf den Straßen. Wenn man ein Motorrad hatte, stellte man es vor dem Haus ab, in dem man wohnte, und am nächsten Morgen war es immer noch da. Es war wunderbar, in den Sommernächten um eins, zwei oder drei Uhr in der Früh nur mit einer Jeans und einem T-Shirt bekleidet, ein Mädchen hinter sich, durch die Stadt zu kurven. Wenn ich beim Wegfahren noch kein Mädchen dabei hatte, suchte ich mir eben eins. Es gab damals eine hübsche Jüdin namens Edna, deren Vater sehr reich war. Sie war intelligent, gebildet, gut aussehend, hatte hübsches braunes Haar und einen dunklen Teint, der fast schon ein wenig orientalisch wirkte, und wohnte zusammen mit ihrem Vater in einer Luxuswohnung an der Park Avenue. Ich weiß nicht, warum, aber aus irgendwelchen Gründen sind mir die Gardinen dort am besten in Erinnerung geblieben: Die Fenster wurden von zwei Schichten hauchdünner weißer Vorhänge verhüllt, zuerst kam eine Lage gefältelter Satin, dann folgte bodenlange, federleichte weiße Seide, die sich anfühlte wie ein Brautschleier. Als ich einmal gegen zwei Uhr morgens mit meinem Motorrad vor Ednas Haus aufkreuzte, sah mich der Portier an wie einen Hafenarbeiter, der sich auf dem Weg zur Werft verirrt hatte. Ich stieg ab und bat ihn darum, Edna über die Haussprechanlage davon zu informieren, daß Mr. Brando da sei und sie sehen wolle.

»Wissen Sie eigentlich, wie spät es ist?« erkundigte er sich.

Ich sagte ihm, Edna würde mich erwarten, was nicht

MARLON BRANDO

Mein Leben

Das schindelgedeckte Haus in der Mason Street in Omaha, Nebraska, wo wir wohnten, bis ich sieben war. Das Haus steht heute nicht mehr.

Ich wurde am 3. April 1924, eine Stunde vor Mitternacht, geboren. Meine Instinkte habe ich von meiner Mutter geerbt, mein Durchhaltevermögen von meinem Vater – er war ein harter Bursche. Auf diesem Bild bin ich gerade neun Monate alt.

Zusammen mit meiner fünfjährigen Schwester im Garten. Ich war drei und das Leben ein einziges Wunder.

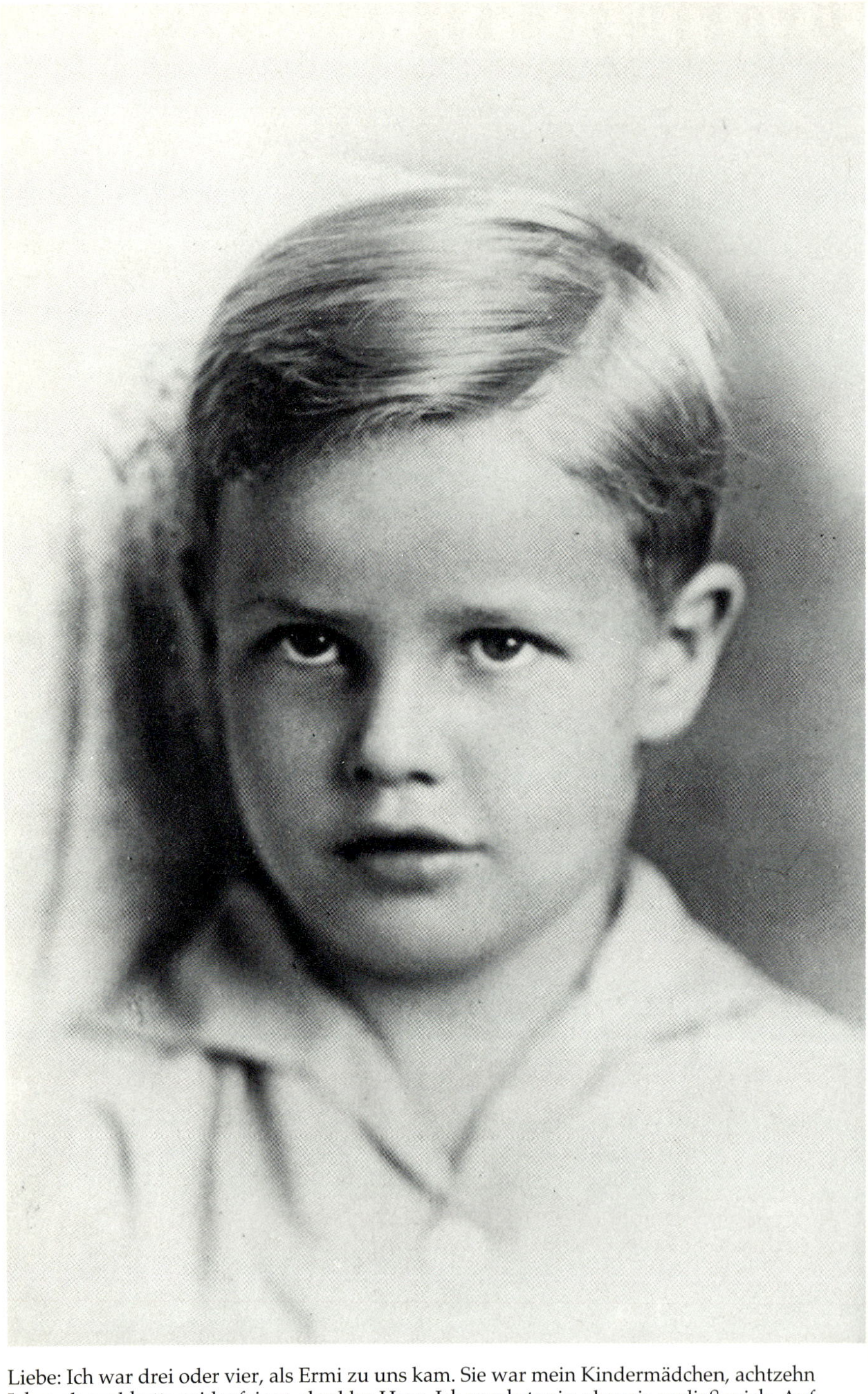

Liebe: Ich war drei oder vier, als Ermi zu uns kam. Sie war mein Kindermädchen, achtzehn Jahre alt und hatte seidenfeines, dunkles Haar. Ich verehrte sie, aber sie verließ mich. Auf diesem Bild bin ich sechs.

Rebellion mit neun: Nachdem Ermi weg war, wurde ich zum Randalierer. Ich verwüstete Häuser, schoß auf Vögel und verbrannte Insekten.

Wie der Vater …

… so der Sohn

In Libertyville – »Die kämpferischen Brandos« nannte meine Schwester diese Seite in ihrem Familienalbum.

Die Entstehung von One-Eyed Jacks *(Der Besessene)* ... Mit meiner Schrotflinte schoß ich versehentlich einen Chauffeur in Evanston an.

Mit acht in Evanston, zusammen mit meiner Mutter: Sie war temperamentvoll, witzig und unkonventionell. Als ich noch ein Kind war, war sie selten zu Hause, aber sie vermittelte mir die Liebe zur Natur, den Tieren und dem nächtlichen Sternenhimmel. Sie kannte jedes Lied, das je geschrieben wurde. Noch heute erinnere ich mich an Tausende von Songs, die sie mir beigebracht hat.

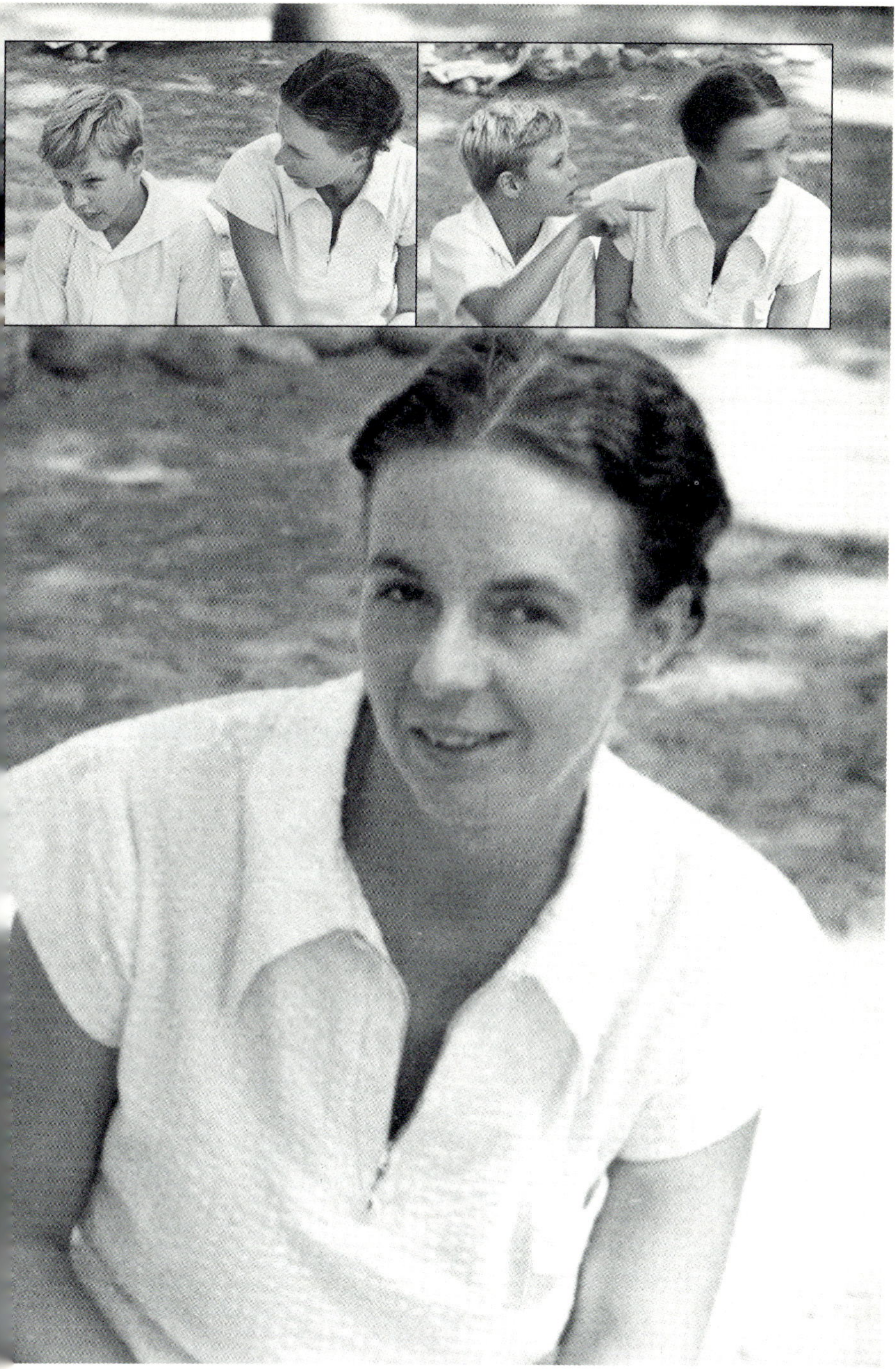

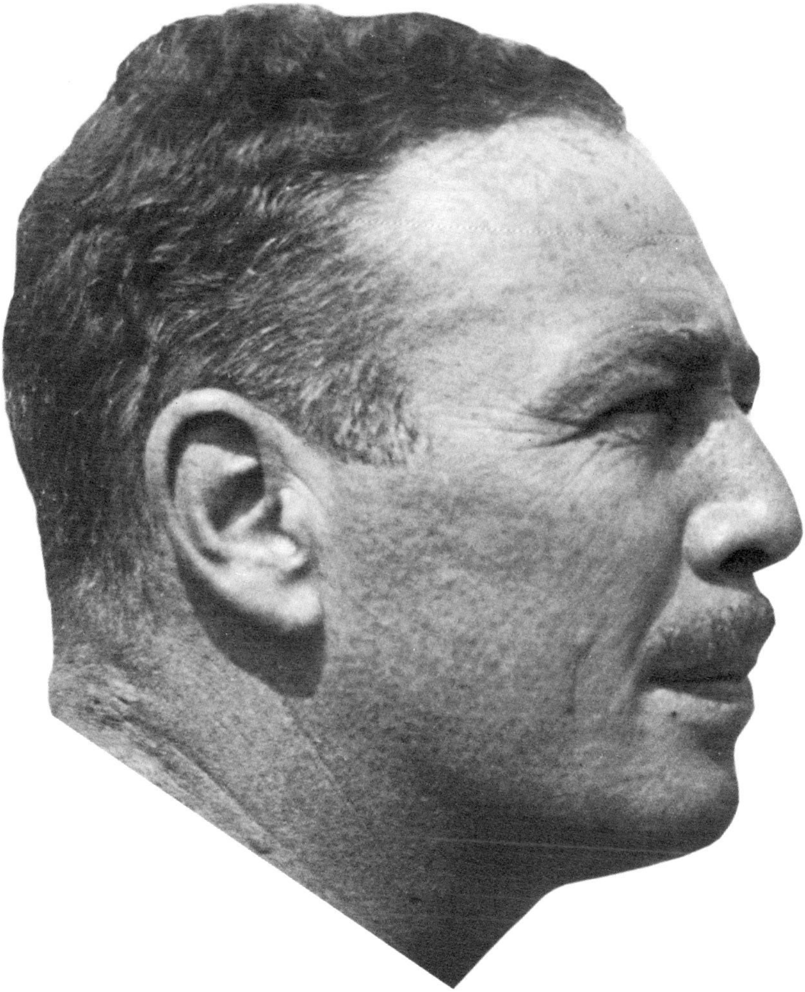

»Wenn Poppa sich nicht gerade wieder mit seinen irrationalen Ängsten herumschlug«, schrieb Frannie mir einmal, »konnte er nett, herzlich und rücksichtsvoll sein, amüsant und amüsiert, charmant und sensibel. Doch all das war wie ausgelöscht, wenn er schlechte Laune hatte, wieder einmal aus unerfindlichen Gründen ins Schweigen verfiel oder aufgrund nichtiger Anlässe jähzornig wurde.« Evanston 1930 (links), 1935 (oben).

Ferien am Strand von Balboa, Kalifornien. Ich war damals elf. Mittlerweile hatte ich aufgehört, auf Vögel zu schießen, und mich zum Beschützer aller schwachen Kreaturen aufgeschwungen. Meinen Eltern war es peinlich, als ich einmal eine Frau nach Hause brachte, die ich am Boden hatte liegen sehen – sie war betrunken, wie sich herausstellte.

Ungefähr zu dieser Zeit kritzelte eine meiner Schwestern auf die Rückseite eines Fotos aus dem Familienalbum: »Bud – was für ein prächtiger Bursche! Nett und lustig, idealistisch und so verdammt jung.« Zusammen mit Frannie (links) und Jocelyn (Mitte).

Da scheint sich etwas zusammenzubrauen zwischen Frannie und mir … Meine Eltern hatten sich mittlerweile getrennt, wir mußten ohne Vater zurechtkommen. Meine Mutter, meine Schwestern und ich zogen zu meiner Großmutter Bess nach Orange County, Kalifornien. (Auf diesen Fotos bin ich dreizehn.)

Mit sechzehn gehörte ich zu den Rabauken an der Libertyville High-School. Den meisten Lehrern war ich ein Greuel, und viele Eltern behandelten mich, als litte ich an Aussatz.

Jocelyn – Tiddy, wie ich zu ihr sage –, meinte einmal zu mir: »Du hast ständig irgendwelche halb verhungerten Tiere, kranke Vögel und Leute, die deiner Meinung nach in Schwierigkeiten steckten, mit nach Hause gebracht. Wenn du vor der Wahl standest, hast du dich immer für das schielende oder dickste Mädchen entschieden, weil sich um die niemand gekümmert hat und du wolltest, daß es ihr auch gutgeht.«

Mit sechzehn war ich Kadett an der Shattuck-Militärakademie in Faribault, Minnesota, auf der schon mein Vater gewesen war. Aus dieser Zeit sind einige Briefe an meine Familie erhalten, die einiges erklären. Nach all den Jahren kann ich jetzt endlich auch das große Rätsel um den Glockenturm lösen, aus dem eines Morgens plötzlich kein Läuten mehr drang. Das Foto links stammt aus dem Jahresbericht von 1940.

1944 in Frannies Wohnung in New York City.

Familientreffen in New York 1944. Meine Mutter (rechts) hatte sich wieder mal von meinem Vater getrennt. Jocelyns Sohn Gahan ist ein Jahr alt.

Kaffee bei Jocelyn in ihrer Wohnung in der 68th Street, in der es kein warmes Wasser gab. 1948 traten wir beide am Broadway auf; dieses Foto entstand für einen Artikel in *Life*. Sie spielte in *Mister Roberts*, ich war Stanley Kowalski in *Endstation Sehnsucht*.

Meinem alten Herrn von mir: Ich habe das ledergebundene, goldgeprägte Erinnerungsalbum immer noch, das ich meinem Vater am 1. April 1955 schenkte. Von dem Oscar für *Die Faust im Nacken* (unten rechts) ist mir lediglich das Bild geblieben; die Auszeichnung selbst

landete irgendwie in einem Londoner Auktionshaus. All diese Fotos wurden während eines Interviews für *Person to Person* gemacht; Edward R. Murrow ist mit dem Rücken zur Kamera zu sehen (unten links).

Stella Adler: eine Frau mit einem erstaunlichen Vermächtnis.

Auf Bobby Huttons Beerdigung. Ich fühlte mich als Außenseiter.

Bei einem Marsch der Bürgerrechtsbewegung 1963 in Torrance, Kalifornien, werde ich auf Plakaten böse beschimpft.

Die Behandlung der amerikanischen Ureinwohner hat mich immer empört: Rechts werde ich 1964 in Tacoma, Washington, nach einem »fish-in« kurzzeitig in Haft genommen. Oben sieht man mich zusammen mit Russell Means vor dem Gerichtsgebäude in St. Paul, Minnesota, wo er 1974 zusammen mit Dennis Banks wegen der Besetzung von Wounded Knee angeklagt war.

Teti'aroa, die Insel meiner Träume.

Es gab auch gefährlichere Situationen auf Teti'aroa …

stimmte, und schwindelte ihm vor, sie würde sicher sehr wütend werden, wenn sie davon Wind bekäme, daß ich abgewiesen worden war.

Mit zweifelndem Blick wählte der Portier die Nummer ihrer Wohnung und weckte sie auf. Aus dem Hörer, den er gegen sein Ohr preßte, hörte ich eine zarte, verschlafene Stimme fragen: *»Wer?«*

»Mr. Brando.«

Ich konnte nicht hören, was sie als nächstes sagte, jedenfalls legte der Mann auf und meinte: »Nehmen Sie den Lift dort drüben links.«

»Ich kenne mich aus«, erwiderte ich und drehte ihm den Rücken zu, um ihm zu zeigen, wie verärgert ich über die Verzögerung war.

Ednas Vater schlief friedlich in seinem Zimmer, und wir gingen in ihres. Es wehte ein leichter Wind, und die Seiden- und Satinvorhänge bauschten sich hinter ihr wie ein seidener Fallschirm. Sie trug ein ausgesprochen hübsches, weiches Satinnachthemd. Als ich das Oberbett zurückschlug, nahm mir der Duft ihres warmen Körpers fast den Atem.

Edna sagte kein Wort, während ich mich auszog. Als ich mich zu ihr legte, schlang sie ihren zarten Arm um mich. Nachdem wir uns geliebt hatten, fragte sie: »Möchtest du etwas essen?« Es war ungefähr vier Uhr früh und noch dunkel draußen, obwohl ein schmaler Strahl des gelben Mondlichts von draußen durch die Vorhänge drang und seinen Schein in das Zimmer warf. Als ich nickte, ging sie in die Küche und richtete ein Tablett mit irischem Leinen, englischem Silber, französischem Kristall, Orangensaft, Eiern und perfektem Toast – das alles wunderbar arrangiert. Ich weiß noch, wie ich neben ihr saß, das Kristall und Silber vor mir, und dachte: Junge, das ist das Leben. Und wenn es das nicht ist, findest du's auch nicht mehr.

Ich habe ziemlich viele romantische Abenteuer erlebt, aber dieses wird mir immer in Erinnerung bleiben. Ich weiß nicht, wo Edna jetzt ist. Es ist Jahre her, seit ich das letzte Mal mit ihr gesprochen habe, aber ich habe mich oft gefragt, was aus ihr geworden ist.

Nach der Premiere von *Endstation Sehnsucht* schickte mir die Shattuck Military Academy immer wieder Briefe, in denen man mich einlud, doch wieder zurückzukommen. Der Kommandant schrieb, ich sei der berühmteste Shattuck-Schüler aller Zeiten. »Bitte kommen Sie zurück«, hieß es in den Briefen. »Wir sind wirklich stolz auf Sie.«

Da ich diese Briefe nach allem, was passiert war – immerhin hatten sie mich hinausgeworfen –, für stillos hielt, antwortete ich nicht darauf. Ich bin nie wieder nach Shattuck zurückgekehrt und habe auch nicht vor, es je zu tun.

20

Lange Zeit bildete ich mir in einer pubertären Aufwallung ein, hart im Nehmen zu sein. Ich boxte gern, weil ich dachte, daß mich das männlicher machen würde. Ich wollte so hart werden wie mein Vater, der nicht nur ein guter Boxer, sondern auch immer zu einer Kneipenschlägerei aufgelegt war. Ich will damit nicht sagen, daß ich ganz bewußt so werden wollte wie mein Vater – ganz bestimmt nicht, denn ich haßte ihn ja –, aber wahrscheinlich übernahm ich ganz ungewollt einige seiner Charakterzüge. Er war stark; vielleicht glaubte ich damals, daß körperliche Stärke auch etwas mit inneren Werten zu tun hatte, und mit Anfang Zwanzig hielt ich mich für einen ziemlich guten Boxer. Während *Endstation Sehnsucht* lief, überredete ich oft ein Mitglied der Crew zu einem Sparring zwischen den einzelnen Akten. Ich kaufte mir ein paar Handschuhe, und wir lieferten uns einen kleinen Schlagabtausch in einem Raum unter der Bühne. Das half gegen die quälende Langeweile, wenn ich auf meinen nächsten Einsatz wartete. Zwischen dem zweiten und dritten Akt hatte ich ungefähr vierzig Minuten Pause bis zu meinem nächsten Auftritt, und eines Abends fand sich keiner meiner üblichen Partner zu einer Runde bereit. Deshalb fragte ich einen Bühnenarbeiter, gegen den ich noch nie angetreten war, ob er mit mir boxen wolle, aber er lehnte ab.

»Na komm schon«, sagte ich. »Wir kämpfen ja nicht *richtig*, wir probieren bloß ein bißchen.«

Er war Anfang Zwanzig, fast zwei Meter groß und ungefähr hundertzehn Kilo schwer und hatte dichtes, welliges schwarzes Haar. »Ich mag jetzt nicht«, meinte er.

»Du brauchst ein bißchen Bewegung, und ich auch«, sagte ich.

»Nein.«

Ich ließ ihm keine Ruhe, bis er sich endlich breitschlagen ließ. Wahrscheinlich hatte er das Gefühl, daß er mich sonst gar nicht mehr loswerden würde. Also gingen wir nach unten, zogen die Handschuhe an und fingen mit dem Sparring an, aber er tat ziemlich lustlos herum, so daß ich sagte: »Na, komm schon, nun biet mir schon was. Ich versuch' an meiner Verteidigung zu arbeiten. *Schlag zu.* Ich tu' dir schon nicht weh, um Himmels willen.«

Aber es nutzte nichts, er schlug weiterhin nur ganz leicht zu, bis ich sagte: *»Na, komm schon, nun schlag doch mal richtig zu. Ich tu' dir wirklich nicht weh –«*

Ich weiß nicht mehr so genau, was als nächstes passierte, aber plötzlich spürte ich seine Faust auf meiner Nase wie einen Vorschlaghammer, und dann spritzte das Blut nur so aus meinem Gesicht. Bis dahin war ich beim Boxen noch nie verletzt worden, aber jetzt tat mir wirklich alles weh. Ich ging hinauf in meine Garderobe, schaute mich im Spiegel an und sah, daß mein Gesicht voller Blut war. Während ich versuchte, es wegzuwischen, nahm ich einen Zug von der Zigarette, die ich mir in der Zwischenzeit angezündet hatte, und entdeckte etwas Merkwürdiges: Der Rauch meiner Zigarette kam aus meiner Stirn heraus wie eine große, weiße Wolke.

Erst jetzt wurde mir bewußt, daß etwas ganz und gar nicht stimmte. Wieder schaute ich in den Spiegel, und da sah ich, daß meine Nase am Rücken aufgesprungen war und der Rauch sich den Weg des geringsten Widerstandes suchte.

Wie bin ich nur da wieder reingeraten? fragte ich mich. In weniger als einer Minute mußte ich auf die Bühne. Laut Skript kam ich betrunken nach Hause, nachdem ich die Geburt meines Kindes gefeiert hatte, und nach einem Streit mit Jessica sollte ich sie auf den Armen ins Bett tragen. Mir blieb keine andere Wahl: Ich wischte mir das Gesicht ab und ging auf die Bühne.

Jessica, die noch nie sonderlich viel von meiner Boxerei zwischen den Akten gehalten hatte, sah mich vom Schreibtisch aus an, wo sie gerade saß, und improvisierte: *»Du verdammter Narr.«*

Wir spielten die Szene und den dritten Akt zu Ende, als wäre nichts passiert, obwohl mir, als ich sie zum Bett trug, einen Augenblick lang von dem vielen Blutschlucken so übel war, daß ich beinahe das Bewußtsein verloren hätte und auf sie drauf gefallen wäre. Doch offenbar merkte im Zuschauerraum niemand was; wahrscheinlich nahmen die Leute an, daß ich bei der Feier anläßlich der Geburt meines Sohnes in einer Bar in einen Streit geraten war und daß das Blut nichts als Schminke war.

Als wir uns am Ende verbeugten, floß das Blut immer noch in Strömen auf meine Schuhe, mein Hemd, meine Hose und die Bühne. Dann fuhr ich ins Krankenhaus, wo mich ein sadistischer Metzger zusammenflickte. Zuerst versuchte er, mir die Nase wieder einzurenken, ohne mich vorher zu betäuben. Eigentlich liegt meine Schmerzgrenze sehr hoch, aber er hatte sie schnell überschritten: Er drückte und quetschte an mir herum, bis ich fast ohnmächtig wurde. Schließlich hatte er die Nase gerichtet, klebte einen Verband darüber, und das war's auch schon. Ich hätte dem Schweinehund noch lange danach am liebsten die Nase gebrochen, obwohl er mir immerhin den Gefallen tat, mich eine Woche ins Krankenhaus einzuweisen, damit der Bruch heilen konnte. Ich freute mich wie ein Schneekönig über den Kurzurlaub. Jack Palance übernahm meine Rolle, und ich machte mir in der Zwischenzeit einen schönen Lenz mit den Schwestern. Ich mußte nicht zur Arbeit, bekam aber trotzdem Geld.

Nach ein paar Tagen verblaßten die blauen Flecken um meine Augen, und meine geschwollene Nase wurde wieder kleiner. Als ich wieder manierlich genug aussah, um zur Arbeit zu gehen, meinte der Arzt: »Mr. Brando, ich habe gute Nachrichten für Sie: In ein oder zwei Tagen dürfen Sie wahrscheinlich raus.«

Aber ich wollte noch gar nicht raus, mir gefiel's im Krankenhaus viel zu sehr. Dann hörte ich, daß Irene Selznick mich besuchen wollte. Ich bat einen Freund, mir in einem entsprechenden Laden Schminke zu besorgen. Er brachte eine ganze Farbpalette mit – gelb, grün, lila, rot und blau –, und ich malte mich an, bis ich aussah, als wäre ich gerade auf der Fifth Avenue unter einen Bus gekommen. Danach pappte ich mir einen dikken Verband über die Nase, damit sie so geschwollen aussah wie eine Melone.

Als Irene mein Zimmer betrat, sank ich ins Bett zurück, zog die Bettdecke hoch bis zum Kinn, schloß die Augen halb und fragte müde: »Irene, wann lassen sie mich endlich hier raus?«

Ihr besorgter Blick zeigte mir, daß sie verblüfft war. Sie sah mich an und meinte: »Mein Gott, Marlon. Du kannst wirklich noch nicht arbeiten. Bleib, wo du bist; solange du so krank bist, kommen wir schon ohne dich zurecht. Ruh dich ein bißchen aus. Wir sagen dir schon, wann es Zeit für dich ist.«

»Bitte«, sagte ich. »Irene, ich komme um hier drin, ich muß hier raus.«

»Du bleibst, wo du bist«, meinte sie bestimmt.

So kam ich zu einer weiteren Woche Krankenhaus.

21

Als *Endstation Sehnsucht* nach einer Laufzeit von zwei Jahren abgesetzt wurde, verbrachte ich drei Monate in Europa, hauptsächlich in Paris, schnappte ein paar Brocken Französisch auf und machte mir ansonsten eine schöne Zeit. Ich war einer der jungen Wilden von Paris. Überall war ich dabei, schlief mit allen Frauen, die mir über den Weg liefen, verlor völlig das Zeitgefühl und blieb bis zwei Uhr nachmittags im Bett. In Paris machte ich alles, was man sich nur denken kann. Als ich nach New York zurückkehrte, hatte ich praktisch nichts mehr außer den Kleidern, die ich am Leib trug. Ich war Freunden gegenüber schon immer großzügig gewesen und hatte einen großen Teil dessen, was ich verdiente, verschenkt. Aber manche stahlen es mir auch einfach, wenn ich es nicht freiwillig hergab. Eines Nachts schlug ich die Augen auf und starrte mitten ins Gesicht eines meiner besten Freunde. Zwischen uns stand ein Tisch mit einer Schachtel, in der ich mein Geld aufbewahrte. Er wollte sich gerade bedienen. Als ich die Augen aufmachte, zog er die Hände zurück, stemmte sie in die Hüften und sagte mit dem verschlagenen Blick eines Schakals »hallo!« Er war nicht der einzige Freund, der die Tatsache ausnutzte, daß ich mir nicht allzuviel aus materiellen Dingen machte. In Paris kamen einige dieser sogenannten Freunde einmal in meine Wohnung, stritten sich um meine Kleider und nahmen alles mit, was nicht niet- und nagelfest war.

Der Erfolg von *Endstation Sehnsucht* hatte mir bewiesen, daß ich mir meinen Lebensunterhalt auf eine Weise verdienen konnte, die mir zusagte, aber er beeinflußte mein Leben auch auf traurige Art. Er gab ihm eine Richtung, die mich auch betrübte. Der Ruhm hat zwei Seiten, das lernte ich jetzt: Er bringt mindestens so viele Vor- wie Nachteile mit sich. Er ist mit gewissen Annehmlichkeiten verbunden und verleiht Macht, und wenn man einem Freund einen Gefallen tun will, läßt sich das mit einem Anruf erledigen. Wenn man die Aufmerksamkeit auf ein Problem lenken will, das einen beschäftigt, wird einem möglicherweise sogar zugehört – was ich persönlich lächerlich finde, denn warum sollte die Meinung eines Filmschauspielers mehr wert sein als die irgendeines anderen Bürgers? Es hat Interviewer gegeben, die mir Fragen zur Quantenphysik oder über das Sexualleben der Fruchtfliege gestellt haben, als ob ich mich kompetent dazu äußern könnte – *und ich habe ihnen geantwortet!* Egal, wie die Frage lautet: Die Leute hören dir zu. Viele Reporter haben den Artikel, den sie schreiben wollen, schon fertig im Kopf, wenn sie zu mir kommen. Sie erwarten, daß Marlon Brando exzentrisch ist, also sagen sie sich: Wenn ich ihm eine alberne Frage stelle, wird er sie schon beantworten.

Mit der Macht und dem Einfluß eines Filmschauspielers ist es eine seltsame Sache: Ich habe weder darum gebeten noch danach verlangt; die Leute haben mir beides einfach *gegeben.* Nur weil man Filmschauspieler ist, gestehen einem die Leute spezielle Rechte und Privilegien zu. Die Sache mit dem Ruhm und seiner Wirkung auf den Menschen ist dabei ein ziemlich neues Phänomen. Noch vor wenigen Jahrhunderten ging der Ruhm des einzelnen nicht über die engen Grenzen des heimatlichen Dorfes hinaus, es sei denn, man war ein König oder eine Art Prophet, dessen Namen die Jünger in alle Welt trugen oder der heilige Schriften verfaßte. Die meisten Leute konnten nicht lesen, und was sie wußten, gaben sie in mündlicher Überlieferung weiter. Als es dann bessere Schulen, Zeitungen, Zeitschriften, Groschenheftchen, Radio, Filme und Fernsehen gab, wurde der Ruhm plötzlich weltweit zu einem unentbehrlichen Rohstoff. Der Buddhismus brauchte fast fünfzehnhundert Jahre, um auf der Seidenstraße nach China zu gelangen; der Twist war kaum erfunden, als man ihn auch schon auf Tahiti tanzte und nicht nur in der Peppermint Lounge. Vor hundertfünfzig Jahren erfuhren viele Amerikaner erst Wochen nach den Wahlen, wer der neue Präsident war, weil die Nachrichten nur langsam ins Hinterland drangen. Wenn heute etwas in Bombay passiert, wissen es die Menschen von der Green Bay bis nach Grönland sofort. Gewisse Gesichter kennt man auf der ganzen Welt; und Menschen, die in ihrem Leben noch nie etwas geleistet haben, werden plötzlich berühmt von Beruf.

Viele Leute, die unbekannt sind, lechzen förmlich nach Ruhm und können es gar nicht fassen, daß anderen die Berühmtheit egal ist. Sie können es sich nicht vorstellen, daß irgend jemand dem Berühmtsein mit all seinen Vorteilen den Rücken kehrt. Für mich ist der Ruhm immer ein Fluch gewesen, auf den ich gern verzichtet hätte. Sobald ich einmal berühmt war, konnte ich nie wieder Bud Brando aus Libertyville, Illinois, sein. Ich habe mein Leben lang Probleme mit meiner Form des Geldverdienens gehabt, weil sie mich gezwungen hat, ein falsches Leben zu führen, und weil alle Leute, die ich kenne, außer einer Handvoll, von meinem Ruhm in Mitleidenschaft gezogen wurden. Bis zu einem bestimmten Grad wird jeder davon berührt, ob bewußt oder unbewußt. Die Menschen setzen sich nicht mit dem Menschen auseinander, der man ist, sondern mit einem Mythos, den sie mit ihm in Verbindung bringen, und dieser Mythos ist immer falsch. Aufgrund dieses Mythos wird man geliebt oder verachtet, und sobald er einmal am Leben ist, läßt er einen nicht mehr los. Dafür sorgen schon die Zeitungsarchive. Selbst heute noch sehen mich viele Menschen, die mir begegnen, als den harten, unsensiblen, derben Stanley Kowalski. Natürlich können sie nichts dafür, aber es stört mich trotzdem. Bis zu einem gewissen Grad sind wir alle Voyeure – ich will mich da gar nicht ausnehmen –, aber mit dem Ruhm kommen auch die Aasgeier der Presse, die unersättlich nach neuen Sensationen gieren und es gar nicht mögen, wenn ihnen der Zugang zu irgendwelchen mehr oder minder berühmten Persönlichkeiten verwehrt wird. Betrübt und ärgerlich, wie sie sind, wenn sie nicht kriegen, was sie wollen, erfinden sie dann Geschichten über dich, denn der Leitsatz unserer Kultur lautet: Es ist alles erlaubt, solange es Geld bringt.

Auch ich bin kein Unschuldslamm, das gebe ich gerne zu. Auch ich bin käuflich. Ich habe durchaus dumme Filme nur des Geldes wegen gemacht. Ich schreibe dieses Buch für Geld, weil Harry Evans von Random House es mir angeboten hat. Er hat mir erklärt, daß sein Verlag Bücher von talentierten jungen Autoren veröffentlichen kann, die womöglich kein Geld bringen, wenn er ein profitables Buch über einen Filmstar macht. Wenigstens war er ehrlich, obwohl ich zugeben muß, daß ich sein Eingeständnis, Schund zu produzieren, um damit die wirklich wertvollen Sachen zu finanzieren, merkwürdig fand. Harry prostituiert sich auf seine Art genauso wie ich. Er schaut auch, wo er Geld machen kann. Nur bin ich eine Nutte, die schon auf beiden Seiten der Straße gearbeitet hat. Sie meinen, das klingt nach Selbsthaß? Das glaube ich nicht, aber ich gebe zu, daß etwas Eitelkeit mitschwingt, weil ich heute in der Lage bin, das alles so klar zu sehen und zuzugeben.

Alice Marchak, die seit mehr als dreißig Jahren meine Sekretärin ist, hat einmal gesagt, sie halte mich für schizophren: Eine Seite von mir genießt die Anerkennung und die Macht, die ein Filmstar hat, während die andere diesen Teil meiner Persönlichkeit ablehnt. Ich bezweifle das zwar, aber wer versteht sich schon selbst? Es gibt durchaus Yogis und Swamis, die ihrem Unbewußten ziemlich nahegekommen sind und sich selbst von Grund auf kennen, aber die meisten Menschen können es sich nicht leisten, sich so zu sehen, wie sie sind, weil jeder auch eine mythische Vorstellung von sich selbst hat. Die Person, die Alice wahrnimmt, wird von einem anderen vermutlich ganz anders gesehen. Wally Cox zum Beispiel, der mir so nahestand wie ein Bruder, hätte mich mit Sicherheit anders beurteilt. Die Sehweisen unterscheiden sich, was nicht bedeutet, daß die eine richtiger wäre als die andere. Es hängt wie gesagt alles von der Wahrnehmung ab. Eine objektive Beurteilung von Menschen oder Sachverhalten gibt es nicht. Lediglich die Wissenschaftler glauben, der Welt eine solche Sicht aufdrängen zu müssen.

Ob ich das Dasein als Filmstar, abgesehen vom Geld, genossen habe? Ungeachtet von Alices Meinung glaube ich das eigentlich nicht. Ich habe mich selbst immer ziemlich kritisch gesehen. Seit frühester Jugend habe ich versucht herauszufinden, was in mir nicht im Gleichgewicht war. Ich habe meine Eitelkeiten und meinen Ehrgeiz sehr genau unter die Lupe genommen, um Lösungen für Verhaltensmuster zu finden, die schwierig zu verändern scheinen. Trotzdem kann ich in meiner Karriere oder in meiner Art, das Leben zu leben, nichts finden, was darauf hindeutet, daß die Akkoladen des Ruhms mich je fasziniert hätten.

Nein, ich glaube nicht, daß ich jemals gern Filmstar gewesen bin. Ich betrachte mich selbst als einer anderen Rasse zugehörig als die anderen Schauspieler. Nicht, daß ich sie oder ihre Handlungen verurteile – ich möchte nur nicht mit ihnen in einen Topf geworfen werden. Mit dreißig versuchte ich einige meiner Gefühle in einem Brief auszudrücken, den ich an eine junge Frau schrieb, die mir nach *Der Wilde* einen Fanbrief geschickt hatte:

»Liebe Cleola . . . Herzlichen Dank für Ihren netten Brief. Ich habe mich wirklich sehr geschmeichelt gefühlt, aber Sie sollten kein solches Trara um mich machen, weil ich auch nur ein Mensch bin wie Sie. Ich bin glücklich und traurig, leise und laut – kurz: auch nicht anders als die anderen fünf Milliarden menschlichen Säugetiere auf der Erde. Machen Sie mich bitte nicht zu etwas, das ich nicht bin.«

Aber die Leute machen einen Mythos aus mir, egal, was ich sage oder tue. Der Erfolg hat letztlich nicht mich selbst oder die Auffassung, die ich von mir habe, verändert – nicht ich habe auf den Ruhm mit einer anderen Verhaltensweise reagiert, sondern meine *Umgebung*. Ich habe die Zeit in Libertyville nie vergessen, als ich mir unerwünscht vorkam, und auch die frühen Jahre nicht, in denen ich noch nicht die Vorteile genoß, die ich heute habe. Der Erfolg mit all seinen Fallstricken und negativen Begleiterscheinungen ist mir schon immer suspekt gewesen.

Alles in allem glaube ich, daß es besser für mich gewesen wäre, nicht berühmt zu werden, weil mein ganzes Erwachsenendasein, meine Lebenseinstellung und die meiner Freunde und Familie, ihr ganzes Leben, davon beeinflußt und entstellt worden sind. Wenn Janice Mars recht hat mit ihrer Feststellung, daß sich die Freundschaft mit jemandem, der berühmt ist, negativ auf seine Umgebung auswirken kann, dann muß man aber auch die Kehrseite der Medaille erwähnen: Menschen, die selbst nicht berühmt sind, suchen die Nähe des Ruhms, was es schwermacht, überhaupt jemandem zu trauen. Seit ich berühmt bin, fällt es mir schwer, zu beurteilen, ob ein potentieller Freund sich tatsächlich für mich interessiert oder nur für meinen Ruhm und die Mythen, die sich um mich ranken. Das ist das erste, was ich bemerke. Selbst wenn die Leute behaupten, daß mein Ruhm sie nicht interessiert, stimmt das im Regelfall nicht. Ich habe Freunden schon Jobs verschafft und hinterher feststellen müssen, daß sie mich ausgenutzt oder, schlimmer noch, bestohlen haben. Es hat mich außerdem ziemlich enttäuscht, wenn frühere Freunde wie Carlo Fiore, die selbst keinen Halt im Leben fanden und nichts zu bieten hatten, beschlossen, ziemlich intime, private Berichte über unsere Freundschaft zu veröffentlichen. Aber vermutlich versuchten sie nur, irgendwie über die Runden zu kommen.

Sobald man einmal berühmt ist, verändern sich die Menschen und die Dinge. Sogar mein Vater war da keine Ausnahme. Nach dem Erfolg von *Endstation Sehnsucht* fing er plötzlich an, mich Marlon zu nennen, und das ärgerte mich wirklich. Bis dahin hatte er immer Bud oder Buddy zu mir gesagt, wie alle anderen Familienmitglieder auch. Ich habe es auch später nie sonderlich leiden können, wenn jemand, der immer Bud zu mir gesagt hatte, mich plötzlich mit Marlon anredete oder umgekehrt.

Das Schlimmste am Ruhm ist es, wenn man selbst anfängt, die Mythen zu glauben, die um einen gesponnen werden – das, glaube ich, behaupten zu können, habe ich nie getan. Trotzdem schmerzt es mich, daß ich in mancher Hinsicht kaum besser bin als die Leute, die ich kritisiere, weil Ruhm einfach auf dem Dung des Erfolgs gedeiht, und Erfolg hatte ich nun mal. Obwohl ich nicht direkt für diesen Erfolg verantwortlich bin, hätte ich mir einen weniger morastigen Weg aussuchen können. Aber ohne einen richtigen Schulabschluß und ohne eine Ahnung davon zu haben, daß mich der Ruhm in die Nähe einer Kloake bringen würde, blieb mir wohl keine andere Wahl.

Ich habe nie wirklich vorgehabt, Filmstar zu werden. Es ist einfach passiert. Die Schauspielerei war nie eine Leidenschaft, sondern immer nur ein Mittel zum Zweck, um mir meinen Lebensunterhalt zu verdienen. Selbstverständlich war ich froh, eine Begabung gefunden zu haben, mit der ich Geld machen konnte. Ich hatte nichts Besseres zu tun, die Tätigkeit als Schauspieler belastete mich nicht, und nach einer Weile mußte ich mich nicht mehr allzusehr anstrengen. Auch später noch, als die Sache mir nicht mehr soviel Spaß machte, fiel mir keine bessere Methode ein, mir mein Geld zu verdienen. Schließlich ist die Bezahlung gut, die Arbeitszeit gering, und wenn man seinen Job erledigt hat, ist man so frei wie der Wind. Die Schauspielerei ist wie Vögeln. Ich verachte sie nicht, aber andere Aspekte des Lebens haben mich immer mehr interessiert. Obwohl die Themen der Stücke und Filme, in denen ich mitgespielt habe, manchmal interessant waren, füllt mich die Schauspielerei nicht wirklich aus. Trotzdem hat sie sicherlich Vorteile gegenüber anderen Jobs. Ich hätte mein Leben beispielsweise nicht als Immobilienmakler oder Anwalt verbringen mögen. Einen Achtstundentag hätte ich wahrscheinlich nicht ertragen können. Ich gebe keine sonderlich gute Figur ab, wenn ich mich disziplinieren oder anderen Menschen gegenüber Verantwortung übernehmen muß. Aber wenn mir ein Studio genausoviel Geld dafür zahlen würde, daß ich den Boden schrubbe, würde ich eben den Boden schrubben. Noch lieber wäre es mir, wenn jemand einmal pro Woche vor meinem Haus vorgefahren käme, mir ein paar Scheine in die Hand drücken und mich fragen würde: »Guten Morgen, Marlon, wie geht's?«

»Gut, danke. Bis nächste Woche dann, wenn Sie mir wieder Nachschub bringen.«

Als ich aus Paris zurückkam, bekam ich eine ganze Menge Angebote für neue Stücke und Filme; eins davon nahm ich an – es war ein Vertrag für nur einen Film, kein Siebenjahres-Studiokontrakt. In *Die Männer* ging es um eine Gruppe gelähmter Soldaten in einem kalifornischen Veteranenhospital nach dem Zweiten Weltkrieg. Produziert wurde der Streifen von Stanley Kramer, Regie führte Fred Zinnemann. Das Drehbuch stammte von Carl Foreman und gefiel mir gut. Ich spielte einen jungen Leutnant der Armee namens Ken Wilocek, dessen Wirbelsäule in den letzten Kriegstagen von der Kugel eines deutschen Heckenschützen zertrümmert worden war. Ich hatte keine Ahnung, wie es war, an den Rollstuhl gefesselt zu sein oder den Rest meines Lebens darin verbringen zu müssen, also bat ich darum, in das Birmingham Veterans Hospital in Südkalifornien als gelähmter Kriegsveteran mit einer ganz ähnlichen Geschichte wie Ken Wilocek eingewiesen zu werden. Ein paar

Patienten und Angestellte des Krankenhauses waren informiert, aber die meisten Patienten wußten nicht, daß ich Schauspieler war, und weil ich davor noch nie in einem Film mitgespielt hatte, erkannte mich auch keiner. Drei Wochen lang versuchte ich, alles zu tun, was die Patienten taten, um ihr Leben kennenzulernen. Als erstes merkte ich, daß sie nichts so sehr haßten wie Mitleid. Einmal gingen wir am Ventura Boulevard in ein italienisches Restaurant zum Essen – wir wurden alle im Rollstuhl hingeschoben –, und eine Frau kam an unseren Tisch und sagte: »Ich bin stolz auf euch, Jungs. Ich weiß, was ihr für unser Land geleistet habt.«

Sie sagte immer wieder das gleiche, und die Männer fühlten sich sichtlich unwohl in ihrer Haut. Sie wollten ihr Mitleid nicht, sie interessierten sich auch nicht für das, was sie zu sagen hatte; sie wollten sich lediglich ein bißchen amüsieren.

»Ich weiß, daß ihr eines Tages wieder gehen könnt. Ihr müßt nur hart daran arbeiten, dann schafft ihr's. Ich habe Vertrauen in Gott. Er wird euch helfen, und alles wird wieder gut werden. Ihr müßt nur an Gott, den Herrn, glauben, und Gott, der Herr, wird euch erhören.«

Weil ich merkte, daß die Jungs langsam wirklich die Nase voll hatten von ihr, sagte ich: »Ma'am, ich glaube Ihnen, ich glaube an den Herrn.«

»Gut«, antwortete sie darauf. »Ich möchte wirklich, daß ihr an den Herrn glaubt, Soldaten, denn mit seiner Hilfe könnt ihr wieder gesund werden.«

Ich sagte: »Ich glaube! Ich glaube! Ich spüre, daß der Herr hier im Raum ist und Besitz von meinem Körper ergriffen hat. Der Herr ist in meinem Körper! Ich spüre es . . .«

Dann stand ich auf und fing an zu steppen. Ich rannte im Restaurant herum und zur Tür hinaus und rief: *»Hallelujah!«*

Die Jungs in ihren Rollstühlen konnten sich fast nicht mehr halten vor Lachen. Leider passierte ihnen das nicht sehr oft. Es waren junge, virile Männer – manche davon erst siebzehn oder achtzehn. Ihr Gehirn funktionierte wunderbar, aber ihr Körper wollte nicht mitmachen. Sie würden nie mehr Arme oder Beine bewegen oder mit einer Frau schlafen können. Viele von ihnen kämpften wie Löwen, um das Letzte aus ihrem geschundenen

Körper herauszuholen; manche malten mit dem Mund wundervolle Bilder. Aber es war schrecklich schwierig. Manche beschlossen, das Beste aus ihrem Leben zu machen, andere gaben auf. Das Traurigste war, daß viele dieser Männer glaubten, sie hätten ihre Frauen im Stich gelassen, denn in den meisten Fällen waren sie nicht mehr zu einer Erektion in der Lage, und natürlich machte ihnen das zu schaffen. Manche erzählten mir, sie litten besonders unter dem Gedanken, daß ihre Frauen ihnen nicht untreu werden wollten, sich aber mit Sicherheit über kurz oder lang nicht gegen die Versuchung wehren könnten. Einige von den Männern, mit denen ich in Birmingham Freundschaft schloß, begingen Selbstmord, weil sie das Leben, so wie es war, nicht mehr ertrugen.

Ich weiß nicht, ob es etwas mit diesem Film zu tun hatte, aber als ich zum Koreakrieg eingezogen werden sollte, hatte ich kein Interesse. Im Zweiten Weltkrieg wäre ich noch bereit gewesen, aber 1950 wußte ich schon mehr über die Welt – jedenfalls dachte ich das. Ich hatte mittlerweile genug gelesen, um eine gewisse Skepsis gegenüber dem, was die Regierung in meinem Namen tat, entwickelt zu haben.

Inzwischen war ich jedoch nicht mehr untauglich, sondern als 1-A eingestuft und mußte zur zuständigen Behörde in New York. Das Knie, das ich mir damals in Shattuck verletzt hatte, war operiert worden, und ich humpelte nicht mehr genug, um mich drücken zu können. Man gab mir einen Fragebogen, den ich ausfüllen sollte.

Rasse?

»Mensch«, schrieb ich.

Hautfarbe?

»Saisonabhängig – von austernweiß bis beige.«

Als mich ein Militärarzt fragte, ob ich ihm einen Grund nennen könne, warum ich nicht eingezogen werden sollte, antwortete ich: »Ich leide unter Psychoneurosen.«

Er verwies mich an einen Psychiater, der mich fragte: »Warum glauben Sie, unter Psychoneurosen zu leiden und untauglich für den Wehrdienst zu sein?«

»In der Militärschule hatte ich ziemliche Schwierigkeiten«, antwortete ich. »Ich kann nicht gut mit Autorität umgehen und bin gefeuert worden. Außerdem habe ich emotionale Probleme.«

Der Arzt fragte mich argwöhnisch, ob ich mich wegen psychologischer Probleme in Behandlung befände, und ich sagte ihm, daß ich immer zu Dr. Bela Mittelman ginge.

Er sah mich von der Seite an und fragte: »Zu wem?«

»Zu Bela Mittelman.«

»Bela Mittelman! Mein Gott, wo steckt der denn?«

Ich sagte ihm, er habe ungefähr zwei Häuserblocks weiter seine Praxis.

»Na, so was«, meinte er. Sie waren alte Freunde. Dann kritzelte er auf meine Papiere: »Untauglich.«

Wir unterhielten uns noch ein paar Minuten, und als ich gerade zur Tür hinaus wollte, gab er mir seine Visitenkarte und meinte: »Sagen Sie doch bitte Bela, er soll mich anrufen.«

Ich antwortete: »Seine Nummer steht im Telefonbuch, aber ich sage es ihm trotzdem . . .«

Und das war der Grund, weshalb ich nicht nach Korea mußte.

22

Endstation Sehnsucht wurde mein zweiter Film. Obwohl die Zensoren Tennessees Geschichte harmloser machten, als sie eigentlich war, gefiel mir der Film besser als das Stück. Vivien Leigh, die in der Londoner Bühnenproduktion die Blanche gespielt hatte, wurde für den Film aus England eingeflogen. Meiner Meinung nach war sie die perfekte Besetzung, denn sie *war* in vielerlei Hinsicht Blanche. Sie war nicht nur von unvergeßlicher Schönheit, eine der größten Leinwandschönheiten überhaupt, sondern auch verletzlich, und ihr eigenes Leben war ganz ähnlich verlaufen wie das von Tennessees zerbrechlichem Schmetterling. Auch Viviens Selbstbewußtsein war verschwommen, und sie schlief mit fast allen Männern, die ihr über den Weg liefen. Das wirkte sich nicht nur psychisch, sondern letztlich auch physisch aus. Ich hätte wahrscheinlich auch mein Glück bei ihr versucht, wenn da nicht Larry Olivier gewesen wäre. Ich bin sicher, er wußte, daß sie mit anderen Männern ins Bett ging, aber wie viele andere Ehemänner auch, die ich kenne, tat er so, als merke er nichts. Ich mochte ihn viel zu sehr, um ihm ins Gehege zu kommen.

Der Film bestärkte mich in meinem Entschluß, kein Broadwaystück mehr zu machen. Manche Leute haben gesagt, daß ich mich an Hollywood verkauft habe. Das stimmt zum Teil, aber ich wußte genau, was ich tat. Ich habe nie Hochachtung vor Hollywood gehabt. Meiner Meinung nach steht es für Habgier, Falschheit, Gier, Derbheit und schlechten Geschmack, aber wenn man bei einem Film mitmacht, braucht man nur drei Monate im Jahr zu arbeiten, und in der restlichen Zeit kann man tun und lassen, was man will. Obwohl ich beschloß, mich nicht mehr langfristig an ein Bühnenstück zu binden, war ich froh, nach den Dreharbeiten zu *Endstation Sehnsucht* wieder nach New York zurückzukehren. Ich wohnte in einem Apartment Ecke 6th Avenue/57th Street in der Nähe der Carnegie Hall und schaute von Zeit zu Zeit beim Actors Studio vorbei, um mich mit Mädchen zu treffen. Eine davon war Marilyn Monroe, die von Lee Strasberg ausgenutzt wurde. Ich war ihr schon einmal kurz nach dem Krieg begegnet und stieß mit ihr – im wahrsten Sinn des Wortes – bei einer Party in New York wieder zusammen. Während die anderen Gäste tranken und tanzten, saß sie unauffällig in einer Ecke und klimperte auf dem Klavier herum. Ich unterhielt mich gerade mit einem Drink in der Hand mit irgend jemandem, als mir jemand auf die Schulter klopfte. Ich wirbelte herum und versetzte ihr mit dem Ellbogen einen Kinnhaken. Es war ein ziemlich kräftiger Schlag, und es mußte weh getan haben.

»Oje«, sagte ich. »Das tut mir leid. Das tut mir wirklich leid. Es war ein Versehen.«

Marilyn sah mich an und meinte: »Es gibt keine Versehen.«

Sie meinte es lustig, und ich lachte. Ich setzte mich neben sie und sagte: »Komm, ich zeig dir, wie man Klavier spielt. Was du da machst, ist keinen Pfifferling wert.«

Nachdem ich ein paar Melodien gespielt hatte, unterhielten wir uns, und später rief ich sie ab und zu an. Eines Nachts wählte ich ihre Nummer und sagte: »Ich will dich auf der Stelle sehen. Wenn dir irgendein Grund einfällt, warum ich nicht vorbeikommen sollte – vielleicht willst du es ja einfach nicht –, dann sag ihn mir jetzt.«

Sie lud mich zu sich ein, und schon bald wurden meine kühnsten Träume wahr.

Marilyn war eine sensible Person, die oft mißverstanden wurde. Sie war sehr viel scharfsinniger als allgemein angenommen. Das Leben hatte es nicht allzugut mit ihr gemeint, aber sie besaß eine große emotionale Klugheit – ein ausgeprägtes Einfühlungsvermögen in die Emotionen anderer, was die vornehmste Art von Intelligenz ist. Nach meinem ersten Besuch bei ihr waren wir eine Zeitlang ein Paar; bis zu ihrem Tod 1962 trafen wir uns immer wieder. Oft rief sie mich an, und dann unterhielten wir uns stundenlang, etwa darüber, daß Lee Strasberg und andere versuchten, sie auszunutzen, wie sie allmählich merkte. Sie wurde emotional langsam sehr viel stabiler. Das letzte Mal sprachen wir zwei oder drei Tage vor ihrem Tod miteinander. Sie rief mich von ihrer Wohnung in Los Angeles aus an und lud mich für den Abend zum Essen ein. Ich sagte ab, weil ich bereits etwas vorhatte, versprach aber, mich in der folgenden Woche bei ihr zu melden, um etwas auszumachen. Sie sagte: »Wunderbar«, und die Sache war erledigt. Es gibt Gerüchte, wonach sie in dieser Woche ein heimliches Rendezvous mit Robert Kennedy hatte und vollkommen verzweifelt war, weil er das Verhältnis mit ihr beenden wollte. Aber mir erschien sie nicht deprimiert, und ich glaube auch nicht, daß sie mich zu sich nach Hause eingeladen hätte, wenn sie damals mit ihm geschlafen hätte.

Ich bin sehr gut darin, die Stimmungen und Gefühle anderer einzufangen, und ich merkte während des Telefongesprächs nichts von Depressionen oder Selbstmordgedanken. Deswegen bin ich mir auch sicher, daß sie nicht Selbstmord beging. Wenn jemand so starke Depressionen hat, merkt man das. Es läßt sich nicht verbergen, egal, wie geschickt man ist. Ich habe andere Leute immer mit unstillbarer Neugier betrachtet, und hätte es, glaube ich, gespürt, wenn Marilyn an so etwas gedacht hätte. Ich hätte es gewußt. Vielleicht ist sie versehentlich an einer Überdosis Beruhigungsmittel gestorben, aber ich habe immer geglaubt, daß sie ermordet wurde.

Ein weiterer Freund aus dieser Zeit, der bedauerlicherweise viel zu früh starb, war Montgomery Clift. Wir kamen beide aus Omaha und fingen ungefähr gleichzeitig mit der Schauspielerei an. Wir hatten beide Edith Van Cleve als Agentin, und obwohl er vier Jahre älter war als ich, hieß es manchmal, wir konkurrierten um die gleichen Rollen. Möglicherweise gab es tatsächlich so etwas wie eine Konkurrenzsituation zwischen uns – damals war ich ehrgeizig und entschlossen, der Beste zu sein; und er war ein ernstzunehmender Rivale –, aber ich selbst hatte nie das Gefühl, in einem Wettbewerb mit ihm zu stehen. In meiner Erinnerung ist er einfach nur ein Freund mit einem tragischen Schicksal.

Wir lernten uns kennen, als ich gerade *Truckline Café* machte. Monty war damals bereits in mehreren Stücken aufgetreten, und ich war neugierig, wie gut er wirklich war. Also sah ich ihn mir in *The Searching Wind (Liebe zwischen Krieg und Frieden)* an. Er war tatsächlich gut, und nach dem Stück stellte ich mich ihm vor, und wir gingen zusammen zum Essen. Da wir viele ähnliche Erfahrungen gemacht hatten, fanden wir eine Menge Gesprächsstoff und freundeten uns lose an. Monty hatte etwas sehr Gewinnendes. Abgesehen von seinem Charme, besaß er eine große emotionale Intensität, und da er, ähnlich wie ich, Probleme hatte, konnte ich mich gut in ihn hineinversetzen. Aber seine Probleme lagen nicht so offen auf der Hand. Später ging ich mit einer Frau aus, die mit ihm zusammengewesen war, und sie sagte, er sei möglicherweise bisexuell oder schwul. Mir fiel es schwer, das zu glauben. Ich habe ihn nie danach gefragt und nie einen derartigen Verdacht gehabt, aber wenn er tatsächlich homosexuell war, litt er vermutlich sehr darunter. Er war eine gequälte Seele, soviel ist sicher. Um seinen Schmerz zu unterdrücken, begann er, Chloralhydrat zu nehmen, und wurde schließlich Alkoholiker.

Damals verstand ich nicht, was genau los war, warum Monty sich selbst zugrunde richten wollte, aber es war tragisch, es zu beobachten. 1957, als ich in *Die jungen Löwen* spielte, wollte ihn niemand beschäftigen, aber ich redete so lange auf die Produzenten ein, bis sie ihm einen Job gaben. Er hatte Schwierigkeiten gehabt, Arbeit zu finden, nachdem er, nicht allzuweit von meiner Wohnung, einen Autounfall gehabt hatte, bei dem er verletzt worden war. Seine Oberlippe war gelähmt. Er hatte sich operieren lassen, aber die Ärzte hatten den Schaden nicht völlig beheben können. Er konnte mit den Augen lachen, aber seine Oberlippe bewegte sich nicht, was ihm ein verwirrtes, verzerrtes Aussehen gab. Er war immer sehr stolz auf sein Aussehen gewesen, und seine Entstellung war ihm jetzt peinlich.

Als Monty für *Die jungen Löwen* nach Paris kam, konsumierte er mehr Chloralhydrat und Alkohol denn je. Sein Gesicht war fahl und ausgemergelt, er hatte viel Gewicht verloren. Ich sah, daß die Bahn, auf der er sich befand, abschüssig war, und redete ganz offen mit ihm. Dabei verschwieg ich auch meine eigene Geschichte nicht. Ich erzählte ihm von der Trinkerei meiner Mutter sowie von meinen Erfahrungen mit der Psychotherapie und sagte: »Monty, dir steht Schlimmes bevor, wenn du dich nicht am Riemen reißt. Du mußt dir helfen lassen. Die ganze Chemie macht dich nur kaputt. Das ist wie eine Wand, über die kannst du nicht drüberklettern, du kannst nicht um sie herumfahren oder durch sie hindurch. Am Schluß wirst du zusammengekauert vor dieser Wand sterben.«

Ich gab ihm den Namen eines Psychotherapeuten, der ihm vielleicht helfen konnte, riet ihm, sich den Anonymen Alkoholikern anzuschließen, und redete stundenlang auf ihn ein, damit er aufhörte, Drogen zu nehmen und Alkohol zu trinken. Doch als wir den Film machten, sprach er oft undeutlich. Ich versuchte, mich so gut wie möglich um ihn zu kümmern und ihn irgendwie durch die Dreharbeiten zu bringen, aber er sank immer tiefer, bis er schließlich 1966 im Alter von sechsundvierzig Jahren starb.

Ich weiß immer noch nicht mit letzter Sicherheit, ob Monty nun homosexuell war oder nicht. Nach seinem Tod erzählten mir mehrere Leute, er sei es gewesen, aber ich habe auch schon so viele Lügen über mich selbst gehört, daß ich nicht mehr glaube, was einem die Leute über andere erzählen. Ich weiß lediglich, daß er mit einer schweren emotionalen Last zu kämpfen hatte und nie gelernt hat, sie zu tragen.

23

Als ich in dem Apartment Ecke 57th Street/6th Avenue wohnte, bekam ich eines Tages anonyme Telefonanrufe, die immer nach dem gleichen Muster abliefen: Es klingelte, ich hob ab und sagte »hallo«, dann herrschte Schweigen, und der Anrufer legte auf. Ein paar Minuten später klingelte es wieder, und der Anrufer hörte mir schweigend zu, während ich immer wieder fragte: »Wer ist dran? Warum sagen Sie denn nichts? Ich glaube, es wäre das Vernünftigste für Sie, wenn Sie so schnell wie möglich zum Psychiater gingen.«

Nach etwa drei Monaten meldete sich der Anrufer, eine Frau, zum erstenmal mit verängstigter, leiser Stimme. Ich fragte sie, wer sie sei und warum sie mich immer wieder anrufe. Endlich konnte ich ihr ein paar Antworten entlocken. Sie sagte, sie sei schon seit Jahren auf mich fixiert, seit der Zeit, als *Endstation Sehnsucht* am Broadway gelaufen war. Ich fragte sie, womit sie sich ihren Lebensunterhalt verdiene, und sie antwortete, sie sei Spezialistin für Raubüberfälle – vor allem auf Spirituosengeschäfte. Sie plane die »Jobs«, wie sie sich ausdrückte, während ein taubstummer Freund mit einem Motorrad die Schmutzarbeit mache. Nach einem dreistündigen Gespräch erklärte sie mir, daß sie und dieser Freund schon seit Monaten vorhätten, mich zu entführen und mich nach Long Island zu bringen, wo sie mich einsperren und schließlich aufessen wolle.

Ich wußte nicht, ob sie es ernst meinte oder schlicht verrückt war, erkannte aber, daß ich es auf jeden Fall mit einem kranken Hirn zu tun hatte. Schließlich glaubte ich ihr, daß sie es todernst meinte, denn sie beschrieb mir in allen Einzelheiten, wie sie mich entführen wollte, und es stellte sich heraus, daß sie genau über mein Leben Bescheid wußte. Sie erzählte, sie habe ihren taubstummen Freund dazu gebracht, eine Reklametafel mit Plakaten von *Endstation Sehnsucht* herunterzureißen und ihr ganzes Schlafzimmer damit tapeziert – Wände, Decke und Boden.

Manchmal schloß sie sich ohne Essen und Trinken in dieses Zimmer ein und verbrachte Tage damit, die Bilder anzuschauen. Sie sagte, sie hätte auch ein Foto von mir unter dem Kissen liegen und redete damit. Sie meinte, sie wolle mich aufessen, weil sie mich liebe.

Ich beschloß, diese Frau persönlich kennenzulernen, weil es mich interessierte, wie jemand eine solche Fixierung entwickeln konnte. Ich wollte herausfinden, wie schwer sie geschädigt und wie ernst ihr Zustand war. Also lud ich sie in meine Wohnung ein, und als sie kam, machte ich die Tür mit vorgelegter Kette auf, um zu sehen, ob sich vielleicht ihr taubstummer Freund hinter ihr versteckte. Ich sagte ihr, sie solle die Hände durch den Spalt stecken, hielt sie mit der einen Hand fest, während ich sie mit der anderen abtastete, um sicherzugehen, daß sie keine Waffe dabei hatte. Sie war unbewaffnet, aber als ich die Kette löste, erwartete ich fast, daß ihr Freund aus dem Dunkel auftauchen und mich packen würde.

Nachdem sie hereingekommen war, setzte sie sich auf eine kleine Polstertruhe, und ihre ersten Worte waren: »Ich wette, Sie könnten es mit *jedem* aufnehmen.«

»Niemand kann es mit *jedem* aufnehmen«, sagte ich. »Es gibt immer jemanden, der stärker ist als man selbst, und meistens wartet er schon in der nächsten Kneipe auf einen.«

Sie widersprach mir: »Nein, nein, Sie können es mit jedem aufnehmen. Ich weiß das.«

»Na schön«, meinte ich. »Ich kann es also mit jedem aufnehmen. Und was wollen Sie sonst noch?«

»Brauchen Sie Geld?«

»Nein«, antwortete ich.

»Ich habe nämlich jede Menge.« Dabei zog sie ein Bündel Hundertdollarscheine aus ihrer Handtasche – zumindest die obersten Scheine waren Hunderter –, und hielt sie mir hin.

»Ich brauche wirklich kein Geld.«

Ich versuchte, sie abzuschätzen, wie sie so dasaß. Sie war Anfang Zwanzig und trug eine Fransenjacke. Wahrscheinlich war sie italienischer Abstammung. Auf jeden Fall hatte sie einen großen Busen und war ziemlich attraktiv. Sie sagte, sie heiße Maria, und ich stellte ihr ein paar Fragen.

Nachdem sie eine Zeitlang Antwort gegeben hatte, unterbrach sie mich und sagte: »Jetzt will ich *Ihnen* mal eine Frage stellen. Sie sind mir doch nicht böse, wenn ich Sie was frage, oder?«

»Nein, natürlich nicht.«

»Sind Sie mir wirklich nicht böse?«

»Nein, ich verspreche es Ihnen.«

Sie fragte: »Kann ich etwas machen?«

»Was denn?«

»Darf ich Ihre Füße waschen?«

Ich schwieg eine ganze Weile verblüfft, dann sagte ich: »Sie wollen meine Füße waschen?«

»Ja.«

»Warum?«

»Einfach so. Ich weiß nicht warum.«

Ich sagte: »Okay.«

Sie ging in die Küche, füllte eine große Schüssel mit warmem Wasser und fing an, mir die Füße zu waschen. Ich war überrascht, hatte etwas Angst und war zu allem Unglück auch noch ein bißchen erregt. Aber ich war auch neugierig. Ich wollte wissen, wie weit sie gehen würde. Es gibt nichts Verführerischeres, als den menschlichen Geist mit all seinen Verirrungen kennenzulernen.

Maria wusch meine Füße ganz langsam und ehrfürchtig und trocknete sie dann liebevoll mit ihren Haaren ab. Ich muß gestehen, daß ich es genoß. Natürlich war mir klar, was da vor sich ging. Sie stellte sich vor, daß ich Jesus sei und sie Maria Magdalena. Als ich sie ansah, regte sich mein Körper. Sie setzte sich zu mir aufs Bett, und ich konnte mich nicht mehr beherrschen. Jegliches Gefühl für Moral, Vernunft und Anstand war mir abhanden gekommen. Ohne daß ich es eigentlich vorgehabt hatte, legte ich ihr die Hände auf die Brüste. Schon bald darauf lag ich engumschlungen mit ihr da. Sie schien Angst zu haben vor ihrer eigenen Leidenschaft, denn in ihrer Verblendung glaubte sie offenbar, von Jesus Christus verführt zu werden.

Ab einem gewissen Punkt ist der Penis stärker als das restliche Ich, besonders, wenn man jung, leidenschaftlich und wild entschlossen ist wie ich in jenen Tagen. Die Lust ist dann mächtiger als jede Vernunft. Als ich in Maria eindrang, sagte sie: »Ich sterbe, ich sterbe . . .«

»Nein, du stirbst nicht«, sagte ich. »Im Gegenteil, du lebst. Dies ist das erstemal, daß du wirklich lebst.« Ich merkte, daß sie einen Orgasmus hatte, und ich versuchte ihr klarzumachen, daß das nichts Schlechtes war. Sie war, wie ich entdeckt hatte, noch Jungfrau gewesen.

Hinterher hatte ich ein schlechtes Gewissen. Ich fragte mich, wie ich so etwas hatte tun können. Ich hatte eine Frau verführt, die mich für Jesus hielt und mich verspeisen wollte. Ich sagte ihr: »Ich glaube, du brauchst Hilfe.«

Ich gab ihr den Namen eines Psychiaters und konnte sie schließlich überreden, zu ihm zu gehen. Eine oder zwei Wochen später rief ich ihn an, weil ich wußte, daß ich da in etwas Gefährliches verwickelt war.

»Ich kann ihr nicht helfen«, sagte er. »Sie ist auf Sie fixiert, und sie ist nur zu mir gekommen, weil Sie es ihr gesagt haben. Sie will sich nicht helfen lassen. Sie will Sie.« Er erklärte mir, daß er ihre Störung nicht behandeln könne. Ich fragte ihn, ob es ihr seiner Meinung nach ernst mit den Entführungsplänen sei und ob sie möglicherweise gefährlich werden könne. Er sagte, er sei sich nicht sicher, aber bei Zwangsneurosen wie der ihren sei alles möglich. Ich solle also lieber aufpassen. Ich beschloß, sie nie wiederzusehen, obwohl sie mich faszinierte, wenn auch nicht mehr sexuell. Sie war verletzlich, und ich hatte Mitleid mit ihr. Trotzdem mußte ich irgendwie die Verbindung zwischen uns kappen, woran ich in der Folge heftig arbeitete. Noch Monate später rief sie mich an und sagte mir, sie wolle mich sehen, aber ich lehnte, so freundlich wie möglich, ab. Dann fing sie an, mir Essen und teure Geschenke zu schicken und mich anzuflehen, wieder mit ihr zu schlafen. Sie kam zu meinem Apartment und hämmerte gegen meine Wohnungstür, aber ich machte nicht auf.

Sechs Monate später beschloß ich, es mit einer neuen Taktik zu versuchen. »Hör zu«, herrschte ich sie das nächste Mal an, »ich will nie wieder etwas von dir hören. Du zerstörst dein eigenes Leben und langweilst mich zu Tode. Ich will dich nicht in meinem Leben haben. Das werde ich nie wollen. Ich will dich nie wiedersehen.«

Ich hatte ein schlechtes Gewissen dabei. Sei weinte, schrie und flehte mich an: »Bitte sag das nicht, bitte, bitte, sag das nicht . . .«

Sie rief aus einer Telefonzelle in einem Drugstore nicht weit von meiner Wohnung an. Das erfuhr ich, weil ein Freund, dem ich die Geschichte erzählt hatte, zufällig zu dem Zeitpunkt auch im Drugstore war und hörte, wie sie mich anbrüllte, während sie mit den Fäusten so lange auf das Glas der Telefonzelle einschlug, bis es splitterte, sie sich schnitt und aus ihren Handgelenken Blut quoll. Dann verschwand sie in die Nacht. Als er sich bei mir meldete, um mir zu sagen, was er beobachtet hatte, hatte ich schon bei ihr zu Hause angerufen und mit ihrem Bruder gesprochen, der sagte, ihre Familie wisse alles über ihre Fixierung auf mich, könne ihr aber nicht helfen. Er erklärte, Maria habe sieben Schlösser an ihrer Schlafzimmertür und verbringe immer mehr Zeit in ihrem Zimmer, wo sie meine Bilder anstarre, ohne etwas zu sagen. Die anderen Familienmitglieder hätten Angst vor ihr.

Vier Stunden später rief ich wieder an, und ihr Bruder sagte mir, seine Schwester sei inzwischen nach Hause gekommen.

»Wie geht es ihr?« fragte ich.

Er sagte, sie sei blutüberströmt nach Hause gekommen und habe dann das Wohnzimmer verwüstet – Bilder, den Fernseher, Stühle, Gläser. Dann sei sie in ihr Zimmer gegangen, habe alle Poster von *Endstation Sehnsucht* heruntergerissen und sie verbrannt.

»Was macht sie jetzt?« fragte ich.

»Sie steht unten auf der Straße und starrt die Asche von den Plakaten an.«

»Blutet sie immer noch?«

»Ja.«

Ich hatte Angst, daß sie sich die Pulsadern verletzt haben könnte, aber er sagte, er habe ihre Wunden verbunden, sie würden wieder heilen.

»Okay«, sagte ich, »pflegen Sie sie so gut es geht und halten Sie mich auf dem laufenden.«

Ich sah Maria erst nach mehreren Monaten wieder, als ich in Begleitung einer Frau zu meiner Wohnung ging. Maria trat auf uns zu. Sie hatte offensichtlich vor meiner Wohnung auf mich gewartet. Damals war es noch nicht Mode, daß berühmte Leute auf offener Straße erschossen wurden, also machte ich mir auch keine großen Sorgen, als ich sie sah. Sie ging neben uns her, wandte sich dann an mich und sagte schließlich: »Dieses Miststück da kann nicht richtig auf dich aufpassen. Ich bin der einzige Mensch, der weiß, wie . . .«

Ich sagte: »Maria, laß mich in Ruhe. Komm nicht mehr hierher. *Das ist mein Ernst.*«

Sie wurde langsamer und blieb zurück, während wir ins Haus gingen. Danach sah ich Maria nie wieder, obwohl sie mir nach meinem Umzug nach Los Angeles eine Karte schickte, in der sie mir alles Gute wünschte.

Mit sechsundzwanzig hatte ich eine flüchtige Liaison mit Lisa, einer Designerin, die halb Filipina, halb Schwedin war und gleich um die Ecke über der Carnegie Hall wohnte. Nachdem ich nach Kalifornien gezogen war, schaute sie hin und wieder in meiner Wohnung vorbei und fragte den Liftboy – einen Mann namens Susho, der von Barbados stammte –, ob er mich jemals zu Gesicht bekäme.

Susho, der es auf Lisa abgesehen hatte, meinte: »Ja, aber nur sehr selten. Wissen Sie, die Sache mit Mr. Brando ist wirklich sehr traurig.«

»Wieso?«

Susho erzählte ihr, ich hätte Krebs und käme jetzt nur noch nach New York, um mich behandeln zu lassen.

Lisa war entsetzt und fragte ihn, wie diese Behandlung denn aussehe.

»Es ist eine experimentelle Therapie«, antwortete er. »Er bekommt Injektionen mit lebendem Sperma. Aber es gibt Probleme, weil lebendes Sperma so schwer zu bekommen ist.«

Als Lisa Susho das nächste Mal sah, fragte sie wieder nach mir, und er antwortete, daß ich bald wieder wegen einer Behandlung nach New York müßte. Meine Ärzte wüßten jedoch nicht, wo sie das lebende Sperma herkriegen sollten, das sie bräuchten. »Ich wollte Sie fragen«, meinte er, »ob Sie mir dabei helfen würden, Marlon einen Gefallen zu tun.«

Monatelang ging Susho mit ihr in die Putzkammer des Hauses und hatte Geschlechtsverkehr mit ihr, um Sperma für mich aufzutreiben, das Lisa in einer Plastiktüte auffing, die sie unter sich hielt. Er bedankte sich jedesmal und sagte, er wolle es sofort meinen Ärzten bringen. Sie glaubte, mir damit zu helfen.

Natürlich klingt diese Geschichte ziemlich unglaubwürdig, aber sie stimmt tatsächlich in allen Einzelheiten. Nachdem das eine Weile so gegangen war, baute Susho die Geschichte aus und erzählte Lisa, er habe mich gesehen, und ich schaue wunderbar aus. Allerdings sei die Behandlung so teuer, daß ich inzwischen pleite sei. Also fing sie an, ihm Geld und Schmuck für mich zu geben.

Ich sah Lisa zehn Jahre lang nicht mehr, aber als sie während dieser Zeit irgendwann einmal von einem anonymen Anrufer belästigt wurde, der nie etwas sagte, sondern nur immer schwer ins Telefon atmete, war sie fest davon überzeugt, daß ich auf diese Weise mit ihr in Verbindung treten wollte. Sie war sich sicher, daß ich der Unbekannte war, und fing an, am Telefon über unsere Beziehung, den Sex, den wir hatten, meine Erkrankung und andere persönliche Dinge zu reden. Die Person am anderen Ende der Leitung sagte nie etwas, kommunizierte aber durch einen Code mit ihr, den Lisa vorgeschlagen hatte: Ein Kußgeräusch bedeutete »Ja«, zwei »Nein«, drei »Ich liebe dich«.

Ich weiß bis heute nicht, wer damals ihr Gesprächspartner war, aber jedenfalls ging das Jahre so und Lisa war lange Zeit davon überzeugt, daß ich derjenige welcher war. Sie meinte, sie habe eine Art Geist auf der Schulter sitzen, der ihr eingebe, was sie sagen solle und daß ich es war. Lisa war hochintelligent und der einzige mir je bekannte Mensch, der aus dem Stand heraus dreistellige Zahlen im Kopf multiplizieren konnte, aber in dieser Angelegenheit war sie reichlich naiv.

Weil ich wie gesagt in Kalifornien lebte, wußte ich nichts von Sushos »Krebstherapie« oder den Anrufen. Doch Jahre später, als ich wieder einmal in New York war, ging ich gegen halb zwei Uhr morgens die 57th Street entlang, und Lisa fiel mir ein. Ich fragte mich, ob sie wohl immer noch im selben Apartment wohnte, erkundigte mich beim Portier, und er sagte ja.

Also ging ich nach oben und klingelte. Lisa war entsetzt, als sie mich sah. Sie machte die Tür nur zögernd auf und redete sofort von meiner Krebserkrankung und wie froh sie sei, daß sie dabei geholfen habe, mir das Leben zu retten. Dann erzählte sie mir von der Liebesgeschichte, die sie ihrer Meinung nach fast zehn Jahre lang telefonisch mit mir weitergeführt hatte.

»Lisa«, sagte ich schließlich. »Nichts von alldem ist je passiert. Ich habe nie Krebs gehabt, und ich habe dich auch nie angerufen.«

Sie glaubte mir nicht. »Doch, das warst du. Ich *weiß*, daß du das warst.«

»Wieso sollte ich dich anrufen?« fragte ich, »und nichts sagen? Ich bin das größte Plappermaul in der Stadt. Die Geschichte spottet jeder Beschreibung.«

Ich fragte sie, wieviel Geld sie Susho gegeben habe, und sie antwortete: »Ungefähr siebentausend Dollar.«

Daraufhin rief ich Susho an und sagte ihm, ich wolle ihn am nächsten Tag sehen. Er leugnete alles, aber ich sagte ihm, daß ich Lisa glauben würde, daß der New Yorker Polizeipräsident mein Freund sei und daß ich ihm alles erzählen würde. Da gab Susho alles zu. »Du wirst Lisa das Geld in wöchentlichen Raten zurückzahlen«, sagte ich. »Wir werden der Regierung der Vereinigten Staaten und der von Barbados die Sache melden, du brauchst also gar nicht erst zu versuchen abzuhauen, denn wir finden dich.«

Leider beschloß Lisa, daß sie Susho das Ganze nicht antun wolle. Sie wollte weder ihr Geld zurück noch gegen ihn aussagen. Ich hätte ihm die Schwierigkeiten gegönnt.

Als ich noch über der Carnegie Hall wohnte, wachte ich eines Nachts auf, weil eine Frau neben meinem Bett stand. Meine Wohnung war klein, ich hatte nur ein Zimmer, eine Kochnische und ein Bad, folglich war sie nur ein paar Zentimeter von mir entfernt. Ich schrak hoch und hob schützend die Arme nach oben. Wahrscheinlich sah das ziemlich komisch aus, weil ich immer noch flach auf dem Rücken im Bett lag. Ich war so verblüfft, daß ich sie fast gekniffen hätte, um festzustellen, ob es sich nicht vielleicht bloß um eine Fata Morgana handelte.

»Wer sind Sie?« wollte ich wissen.

»Warum haben Sie mich hergeholt?« antwortete sie.

»Ich habe Sie nicht hergeholt.«

»Ich bin verwirrt. Sie haben gesagt, Sie wollten, daß ich herkomme, also bin ich hier . . .«

»Sie täuschen sich. Woher kommen Sie?«

»Aus Philadelphia.«

»Wieso sind Sie hier?«

»Sie haben mich gerufen«, antwortete sie.»Sie haben gesagt, ich soll kommen.«

»Nein, das habe ich nicht. Wie sind Sie reingekommen?«

»Durch das Fenster über der Tür.«

Sie war eine unauffällige, ordentlich gekleidete Frau mit kurzen, dunklen Haaren, die im Stil der Zwanziger geschnitten waren. Ihre Figur konnte ich nicht erkennen, weil sie einen Wintermantel trug. »Sind Sie religiös?« fragte ich ahnungsvoll.

»Ja.«

»Haben Sie einen Pfarrer?«

»Ja.«

»Dann gehen Sie nach Hause und erzählen Sie ihm davon. Erzählen Sie ihm, was Sie getan haben.«

Ich muß überzeugend geklungen haben, denn sie verließ die Wohnung ohne ein weiteres Wort. Ich sah ihr nach, wie sie den Flur hinunterging und im Aufzug verschwand.

Zwei Jahre später, als ich in Hollywood wohnte, kam eine Frau, die eine Kappe mit einem weißen Bommel trug, auf dem Gehsteig vor meinem Haus auf mich zu. Ich schenkte ihr keine Beachtung und wollte gerade die Tür aufmachen, als sie die Treppe zu mir heraufkam und sich neben mich stellte. Ich erkannte sie noch immer nicht.

»Was wollen Sie?« fragte ich. Dann erst merkte ich, daß das die Frau war, die in New York zu mir in die Wohnung geklettert war. »Warum sind Sie hier?«

»Ich habe eine Botschaft für Sie«, antwortete sie.

»Von wem?«

»Von Gott.«

Ich wollte sie so schnell wie möglich wieder loswerden, murmelte etwas von einer Wurzelbehandlung und sagte: »Ich muß jetzt los. Sagen Sie Gott einfach, ich hatte zu viel zu tun, um mir seine Botschaft anzuhören. Danken Sie ihm, aber sagen Sie ihm auch, daß ich zum Zahnarzt mußte.«

Ich ging hinüber zur Garage und tat so, als wolle ich wegfahren. Aber als ich in meinen Wagen stieg, folgte sie mir. »Sie müssen gehen«, sagte ich.

»Aber was ist mit der Botschaft von Gott?«

»Na schön«, sagte ich. »Was ist das für eine Botschaft?«

Sie deutete mit dem Finger auf meinen Schritt und sagte: »Das da.«

»Das ist die Botschaft von Gott?«

»Ja.«

»Tja«, antwortete ich darauf, »dann sagen Sie Gott, ich bin sehr froh darüber, daß er mir die Botschaft gesandt hat und daß ich gut darauf aufpassen werde.« Ich verabschiedete mich, fuhr weg und sah sie nie wieder.

Ein andermal klopften drei Teenager an meine Tür und baten mich um ein Foto. Ich fragte: »Wie habt ihr rausgefunden, wo ich wohne?« Nachdem sie es mir ziemlich nervös erklärt hatten, war ich freundlich zu ihnen, aber ich konnte ihnen beim besten Willen kein Foto von mir geben, weil ich keins hatte, also gingen sie wieder. Doch dann folgten mir die drei – sie waren wohl so um die Sechzehn oder Siebzehn – auf Schritt und Tritt, in Kalifornien und New York gleichermaßen. Ich weiß nicht, wie sie sich das leisten konnten, mir von Küste zu Küste zu folgen und die Restaurants und Hotels zu zahlen, in denen ich abstieg. »Bitte, Mädels«, sagte ich zu ihnen, »bitte, folgt mir nicht. Ich halte das nicht mehr aus. Ich will euch nicht mehr sehen.« Einmal war ich im Plaza Hotel in New York und hörte ein Klopfen an der Tür. Als ich aufmachte, waren sie wieder da. Ich sagte: »Gleich lasse ich den Hoteldetektiv kommen, der euch festnimmt.« Unisono flehten sie mich an, es nicht zu tun, aber ich hatte die Nase voll und rief unten an der Rezeption an. Als der Hausdetektiv zu mir ins Zimmer kam, erklärte er mir, er habe das ganze Stockwerk abgesucht, aber die Mädchen nicht finden können. Fünf Minuten später hämmerten sie wieder gegen meine Tür; sie hatten sich im Wäscheraum unter ein paar Laken versteckt.

Das ging noch ungefähr eineinhalb Jahre lang so.

Später schrieb mir eine von ihnen einen Brief, in dem sie sich dafür entschuldigte, daß sie mich belästigt hatten. Sie hatten damals einfach nicht anders gekonnt, meinte sie. Sie bat mich um Verzeihung. Daraufhin schrieb ich ihr einen Brief, in dem ich ihr mitteilte, wie sehr ich mich darüber freute, daß sie endlich zur Vernunft gekommen seien. Doch schon bald darauf stand wieder eins von den anderen Mädchen vor meiner Tür. Auch diese junge Frau entschuldigte sich und erzählte mir, daß sie sich alle drei inzwischen in psychiatrischer Behandlung befanden. Ich lobte sie, und sie ging.

24

In dem Film *Endstation Sehnsucht* gibt es eine Liebesszene zwischen Karl Malden und Vivien Leigh, bei der Eliza Kazan von einem Dolly aus Regie führte. Während die Schauspieler vor dem heranfahrenden Kamerawagen agierten, ahmte er unbewußt deren Bewegungen nach, spielte mit den Händen, wenn sie mit den Händen spielten, hob die Füße, wenn sie die Füße hoben, preßte die Knie zusammen und sprach mit den Lippen erst Karls, dann Viviens Text, übernahm Ausdruck und Gesten der Schauspieler, hob die Augenbrauen, spitzte den Mund und schüttelte den Kopf. Am Ende hatte er sich so hineingesteigert, daß er auf seinem Hut herumkaute.

Ich kenne keinen Regisseur, der sich gefühlsmäßig so tief in eine Szene hineinversetzen konnte wie Gadg. Das Erstaunliche war, daß er die Mängel einer Szene danach klar erkannt hatte, woraufhin er die Schauspieler von vorne anfangen ließ.

Gadg rasierte sich nie vollständig. Er benutzte einen elektrischen Rasierapparat, und irgendwo standen ihm immer aus irgendwelchen Gründen Stoppeln auf dem Kinn. Als wir *Endstation Sehnsucht* machten – zuerst das Stück, dann den Film –, merkte ich, daß er zu der seltenen Sorte von Regisseuren gehört, die ganz genau wissen, wann sie Schauspieler alleine lassen müssen. Er besaß ein instinktives Gespür für ihre darstellerischen Möglichkeiten, und er ließ ihnen Freiraum. Dann feilte er an der Szene herum, änderte ein paar Sachen und formte sie, bis das Ergebnis zufriedenstellend war.

Ich habe mit vielen Filmregisseuren gearbeitet – manche waren gut, manche mittelprächtig, manche zum Davonlaufen. Kazan konnte die Schauspieler mit Abstand am besten führen, besser als alle anderen, mit denen ich zu tun hatte. Gadg, der seinen Spitznamen wegen seiner Vorliebe für *gadgets,* allen möglichen technischen Spielereien und Kinkerlitzchen, bekam, war der einzige, der mich je wirklich animierte, sich in eine Rolle mit mir einlebte und sie regelrecht mit mir durchspielte. Bevor er Regisseur wurde, hatte er im Group Theatre als Schauspieler gearbeitet, und sicher hat ihm das einiges an Einblick verschafft. In einem Schauspieler Gefühle wachzurufen, ist ein heikles Unterfangen. Meistens muß man den Text, den man bereits allein einstudiert hat, parat haben und am Set erscheinen, ohne vor einer Kamera geprobt zu haben. Gadg wußte, wann er nach ein paar Aufnahmen eingreifen und etwas sagen mußte, was ein starkes Gefühl in einem hervorrief, und meistens bekam er dann auch, was er wollte. Er manipulierte die Gefühle der Schauspieler sehr geschickt, er war außerordentlich begabt, und vielleicht wird es nie wieder so jemanden geben wie ihn.

Jede Rolle muß sich erst entwickeln. Beim Film braucht man oft einige Anläufe, bis alles stimmt; womöglich findet man erst nach der dritten oder vierten Aufnahme sein Tempo. Gadg wußte das. Er leistete Hilfestellung, und mit jeder Aufnahme wurde die Darstellung besser. Manche Regisseure wollen nicht, daß man improvisiert. Sie sind zu unsicher oder zu unflexibel, um die Möglichkeiten, die sich dadurch eröffnen, zu erkennen. Sie mögen keine Improvisationen, die ihnen von labilen Persönlichkeiten geboten werden, oder sie unterstützen Improvisationen – wie Bernardo Bertolucci, der hochgradig sensibel ist und sich äußerst feinfühlig auf den Schauspieler einstellt –, tragen aber nichts dazu bei und verlassen sich darauf, daß man ihnen einseitig sein Können zur Verfügung stellt.

Gadg war da anders. Er suchte sich gute Schauspieler aus, bestärkte sie im Improvisieren und verbesserte die Arbeit dann auf der Basis der Improvisation. Ihm war klar, daß jeder Darsteller eigene Ideen zur charakterlichen Gestaltung einer Rolle einbringen muß. Er gewährte seinen Schauspielern Freiheiten und freute sich wie ein Kind, wenn etwas Gutes dabei herauskam. Er war immer gefühlsmäßig in den Vorgang verwickelt, und seine Instinkte arbeiteten perfekt. Manchmal äußerten sie sich nur durch einen kurzen Satz in genau dem richtigen Moment, und manchmal inspirierte er mich einfach nur durch seine Anwesenheit, weil ich seinem Urteil vertraute.

Kurz vor einer Szene sagte er oft: »Setzt euch dran und kommt hinterher zu mir und zeigt mir, was herausgekommen ist.« Also bin ich mit einem anderen Schauspieler allein losgezogen, wir probten die Szene auf verschiedenste Weise durch, versuchten, unsere Vorstellungen von Authentizität zu entwikkeln, und dann führten wir Gadg vor, was wir erarbeitet hatten. Er meinte dann: »Das ist gut, sehr gut«, oder: »Nein, so nicht, geh mal hier rüber . . .« Er verlangte beinahe danach, daß man mit ihm stritt, aber es stand nie zur Debatte, wer letztendlich das Sagen hatte. Wir führten oft sehr produktive Auseinandersetzungen darüber, wie eine Szene gespielt werden sollte. Er hatte feste Überzeugungen und stand auch dazu, außer man zeigte ihm, daß er falsch lag. Ich konnte ihm ins Gesicht sagen, daß er unrecht hatte, ohne daß er es mir je übelnahm. Er war so vernünftig, im Gespräch nichts persönlich zu nehmen, und wenn man ihn davon überzeugte, daß man recht hatte, konnte man tun und lassen, was man wollte. Und bewies man ihm gar, daß man recht hatte, dann war er um so glücklicher. »Verdammt noch mal«, sagte ich oft, »das kannst du doch nicht machen, das funktioniert nicht, das nimmt dir kein Mensch ab. *Es taugt nichts.* Niemand verhält sich so, aber von mir aus, ich versuch's so, wie du willst.« Dann spielte ich, so gut ich konnte, und am Ende sagte ich: »Jetzt machen wir's auf meine Art«. Die Entscheidung konnte dann im Schneideraum fallen.

Nach *Endstation Sehnsucht* bat Gadg mich, in *Viva Zapata!* mitzuspielen. Er wollte Regie führen, das Buch stammte von John Steinbeck und ging auf das Leben des mexikanischen Revolutionärs Emiliano Zapata zurück, dessen Rolle ich übernahm. Der Film war nicht schlecht, aber Kazan machte meines Erachtens den Fehler, nicht darauf zu bestehen, daß sich sämtliche Schauspieler einen mexikanischen Akzent zulegten. Ich sprach mit leichtem Akzent, aber nicht besonders gekonnt, und die meisten anderen Schauspieler sprachen ganz normales Englisch, was etwas künstlich wirkte.

Tony Quinn, den ich als Schauspieler bewunderte und als Mensch mochte, spielte meinen Bruder, aber beim Dreh zeigte er sich mir gegenüber extrem kalt. Während unserer gemeinsamen Szenen konnte ich seine Bitterkeit mir gegenüber förmlich spüren, und wenn ich vorschlug, nach der Arbeit etwas trinken zu gehen, lehnte er entweder ab oder war verschlossen und sprach kaum. Erst Jahre später erfuhr ich den Grund dafür.

Der Film wurde von Twentieth Century Fox produziert, und bis er ein Erfolg wurde, konnte sich Darryl F. Zanuck, der Leiter des Studios, nicht so recht dafür erwärmen. Zanuck war ein absurd aussehender Mann. Er hatte eine erstaunliche Ähnlichkeit mit Bugs Bunny: Wenn er einen Raum betrat, waren seine Schneidezähne immer schon drei Stunden vor ihm da. Er hatte eine unglaublich hohe Meinung von sich, nahm sich immens wichtig, war völlig mit sich selbst beschäftigt, behandelte viele seiner Untergebenen grausam und hatte ständig irgendeine neue Blondine im Schlepptau. Als wir *Viva Zapata!* drehten, beschwerte er sich ständig bei Gadg über Jean Peters' Teint. Er war ein Anhänger der alten Hollywoodschule, als die Studios häufig noch Schwarze oder Asiaten durch Weiße darstellen ließen. Dauernd warnte er Gadg beim Mustersichten, daß Jean zu dunkel wirke und daß niemand sich eine Eintrittskarte für einen Film kaufen würde, dessen Hauptdarstellerin nicht weiß aussah. Immer wieder mußte sie auf seine Anweisung hin ihr Make-up ändern, und des öfteren befahl Gadg, bestimmte Einstellungen mit anderem Licht nachzudrehen, damit sie nicht »so dunkel« erscheine.

Jean war damals mit Howard Hughes befreundet, der ihr eine Begleiterin nach Mexiko mitgegeben hatte, die vierundzwanzig Stunden am Tag um sie herum sein sollte und als eine Art Leibwächterin, Anstandsdame und Mädchen für alles fungierte. Da nichts meine Libido je mehr angeheizt hat als ein gutgeschütztes Ziel, war ich entschlossen, sie zu erobern. Wir flirteten ein wenig, aber ihre Anstandsdame behielt uns immer im Auge, also kam ich nicht weiter. Um die Sache endlich zum Abschluß zu bringen, stieg ich schließlich eines Nachts gegen zwei Uhr auf das Dach des Hauses, in dem sie wohnte, um einen Verführungsplan in die Tat umzusetzen. Aber gerade, als ich an einem Seil in Jeans Zimmer hinunterklettern wollte, wachte ihre Begleiterin auf und bemerkte mich, so daß ich mich schnell davonmachen mußte. Das konnte mich zwar nicht abschrecken, und ich versuchte daraufhin auf anderen

Wegen doch noch zum Ziel zu kommen, aber es gelang mir nie, Howard Hughes' Sicherheitsvorkehrungen zu durchbrechen.

Nachdem ich den mexikanischen Revolutionär gespielt hatte, bekam ich die Rolle des Mark Anton in *Julius Cäsar.* Joseph L. Mankiewicz, der Regisseur, hatte gute Schauspieler versammelt, wie Louis Calhern, James Mason, Greer Garson, Deborah Kerr, Edmond O'Brien und John Gielgud, der den Cassius spielte. Obwohl englische Schauspieler den Amerikanern im allgemeinen weit überlegen sind, was Stil, Sprache und die Vertrautheit mit Shakespeare betrifft, sind viele britische Schauspieler, zum Beispiel Maurice Evans, in Shakespeare-Stücken nicht besser als wir. Es erfordert schon jemanden vom Format eines Gielgud, der bereits die wichtigsten Shakespeare-Rollen gespielt hat, um solche Parts glaubwürdig darzustellen. Aber ohne einschlägige Erfahrung am Set zu erscheinen und den Mark Anton zu spielen, wie ich es tat, war ausgesprochen idiotisch.

25

Der Wilde, mein fünfter Film, beruht auf einer wahren Begebenheit: Eine Motorradgang terrorisiert eine kalifornische Kleinstadt. Die Dreharbeiten machten viel Spaß, aber mit der enormen Resonanz auf den Film hätte ich nie gerechnet. Ich war ebenso überrascht wie alle anderen, als T-Shirts, Jeans und Lederjacken plötzlich zum Symbol der Rebellion wurden. In einer Szene wird Johnny, die Figur, die ich spielte, gefragt, wogegen er überhaupt rebelliere, und ich sage darauf: »Haste was anzubieten?« Aber keiner der an dem Film Beteiligten wäre je auf die Idee gekommen, daß der Film die Jugendrevolte anschüren könnte. Stanley Kramer, der Produzent, Laszlo Benedek, der Regisseur, und John Paxton, von dem das Buch stammt, wollten mit dem Film womöglich zeigen, wie sich Gruppen von Männern – in diesem Falle die Motorradfahrer und die Stadtbewohner – unvermittelt in räuberische Banden verwandeln können. Eine Art Verbrüderung, ein Herdentrieb bringt sie dazu, alle ihre moralischen Prinzipien außer acht zu lassen – es ist wohl derselbe Instinkt, der amerikanische Soldaten zu dem Massaker an unbewaffneten vietnamesischen Zivilisten in My Lai veranlaßte. Wahrscheinlich wollten die drei aber nur eine unterhaltsame Geschichte erzählen. Wenn überhaupt, dann sagten die Reaktionen mehr über das Publikum aus als über den Film. Ein paar Spinner behaupteten sogar, *Der Wilde* sei Teil einer Kampagne von Hollywood gewesen, die darauf abgezielt hätte, die Moral zu zersetzen und die Jugend gegen die ältere Generation aufzuhetzen. Der Absatz von Lederjacken stieg sprunghaft an, was mich an *Es geschah in einer Nacht* erinnerte, wo Clark Gable sich das Hemd auszog und seinen nackten Oberkörper enthüllte – was damals ein herber Schlag für die Bekleidungsindustrie war.

Bei diesem Film warf man uns vor, wir würden Motorradbanden, deren Mitglieder für restlos verdorben und der Gesellschaft unwiderbringlich verloren galten, glorifizieren. Im Judentum und Christentum werden die Menschen in gut und böse eingeteilt, und die Gesellschaft bestraft dann die Bösen. Aber das ist barer Unsinn. Die meisten Menschen begehen ein Verbrechen, weil sie sozial, emotional und ökonomisch benachteiligt sind. Die Gesellschaft in ihrer unvergleichlichen Weisheit setzt auf das Allheilmittel »Strafe«, und wenn diese Leute erneut Verbrechen begehen, fühlt sie sich dazu berufen, geborene Verlierer für immer wegzusperren. Alles, was wir brauchen, sind mehr Gefängnisse, und schon ist das Problem gelöst!

Mit zunehmendem Alter begriff ich, daß niemand von Natur aus böse ist, auch nicht die Rowdys, die in *Der Wilde* vorgeführt werden. In dieser Beziehung stimme ich mit Tennessee Williams überein, der über die Charaktere in *Endstation Sehnsucht* an Elia Kazan schrieb (Gadg hat es in seiner Autobiographie zitiert): »Es gibt keine ›guten‹ oder ›schlechten‹ Menschen«, schrieb Tennessee. »Manche sind ein bißchen besser oder ein bißchen schlechter, aber alle werden mehr von Mißverständnissen als von Bosheit getrieben. Es ist eine Blindheit für das, was im Herzen anderer Menschen vor sich geht... niemand sieht einen anderen wirklich so, wie er ist, sondern immer durch die Brille seines eigenen Egos und seiner eigenen Fehler. So nehmen wir alle einander im Leben wahr. Eitelkeit, Angst, Verlangen, Wettbewerb – all diese Verzerrungen in unserem eigenen Ich – bestimmen den Blick auf die, die in Beziehung zu uns stehen. Wenn man zu den Verzerrungen in *unserem* Ich die entsprechenden dunklen Stellen im Selbst der *anderen* hinzufügt, dann sieht man, wie milchig das Glas werden muß, durch das wir einander betrachten. So ist es in allen lebenden Beziehungen, außer es besteht der seltene Fall, daß sich zwei Menschen so innig lieben, daß sie all die diffusen Schichten durchdringen und direkt ins Herz des anderen blicken können. Solche Fälle scheinen mir aber rein theoretischer Natur...«

Die Reaktion der Öffentlichkeit auf *Der Wilde* war, wie ich glaube, ein Produkt der Zeit und der Umstände. Der Film war nur neunundsiebzig Minuten lang, also nach heutigem Standard kurz, und mittlerweile wirkt er überholt und kitschig. Ich finde nicht, daß er sich gut gehalten hat. Aber er wurde eine Art Kultfilm, und meiner Karriere war er bestimmt nützlich, auch wenn es, wie so oft, einfach Glückssache war. Mein unverschämtes Glück hat mich immer erstaunt, und dieser Film ist ein gutes Beispiel dafür. Zum einen war es eine dankbare Rolle. Zum anderen war mir nie bewußt, daß in unserer Gesellschaft Begierden und Gefühle schlummern, deren versteckter Kern in diesem Film auf so unheimliche Weise berührt wurde. Aus dem zeitlichen Abstand heraus denke ich, daß die Leute wegen der aufkeimenden sozialen und kulturellen Konflikte, die einige Jahre später vulkanartig an den Colleges und auf den Straßen von Amerika zum Ausbruch kamen, so darauf reagierten. Das mag stimmen oder auch nicht, auf jeden Fall standen wir nach mehreren Jahren des Übergangs, die dem Zweiten Weltkrieg folgten, am Beginn einer neuen Ära. Junge Leute begannen, die ältere Generation und ihre Werte, ihre Moral und die etablierten Autoritäten in Frage zu stellen. Als wir den Film drehten, brodelte es unter der Oberfläche. Junge Leute suchten nach einem Grund – einem beliebigen Grund – zur Rebellion. Ich war einfach nur zufällig zur richtigen Zeit am richtigen Ort und in der richtigen Rolle – und ich brachte auch die angemessene geistige Disposition dafür mit.

Die Rolle des Johnny entsprach mir mehr als die meisten anderen, die ich im Film oder auf der Bühne gespielt habe, und wahrscheinlich spielte ich ihn deshalb gefühlvoller und sympathischer, als er im Drehbuch angelegt war. Im Film gibt es eine Zeile, wo er knurrt: »Ich laß mir von niemand was vorschreiben.« Genau das habe ich mein ganzes Leben lang empfunden. Wie Johnny habe ich Autorität stets abgelehnt. Sobald mir jemand etwas vorschreiben wollte, fühlte ich mich unwohl, und ich war immer der Meinung, daß Johnny sich in seinen Lebensstil flüchtete, weil er verletzt war – daß er als Kind wenig Liebe bekommen hatte und versuchte, mit der emotionalen Unsicherheit zurechtzukommen, die seine Kindheit ihn gezwungen hat, mit ins Erwachsenenleben hinüberzunehmen. Wegen der schmerzhaften Erfahrung, sich wie ein Niemand zu fühlen, wurde er arrogant und verschanzte sich hinter einer Pose, die jegliche Kritik gleichgültig abtat. Er versuchte alles, um stark zu wirken, war aber im Innersten weich und verwundbar und kämpfte hart, um darüber hinwegzutäuschen. Er hatte das Vertrauen in die Struktur der Gesellschaft verloren und sich seine eigene Welt zurechtgezimmert. Er war ein Rebell, aber ein starker Teil von ihm war gefühlvoll und zart. Damals erzählte ich einem Reporter: »Ich wollte zeigen, daß Sanftheit und Toleranz der einzige Weg sind, den Kräften der sozialen Zerstörung entgegenzuwirken.« Für mich war Johnny ein Mann, der von einem inneren Kampf zerrissen wird, aber nicht die Fähigkeit besitzt, das auszudrücken. Sein Leben hatte ihm so viele Enttäuschungen beschert, daß es ihm schwerfiel, Liebe zu zeigen, aber hinter seiner Feindseligkeit lag eine verzweifelte Sehnsucht und der Wunsch nach Liebe, die ihm immer vorenthalten worden war. Ich hätte ebensogut mich selbst beschreiben können. Es schien mir völlig natürlich, diese Rolle zu spielen.

Nachdem *Der Wilde* abgedreht war, wollte ich ihn mir wochenlang nicht ansehen; als ich es schließlich doch tat, gefiel er mir nicht. Ich hielt ihn für zu gewalttätig. Ich konnte es kaum erwarten, wieder nach New York zu gehen, wobei ich mich weniger nach der Arbeit, sondern mehr nach meinen Freunden sehnte – ich wollte zurück zu Billy Redfield, Maureen Stapleton, Janice Mars, Sam Gilman, Wally Cox und anderen – also organisierte ich ein Ensemble für Sommeraufführungen, und wir gingen mit den *Helden* von George Bernard Shaw auf Kleinstadt-Tournee durch Neuengland.

In einem Brief, den Janice mir neulich geschrieben hat, erinnert sie sich: »Es war ein wilder Sommer. Du und Billy, ihr habt euch die ganze Zeit mit einer Schar von Kellnerinnen und Hilfskräften umgeben. Ich war verletzt, fühlte mich wie das fünfte Rad am Wagen und saß auf dem Rücksitz, während du und Billy engumschlungen mit euren Eroberungen auf dem Vordersitz euren Spaß hattet. Ich fand dich gut in deiner Rolle, obwohl du das Bild des Charakters auf das Volumen einer aufgeblasenen Comicfigur vergrößert hast. Du hast einen ernsthaft verstörten Eindruck gemacht, als du mir eine ungerechte, gemeine Kritik gezeigt hast: ›Marlon Brando war gestern abend in der Premiere von *Helden* zu sehen. Es war eine völlige Blamage . . .‹ Aber du warst großartig, wenn du den Text vergessen hattest, du konntest völlig überzeugend zweideutige Sprüche improvisieren und dann mit Schwung von der Bühne abtreten. Einmal gab es einen ziemlichen Aufruhr vor dem Theater, man hörte die Martinshörner von Krankenwagen oder Polizeiautos, und der Dialog war nicht mehr zu verstehen. Du hast die Stummfilmszene überbrückt, indem du um mich herumgegangen bist und die Aufmerksamkeit auf mein Hinterteil gelenkt hast, als würdest du dort die Ursache für all den Lärm suchen. Oft hast du dir auch zum Zeitvertreib Spiele für uns ausgedacht – Spiele nach deinen eigenen Regeln. Wenn ich protestierte und von dir wissen wollte, mit welchem Recht du einfach die Regeln änderst, wie es dir gerade paßt, hast du gelacht und selbstironisch geantwortet: ›Weil ich ein Star bin‹.«

Wie die folgenden Teile aus einem Brief an meine Eltern zeigen, hatten wir offensichtlich einigen Spaß – aber diese Zeilen sagen mir auch, daß ich sie bezüglich meiner Geistesverfassung immer noch anlog.

28. Juli 1953

Liebe Ma, lieber Pop:
Na endlich. Ich sitze an einem wunderschönen Seeufer, vor mir einen kleinen Tisch, eine Schreibmaschine und tausend zwitschernde kleine Wesen. Ich bin fest entschlossen, unsere Korrespondenz auf ein vernünftiges Maß zu bringen. Die Zeit verrinnt so schnell, daß wir schon Jahre im voraus planen müssen . . .
Ich habe folgende Pläne: Ich will nach Europa, und im Herbst will ich einen Film machen, entweder hier oder in Europa. Angeblich hat man mir 200 000 $ für einen Film in Italien angeboten. Jay (Kantor, mein damaliger Agent) hat »Sinuhe, der Ägypter« gelesen und war nicht sonderlich begeistert. Ich lese es auch. Spätestens gegen Ende des Winters bin ich dann wieder in New York.
»Helden« wurde als das allerpeinlichste Fiasko aufgenommen, seit Agamemnon Agrippa an die Eier gegangen ist, oder als spannendster künstlerischer Blödsinn, seit Tante Betty den Weihnachtsmann gespielt hat. Mir macht es

Spaß, so wie den meisten anderen Schauspielern in der Truppe. Es ist ein schöner Urlaub, und ich werde weder von meinen Gegnern zu sehr genervt ... noch sind meine Anhänger zu sehr hinter mir her. Lachen und Schwimmengehen sind mir viel wichtiger. Das Publikum scheint sich gut zu unterhalten, und das ist der wichtigste Maßstab ... Wann fahrt Ihr nach Mexiko? Mir wäre es am liebsten, Ihr würdet auf der Stelle fahren, und zwar dorthin, wo sich die Mädchen Leuchtkäfer ins Haar setzen. Ihr könntet das schon mal für mich auskundschaften.

Ich glaube, seit ich ein kleiner Junge war, war ich nie mehr so glücklich. Die Welt ist für mich im letzten Jahr viel schöner geworden, schöner als sie mir seit langem vorkam. Trotz der harten, schmerzvollen und widrigen Erfahrungen komme ich mit meinen Gedanken und Vorstellungen besser zurecht ... Ich glaube und hoffe, daß ich dieses Jahr meine Analyse beenden kann. Mittelman bestärkt mich in meinem Gefühl ...

Mutter, es ist Deine mütterliche Pflicht, öfter zu schreiben, als Du es tust. Ich gebe ja zu, daß ich selbst viel versäumt habe in dieser Hinsicht, aber Du auch. Das ist so ziemlich der längste Brief, den ich je geschrieben habe. Ich wünschte, Ihr könntet Euch Neuengland anschauen. Mann o Mann! Es hat so eine erfrischende, beruhigende Anmut und Stille. Im Herbst muß es großartig hier sein. Wir wohnen an einem Ort, wo George Washington einmal gepinkelt hat. Ihr würdet Euch kaputtlachen, wenn Ihr sehen könntet, wie sich diese versnobten Bauerntölpel an die winzigsten ... historischen Nebensächlichkeiten klammern. Noch blöder hätte ich das nicht ausdrücken können. Und jetzt – hab' ich noch was vergessen? Ich glaube nicht – außer zu sagen, daß ich Euch beide liebe.

Euer kleiner Junge,
Bud

26

Etwa um diese Zeit schenkte mir meine Mutter einen Waschbären, den sie auf den Namen Russell taufte. Solange ich zurückdenken kann, gab es in unserer Familie immer Haustiere. Über mein Leben verteilt, besaß ich Pferde, Kühe, Kaninchen, unzählige Katzen, Hunde und eine Gans. Sie hieß Mr. Levy und war von meiner Mutter einmal als Weihnachtsmann verkleidet worden, vielleicht um von den spärlichen Geschenken unter dem Baum abzulenken. Ich hatte auch Affen, weiße Tauben, die im Haus herumfliegen durften, Schlangen, Ratten, Wüstenspringmäuse, einen Ameisenbären namens Chuck, einen Baumozelot und sogar drei Zitteraale. Ich freue mich schon darauf, mir eines Tages ein vierhundert Pfund schweres Yorkshireschwein zuzulegen. Die Intelligenz von Schweinen wird ziemlich unterschätzt. Man kann sie zur Stubenreinheit erziehen, und sie sind von Natur aus sauber. Ich fand schon immer, daß Tiere sich nicht wesentlich vom Menschen unterscheiden, und ich habe sie stets dementsprechend behandelt. Ich halte Tiere in gewisser Weise sogar für intelligenter als Menschen – obwohl wir ihnen natürlich in anderen Dingen überlegen sind. Die Grenzen der Intelligenz verschieben sich täglich, je mehr wir über Delphine, Wale und Affen, die sich über Computer oder Zeichensprache ausdrücken können, erfahren. Genetisch ist der Unterschied zwischen uns und den Schimpansen geringer als ein Prozent, und nur zwei Prozent trennen uns von den Mäusen.

Eines Nachmittags während der Kameraaufbauten zu *Der Wilde* lag ich im Gras vor dem Studio und bemerkte einen Mann mit einem Schimpansenweibchen.

»Wie heißt sie?« fragte ich.

»Peggy.«

»Wie alt ist sie?«

»Sechs.«

»Darf ich sie mal anfassen?«

»Klar«, antwortete der Mann. »Sie mag Menschen.«

Ich setzte mich vor Peggy hin und näherte mich mit meinem Gesicht dem ihren bis auf ein paar Zentimeter. Ich war ihr so nahe, daß ich sie hätte küssen können. Sie rührte sich nicht, ließ nur den Blick über mein Gesicht wandern. Sie starrte mich einfach genauso an wie ich sie; ich stellte mir vor, was in ihr vorging: »Wer ist dieser Verrückte? Was will er von mir?« Wir saßen vielleicht vier Minuten so da, bis sie sanft meine Motorradjacke packte und mich zu ihr hinzog. Sie musterte mich gründlich, hakte einen Finger in mein T-Shirt und warf einen Blick auf meine Brust. Dann blickte sie mir in die Augen, hob die Hand und entfernte mit einem Finger ganz sanft ein paar Körnchen Schlaf aus einem Augenwinkel. Neugierig untersuchte sie ihre Beute, steckte den Fingernagel in den Mund, leckte Sandmännchens Geschenk ab und zerkaute es mit den Vorderzähnen. Ich mußte kichern. Schließlich öffnete Peggy den Reißverschluß meiner Jacke und durchsuchte eine Tasche nach der anderen. Hin und wieder warf sie mir einen prüfenden Blick zu. Ich überlegte, wie stark sie wohl sein mochte, packte ihre Handgelenke und drückte sie auseinander. Zuerst ließ sie die Hände schlaff herunterhängen, aber dann preßte sie sie zusammen. Sie hatte beschlossen, es reiche jetzt, und die Bewegung fiel ihr so leicht, als wäre ich überhaupt nicht vorhanden. Sie war zehnmal so stark wie ich. Als ich ihre Nase berührte und sie am Hals kitzelte, legte sie das Kinn auf die Brust und fing an zu lachen: kak-kak-kak. Es klang erstaunlich menschlich, aber als sie genug hatte, hob sie einen Fuß und ergriff mein Handgelenk. Mit meiner ganzen Kraft versuchte ich, sie weiterzukitzeln, doch ohne Erfolg.

Ihrem Wesen nach war Peggy mir eindeutig ziemlich ähnlich. Unsere gemeinsamen Augenblicke waren sehr intensiv, und sie werden mir so lange unauslöschlich im Gedächtnis bleiben, bis ich eines Tages unter der Erde liege.

Nach diesem Erlebnis wollte ich mir einen Schimpansen kaufen, aber vorher schenkte mir meine Mutter Russell, den jungen Waschbären. Meine Mutter hatte viel Phantasie und dazu einen großartigen Sinn für Humor. Will man sich einen Waschbären zu einem Haustier heranziehen, muß man damit beginnen, solange er noch sehr jung ist. Wie bei den meisten Tieren ist es am besten, den Waschbären mit der Hand zu füttern und ihn zu streicheln, bis er mit der Berührung vertraut ist. Waschbären können nicht gut sehen, haben aber einen ausgeprägten Geruchssinn, und ihr Tastsinn ist einzigartig in der Tierwelt. Wenn Russel wach war, bewegte er sich ohne Unterlaß, befühlte und untersuchte jede Ritze, die er finden konnte. Einmal nahm er eine Armbanduhr völlig auseinander, bis hin zu den Federn. Manchmal schlief er am Fußende meines Bettes, und beim Aufwachen kitzelte er mich zwischen den Zehen. Er riß mich ständig aus dem Schlaf, deshalb ließ ich ihn nicht oft zu mir ins Bett. Wir jagten uns durch die ganze Wohnung, tobten herum und kitzelten uns. Er hatte einen Mordsspaß dabei.

Russell liebte überdies das Wasser und spielte stundenlang in der Badewanne, in die ich Steine und alle möglichen anderen Gegenstände zum Anfassen gelegt hatte. Er saß auch gerne auf dem Fensterbrett im Badezimmer und blickte vier Stockwerke tief auf die Straße hinunter. Auf Partys war er *die* Attraktion. Er saß gerne bei mir auf den Schultern und sah sich die Gäste an. Währenddessen spielte er mit meinen Haaren oder steckte mir die Finger in die Ohren, dann wieder griff er nach vorne und versuchte, mir die Tatze in Nase oder Mund zu stecken. Man konnte nie sagen, was ihm noch alles einfallen würde.

Gemeinhin wird angenommen, daß Waschbären ihr Futter mit ins Wasser nehmen, um es dort zu waschen, aber das ist eine falsche Interpretation. Sie machen das einfach, weil sie Wasser so lieben. Sind sie wach, bewegen sie sich unaufhörlich und stecken ihre Tatzen auf der Suche nach Larven, Flußkrebsen und Würmern in alle Ritzen und Nischen.

Wenn ich Besuch hatte oder die Wohnung verlassen mußte, steckte ich ihn meistens ins Badezimmer. Dort schlief er auch, denn jedes andere Zimmer hätte er auseinandergenommen. Im Winter war es sehr kalt im Bad; ich weiß noch, wie ich eines Morgens hineinkam. Weil ich noch so müde war, setzte ich mich hin, um zu pinkeln. Russell war hellwach, kam zu mir und stellte sich auf die Hinterbeine. Mit seinen eiskalten Vorderpfoten stützte er sich auf den Rand der Schüssel. Dann ging er hinter die Toilette. Ich hatte die Ellbogen auf den Knien, das Kinn in die Hand gestützt und dämmerte so vor mich hin. Im nächsten Moment lag ich in einem halben Meter Entfernung auf dem Boden und schrie wie am Spieß. Russell hatte den Spalt zwischen meinem Arsch und der Klobrille entdeckt, mir die kälteste Tatze Nordamerikas unter den Hintern gesteckt und mir zielsicher den Schreck meines Lebens verpaßt.

Russell verbrachte einen Großteil seiner Zeit auf dem Fenstersims des Badezimmers. Mehr als einmal brachte er um die Mittagszeit auf der 57th Street und der 7th Avenue den Verkehr zum Erliegen. Unten versammelte sich dann immer eine Menschenmenge, und jeder fragte sich, was es da wohl zu sehen gab. Wenn man in New York einen Auflauf verursachen will, muß man nur nach oben gucken und irgendwohin zeigen. Eines Tages saß ich beim Lesen in meiner Wohnung, als es plötzlich klingelte. Normalerweise mache ich nie auf, wenn ich nicht weiß, wer es ist; meine Freunde hatten immer besondere Klopfzeichen. Aber diesmal donnerte jemand mit der Faust gegen die Tür, also öffnete ich. Ich starrte auf eine Gürtelschnalle, dann wanderte mein Blick nach oben, über ein Abzeichen hin zu einem Gesicht. Es war einer von New Yorks prächtigsten Bullen, und er fragte mich: »Gehört Ihnen ein wildes Tier?« Ich meinte: »Ich, ähh . . . na ja, ein Tier ist er schon, aber er ist nicht wild.« Der Polizist fragte: »Wissen Sie, wo er ist?« Ich sagte: »Im Badezimmer.« »Nein. Im Badezimmer Ihrer *Nachbarin*.« Ich entgegnete: »Was? Was macht er denn da?« »Keine Ahnung, Junge, aber Sie müssen ihn da rausholen. Beißt er?« »Um Gottes willen, der würde keiner Fliege was zuleide tun.« Ich log, so schnell meine Gehirnzellen arbeiten konnten. (Russell zwickte fast jeden in den Nacken, der nicht wußte, wie man ihn anfassen mußte.)

Ich ging zu meiner Nachbarin in die Wohnung. Sie stand da, beide Hände zwischen der Brust, mit offenem Mund, und sah mich mit Eddie-Cantor-Augen an, völlig perplex. »Wo ist er?« fragte ich, denn sie war unfähig zu sprechen. Sie hob den Arm und zeigte auf ihr Badezimmer. Ich ging hinein. Russell spielte in der Toilette. Als ich ihn rief und sein Kopf zum Vorschein kam, wetterte ich: »Was machst du denn da bloß?« Er zwitscherte irgendeine Waschbärenantwort. Er war patschnaß. Ich reichte ihm die Hand. Er legte seine Tatzen hinein, und ich hob ihn heraus. Ich trug ihn immer so. Als ich die Wohnung der Frau verließ, meinte ich: »Es tut mir furchtbar leid. Ich habe nicht die leiseste Ahnung, wie das passieren konnte.« Während meiner Entschuldigung tropfte das Toilettenwasser von Russells Schwanz auf ihren beigefarbenen Teppich. Sie war immer noch völlig entgeistert, verstört und stumm. Den riesenhaften Polizisten passierte ich mit den Worten: »Es tut mir aufrichtig leid, Officer, es wird nie wieder vorkommen.« Ich ging in meine Wohnung, während ich noch Entschuldigungen vor mich hin murmelte, schloß die Tür und wartete darauf, daß der Polizist mit den groben Händen anklopfen würde, um mir eine saftige Strafe aufzubrummen, aber nichts passierte. Bis heute weiß ich nicht, wie Russell in Mrs. Goldmans Badezimmer kam, denn beide Fenstersimse waren nur fünf Zentimeter breit und durch einen Abstand von etwa dreißig Zentimetern voneinander getrennt und lagen noch dazu oben im vierten Stock.

Eine der schönsten Erinnerungen an Russell habe ich in Zusammenhang mit meiner Mutter, die ihn einmal ein paar feinen Damen vorführen wollte. Er saß auf ihrer Schulter, spielte mit ihrer Perlenkette und steckte in jedes Ohr eine Tatze, was die Damen zum Kichern brachte und meiner Mutter ein stolzes »Ist er nicht süß?«-Grinsen entlockte. Dann griff er nach vorne und befühlte das Lächeln auf ihren Lippen, als sie den fatalen Fehler beging, den Mund leicht zu öffnen, um »Nein, mein Süßer« zu sagen. Mehr war nicht nötig. Blitzschnell steckte er ihr die Tatze in den Mund und brachte sie mitsamt dem Gebiß wieder zum Vorschein. Sie griff danach, um es sich schnell wieder in den Mund zu schieben, aber Russell war sich ganz sicher, daß er da etwas Tolles erwischt hatte. Er war ebenso darauf erpicht, ihre dritten Zähne in seiner Tatze zu haben, wie sie darauf erpicht war, sie wieder im Mund zu haben. Ihr Hut flog in die eine Richtung, ihre Würde in die andere. Schließlich gelang es ihr, ihn zu überwältigen, und sie bekam ihr Gebiß zurück, wenn auch nicht ihre Selbstsicherheit. Ich hatte einen richtigen Anfall und mußte mich an der Küchentür festhalten, um nicht vor Lachen in die Knie zu gehen. Es war eine der lustigsten Szenen, die ich je gesehen habe.

Als Russell älter wurde, war er nicht mehr zu bändigen. Er hatte sämtliche Bücher aus dem Regal geworfen, hatte auf jede Platte gepinkelt, und die Wohnung sah aus wie nach einer Drogenrazzia. Es wurde Zeit, Russell gehen zu lassen. Ich brachte ihn Anfang Winter, als sich der Winterschlaf schon ankündigte, zurück auf unsere Farm in Illinois. Ich trug ihn in den Schuppen, machte ihm ein Nest aus Heu und ließ ihm etwas zu essen da. Auf Zehenspitzen trippelte ich alle paar Stunden durch den Schnee und spitzte durch eine Ritze in der Wand, hinter der ich ihn, zusammengerollt wie ein Ball, liegen sah. Ich wollte so gerne mit ihm spielen, aber ich wußte, daß es nicht möglich war. Beim Abschied hatte ich einen Kloß im Hals.

Als es Frühling war und der Saft in die Bäume schoß, hatte Russell die Sicherheit des Schuppens verlassen, um dem entgegenzusehen, was auch immer das Schicksal für einen Waschbären bereithält. Hin und wieder kehrte er zurück, in der Hoffnung, einen Happen in seiner Schüssel zu finden, aber gegen Ende des Frühjahrs begannen die Säfte auch in ihm zu steigen. Er muß eine unwiderstehliche Waschbärendame gefunden und eine Familie gegründet haben, denn ich habe ihn nie wieder gesehen. Ich vermisse ihn sehr.

27

Ohne mir dessen richtig bewußt geworden zu sein, hatte ich in einen Vertrag über gleich zwei Filme mit Darryl Zanuck eingewilligt, zu dem *Viva Zapata!* und noch ein weiterer Film gehörten. Damals las ich mir die Verträge nie durch. Ich weiß noch, daß mein Agent und Freund Jay Kantor geraume Zeit hinter mir her war, um den Vertrag mit der Agentur zu erneuern. Irgendwann hat er mich dann schließlich erwischt und mir gesagt, er würde die Arbeit verlieren, wenn ich nicht unterschrieb. »Bitte, tu mir diesen Gefallen«, bat er mich. Also ging ich ins Schlafzimmer, holte meinen Spezialfüller und setzte meinen Wilhelm darunter. Ich habe noch nie einen so erleichterten Menschen gesehen wie Jay, als er mit dem Vertrag unter dem Arm aus der Tür marschierte. Was er aber nicht wußte, war, daß ich mit Zaubertinte unterschrieben hatte. Spätestens bei seiner Ankunft in der Agentur würden sie die fehlende Unterschrift bemerken. Schließlich rief er mich an, um zu fragen, ob das Exemplar mit der Unterschrift noch bei mir liege. Er war völlig verwirrt. Ich sagte: »Weißt du denn nicht mehr? Du hast ihn doch mitgenommen.«

Ich glaube, ich unterschrieb deshalb so ungern Verträge, weil ich mich nicht festnageln lassen wollte. Ich hatte sogar Schwierigkeiten damit, nur für den nächsten Tag eine Verabredung zu treffen. Selbst heute noch sage ich viele Termine ab, obwohl ich mich schon sehr gebessert habe. Aber ich treibe immer noch gern Schabernack, und wenn *ich* es einmal bin, dem ein Streich gespielt wird, lache ich selbst am lautesten.

Als Zanuck darauf bestand, daß ich *Sinuhe, der Ägypter* darstellen sollte, fuhr ich einfach zurück nach New York und wartete auf die Killerkommandos von der Agentur. Er hatte mich über zwei Millionen Dollar verklagt. Das angeheuerte Kommando stand natürlich schon bald vor der Tür, bestehend aus Jerry Gershwin und Jay Kantor. Mein Vater hatte mir gerade eröffnet, daß mir das Geld ausgegangen war, aber es war mir egal. Ich sagte: »Sollen sie doch vor Gericht gehen.« Die Abgesandten verlangten: »Los, Marlon, rück die zwei Dollar schon raus«, und ich antwortete: »Wirklich nicht.«

Schließlich gab Zanuck nach und unterbreitete mir einen anderen Vorschlag. Ich sollte in dem Film *Désirée* die Rolle des Napoleon spielen. Es war ein halber Sieg, also war ich einverstanden. Henry Koster führte Regie. Ich machte alle meine Hausaufgaben und versuchte, mein Bestes zu geben. Der angenehme und freundliche Koster war ein Leichtgewicht, den die Uniform sehr viel mehr interessierte als der Einfluß Napoleons auf die europäische Geschichte. Ich durfte mit Jean Simmons arbeiten, die für die Rolle der Josephine engagiert war. Sie war gewinnend, charmant, schön und erfahren, und wir hatten viel Spaß zusammen. Nur war sie leider mit Stewart Granger verheiratet, dem großen weißen Jäger. In meinen Augen war *Désirée* ein oberflächlicher und kläglicher Film, und sein Erfolg hat mich sehr erstaunt. Folgender Ausspruch von H. L. Mencken kam mir in den Sinn: »Noch nie hat jemand ein Verlustgeschäft gemacht, weil er den Geschmack des amerikanischen Publikums unterschätzt hätte.« Dieser Fall hat ihn voll und ganz bestätigt.

28

In den dreißiger Jahren waren einige Mitglieder des Group Theatre der kommunistischen Partei beigetreten, unter anderem auch Gadg. Ich vermute mal, daß sie in ihrem Idealismus glaubten, die Unterstützung der Kommunisten stelle einen fortschrittlichen Versuch dar, der Depression und der wachsenden Armut im Land ein Ende zu setzen und Rassismus und Faschismus den Boden zu entziehen. Die anfängliche Parteibegeisterung vieler, auch Gadgs, hatte sich bald abgekühlt, aber in den hysterischen Tagen der McCarthy-Ära boten sie den Kommunistenjägern attraktive Ziele.

Das HUAC, ein parlamentarischer Ausschuß zur Untersuchung unamerikanischer Umtriebe, stand unter dem Vorsitz von Parnell Thomas, einer rechtschaffenen Säule unseres Staates, der später wegen Veruntreuung von Kongreßgeldern und illegaler Nebeneinkünfte hinter Gitter kam. Die anderen Mitglieder des Ausschusses waren mehr damit beschäftigt, die faszinierende Wirkung, die Hollywood auf das Publikum hatte, für ihre eigene Publicity auszuschlachten. Gadg mußte als Zeuge aussagen, und das, was er damals von sich gab, beschädigt ihn bis heute. Er gestand nicht nur, selbst Kommunist gewesen zu sein, sondern er nannte auch die Namen aller anderen Mitglieder des Group Theatre, auf die dasselbe zutraf. Viele seiner ältesten Freunde hatten eine Mordswut, bezeichneten die Aussage als verräterischen Akt und weigerten sich, je wieder mit Gadg zu sprechen oder zu arbeiten.

Bis zu diesem Zeitpunkt hatte Gadg mit Arthur Miller zusammengearbeitet, dessen Stück *Alle meine Söhne* er inszeniert hatte. Danach zeigte er mir ein Drehbuch über das Leben an den Docks von New York. Als Miller sich aus dem Projekt zurückzog, rief Gadg den Schriftsteller Budd Schulberg an, welcher ebenso wie er vor dem HUAC Namen genannt hatte. Schulberg hatte ein Skript über die Korruption an den Docks in Arbeit, das auf einer Zeitungsserie basierte, die mit dem Pulitzerpreis ausgezeichnet worden war. Darin wurde beschrieben, wie sich die Mafia von jeder Ladung, die an den Häfen von New York und New Jersey gefaßt oder gelöscht wurde, ihren Teil nahm. Gadg und Schulberg kombinierten ihre Stoffe und versuchten monatelang, ein Studio zu finden, das die Finanzierung übernehmen würde. Darryl F. Zanuck willigte zunächst zögernd ein, machte dann aber doch einen Rückzieher. Er meinte, die Story sei zu schwach für die Brillanz von Technicolor und das breite Cinemascopeformat, die er beide für Hollywoods Rettung vor dem immer erfolgreicher konkurrierenden Fernsehen hielt. Schließlich erklärte sich Sam Spiegel, der letzte große Schnorrer und unabhängige Produzent, der *African Queen* gemacht hatte, bereit, den Film zu produzieren, während Harry Cohn von Columbia die Finanzierung des Films – der schließlich den Titel *Die Faust im Nacken* bekommen sollte – übernahm.

Ich war für die Rolle des Terry Malloy vorgesehen, eines ehemaligen Profiboxers. Sie ging auf die wahre Geschichte eines Hafenarbeiters zurück, der trotz Morddrohungen gegen die Mafiosi ausgesagt hatte, die die Docks von New Jersey regierten. Ich übernahm die Rolle nur sehr widerwillig, weil auch ich meine Probleme damit hatte, was Gadg getan hatte, und einige der Leute kannte, die von ihm sehr verletzt worden waren. Es war besonders dumm, weil die meisten, die er genannt hatte, gar keine Kommunisten mehr waren. Auch Unschuldige standen auf der schwarzen Liste, zum Beispiel ich, obwohl ich mich politisch nie einer Richtung zugehörig gefühlt habe. Ich hatte lediglich irgendwann einmal eine Petition unterschrieben, um gegen die Lynchjustiz an einem Schwarzen in den Südstaaten zu protestieren. Auch meine Schwester Jocelyn, die in dem Broadwaystück *Mister Roberts* aufgetreten war und eine sehr erfolgreiche Schauspielerin wurde, geriet in Verdacht, weil ihr Ehename Aisinoff war und es noch eine andere J. Aisinoff gab. Damals machte man sich schon verdächtig, Mitglied der kommunistischen Partei zu sein, wenn man am Bürgersteig den linken Fuß zuerst auf die Fahrbahn setzte. Bis heute glaube ich, daß wir in diesem Land nur um Haaresbreite am Faschismus vorbeigeschrammt sind.

Gadg mußte seine Handlungen rechtfertigen, und er tat so, als sei er ernsthaft der Meinung, daß es eine internationale Verschwörung zur Erlangung der Weltherrschaft gebe und der Kommunismus eine ernsthafte Bedrohung der Freiheit Amerikas darstelle. Er erzählte mir, er habe wie seine Freunde mit dem Kommunismus herumexperimentiert, weil dieser damals eine bessere Welt zu versprechen schien, aber er sei davon abgekommen, als er eines Besseren belehrt wurde. Er behauptete, es sei keine leichte Entscheidung gewesen, wahrheitsgemäß und seinen Freunden zum Trotz, die sich noch nicht losgesagt hatten, vor dem Ausschuß zu sprechen. Doch obwohl er von früheren Freunden geschnitten wurde, bedauerte er angeblich nicht, was er getan hatte.

Ich beschloß dann, den Film zu machen, aber damals war mir nicht klar, daß *Die Faust im Nacken* von Gadg und Budd Schulberg in Wahrheit rein argumentativ eingesetzt wurde: Sie machten den Film, um zu rechtfertigen, daß sie ihre Freunde verraten hatten. Als Terry Malloy versinnbildlichte ich offensichtlich den tapferen, beherzigten Mann, der dem Bösen trotzt. Weder Gadg noch Budd Schulberg verschwendeten jemals noch einen Gedanken an ihre Aussagen vor dem Ausschuß.

Gadg galt damals als Vertreter eines völlig neuen Films. Er war von Stella Adler und den Erfahrungen, die sie in Europa gesammelt hatte, beeinflußt worden und immer um Spontaneität und die Illusion von Realität bemüht. Er stellte Hafenarbeiter als Komparsen ein. Den größten Teil des Films drehte er am heruntergekommensten Teil der Docks von New Jersey. Er freute sich, weil es so richtig kalt war. Die Kälte ließ alles nur um so echter erscheinen, und er war begeistert, daß man unseren Atem im Film sehen konnte. Das Absurde an der Geschichte war, daß er sich von der Mafia die Dreherlaubnis holen mußte. Einmal nahm er mich zu einer Einladung zum Mittagessen mit, und ich erfuhr erst hinterher, daß der Gentleman, mit dem wir gespeist hatten, wahrhaftig der Obermafioso der Docks von New Jersey gewesen war. Obwohl Gadg vor dem McCarthy-Ausschuß seine Freunde verpfiffen hatte, machte es ihm nicht die geringsten Probleme, mit der Cosa Nostra zusammenarbeiten zu müssen. An seinen Maßstäben gemessen, sollte man meinen, dies sei äußerst scheinheilig, aber wenn Gadg wegen eines Films ein paar Möbel verrücken mußte, dann war er ohne Umstände dazu bereit. Damals lernte ich in der Tat einige Angehörige der Cosa Nostra kennen, und ich muß sagen, sie sind mir noch heute jederzeit lieber als einige unserer Politiker.

Zur Besetzung gehörten mein langjähriger Freund Karl Malden, Eva Marie Saint, Lee J. Cobb und Rod Steiger. Einer der Gründe, weshalb Gadg Schauspieler gut führen konnte, war seine Fähigkeit, die Gefühle der Leute zu steuern. Er versuchte, alles über seine Schauspieler herauszufinden, und versetzte sich in jede Szene. Zwischen den einzelnen Aufnahmen kam er dann und erzählte irgend etwas, um Emotionen zu erzeugen, die zur Szene paßten. Aber er hat mit seiner Methode auch Unfrieden gestiftet. In *Viva Zapata!* spielte ich Tony Quinns Bruder, und er log Tony vor, ich hätte hinter seinem Rücken schlecht über ihn geredet. Dadurch wurde Tonys Gefühlslage intensiviert, und dem Film kam das sehr zugute, weil es den Konflikt zwischen den Brüdern gut herausbrachte; unglücklicherweise machte er sich aber später nie die Mühe, Tony darüber aufzuklären, daß er sich das alles nur ausgedacht hatte. Ich habe erst fünfzehn Jahre später davon erfahren, als Tony in einer Talkshow darüber sprach. Ich rief ihn an und erzählte ihm, daß ich solche Sachen nie gesagt und Gadg ihn nur manipuliert hätte. Es war eine Erleichterung, diesen fünfzehn Jahre zurückliegenden Betrug aufzuklären. Von da an sprachen Tony und ich wieder miteinander.

Gadg konnte Schauspieler wunderbar inspirieren, aber das hatte seinen Preis.

Viele Leute haben mich oft auf die Szene in *Die Faust im Nacken* angesprochen, die auf dem Rücksitz eines Taxis spielt. Sie eignet sich gut, um Kazans Arbeitsweise zu illustrieren.

Ich spielte Rod Steigers erfolglosen Bruder, einen Tunichtgut, und er einen korrupten Gewerkschaftsführer, der versuchte, meine Stellung innerhalb der Mafia von New Jersey zu verbessern. Man hatte ihm ausführlich auseinandergesetzt, er müsse mich um die Ecke bringen, weil ich vor der Waterfront Commission über die Verbrechen, von denen ich wußte, aussagen wollte. Im Drehbuch sollte Rod Steiger im Taxi eine Pistole ziehen und sie mit folgenden Worten auf mich richten: »Du wirst dich sofort entscheiden, bevor der Wagen in der River Street ist« – wo ich umgebracht werden sollte.

Ich sagte zu Kazan: »Ich kann mir nicht vorstellen, daß er das zu seinem Bruder sagen würde, und das Publikum glaubt bestimmt nicht, daß dieser Kerl, der sein ganzes Leben lang seinem Bruder nahegestanden und sich dreißig Jahre lang um ihn gekümmert hat, ihm jetzt plötzlich eine Pistole zwischen die Rippen schieben und drohen würde, ihn umzubringen. Es ist schlicht und einfach unglaubwürdig.«

Das war ein typisches Beispiel für unsere unterschiedlichen künstlerischen Auffassungen und die daraus resultierenden Auseinandersetzungen. »Ich kann es so nicht«, sagte ich, und er antwortete: »O doch, es funktioniert.«

»Das ist doch lächerlich«, entgegnete ich, »kein Mensch spricht so mit seinem Bruder.«

Trotzdem drehten wir die Szene mehrere Male in der von ihm gewünschten Version, obwohl ich ständig wiederholte: »So geht es nicht, Gadg, es geht wirklich nicht.« Schließlich gab er sich geschlagen: »Okay, probier's mal.« Also improvisierten Rod und ich, und am Ende war die Szene völlig anders. Gadg war überzeugt und entschied sich für unsere Fassung, die folgendermaßen aussah:

Als mein Bruder mir im Taxi die Pistole zeigte, sah ich sie an, dann blickte ich ungläubig zu ihm auf. Ich glaubte keine Sekunde, daß er abdrücken würde. Er tat mir leid. Dann fing Rod an, über meine Karriere als Boxer zu sprechen. Wenn ich einen besseren Manager gehabt hätte, dann wäre es im Ring besser für mich gelaufen. »Dieser Idiot von Manager – er hat dich zu früh rausgestellt.«

»Nein, schuld war nicht der Manager«, sagte ich, »*du* warst schuld. Du weißt doch noch, daß du damals zu mir gekommen bist und gesagt hast: ›Das ist nicht dein Kampf. Meine Freunde haben auf Wilson gesetzt.‹ Das weißt du doch noch. *Er* ist heute dran. Meine große Chance, den Titelkampf, hab' ich glatt verschenkt. Ich könnte heute wer sein, wenn ich mich nicht für ein paar lumpige Kröten von euch hätte breitschlagen lassen. Immerhin bist du doch mein Bruder, Charlie, du hättest das niemals zulassen dürfen. Du hättest wenigstens dafür sorgen müssen, daß ich das nicht für 'n Butterbrot und 'n Ei mache ... Ich hätte was werden können, zumindest 'n Klasseboxer. Und was *bin* ich geworden? Ein gemeiner Lump – und wer ist dran schuld? Niemand anders als *du* ...«

Als der Film anlief, wurde ich von vielen für meine schauspielerische Leistung gelobt, und sie fanden die Szene sehr bewegend. Aber sie war geschenkt, eine Szene, die zeigte, wie oft das Publikum bei einer effektvoll erzählten Geschichte selbst viel von der Schauspielerei übernimmt. Es hätte gar nicht schiefgehen können, weil beinahe jeder glaubt, daß er ein richtiger Kämpfer hätte sein können, daß aus ihm hätte etwas Besonderes werden können, wenn er nur nicht vom Schicksal so stiefmütterlich behandelt worden wäre. Man identifizierte sich also voll und ganz mit meiner Rolle im Film. Das ist die Magie des Kinos oder des Theaters. Jeder im Publikum wurde zu Terry Malloy, einem Mann, der nicht nur den Mumm hatte, sich gegen die Mafia zu stellen, sondern auch noch zu sagen: »Und was *bin* ich geworden? Ein gemeiner Lump ...«

An dem Tag, als Gadg mir den fertigen Film vorführte, war ich über meine Leistung so entsetzt, daß ich aufstand und den Vorführsaal verließ. Ich fand, ich hatte völlig versagt, und ging ohne ein Wort. Ich schämte mich einfach für mich.

Keiner von uns ist perfekt, und ich glaube, Gadg hat anderen großes Unrecht zugefügt, am allermeisten aber sich selbst. Ich schulde ihm viel für alles, was ich bei ihm gelernt habe. Er war ein großartiger Lehrer.

Ich machte mir viele Gedanken darüber, ob ich zur Oscar-Verleihung gehen und eine Auszeichnung akzeptieren sollte. Ich war nie der Meinung, daß das Ergebnis einer Anstrengung wertvoller sei als die Anstrengung selbst. Ich weiß noch, wie ich zur Verleihung gefahren wurde und mir währenddessen noch überlegte, ob ich meinen Smoking anziehen sollte. Am Ende dachte ich mir: »Was soll's? Wenn die Leute mir ihren Dank ausdrücken wollen und die Sache ihnen so wichtig ist, weshalb sollte ich dann nicht hingehen?« Seither habe ich meine Meinung über Auszeichnungen im allgemeinen sehr geändert, und ich werde nie wieder eine, egal welcher Art, annehmen. Das bedeutet nicht, daß mir die Meinung anderer Leute nicht wichtig wäre. Viele, die ich kenne und schätze, sitzen selbst bei den Academy Awards oder anderswo in den Jurys, weil sie der Auffassung sind, daß Preise durchaus ihren Wert haben. Ich betrachte sie deshalb nicht von oben herab, und ich hoffe, daß sie das umgekehrt mir gegenüber auch nicht tun.

Wenn ich etwas bedauert habe an diesem Abend, dann vielleicht, daß Duke Wagner nicht anwesend war. Zu diesem Zeitpunkt war er schon tot.

Ich habe keine Ahnung, was mit dem Oscar passiert ist, den ich für *Die Faust im Nacken* erhalten habe. Im Laufe der Zeit ist er irgendwie verschwunden. Ich dachte gar nicht mehr daran, bis mein Rechtsanwalt mich vor etwa einem Jahr anrief und mir erzählte, daß ein Auktionshaus in London ihn verkaufen wolle. Ich teilte ihnen schriftlich mit, daß sie dazu nicht befugt seien. Sie antworteten, daß sie sich an meinen Wunsch halten wollten, daß aber die Person, die ihn zum Verkauf angeboten hatte, ihn nicht hergeben wolle, weil ich ihn ihr oder ihm angeblich geschenkt hatte. Das ist schlicht und einfach gelogen.

29

Theaterkritiker irritierte es oftmals, wenn ich auf der Bühne undeutlich sprach. Ich habe viele Rollen gespielt, ohne auch nur eine einzige Silbe zu verschlucken, aber manchmal brummte ich in meinen Bart hinein, weil man das im normalen Leben eben auch so macht. Damit war ich nicht der erste. May Whitty, eine außerordentliche Schauspielerin, die wie Eleonora Duse von der traditionellen Schule mit ihren deklamatorischen, händeringenden und gestelzten Dialogen abwich, war berüchtigt für ihr Murmeln und Nuscheln. Zu ihrer Zeit war es noch eine absolute Neuheit, daß Schauspieler ihren Text verschleifen und Silben verschlucken, kurz: wie normale Menschen reden; aber ihr hat es kein bißchen geschadet.

Wenn sich jedermann an die Regeln der alten Schauspielschule halten würde, dann würden wir nie innehalten, um nach Worten zu suchen, nie ein Wort undeutlich aussprechen, niemals etwas sagen wie »Oh . . .« oder »Wie bitte?«.

Im normalen Leben wissen die Menschen selten, was sie sagen wollen, wenn sie den Mund öffnen, um einem Gedanken Ausdruck zu verleihen. Sie denken noch nach, und man kann es an ihrem Gesicht ablesen, daß sie nach Worten suchen. Sie machen eine kurze Pause, um das richtige Wort zu finden, dann versuchen sie im Geist, einen Satz zu konstruieren, und dann erst drücken sie sich aus.

Wenige Schauspieler verstanden das, bis Stella Adler kam; bis zu diesem Zeitpunkt wurden Textvorlagen rezitiert, wie es im Sprechunterricht eingeübt worden war, und wenn das Publikum sie nicht sofort verstand oder eine Weile dafür brauchte, dann kritisierte man die Darsteller. Das Publikum ging mit der Erwartung ins Theater, daß die Schauspieler auf eine Art und Weise sprechen würden, die außerhalb des Theaters so nie zu hören ist. Heutzutage erwartet man von Schauspielern, daß sie natürlich sprechen, grübeln und nach Worten suchen, um den

Eindruck zu vermitteln, daß sie in diesem Moment wirklich leben. Die meisten amerikanischen Schauspieler sind mittlerweile um diese Wirkung sehr bemüht. Auch andere Marotten haben sich eingeschlichen. Beispielsweise flüchten sich viele Schauspieler zur Zigarette, um natürlich zu wirken. Als das Rauchen gerade in Mode war, kritisierte Stella einige Schauspieler deswegen und sprach immer vom »cigarette-acting«. Schauspielern ist gemeinhin nicht bewußt, welch entscheidenden Einfluß Stellas Rußlandaufenthalt und ihr Studium bei Stanislawski auf die Schauspielkunst hatten. Diese Schule der Darstellung tat dem amerikanischen Theater und Film gut, schränkte beide gleichzeitig aber auch ein. Das amerikanische Theater war noch nie fähig, Shakespeare oder andere klassische Dramen angemessen zu inszenieren. Wir haben einfach nicht den Stil, das Sprachbewußtsein oder die kulturelle Voraussetzung, die Grundlage sind für eine Shakespeare-Tradition oder eine Tradition des klassischen Dramas überhaupt. Bei Shakespeare kann man nicht undeutlich sprechen. Man kann nicht improvisieren, muß sich vielmehr streng an den Text halten. Das Theater in England hat ein Sprachgefühl und ein Shakespeare-Verständnis, die uns beide unbekannt sind. In den Vereinigten Staaten hat sich die englische Sprache beinahe in eine Mundart verwandelt. Es ist nicht lange her, vielleicht fünfzig Jahre, da konnte man in England einen klassischen Schauspielstil auf der Bühne sehen, bei der jede Shakespeare-Deklamation mit einer gehörigen Portion Spucke verbunden war. Selbst heute gibt es noch englische Schauspieler und Regisseure, die die genauen Anweisungen, die Shakespeare ihnen in seiner Rede an die Schauspieler im *Hamlet* gegeben hat, zu ihrem eigenen künstlerischen Nachteil einfach ignorieren. Dies betrifft übrigens nicht nur die Schauspielerei, sondern alle Formen der Kunst. Ich zitiere:

> Seid so gut und haltet die Rede, wie ich sie euch vorsagte, leicht von der Zunge weg; aber wenn ihr den Mund so voll nehmt, wie viele unserer Schauspieler, so möchte ich meine Verse ebensogern von dem Ausrufer hören. Sägt auch nicht zu viel mit den Händen durch die Luft, so – sondern behandelt alles gelinde. Denn mitten in dem

> Strom, Sturm und, wie ich sagen mag, Wirbelwind eurer Leidenschaft müßt ihr euch eine Mäßigung zu eigen machen, die ihr Geschmeidigkeit gibt. O es ärgert mich in der Seele, wenn solch ein handfester, haarbuschiger Geselle eine Leidenschaft in Fetzen, in rechte Lumpen zerreißt, um den Gründlingen im Parterr' in die Ohren zu donnern, die meistens von nichts wissen als verworrenen, stummen Pantomimen und Lärm. Ich möchte solch einen Kerl für sein Bramarbasieren prügeln lassen; es übertyrannt den Tyrannen. Ich bitte euch, vermeidet das.

Es folgt ein ausgezeichneter Ratschlag für jeden, der Schauspieler ist oder werden will:

> Seid auch nicht allzu zahm, sondern laßt euer eigenes Urteil euren Meister sein: paßt die Gebärde dem Wort, das Wort der Gebärde an; wobei ihr sonderlich darauf achten müßt, niemals die Bescheidenheit der Natur zu überschreiten. Denn alles, was so übertrieben wird, ist dem Vorhaben des Schauspieles entgegen, dessen Zweck sowohl anfangs als jetzt, war und ist, der Natur gleichsam den Spiegel vorzuhalten: der Tugend ihre eignen Züge, der Schmach ihr eignes Bild und dem Jahrhundert und Körper der Zeit den Abdruck seiner Gestalt zu zeigen. Wird dies nun übertrieben oder zu schwach vorgestellt, so kann es zwar den Unwissenden zum Lachen bringen, aber den Einsichtsvollen muß es verdrießen ...

Die Entwicklung des englischen Theaters kam bei Kenneth Branaghs Inszenierung von *Heinrich V.* zu ihrer vollen Blüte. Er hielt sich genau an Shakespeares Anweisungen, verletzte dessen Sprache nicht und bewies damit Ehrfurcht vor ihr. Es war eine außerordentliche Leistung, die Realität menschlichen Verhaltens glaubhaft mit der Poesie der Sprache zu verknüpfen. Ich kann mir nicht vorstellen, je einen noch vollendeteren Shakespeare gesehen zu haben. Wir in Amerika sind zu solchen feinen Abrundungen nicht fähig, denn uns fehlt der Geschmack dafür. Wenn wir die Wahl hätten zwischen Branaghs *Heinrich-V.*-Inszenierung oder Arnold Schwarzeneggers *Der Terminator,* dann steht es völlig außer Frage, welche Programmtaste öfter gedrückt werden würde. Falls es so etwas wie ein Geschmacksindikator ist, wieviel Geld in Amerika für Unterhaltung ausgegeben wird, dann ist die eindeutige Mehrheit von uns süchtig nach Schund.

Das Erlebnis des Schauspielens ist ein schwer zu deutendes Phänomen. Selbst ich bin mir nicht sicher, ob ich es durchschaue. Es wird mir immer ein Rätsel bleiben, weshalb Leute ihr schwerverdientes Geld ausgeben, um in ein Gebäude mit einem großen, verdunkelten Raum zu gehen, wo sie dann sitzen und sich zweidimensionale Gestalten ansehen, die auf der Leinwand abgebildet werden. Sie investieren ihr gesamtes Gefühlsspektrum in etwas, das wie eine Annäherung an die Realität aussieht. Sie werden zu Tränen gerührt, zum Lachen bewegt, sie fühlen sich ein, sie empfinden tiefe Furcht, und manchmal haben sie noch tagelang Angst, manchmal sogar jahrelang, wenn sie sich an das Gesehene erinnern. Noch schwerer nachvollziehbar ist die Tatsache, daß das No-Spiel in Japan so tiefe Emotionen im Publikum hervorrufen kann. Die Schauspieler tragen Masken und klassische Kostüme, Bewegung und Stimme sind eingeschränkt und hochstilisiert. Auf der anderen Seite sind die Menschen fähig, in Wolken, Rissen in der Decke und bei Rorschachtests Bilder zu sehen. Sie schauen sich Zeichnungen an und stricken Geschichten darum, die ihnen ihr Unterbewußtsein eingibt. Solche Tests werden oft dazu benutzt, um Persönlichkeitsprofile zu erstellen. Aber diese besondere Fähigkeit des Menschen offenbart im Endeffekt, daß wir die Dinge nicht so sehen, wie wir sie wahrnehmen. Gemäß Shakespeares weiser Einsicht halten wir unserer »Natur« einen Spiegel vor. Wir lesen in die Äußerungen oder die Mimik anderer immer Gefühle hinein – Gefühle, die nicht beabsichtigt sind. Diese Besonderheit des menschlichen Geistes macht offenbar zu einem großen Teil die Zusammensetzung unserer Psyche aus. Wir sehen die Dinge immer nur mit unseren eigenen Augen und aus unserer eigenen Perspektive, und das gilt selbst für so etwas Spezielles wie die Interpretation der Quantenphysik.

Dieselben Eigentümlichkeiten lassen sich auch bei der Darbietung eines Schauspielers beobachten. Oft beschließt er, ein

Moment in einem Drama zurückhaltend zu spielen. Wenn er nur wenig oder gar keine Reaktion zeigt, wird das Publikum versuchen, sich vorzustellen, was in ihm vorgeht. Manchmal sind Schauspieler ganz großartig in ihrer Zurückhaltung, doch andere können es kaum erwarten, sich in ihrer Rolle so breitzumachen, bis sie ihnen zu eng wird. Der große jüdische Schauspieler Jacob P. Adler, Stellas Vater, riet seinem Schauspielensemble: »Wenn ihr ins Theater kommt und euch hundert Prozent fühlt, dann zeigt ihnen achtzig Prozent. Wenn ihr sechzig Prozent fühlt, dann zeigt ihnen vierzig Prozent, aber wenn ihr nur vierzig Prozent fühlt, dann stellt die Zweitbesetzung auf die Bühne.« Macht euch nicht zu breit in eurer Rolle, sonst wird sie euch zu eng, sagte Stella immer. Es gibt ein paar Rollen, wo weniger mehr ist, und man sollte sie zurückhaltend spielen. Jimmy Cagney besaß sowohl ein großes schauspielerisches Talent als auch eine außergewöhnliche Präsenz. Er hatte ein prägnantes Äußeres, eine sehr starke, klare Persönlichkeit und war ein geborener Schauspieler. Er hatte nie Unterricht genommen, aber im Gegensatz zu den meisten Schauspielern seiner Generation, bemühte er sich darum, die subtilen Aspekte seiner Charaktere auszuloten. Er ging völlig in seiner Rolle auf, wodurch ihm das Publikum das Gezeigte auch abnahm.

Eine der schwierigsten Lektionen für einen Schauspieler ist die Tatsache, daß er sein Pulver nicht schon vorher verschießen darf. Mit anderen Worten, man muß lernen, seine Emotionen den ganzen Tag über am Brodeln zu halten, aber man darf nie überkochen. Wenn man alles, was man hat, schon in der Totale gibt, dann hat man weniger in der Halbtotale und in der Nahaufnahme – wo man es am nötigsten hat. Man muß lernen, sein Tempo zu zügeln, so daß man nicht ausgelaugt ist, wenn es an die Nahaufnahmen geht. Sogar kluge Regisseure – und davon gibt es weiß Gott nicht viele – führen die Schauspieler in dieser Hinsicht falsch, wenn sie keine Erfahrung haben.

In meinem ersten Film zum Beispiel, *Die Männer*, hatte ich eine sehr emotionale Szene, in der ich mir selbst klarmachen mußte, daß ich nie wieder fähig sein würde zu laufen oder mit einer Frau zu schlafen. Es war eine Szene, bei der Tränen angemessen waren. Ich kam um halb acht Uhr morgens ins Studio und ging bepackt mit gefühlvoller Musik, Gedichtbänden und allem möglichen, was eine emotionale Reaktion hervorrufen konnte, in meine Garderobe. Ich spielte die Szene in Gedanken immer wieder durch, probte sie leise und war sehr bewegt. Aber um halb zehn, als ich die Szene spielen mußte, war nichts mehr übrig. Ich hatte mein Pulver schon verschossen. Diesen Moment habe ich nie vergessen.

Wenn man nicht hochgradig erfahren ist, können manche Regisseure einen mit ihrer Gefühllosigkeit völlig aus dem Gleis werfen. Die Motivation eines Schauspielers hängt oft von einer scharfen Konzentration auf kleine Details ab. Wenn ein Regisseur das Team und die anderen Schauspieler nicht richtig vorbereitet, können sie die Stimmung einer Szene zerstören. Regisseure haben keine Ahnung, wie schwer es ist, einen fragilen emotionalen Eindruck entstehen zu lassen, und wie leicht, den Zauber zu brechen. Das Ermüdendste an der Schauspielerei ist das An- und Ausschalten von Gefühlen. Das geht nicht so wie bei einem Lichtschalter, man kann nicht sagen: »Jetzt bin ich sauer und trete gegen die Wand«, und dann wird man wieder man selbst. Hat man eine intensive Szene, die Traurigkeit oder Wut erfordert, dann muß man stundenlang im selben emotionalen Bereich schweben; und das kann extrem anstrengend sein. Manche Regisseure verstehen das nicht, weil sie selbst nie Schauspieler waren oder wenn, dann schlechte.

Ein Schauspieler kann sehr von einem guten Regisseur profitieren, aber oft versuchen Regisseure, die sich unzulänglich fühlen, dies durch Autorität, Befehle und Ultimaten zu verbergen. Bei solchen Regisseuren, die einen für ein Zugpferd vor einem Bierwagen halten, muß man zurückschlagen. Eine erstaunliche Anzahl von Regisseuren bildet sich ein, alles zu wissen. Sie haben nicht nur wenig Einsicht oder Verständnis dafür, was es heißt, Schauspieler zu sein oder was der Prozeß des Schauspielens ist, sondern sie haben auch keine Ahnung, wie man einen Charakter herausarbeitet. Sie drücken einem ein Drehbuch in die Hand und sagen, man solle am Montag zur Arbeit erscheinen; die Rolle zu entwickeln, bleibt einem selbst überlassen. Wenn man mit einem Regisseur arbeitet, der keinen guten Geschmack hat oder gefährlich ist, weil es ihm an sicheren Instinkten mangelt, muß man die Sache selbst in die Hand nehmen und dafür sorgen, daß eine Szene richtig funktioniert; im Prinzip muß man selbst Regie führen. Wenn der Regisseur eine Rolle falsch ausgelegt hat und darauf besteht, daß man sie auf seine Art spielt, dann ist man gezwungen, ihn auszutricksen. Man muß die Szene vorsätzlich vermasseln, so daß er die Aufnahme unmöglich verwenden kann – obwohl man dabei Gefahr läuft, seinen Ruf zu ruinieren. Bei einer Nahaufnahme oder einer Aufnahme über die Schulter – bei allem also, was aus der Nähe gefilmt wird – präsentiert man ihm neun schlechte Takes – man vergißt den Text, spielt schlecht und macht ihn fertig. Wenn er dann am Ende müde und frustriert ist, beschert man ihm den einen Take, in dem man es so macht, wie man selbst es für richtig hält. Zu diesem Zeitpunkt ist er so dankbar, die Einstellung überhaupt endlich im Kasten zu haben, daß er die letzte Aufnahme kopieren läßt. Man läßt ihm keine Wahl. Mit untalentierten Regisseuren muß man einfach solche Spielchen spielen.

Wollte jemand ein Theaterstück so produzieren wie in Hollywood Filme gemacht werden, dann würde er nur Gelächter ernten. Bevor ein Stück am Broadway herauskommt, sitzen die Schauspieler fünf oder sechs Wochen lang mit dem Regisseur zusammen, betreiben Motivforschung, diskutieren das Buch und die Rollen, gehen die Geschichte durch, probieren unterschiedliche Herangehensweisen aus und stellen am Ende die Vorstellung auf die Beine. Dann nehmen sie das Stück mit nach Schenectady oder New Haven, testen es vor Publikum, verbessern es noch an manchen Stellen und kehren nach acht Wochen nach New York zurück, um Probeaufführungen abzuhalten. Wenn das alles bearbeitet, noch einmal bearbeitet und verbessert ist, kommt die Premiere. Beim Film gibt es üblicherweise ein Treffen, bei dem es nur ums Geld geht, um »Punkte« und »Gewinnbeteiligung«. Dann bekommt man ein Skript, soll damit am Set erscheinen, und von da an ist man die meiste Zeit sich selbst überlassen. Filmregisseure geben einem selten auch nur den leisesten Hinweis darauf, wie man seine Rolle gestalten soll. Weil das Ensemble kaum Hilfe vom Regisseur bekommt, entstehen die meisten guten darstellerischen Leistungen im

Film durch Improvisation. Manchmal kann man dadurch die Geschichte und das Drama vorantreiben, aber nicht immer. Bei Tennessee-Williams-Vorlagen sollte man sich an das Buch halten, aber die meisten Skripts sind keineswegs in Stein gemeißelt, so daß man Änderungen vornehmen kann, bis man sich wohl damit fühlt. Hin und wieder kommt einem ein Skript unter, das nicht sehr gut ist, obwohl der Regisseur anderer Meinung ist. Solche Situationen sollte man von Anfang an vermeiden.

Einer der wenigen Regisseure, die meiner Erfahrung nach einen Film vernünftig vorbereiteten, war Kazan, der vorher nicht nur Schauspieler war, sondern auch Theaterregisseur. Was wäre wohl, wenn ein Produzent am Broadway einen Schauspieler für eine Rolle engagieren und ihn nach ein oder zwei Treffen abends zur Premiere bestellen würde? Das würde man wohl als unverantwortlich bezeichnen, und beim Theater wäre das undenkbar, während es beim Film völlig normale Vorgänge sind.

Auf der Bühne kann man die Akzente einer Szene neu setzen, das Tempo verändern und aus den Reaktionen eines auswärtigen Publikums die Schlüsselstellen erschließen, die ein Stück emotional bestimmen. Beim Film hingegen sagt der Regisseur »Schnitt« und »Kopieren«, und das war es dann. Im Schneideraum können sie aus der Szene dann Hühnerfutter machen, wenn sie wollen. Der Schauspieler hat keine Kontrolle, es sei denn, er hat bereits so viel Erfahrung, daß er weiß, wie man das Spiel spielt, wie man die Sache notfalls selbst in die Hand nimmt und vor der Kamera nur nach seinen eigenen Vorstellungen agiert.

Merke: Man sollte einen dummen, egoistischen, unsensiblen und unfähigen Regisseur nie zum Zug kommen lassen.

30

Nach einem Kinobesuch hört man häufig den einen Zuschauer sagen: »Mensch, war das ein Film! Und die Schauspieler! Der hat mich richtig mitgenommen – ich hab' geheult wie ein Schloßhund!«, während ein anderer meint: »Ich habe mich zu Tode gelangweilt.« Der eine ist begeistert, während der andere mit Story und Personen offensichtlich nichts anfangen konnte. Der Grund für diese unterschiedlichen Reaktionen liegt schlicht darin, daß wir alle differierende Erfahrungen und Haltungen mit ins Kino bringen, und diese beeinflussen unsere Sichtweise. Ähnlich ist es bei politischen Reden, von denen sich der eine angezogen und der andere abgestoßen fühlt.

Vor kurzem sah ich *Runaway Train* von Andrej Konchalowski, einen Film über die Flucht zweier Sträflinge, die aus dem Gefängnis ausgebrochen sind. Jon Voight, Eric Roberts, Rebecca DeMornay und Kyle T. Heffner haben wunderbar gespielt. Der Film war kein großer Kassenerfolg, aber ich war überwältigt, und zwar in der Hauptsache wegen der Dinge, die ich selbst in die Figuren hineingelegt habe. Wie schon erwähnt, verspürte ich während meines ganzen Lebens einen großen Freiheitsdrang, und so erkannte ich in dem entflohenen Sträfling, der von Jon Voight gespielt wurde, mich selbst wieder und konnte *seine Gefühle nachvollziehen*. Er stand bei zwanzig Grad unter Null auf dem führerlosen Zug, fest entschlossen, nie wieder ins Gefängnis zurückzukehren, obwohl ihm klar war, daß es ihn wahrscheinlich das Leben kosten würde. Der emotionale Widerhall machte diesen Film zu einem außergewöhnlichen Erlebnis für mich. Andere Menschen, die diese Freiheit nicht in sich spüren, würden die Sache anders sehen. Für sie ist es eine Selbstverständlichkeit, sich der Autorität zu beugen.

Ich erinnere mich an die Nazipropagandafilme von Leni Riefenstahl, Hitlers Hausregisseurin. Tausende von Menschen waren in einem Stadion versammelt, und als der Führer eintraf, hoben sie den Arm zum Hitlergruß, völlig durchdrungen und fasziniert von diesem Ereignis. In Augenblicken wie diesen schuf sich das deutsche Volk seinen Hitler, so wie sich die Amerikaner einige ihrer Mythen über Franklin D. Roosevelt schufen, als sie seinen Gesprächen vor dem Kamin lauschten. Sie *wollten* glauben, daß er ihnen in der schlimmsten Zeit der Depression eine Lösung für ihre Probleme bieten konnte.

Die Deutschen im Stadion von Nürnberg durchschauten Hitlers instabile, wahnsinnige Persönlichkeit nicht und hatten keine Ahnung, daß sein Umfeld aus Kriminellen bestand, aus Schlägern, Lügnern und Mördern. In ihrer Phantasie schufen sie Mythen über ihn. Sie applaudierten, marschierten und salutierten auf Knopfdruck, waren nicht mehr Herr ihrer selbst. Ihre Sehnsucht nach einem Führer und ihr Wunsch, wieder stolz auf Deutschland sein zu können, projizierten sie auf Hitler. In allem, was wir täglich sehen oder tun, steckt Theater. Wie sich am Beispiel Hitler zeigen läßt, gehört es zu den Grundeigenschaften des Menschen, daß er sich leicht von Suggestionen beeinflussen läßt. Unsere Empfänglichkeit dafür ist phänomenal, und es ist Aufgabe des Schauspielers, diese Beeinflußbarkeit auszunutzen.

Wie in *Die Faust im Nacken* (und für mich eben in *Runaway Train*) sind die wirkungsvollsten Darbietungen diejenigen, in denen sich das Publikum mit den Figuren und Situationen im Film identifiziert, sich kopfmäßig richtiggehend in diese Figuren verwandelt. Wenn das Buch gut geschrieben ist und der Schauspieler nicht dazwischenfunkt, ist das ein ganz natürlicher Vorgang.

Was die Leute wohl letztendlich veranlaßt, ihr schwerverdientes Geld für eine Eintrittskarte auszugeben, ist die Möglichkeit, von ganz unterschiedlichen menschlichen Erfahrungen zu kosten, ohne den üblichen Preis dafür zahlen zu müssen. Vielleicht läßt es sich mit dem Gefühl vergleichen, das man hat, wenn man mit einem Bungee-Seil um den Knöchel von einer Brücke springt: Man fällt sechzig Meter tief und erlebt, wie es ist, haarscharf am Tod vorbeizugehen, und dann wird man sicher zurückgefedert, eben so, wie wir nach einem grauenhaften Erlebnis unbeschadet aus dem Kino kommen.

Es ist kein Zufall, daß es in Kinosälen dunkel ist, denn das erlaubt dem Publikum, andere auszusperren und mit den Figuren allein zu sein; in der Dunkelheit hören andere Menschen auf zu existieren. Dieser Prozeß, der längst vor dem griechischen Drama eingesetzt hat, hat etwas ganz Eigentümliches. Wahrscheinlich hat er begonnen, als der Mensch, in diesem Fall der Mann, zum erstenmal seine Höhle verlassen hat, um zu jagen, während die Frauen, Kinder und Alten zurückblieben und zum Zeitvertreib tanzten und sich Geschichten vorspielten.

Die Schauspielerei, nicht die Prostitution ist das älteste Gewerbe der Welt. Sogar Affen spielen Theater. Wenn man sich Ärger mit einem Affen einhandeln will, dann muß man ihm nur fest in die Augen sehen. Dieser Affront genügt schon: Das Tier steht auf, klopft sich auf die Brust und täuscht einen Angriff vor; der Affe spielt Theater in der Hoffnung, daß seine Gesten den Beobachter veranlassen, den Blick abzuwenden.

Das Geschichtenerzählen ist ein grundlegender Bestandteil jeder menschlichen Kultur – die Menschen hatten schon immer das Bedürfnis, an Geschichten emotional teilzuhaben –, und deshalb kam dem Schauspieler wahrscheinlich in jeder Gesellschaft eine so wichtige Rolle zu. Aber er sollte nie vergessen, daß die eigentliche Arbeit das Publikum leistet, daß es das Publikum ist, das in diesem Prozeß eine zentrale Stellung einnimmt: Jedes Theaterereignis, von der Steinzeit über Punch and Judy bis zum Broadway, ruft eine gefühlsmäßige Beteiligung des Publikums hervor, und in den Kinoreihen sitzen unzählige Doubles des Hauptdarstellers.

Viele Schauspieler werden für ihre hervorragende Arbeit gelobt, obwohl sie überhaupt keine Leistung brachten, nur weil das Publikum von einer gutgeschriebenen Geschichte mitgerissen wurde – und von der Situation, mit einer Figur konfrontiert zu werden. Wie schon erwähnt, ist Terry Malloy in *Die Faust im Nacken* ein gutes Beispiel dafür. Mich hat der Film *Der Elefantenmensch*, in dem John Hurt einen Mann im viktorianischen England darstellt, sehr beeindruckt. Eine schreckliche Krankheit hat ihn entstellt, und er wird von Fremden gedemütigt und lächerlich gemacht. Aber im Fortgang der Geschichte offenbart sich seine Menschlichkeit, und er wird zu einem Angehörigen jedes Menschen im Publikum, der schon einmal in einer schwierigen und verletzenden Situation seine Würde bewahrt hat. Der Film berührte mich so, daß ich weinte. John Hurt ist ein sehr guter Schauspieler, was er schon in mehreren Rollen bewiesen hat, zum Beispiel in der Fernsehproduktion von *Ich, Claudius*, wo er wirklich brillant war. Aber *Der Elefantenmensch* war natürlich eine dankbare Rolle.

Oftmals trifft aber auch das Gegenteil zu; manchmal sind Schauspieler besonders gefordert, weil die Story schlecht geschrieben oder unrealistisch ist, und wenn sie ihre Arbeit gut machen, dann bekommen sie nicht das Lob, das sie verdienen. Viele großartige schauspielerische Leistungen bleiben unbemerkt, weil dem Publikum die Schwierigkeiten und die Mängel des Drehbuchs nicht bekannt sind.

Natürlich wenden verschiedene Schauspieler unterschiedliche Techniken an, um ihr Ziel zu erreichen. Ein Beispiel dafür ist Laurence Olivier. Nach dem Untergang des British Empire verlor England den Kontakt zu Shakespeare und den großen Traditionen des britischen Theaters – das Erbe des bedeutendsten Schriftstellers, den die Welt je gesehen hat. Aber Olivier belebte fast ohne fremde Hilfe das klassische britische Theater neu und trug dazu bei, die englische Kultur zu stabilisieren. Seine Leistungen sind bis heute konkurrenzlos geblieben, obwohl er im Old Vic natürlich die Hilfe großartiger Repertoire-Schauspieler hatte. Ich glaube, Larry hat gegen Ende seines Lebens am besten gespielt, wobei mich seine Schauspielerei häufig an Architektur denken läßt. Er gestaltete seine Rollen wunderschön, doch sie waren wie Skizzen, die mit einer Nadel in eine Kupferplatte eingraviert wurden. Er sprach jede Zeile immer auf dieselbe Art. Improvisieren war ihm verhaßt, er sagte: »Ich spiele von außen nach innen, nicht von innen nach außen.« Alles, was er tat, mußte im voraus strukturiert werden, und er hielt sich stets an die Vorgabe. Schauspieler wie ich und andere, die von Stella Adler und der russischen Schauspielschule beeinflußt sind, bereiteten ihm immer Unbehagen. Mit anderen, die traditionellere Ursprünge hatten, fühlte er sich wohl mehr verbunden. Diese Art zu spielen kann auf der Bühne sicher wirkungsvoll sein, weil das Publikum weit weg ist, aber im Film, wo die Zuschauer den Gesichtsausdruck der Schauspieler in hundertfacher Vergrößerung sehen können, wird es absurd.

Larry teilte ein Merkmal mit anderen mir bekannten britischen Schauspielern: Er wollte nicht »bagatellisieren«. In *Der Komödiant* spielte er zum Beispiel den Archie Rice, einen heruntergekommenen Cockney-Varietékünstler, aber er weigerte sich, mit Cockney-Akzent zu sprechen, selbst wenn die Rolle geradezu danach schrie. Er wollte keinen Akzent unterhalb seines eigenen Gesellschaftsniveaus verwenden; er sprach schlicht und einfach perfektes Englisch.

Man hat schon die Meinung vertreten, ich hätte wie Olivier mein Leben dem klassischen Theater widmen sollen. Hätte ich ein bedeutender Schauspieler werden wollen, dann hätte ich sicher einmal den Hamlet spielen müssen, aber dieses Ziel oder Interesse verfolgte ich nie. Ich hoffe, dem Leser, der bis an diese Stelle des Buches vorgedrungen ist, ist es inzwischen klar, daß mich der Schauspielbazillus nie erwischt hat. Ich nahm die Schauspielerei ernst, weil es mein Beruf war; ich arbeitete hart, einfach, weil ich mir auf diese Weise meinen Lebensunterhalt verdienen konnte.

Doch selbst wenn ich wirklich beschlossen hätte, mich auf die klassische Bühne zu begeben, wäre das ein Fehler gewesen. Ich verehre Shakespeare, die englische Sprache und das englische Theater, aber die Struktur der amerikanischen Kultur ist einfach nicht dafür geschaffen. Ehrgeizige Versuche, im Theater etwas wirklich Lohnendes zu produzieren, überdauern selten. Die Engländer sind das letzte englischsprachige Volk auf diesem Planeten, das seine Sprache liebt und schätzt. Es bewahrt und pflegt sie, aber Amerikaner haben nicht den Stil, die Gewandtheit, die Feinheit oder das Sprachgefühl, um aus Shakespeare einen Erfolg zu machen. Unser Publikum würde aus jedem Schauspieler, der seine Karriere ganz Shakespeare widmete, einen Almosenempfänger machen. Wir haben eine Film- und Fernsehkultur.

31

1955 übernahm ich in *Schwere Jungs und leichte Mädchen* die Rolle des Sky Masterson, ein Spieler, der sich in ein Mädchen von der Heilsarmee – im Film von Jean Simmons dargestellt – verliebt. Als mir Joe Mankiewicz, der Regisseur, die Rolle anbot, eröffnete ich ihm, daß ich weder singen könne noch je in einem Musical mitgewirkt habe. Aber er meinte, er hätte auch noch nie bei einem Musical Regie geführt, und wir sollten es einfach gemeinsam versuchen. Frank Loesser, der Komponist, der die Musik für die Broadwayshow, die als Vorlage diente, geschrieben hat, besorgte einen italienischen Gesanglehrer für mich. Nach ein paar Wochen Unterricht ging ich mit Frank ins Studio, um meine Lieder aufzunehmen, zu denen ich später im Film lippensynchron singen sollte. Im Studio traf ich bei jedem Ton meilenweit daneben, und manchmal waren es sogar ganze Welten, die dazwischenlagen. Aber die Tontechniker ließen mich die Sachen einfach immer wieder singen und stückelten dann einzelne Wörter und Töne zu einer Aufnahme zusammen, die so klang, als hätte ich durchgehend gesungen. Bei einem Stück flickten sie meinen Text derartig eng zusammen, daß ich vor der Kamera beinahe erstickt wäre, weil ich bei dem Versuch, die Lippen synchron zu bewegen, keine Luft mehr bekam. Das Publikum hat nie gemerkt, daß ich die Lieder gar nicht am Stück sang, sondern daß meine Sangeskünste nur die Summe vieler bruchstückhaft geglückter Versuche waren.

Als der Film fertig war, lockte mich Sam Goldwyn zur Premiere nach New York, indem er mir ein Auto schenkte. Ich hatte mich immer geweigert, bei Premieren anwesend zu sein, aber als er mit dem Auto ankam, fühlte ich mich verpflichtet. Mir war nicht klar, daß ihn solche Geschenke keinen Cent kosteten, weil er sie einfach zum Budget des Films hinzurechnete.

Jean Simmons und ich wurden im Plaza Hotel von einer Limousine abgeholt und zum Times Square gefahren, der von

Scheinwerfern und Blitzlichtern erleuchtet wurde. Eine riesige Menschenmenge hatte sich versammelt, und Polizisten versuchten, die Leute hinter den hölzernen Barrikaden zu halten. Als wir uns dem Kino näherten, drückte die Menge plötzlich nach vorne, durchbrach die Absperrungen und attackierte die Limousine wie eine Horde mongolischer Krieger. Sie schrien hysterisch, drängten sich um das Auto und drückten sich Nase und Wangen an den Fenstern platt, bis sie aussahen wie Kitt, der im Ofen weich geworden war. Ein Mädchen wurde von den Leuten hinter ihm so massiv gegen das Auto gedrückt, daß sie mit dem Kopf durch ein Seitenfenster krachte, wodurch der Fahrer in Panik geriet, aufs Gas trat und beinahe eine Gruppe Teenager überfahren hätte. Schließlich kämpfte sich berittene Polizei durch das Gewühl, um einen Weg freizumachen, aber es waren immer noch so viele Leute, daß wir auf der anderen Straßenseite, gegenüber vom Kino, anhalten mußten.

Wir waren mindestens fünfzig Meter von der Ziellinie entfernt und fragten uns, wie wir den restlichen Weg wohl schaffen könnten. Da kamen sechs starke Polizisten zum Auto, öffneten die Tür, packten Jean, hoben sie hoch und trugen sie ins Kino. Dann kam ich dran: Sechs weitere Polizisten nahmen mich, hoben mich hoch und walzten mit mir in Richtung Kino. Es war so ein Gebrüll, daß ich überhaupt nichts hören konnte. Ein Polizist hielt mich an einem Arm, ein anderer schob sich unter meine Schulter, und die anderen griffen sich meine Füße. Zentimeterweise bewegten wir uns durch die Menge, und bald zwickten mich Hände von allen Seiten und begrapschten meine Leistengegend. Dann erwischte jemand meine Krawatte und hielt sich daran fest, aber die Polizisten merkten es nicht und kämpften sich weiter durch die Menge wie ein paar Zugpferde, die eine Extraportion Futter bekommen hatten. Mir wurde immer banger zumute. Ich konnte nicht schreien, weil mir die Krawatte die Luft abschnürte, und selbst wenn ich geschrien hätte, hätten mich die Polizisten wegen des Lärms gar nicht hören können.

Schließlich gewannen die Polizisten das Tauziehen, und der Mann an meiner Krawatte gab auf. Sie trugen mich in die Lobby, wo ich mich zitternd auf die Treppe setzte und murmelte: »Herrgott, was mach' ich hier eigentlich?«

Ich wischte mir über die Stirn und merkte dabei, daß ich ein Blatt Papier in der Hand hielt. Ich faltete es auf und sah, daß es eine Vorladung war, mit meinem Namen darauf. Ich sollte als Zeuge in einem Prozeß gegen Sam Spiegel aussagen, der von jemandem verklagt worden war, weil dieser sich um sein Honorar für *Die Faust im Nacken* betrogen fühlte. Den Zustellbeamten hätte ich wirklich gerne kennengelernt. Wie er mir bei dem Gewühl die Vorladung in die Hand drücken konnte, werde ich wohl nie erfahren.

Ich war stets fasziniert von den Mechanismen der menschlichen Natur, durch die sich Menschenmengen in wilde Horden verwandeln können. Die hungrigen, verklärten Augen, die uns durch die Autofenster angeblickt hatten, zeugten von der Trance, in der sich die Leute befanden. Sie waren zu hilflosen Robotern geworden, die sich zur Melodie einer Zauberflöte bewegten. Etwas ganz Ähnliches passierte ein paar Jahre früher Frank Sinatra, als ihm massenweise junge Mädchen zu Füßen lagen, und zehn Jahre später sollten es die Beatles sein, die eine andere Generation hypnotisierten. Berühmtheiten einer bestimmten Art werden aus irgendeinem Grund wie Erlöser behandelt, ob es ihnen paßt oder nicht; die Menschen konservieren sie in Mythen, die ihre tiefsten Sehnsüchte und Bedürfnisse widerspiegeln. Ich finde es lächerlich, daß unsere Regierung eine Briefmarke mit dem Konterfei von Elvis Presley herausgebracht hat, obwohl er an einer Überdosis gestorben ist. Seine Fans erwähnen das nie, weil sie den Mythos nicht zerstören wollen. Sie ignorieren die Tatsache, daß er drogenabhängig war, und behaupten, er hätte den Rock 'n' Roll erfunden, während er ihn in Wirklichkeit von der schwarzen Kultur übernommen hat; die Schwarzen haben schon so gesungen, bevor er auftauchte, ihre Musik kopierte und ein Star wurde.

Das Mythologisieren ist natürlich nicht auf Berühmtheiten oder politische Führungspersönlichkeiten begrenzt. Wir alle schaffen uns Mythen über unsere Freunde wie über unsere Feinde. Wir können nicht anders. Ob es nun Michael Jackson oder Richard Nixon ist, wir springen instinktiv für sie in die Bresche, weil wir nicht wollen, daß unsere Mythen angekratzt werden. Als die Watergate-Affäre aufflog, weigerten sich viele

Amerikaner, die Nixon verehrt hatten, noch jahrelang, zu glauben, was ihnen erzählt wurde. Jetzt, zwanzig Jahre später, geben sie vielleicht zu, daß er an einer Vertuschung beteiligt war, aber trotzdem behaupten sie, er sei doch gar kein so schlechter Mensch gewesen: »Klar, jeder stolpert mal im Leben, aber im großen und ganzen war er ein großartiger Präsident.« Sie weigern sich, die Lügen und Betrügereien wahrzunehmen, die zum großen Teil den Charakter dieses Mannes ausmachten, der sich selbst als einen Law-and-Order-Präsidenten betrachtete. Manche Leute kennen sogar die Aufnahmen der Bänder aus dem Oval Office, die beweisen, daß er sein Amt und das Vertrauen seiner Wähler mißbraucht hat, und verteidigen ihn immer noch, indem sie behaupten, daß auf einem Präsidenten ein übermenschlicher Druck laste und sein Verhalten irgendwie verständlich gewesen sei. Als er 1994 starb, konnte man fast meinen, er sei gerade heiliggesprochen worden, so groß war die Trauer. Es schien, als hätten die Mythen die Geschichte erfolgreich umgeschrieben.

Wir denken uns alle möglichen Entschuldigungen aus, um Mythen, die wir lieben, aufrechtzuerhalten, aber das gilt auch umgekehrt: Wenn wir jemanden nicht mögen, weigern wir uns kategorisch, unsere Meinung zu ändern, selbst wenn es Beweise gibt, die uns vom Gegenteil überzeugen könnten. Es scheint für unser Leben unerläßlich zu sein, daß wir die Guten zu Göttern und die Bösewichter zu Teufeln stilisieren.

32

Ich bereitete mich gerade auf die Gesangsrolle in *Schwere Jungs und leichte Mädchen* vor, als Elia Kazan mich einlud, ihn am Set seines neuen Filmprojekts *Jenseits von Eden* zu besuchen. Einige Monate zuvor hatte er mir angeboten, eine Rolle darin zu übernehmen. John Steinbeck hatte die Geschichte von Kain und Abel adaptiert, sie ins kalifornische Salinas Valley versetzt, und Kazan hatte Montgomery Clift und mich dazu auserkoren, die Brüder Kain und Abel zu spielen. Aber ich war beschäftigt, und Monty, glaube ich, ebenso. Statt dessen engagierte Gadg für einen der Brüder einen neuen Schauspieler namens James Dean, von dem er behauptete, daß er mich kennenlernen wolle. Bevor er uns vorstellte, erzählte mir Gadg, daß der neue Star ständig Fragen über mich stellte und ich – oder zumindest die Person, für die er mich hielt, nachdem er *Der Wilde* gesehen hatte – ihm offenbar als Vorbild für seine Schauspieltechnik und seine Lebensweise diente.

Jimmy war damals um die Zwanzig, sieben Jahre jünger als ich, und sein gewinnendes, unkompliziertes Wesen erschien mir liebenswert. Als ich ihn sah, erkannte ich in vielerlei Hinsicht den Jungen von der Farm im Mittleren Westen wieder, der plötzlich in die große Stadt verpflanzt wird, so wie es mir ergangen war, als ich nach New York kam – und auch manche der Ängste, die ich in jungen Jahren empfand, nachdem ich beinahe über Nacht zu einer Berühmtheit geworden war. Bei unserem Treffen wirkte er nervös, und er gestand, daß er nicht nur meinen Schauspielstil nachahmte, sondern auch das, was er für meinen Lebensstil hielt. Er erzählte, daß er gerade Conga-Unterricht und Motorradfahrstunden nehme, und er wollte offensichtlich, daß ich seine Arbeit lobte.

Wie ich schon bemerkt habe, macht das Talent allein noch keinen *Star* aus einem Schauspieler. Das erfordert eine Kombination aus vielen Eigenschaften: Aussehen, Persönlichkeit,

Ausstrahlung, Können. Wie Tallulah Bankhead war zum Beispiel auch Greta Garbo keine besonders gute Schauspielerin, aber sie besaß Ausstrahlung. Sie hat wahrscheinlich in jedem ihrer Filme dieselbe Figur gespielt, aber sie war schön und eine außergewöhnliche Persönlichkeit. Mickey Rooney wiederum ist ein unbesungener Held der Schauspielwelt. Er schaffte es nie bis ganz an die Spitze – er war zu klein, hatte unregelmäßige Zähne und keinen Sexappeal –, aber wie Jimmy Cagney gelang ihm so gut wie alles. Auch Chaplin gehörte zu den Besten. Doch viele wurden einfach dadurch zu Filmstars, daß sie sich selbst spielten. Ihr Aussehen und ihre Persönlichkeit waren so interessant, anziehend oder faszinierend, daß dies allein dem Publikum bereits genügte.

Für Jimmy Dean, der nur drei Filme gemacht hat, *Jenseits von Eden, Denn sie wissen nicht, was sie tun* und *Giganten*, stand alles zum Besten. Er war nicht nur auf dem Weg, ein guter Schauspieler zu werden, sondern sein Charakter und seine Ausstrahlung machten das Publikum auch neugierig. Außerdem hatte er durch sein Aussehen und eine gewisse Verwundbarkeit eine ganz besondere Anziehungskraft auf Frauen. Sie wollten sich um ihn kümmern. Er war sensibel, und nach und nach offenbarte er viele überraschende Charakterzüge. Er war weder explosiv noch dynamisch, aber die subtile Energie, die er ausstrahlte und die aus seiner Verwundbarkeit einerseits und aus seiner Unnahbarkeit andererseits resultierte, übten eine gewaltige Wirkung auf das Publikum aus.

Wie vor ihm schon ich, wurde James Dean durch Zufall zu einem Symbol für die sozialen Veränderungen, die in den fünfziger Jahren stattfanden. *Denn sie wissen nicht, was sie tun* erzählt die Geschichte einer neuen verlorenen Generation, und die Reaktion darauf – wie die auf *Der Wilde* – war ein Zeichen für die Erschütterungen, die unter der Oberfläche unserer Kultur zu beben begannen. Ich nenne die Jahre, die zu dieser Periode hinführten, immer die Pomadenära. Man trug Pompadourfrisuren, und die selbstgefälligen Haltungen und Werte der Gesellschaft waren so ölig und angeklatscht wie die Frisur eines Frauenhelden. Rock 'n' Roll, die Beatles, Woodstock, die Bürgerrechtsbewegung, die Aufstände in den Ghettos und auf den

Straßen wegen der Rassendiskriminierung und wegen des Vietnamkriegs standen unmittelbar vor der Tür. Die verschiedenen Generationen und Gesellschaftsschichten entfremdeten sich einander, aber das hatte sich noch nicht offen manifestiert. Alten, überkommenen Traditionen und angesehenen Institutionen wurde zunehmend mißtraut; das soziale Gewebe wurde, egal, was da kommen sollte, durch etwas Neues ersetzt.

Weil Jimmy und ich präsent waren, als es zu den gesellschaftlichen Umbrüchen kam, wurden wir zu Symbolen dieser Veränderungen – und manchmal hielt man uns sogar für diejenigen, die diesen Entfremdungsprozeß ausgelöst hatten. Aber die allumfassende soziale Revolution hatte nichts mit uns zu tun, sondern wir waren nur deren Ausdruck; es wäre mit oder ohne uns passiert. Es waren nicht unsere Filme, die die Entstehung neuer Lebenshaltungen beschleunigten, sondern die Reaktionen des Publikums spiegelten die Veränderungen wider, die unter der Oberfläche brodelten. Es gab Leute, die aus diesem Spiegel mehr herauslasen, als darin lag. Auf diesem Weg entstehen Mythen. Sie wachsen um Berühmtheiten herum wie Rauch um Feuer. Es ist ein Prozeß, der keiner Kontrolle unterliegt und der unbewußt verläuft, bis er von jedem Besitz ergriffen hat.

Durch *Sturmhöhen* wurde Laurence Olivier zu einer Legende; mit seinem schönen Gesicht eignete er sich perfekt für die Rolle, und er spielte ausgezeichnet. Aber Emily Brontës Roman über zwei Menschen, deren Liebe unter einem Unstern steht, rührte die halbe Welt zu Tränen, und so war auch dies eine der dankbaren Rollen. Damals wußte niemand, daß der Film Olivier zu einem Idol machen und diesen durch die Art, wie die Welt danach auf ihn blickte, für den Rest seines Lebens prägen würde. Im kollektiven Gedächtnis des Publikums blieb Oliviers mythisches Bild als Heathcliff erhalten, so wie es sich an Jimmy Dean in seinem alten Mercury-Coupé beim Beschleunigungsrennen erinnert oder an mich, wie ich auf einem Motorrad davonfahre. Schauspieler können die Mythen, die sie vielleicht hervorbringen, wenn sie eine Rolle annehmen, nicht im voraus erahnen. Humphrey Bogart war ein wirkungsvoller Darsteller, aber als Schauspieler nicht gerade umwerfend. Ich bezweifle, daß er die eigentliche Aussage von *Casablanca* verstand oder auch nur einen Gedanken auf die Möglichkeit verschwendet hat, daß es ein Kultfilm werden könnte, aber diese Rolle legte die Wahrnehmung des Publikums für immer fest. Charlie Chaplin war einer der wenigen Schauspieler, die das intuitive Gespür dafür hatten, ganz bewußt einen Mythos herauszuarbeiten. Er schuf sich selbst als den »Tramp«, und dann beutete er dieses Image aus.

Je mehr die eigene Persönlichkeit einem filmischen Charakter entspricht, desto eher ist das Publikum geneigt, Dichtung und Wirklichkeit zu einem Mythos zu verschmelzen. Wahrnehmung ist alles. Ich trug Jeans nicht als irgendein Markenzeichen, sondern einfach, weil sie bequem waren. Aber weil ich in *Endstation Sehnsucht* Blue jeans und T-Shirt getragen hatte und in *Der Wilde* Motorrad gefahren war, betrachtete man mich als Rebell. Es stimmt, daß mir jegliche Art von Anpassung immer verhaßt war, weil sie Mittelmäßigkeit hervorbringt, aber die eigentliche Quelle meines rebellischen Rufs war meine Weigerung, einige der üblichen Hollywoodregeln zu befolgen. Ich wollte Hedda Hopper oder Louella Parsons keine Interviews geben, weil mir ihre Herangehensweise falsch und erniedrigend erschien. Von jedem Schauspieler wurde erwartet, den Klatschkolumnisten schönzutun, eine glückliche Miene zur Schau zu tragen, ihnen Leckerbissen aus seinem Leben aufzutischen, das Spiel mitzuspielen. Sie würden dann im Gegenzug helfen, deine Filme populär zu machen und den Kurs deiner Karriere zu bestimmen. Aber Publicity war mir nie wichtig. In meiner Anfangszeit als Schauspieler hatte ich versucht, zu Reportern offen und ehrlich zu sein, aber sie legten mir Worte in den Mund und verlegten sich auf Anzüglichkeiten, so daß ich mich irgendwann verweigerte. Ich hatte keine Lust mehr, mir immer dieselben dummen, irrelevanten Fragen stellen zu lassen und mit ansehen zu müssen, wie meine Antworten auseinandergenommen wurden. Es ging mir auf die Nerven, daß Filmstars zu Ikonen erhoben werden; Hollywood war einfach ein Ort, wo Menschen wie auch ich ihr Geld verdienten, nicht anders als in einer englischen Industriestadt oder auf einem Ölfeld in Texas.

Nachdem wir uns am Set von *Jenseits von Eden* kennengelernt hatten, rief Jimmy öfter an, um mich um Rat zu fragen oder mit mir auszugehen. Wir telefonierten miteinander oder trafen uns zufällig auf Partys, aber das war auch schon alles. Ich glaube, er betrachtete mich als eine Art großen Bruder oder Mentor, und ich habe auf ihn wohl in entsprechender Weise reagiert. Ich fühlte mich ihm verbunden, und er tat mir leid. Er war überempfindlich, und ich erkannte in seinen Augen und an der Art, wie er sich bewegte und sprach, daß er viel gelitten hatte. Er wurde von Unsicherheiten gequält, deren wahren Ursachen ich nie auf den Grund kam, obwohl er mir von seiner schweren Kindheit und den Problemen mit seinem Vater erzählte. Ich drängte ihn, Hilfe zu suchen, vielleicht eine Therapie zu machen. Ich habe keine Ahnung, ob er das je getan hat, aber ich konnte mir vorstellen, wie schwierig es für einen Jungen wie ihn war, mit dem plötzlichen Ruhm und dem Tamtam, das Hollywood um ihn veranstaltete, zurechtzukommen. Ich habe es bei Marilyn mit angesehen, und ich kannte es aus eigener Erfahrung. Bei dem Versuch, mich nachzuahmen, wollte Jimmy wohl nur mit diesen Unsicherheiten fertig werden, aber ich sagte ihm, daß das ein Fehler sei. Einmal erschien er auf einer Party, und ich sah, wie er seine Jacke auszog, sie zusammenrollte und auf den Boden warf. Mir ging auf, daß er das einmal bei mir gesehen hatte und mein Verhalten jetzt imitierte. Also nahm ich ihn beiseite und sagte: »Mach das nicht, Jimmy. Häng deine Jacke auf wie jeder andere auch. Du mußt die Jacke nicht in die Ecke schmeißen. Es ist viel leichter, sie aufzuhängen, als sie vom Boden aufzuheben.«

Ein andermal sagte ich ihm klipp und klar, daß ich es idiotisch fände, wenn er mich als Schauspieler kopierte. »Jimmy, du mußt ein eigener Mensch sein, du darfst nicht versuchen, mich zu kopieren. Arbeite deine eigenen besten Eigenschaften heraus.« Jemand anderen zu imitieren führe nur in eine Sackgasse. Im Rückblick merke ich, daß es gar nicht ungewöhnlich ist, wenn sich jemand die Gestalt eines anderen ausleiht, bis er seine eigene gefunden hat, und Jimmy ist das ebenso ergangen. Als ich ihn kennenlernte, war er noch in einer frühen Entwicklungsphase, aber als er *Giganten* drehte, versuchte er nicht mehr, mich zu imitieren. Er hatte immer noch seine Unsicherheiten, aber er war ein eigenständiger Mensch geworden. In diesem letzten Film war er unheimlich gut, die Leute identifizierten sich mit seinem Schmerz und machten ihn zu einer Kultfigur. Was für ein Schauspieler in zwanzig Jahren aus ihm geworden wäre, können wir nur raten. Ich denke, er hätte sehr bedeutend werden können. Doch er starb und wurde für immer in seinem Mythos begraben.

33

In einem verblichenen braunen Umschlag, den meine Schwestern aufbewahrt haben, sind die Reste einer längst vergangenen Romanze versammelt – und manch einer wird sich von ihr so ergriffen fühlen wie von einem Shakespeare-Stück. Es ist die Geschichte zweier Teenager, die sehr ineinander verliebt waren, und die Briefe, die sie sich schrieben, erzählen ihre Geschichte.

»Liebling«, schreibt der Junge, »ich weiß nicht, was ich tun würde, wenn Du von mir getrennt würdest. Ist Dir klar, daß Du mir alles bedeutest? Ein Junge ist beinahe zu allem fähig, mein Liebes, wenn er ein kleines Mädchen wie Dich hat, das ihm den Rücken stärkt. Mit Dir an der Seite habe ich das Gefühl, ich könnte durch die sieben Höllenfeuer gehen und doch einigermaßen unverbrannt herauskommen . . .«

»Ich liebe Dich jede Sekunde meines Lebens«, antwortete das Mädchen. »Ich liebe und verehre Dich. Es könnte nie jemand anderen auf der Welt für uns geben außer uns beide . . . Wir waren von Anfang an füreinander bestimmt. Ich habe es immer gewußt. Du wirst nie, niemals wissen, wie sehr ich Dich liebe. . . . Du bist das einzige auf der Welt, was mir am Herzen liegt. Wenn Dir irgend etwas zustieße – ich glaube, ich würde wahnsinnig werden . . .«

»Liebste, ich bin der glücklichste Mann der Welt, und ich weiß gar nicht, womit ich das alles verdient habe«, schrieb der Junge, nachdem er in Frankreich gelandet war, um dort in den Schützengräben des Ersten Weltkriegs zu kämpfen. »Ich bin so glücklich, daß Du mir gehörst, daß ich das Gefühl habe, auf Wolken zu gehen. Du bist die einzige, mit der ich mir eine Ehe vorstellen könnte, und es ist ein wundervoller Gedanke, daß Du mein bist. Wir beide werden den Rest unseres Lebens das glücklichste Paar sein, das je gelebt hat.«

»Ich brauche Dich so dringend wie die Luft und das Wasser«,

schrieb sie am Vorabend ihrer Hochzeit. »Ich liebe und verehre Dich ... Seit unserer ersten Begegnung fühle ich mich bei Dir sicher aufgehoben, wann immer ich an Dich denke. Ich weiß, was auch geschieht, Du wirst immer dasein, um mir zu helfen, und Du weißt, Liebster, ich würde die Welt für Dich in Bewegung setzen ... Ich gehöre voll und ganz Dir – und Du mir. Ich glaube, was uns betrifft, ist die Zeremonie gar nicht nötig, denn wir sind so ehrlich miteinander verheiratet wie zwei Menschen es nur sein können. Von Anfang an war es uns so bestimmt. Ich habe es immer gewußt, so wie alle anderen, die uns kennen ...«

Es gibt haufenweise solche Briefe, voller Leidenschaft und Liebe, und alle wurden von meiner Mutter und meinem Vater geschrieben.

Wie andere Dinge im Leben unterscheidet sich das, was die Menschen aus diesen Zeilen lesen, je nach ihren Erfahrungen, Werten und Vorurteilen. Mich rühren sie nicht an, aber ich habe sie gelesen, weil ich auf der Suche nach Antworten war, was in ihrem Leben falsch gelaufen ist. Ich habe beinahe sieben Jahrzehnte damit verbracht, jeden Aspekt meines Lebens zu durchforschen und die Kräfte zu verstehen, die mich zu dem gemacht haben, was ich bin. Ich erwarte zwar nicht, die endgültige Antwort zu finden, weil ich begreife, daß es unmöglich ist, sich selbst gegenüber objektiv zu sein, aber ich habe versucht, die netten, hoffnungsfrohen, leidenschaftlichen Menschen auf diesen Seiten mit meinen Eltern, wie ich sie kannte, in Einklang zu bringen – die Mutter eine Alkoholikerin, die ich liebte, die mich aber ignorierte, der Vater ein Alkoholiker, der mir psychische Qualen bereitete und meiner Mutter das Leben zur Hölle machte. Ich trauere darüber, wie jämmerlich ihr Leben verlaufen ist, während ich in ihrer Psyche nach Hinweisen suche und darüber hinaus auch in meiner.

Den Briefen entnehme ich, daß mein Vater wegen Alkoholproblemen die Universität von Nebraska verlassen mußte. Meine Mutter schrieb ihm aus dem College in New England: »Ich habe einen halben Liter Whisky mit Ginger Ale getrunken, dazu sechs Zigaretten geraucht, anschließend bin ich auf Portwein umgestiegen und dann wieder auf Whisky ... seither ist mir bloß noch schlecht ... Ich wollte mich ein einziges Mal vollaufen lassen, nur um zu sehen, wie das ist, auf gar keinen Fall aber in aller Öffentlichkeit, und zu Hause ging es ja sowieso nicht. Niemals würde ich mich betrinken wollen, wenn wir erst einmal verheiratet sind, denn schon bei der Vorstellung, Du könntest mich in meinem gestrigen Zustand sehen, würde ich mich am liebsten unter dem Bett verkriechen und den Rest meines Lebens dort bleiben. Liebster, wir wollen uns nie betrinken, niemals. Ich finde es gräßlich.«

Liegt ein Hinweis auf das Verhalten meines Vaters in dem Brief, den ihm eine seiner Tanten am Vorabend ihrer Hochzeit geschrieben hat? »Marlon«, hieß es darin, »sei *Du der Boß*. Dodie wird glücklicher sein, wenn sie jemanden hat, der ihr sagt, was sie zu tun hat, so wie es sich gehört. Glaub bloß nicht, daß es ein Akt der Liebe ist, ihr nachzugeben, das stimmt nicht . . .«

Hinweise, aber keine Antworten.

Nachdem meine Mutter New York verlassen hatte, versöhnte sie sich mit meinem Vater, und mit Hilfe der Anonymen Alkoholiker hörten sie beide auf zu trinken. Es blieben ihnen noch fast zehn Jahre zusammen. Ich kaufte ihnen eine Ranch in den Südhügeln von Nebraska. Meine Mutter nannte die Gegend ein gefrorenes Meer, denn im Winter sind die weiten, ausladenden Flächen mit großen Tüchern aus Schnee und Eis überzogen. Die Ranch war in der Nähe von Broken Bow, nicht weit von dem Ort, wo Crazy Horse umgebracht wurde, und aus Spaß nannte sie sie Penny Poke Farm. Im Mittleren Westen ist »Poke« ein Säckchen, in dem man sein Geld aufbewahrt.

Ich weiß nicht, ob sich mein Vater weiterhin als Hurenbock betätigte, was meiner Mutter zeitlebens so viel Kummer bereitet hat, aber sie liebte die Ranch, und die beiden führten irgendeine Art von gemeinsamem Leben, obwohl mir seine innere Dynamik immer verschlossen blieb. Sie gingen zu den Anonymen Alkoholikern und schlugen sich irgendwie durch, nahmen die Scherben ihres zerbrochenen Lebens und machten daraus eine Art Spiegel, der ihr Zusammensein reflektierte und ihnen erlaubte, ohne Alkohol zu leben.

Als meine Mutter 1953 während einer Mexikoreise mit meinem Vater ernsthaft erkrankte, wurde sie nach Kalifornien gebracht. Als sie starb, saß ich im Krankenhaus an ihrem Bett und hielt ihr die Hand. Sie war erst fünfundfünfzig. Nachdem sie die Augen für immer geschlossen hatte, nahm ich mir eine Locke von ihr, das Kissen, auf dem sie gestorben war, und einen wunderschönen Aquamarinring von ihrem Finger und ging hinaus. Es war ein Frühlingsmorgen in Pasadena, etwa fünf Uhr morgens, und alles in der Natur schien von ihrem Geist erfüllt zu sein: die Vögel, die Blätter, die Blumen und besonders der Wind – alles schien ihn widerzuspiegeln. Von ihr hatte ich die Liebe zur Natur und den Tieren, dem Nachthimmel und die Nähe zur Erde. Ich hatte das Gefühl, sie sei bei mir, außerhalb des Krankenhauses, und das half mir über den Verlust hinweg. Sie war nicht mehr da, aber ich spürte, daß sie sich in alles verwandelt hatte, worin sich die Natur offenbarte, und daß es ihr gutging. Plötzlich hatte ich die Vision von einem großen Vogel, der in die Luft aufsteigt, immer höher und höher, und ich hörte die Musik von Ferd Grofes *Mississippi Suite*. Heute höre ich diese Musik oft und stelle mir immer dasselbe dabei vor, einen majestätischen Vogel, der, von warmen Aufwinden getragen, höher und höher an einem großen Felsen vorbeigleitet.

Den Ring meiner Mutter trage ich immer bei mir. Noch lange nach ihrem Tod schimmerte der Stein mit voller Farbkraft, war üppig mit tiefen und noch tieferen Blautönen pigmentiert, aber in letzter Zeit ist mir aufgefallen, daß die Farben verblassen. Jedes Jahr werden sie schwächer, und jetzt ist der Stein nicht mehr blau, sondern zeigt ein nebliges, dunstiges Grau. Ich weiß auch nicht, warum.

34

In der Lebensmitte kam ich in eine Krise. Ich verbrachte viel Zeit mit der Suche nach einer Aufgabe, die meinem Dasein mehr Sinn hätte geben können. Elia Kazan behauptet, ich hätte einmal gesagt: »Da bin ich, ein alternder Versager, dem die Haare ausgehen, und ich komme mir vor wie ein Betrüger, wenn ich eine Rolle spiele. Ich habe alles versucht – vögeln, saufen, arbeiten –, aber nichts davon bedeutet etwas.« Ich kann mich nicht erinnern, das gesagt zu haben, aber es ist schon möglich. Bei dem Ausmaß an Vorurteilen, Rassendiskriminierung, Ungerechtigkeit, Haß, Armut, Hunger und Leid in der Welt scheint es zunehmend dumm und unbedeutend, Filme zu machen, und das gab mir damals das Gefühl, alles in meiner Macht Stehende tun zu müssen, um die Welt zu verbessern.

Diese Jahre waren von einem philosophischen Dilemma geprägt: Wenn ich nicht meines Bruders Hüter bin, wer bin ich dann? Wo sind die Grenzen zwischen dem, was mir gehört, und dem, was des Kaisers ist? Wo endet mein Leben und wo fängt meine Verantwortung gegenüber anderen an?

Lange Zeit verspürte ich den Drang, mich in einen Krieg gegen das, was ich als soziale Ungerechtigkeit und politische Scheinheiligkeit empfand, hineinziehen zu lassen. Jetzt, wo ich älter bin, habe ich Abstand gewonnen zu meinen damaligen Gefühlen, aber das war auch eine andere Zeit damals. Den Großteil meines Lebens war es reizvoll und bequem für mich, die Welt schwarzweiß zu sehen; es ist immer leichter, sich auf eine von nur zwei Seiten zu schlagen. So wie damals, als ich die jüdischen Terroristen unterstützte, die unschuldige Palästinenser töteten, weil sie den Staat Israel gründen wollten. Da glaubte ich, es gebe bei allem nur ein »Richtig« und ein »Falsch« und nichts dazwischen. Ich wollte sichergehen, immer auf der richtigen Seite zu sein. Es gab gute und schlechte Menschen, und die schlechten waren meine Feinde. Dem menschlichen Geist fällt es schwer, mit Grauzonen umzugehen. Es ist viel bequemer zu sagen: »Diese Leute sind böse«, »Das ist schlecht« oder »Das ist gut«. Mit zunehmendem Alter habe ich begriffen, daß nichts durch und durch gut oder schlecht ist und jede Handlung eines Menschen das Produkt seines Erbes, seiner Perspektive, seiner Gene und seiner Erfahrungen ist. Ich glaube, ein grundlegendes Manko unseres Gerechtigkeitsdenkens ist die Tatsache, daß es auf dem jüdisch-christlichen Glauben basiert, der die Welt in Schuldige und Unschuldige einteilt. Kein Kind wird böse geboren. Die Menschen kommen vielleicht mit der einen oder anderen genetischen Disposition zur Welt – sie haben einen gewissen Intelligenzgrad, ein besonderes Talent, eine hervorstechende Charaktereigenschaft, eine körperliche Fähigkeit –, aber ansonsten sind sie nackt, wenn sie in die Welt eintreten. Das Wort »böse« zu gebrauchen, ist eine bequeme Art, einen Feind abzustempeln. Ich habe immer gesagt, daß Roy Cohn, oberster Handlanger bei McCarthys Bemühungen, die Gesellschaft zur Ader zu lassen, für mich mehr als alle anderen das Böse personifizierte. Aber ich weiß nicht, welche Kräfte ihn dazu veranlaßt haben. Mittlerweile bin ich nachsichtiger, aber das hat viele Jahre gedauert. Manchmal verspüre ich immer noch Haß- und Rachegefühle, doch dann wird mir klar, daß das Kraftverschwendung ist und daß ich mit den Jahren, die mir noch bleiben, etwas Besseres anfangen kann.

Aber in früheren Jahren stürzte ich mich oft auf das, was die Zeitungen »Fall« nennen. Was mich am meisten mitnahm, war das Leiden von Kindern. Ich konnte einfach nicht verstehen, wie die Welt so viele Kinder verhungern lassen kann. Ich konnte auch nicht ruhig bleiben, wenn ich sah, wie die Starken die Schwachen ausbeuteten. Man stempelte mich ab als beinharten Liberalen und druckte Klischees wie »Brando verteidigt die Unterprivilegierten«. Ich wehrte mich gegen Worte wie »militant«, »radikal« und »liberal«, weil komplexe Haltungen damit ungerechtfertigterweise vereinfacht und verfälscht werden. Doch in Anbetracht der angeborenen menschlichen Schwäche, alles am liebsten in Schwarz und Weiß einzuteilen, kann ich verstehen, wie einige der Dinge, die ich in der Mitte meines

Lebens getan habe, in manchen Köpfen solche Bilder entstehen ließen.

Als ich auf die Idee kam, Geistlicher zu werden, lag das nicht daran, daß ich besonders religiös war – jedenfalls in einem anderen Sinn als dem, unerschöpfliche Ehrfurcht und Respekt vor der Natur zu haben –, sondern ich dachte, es könnte meinem Leben mehr Zielgerichtetheit geben. Ich spielte eine Zeitlang mit dieser Idee, aber am Ende war sie nicht stark genug, um wirklich umgesetzt zu werden. Vielleicht lag der Grund auch in meinem Interesse an den Vereinten Nationen, die ich eine Weile als unsere letzte Hoffnung für Frieden, soziale Verantwortung und eine gerechtere Verteilung der Ressourcen dieser Erde ansah. Das erste Mal in der Geschichte arbeiteten Menschen unterschiedlicher Nationen zusammen – Menschen verschiedener Hautfarbe, Religionen und Philosophien –, und das taten sie für das Allgemeinwohl. Ich war beeindruckt von dem, was ich über das Entwicklungshilfekonzept der UNO las. Sie wollten den Armen das Know-how und die Geräte geben, damit sie sich selbst ernähren konnten, wollten Arbeitsplätze schaffen und Industrien entwickeln. Ich stellte mich freiwillig zur Verfügung, das Kinderhilfsprogramm der UNO zu unterstützen – weil sie versuchten, Millionen hungernder Kinder in der ganzen Welt satt zu machen. Ich wurde eine Art Botschafter, predigte eine andere Religion: daß, allem voran, die Welt ihren Kindern ein anständiges Leben schuldet. Ich drehte Fernsehspots für die UNICEF und reiste in Dutzende von Ländern, hielt dort Pressekonferenzen zur Wichtigkeit dieser Institution ab und stellte Shows auf die Beine, um Geld heranzuschaffen. Ich beschloß auch, einen Film über die UNO zu drehen. Ich war so töricht und eitel zu denken, daß ich durch meine Erfahrungen beim Film etwas verändern könnte, daß ich die allgemeine Aufmerksamkeit auf die Verzweiflung und die Qualen lenken könnte, die so viele Kinder erleiden mußten. Im Frühjahr 1955 gründete ich meine eigene Filmproduktionsgesellschaft – Pennebaker Productions, nach dem Mädchennamen meiner Mutter – mit drei Zielen: Filme zu machen, die das Gute in der Welt vorantrieben, meinem Vater einen Arbeitsplatz zu verschaffen, der ihn auch nach dem Tod meiner Mutter beschäftigen würde, und außerdem noch, um Steuern zu sparen. Mein Vater beklagte sich ständig, daß die Steuern achtzig Prozent meines Verdienstes auffraßen, und durch die Gründung einer eigenen Gesellschaft könnte ich dies um einiges einschränken und außerdem Rücklagen für das Alter schaffen.

Wie schon gesagt, bekam ich für *Endstation Sehnsucht* fünfhundertfünfzig Dollar die Woche und später mehr, und ich hatte ihm beinahe die gesamte Summe anvertraut, damit er sie anlegen konnte. Mir war es wichtig, einen vollen Bauch und ein Dach über dem Kopf zu haben und für meine Familie und die Menschen, die ich liebte, sorgen zu können, doch darüber hinaus war Geld nie wichtig für mich. Mein Vater legte es an, aber wie die meisten Geizkragen war er ein schlechter Geschäftsmann und verlor alles. Heute wäre das Ganze ungefähr zwanzig Millionen Dollar wert. Manches davon hatte er fehlinvestiert, in Rinder und vor allem in aufgegebene Goldminen. Ein gerissener Geschäftsmann hatte ihm eingeredet, daß mit denen ein Vermögen zu machen wäre. Man müsse nur das Golderz aus den Resten gewinnen, die frühere Generationen von Goldsuchern zurückgelassen hatten. Mein Dad arbeitete »im großen Stil«; nachdem er mein gesamtes Geld investiert hatte, stellte er fest, daß der Goldpreis viel zu niedrig war, als daß sich die Ausbeutung der Minen lohnen würde, und so verlor ich alles. Lange Zeit verheimlichte er mir das und wollte nicht zugeben, was er getan hatte. Und als er es schließlich doch zugab, schob er die Schuld auf andere.

35

Um einen Film über die Entwicklungshilfe der UNO in Asien zu finanzieren, übernahm ich eine Rolle in *Das kleine Teehaus,* einem Film nach dem großartigen Theaterstück von John Patrick, das wiederum auf einem Roman von Vern J. Sneider basierte. Auf dem Weg nach Tokio zu den Filmaufnahmen im Frühjahr 1956 machte ich einen Abstecher nach Südostasien, um Ideen für eine Story zu finden, und besuchte unter anderem die Philippinen, Thailand und Indonesien. Die Bemühungen industrialisierter Länder, ärmeren Ländern beim Aufbau ihrer Wirtschaft zu helfen, hatte ich aus der Ferne immer bewundert, und ich war der Meinung, daß die Welt genauso funktionieren sollte. Aber was ich vorfand, war etwas völlig anderes. Auch wenn der Kolonialismus im Untergang begriffen war, beuteten die industrialisierten Länder nach wie vor ihre ehemaligen Kolonien aus. Entwicklungshilfe wurde in den meisten Fällen nur gewährt, um die eigenen politischen Ziele durchzusetzen. Die meisten Leute aus dem Westen machten sich nie die Mühe, die Sprache der asiatischen Länder zu lernen, lebten in einer hermetisch abgeriegelten Welt aus Villen, Dienern, Bourbon, klimatisierten Büros, Spesenpartys und Countryclubs nur für Weiße. Viele der UNO-Angestellten, die ich kennenlernte, waren arrogant, herablassend und fühlten sich auf ihre selbstgefällige Art den anderen überlegen. Weil wir mehr Fernseher und Autos hatten, waren sie offensichtlich von der Unfehlbarkeit unseres Systems überzeugt und glaubten, die gottgegebene Mission zu haben, unseren Lebensstil den anderen aufzuzwingen. Mit den Umgangsformen der diplomatischen Welt und der Scheinheiligkeit der amerikanischen Außenpolitik war ich damals noch nicht vertraut, aber ich merkte, daß viele der politischen Führer, die wir in diesen Ländern unterstützten, nur auf ihr eigenes Wohl bedacht waren. Sie wohnten in Palästen, während ihr Volk in Hütten lebte.

Die Reise führte schließlich zu dem Entwurf eines Drehbuchs über das UNO-Hilfsprogramm mit dem Titel *Ein Tiger auf einem Drachen*, das nie realisiert wurde, aus dem später aber *Der häßliche Amerikaner* werden sollte.

Solche Reisen unternehmen zu können, gehörte zu den reizvollsten Seiten meines Berufs. Die Gelegenheiten, Menschen kennenzulernen, die ich sonst nie getroffen hätte, und Kulturen zu erleben, in die mir der Einblick normalerweise verwehrt geblieben wäre, wogen einige der negativen Aspekte des Schauspielerberufs auf. Besonders gerne erinnere ich mich an einen Besuch in Bali während dieser Reise. Es war lange bevor die Touristenmassen die Insel heimsuchten, sie besaß noch eine süße Unschuld. Ich begegnete Handwerkern und Künstlern, die den ganzen Tag über in den Reisfeldern arbeiteten, dann nach Hause kamen, im Fluß schwammen und Tanzunterricht gaben oder mit Liebe an ihren Kunstwerken arbeiteten, und sie schienen ein wunderbares Leben zu führen. Bevor die Touristen ihre Kultur besudelten, liefen die Balinesierinnen mit nacktem Oberkörper herum, auch wenn sie sich aus Höflichkeit bedeckten, wenn man ihnen auf der Straße begegnete – nicht daß sie dachten, es sei etwas dabei, barbusig herumzulaufen, sondern um Respekt zu zeigen. Sie hatten schöne Körper, und ich versuchte ständig, sie zu einer weniger respektvollen Haltung zu überreden. In einem Bach zu sitzen, die Füße auf einen Felsblock gestützt, während mir das Wasser über die Schultern spritzte, oder einer Gruppe balinesischer Frauen beim Baden am Fluß zuzusehen, etwas Schöneres konnte ich mir im Leben nicht vorstellen. Ich lernte einen Matrosen kennen, der in Bali heimlich abgeheuert und beschlossen hatte, den Rest seines Lebens hier zu verbringen. Ich konnte ihn gut verstehen. Er hatte gelernt, Balinesisch zu radebrechen, und lebte mit zwei schönen, zimtfarbenen Mädchen zusammen. Als Schiffszimmermann hatte er gelernt, mit Holz zu arbeiten, und so verdiente er sich jetzt sein Geld damit, Instrumente für die Orchester zu bauen, die den *Legong* begleiteten, einen balinesischen Tanz, bei dem die Tänzer sämtliche Körperteile bewegen, von den Augenbrauen bis zu den Zehen. Ich fand, daß er ein wunderbares Leben führte, auch wenn er mir gestand, ein Problem zu haben: Er hatte Schwierigkeiten damit, seine Freundinnen zu befriedigen. Er bat mich darum, ihm Testosteron zu schikken, wenn ich wieder zu Hause wäre, und diesen Wunsch erfüllte ich ihm auch.

In *Das Kleine Teehaus* spielte ich einen Okinawa-Übersetzer namens Sakini, der den Großteil des Films damit verbringt, sich mit Glenn Ford anzulegen, einem amerikanischen Armeeoffizier, der damit betraut war, der Insel die Demokratie und die freie Marktwirtschaft zu bescheren. Das Broadwaystück, in dem David Wayne einen glänzenden Sakini gespielt hat, war eine feinsinnige, amüsante Gesellschaftskomödie vor dem Hintergrund des harten Aufeinanderprallens zweier Kulturen. Wie gesagt, ein gutgeschriebenes Stück ist für einen Schauspieler eine dankbare Aufgabe, aber im *Teehaus* zeigten Glenn Ford und ich, wie leicht Schauspieler ein gutes Stück oder einen guten Film ruinieren können, wenn sie so sehr mit sich selbst und ihrer Darbietung beschäftigt sind, daß sie nicht zusammenspielen. Es war ein fürchterlicher Film, und ich war eine Fehlbesetzung.

Dennoch genoß ich es, wieder mit Louis Calhern zusammenzuarbeiten, den ich von *Julius Cäsar* her kannte. Er war ein imposanter, stark trinkender, in die Jahre gekommener Schauspieler mit einem klassischen Profil. Er war mit allen Wassern gewaschen, hatte so gut wie jede Rolle am Broadway gespielt und steckte voller Geschichten aus dem Theater. Er erzählte mir von seinen Vorbereitungen auf die Premiere eines neuen Stücks. Die Produzenten hatten solche Angst davor, daß er bei der Premiere nicht nüchtern sein würde, daß sie ihn in ein Zimmer im dritten Stock des Lambs Club, das ist der Schauspielerclub in New York, sperrten. Als sie gegangen waren, blickte er aus dem Fenster und sah unten einen Kellner des Clubs vorbeigehen. Er rief ihn, ließ einen Zwanzigdollarschein auf den Gehsteig flattern und bat darum, ihm eine Flasche Whisky und einen Strohhalm heraufzubringen. Als der Mann an die verschlossene Zimmertür klopfte, sagte Louis: »Stecken Sie den Strohhalm durchs Schlüsselloch und das andere Ende in die Flasche.«

Er leerte die Flasche mit dem Strohhalm und war bald betrunken. Als die Produzenten, die ihn gefilzt und das Zimmer nach Schnaps durchsucht hatten, bevor sie ihn einsperrten, kamen, um ihn abzuholen, trauten sie ihren Augen nicht. Louis sagte, sie hätten nie herausbekommen, wie er an den Schnaps gekommen sei. Es glich einem dieser englischen Rätsel, wo im Wohnzimmer eine Leiche gefunden wird, aber alle Türen und Fenster sind von innen verschlossen. Am Abend der Premiere bekam er jedoch hervorragende Kritiken. Er war ein fröhlicher Trinker, voller Lachen und Späße, doch ein unglücklicher, einsamer Mann. Seine Frau hatte ihn gerade verlassen, und das war ein schwerer Schlag für ihn. Er litt sehr darunter und trank deshalb noch mehr. Ein paar Wochen nach unserer Ankunft in Tokio erlitt er einen Herzanfall, aber er starb glücklich und mit einem Lachen auf den Lippen.

Irgend jemand beschloß, Louis kirchlich bestatten zu lassen, und wählte eine katholische Kirche mit Holzsitzen, Kniebänken, Tatamimatten auf dem Boden und ohne Heizung. Es war eiskalt, als wir hintereinander hereinkamen, kurioserweise in der Reihenfolge unseres Auftretens im Film. Die Totenrede hielt Glenn, und er verwendete seine ganze Schauspielkunst darauf; überschwenglich beklagte er, wie sehr er Louis vermisse, blickte mit zitterndem Kinn gen Himmel und schien Calhern persönlich anzusprechen, als sei er bereits dort oben. Währenddessen gab uns der Priester Zeichen zum Aufstehen, Hinsetzen, Niederknien, Aufstehen und wieder Niederknien. Für Nichtkatholiken ist das sehr verwirrend, so auf- und niederzugehen wie eine Reihe von Expreßaufzügen. Ich merkte, wie sich Glenn mit schmerzverzogener Miene die Knie rieb, und als der Priester uns das nächste Mal das Zeichen zum Hinknien gab, antwortete er ihm mit angewidertem Blick und einem unterdrückten ärgerlichen Brummen. Zuerst wollte er sich gar nicht niederknien, dann ging er erst halb in die Knie, dann doch ganz, und aus irgendeinem Grund fand ich das wahnsinnig lustig und mußte lachen. Die Leute drehten sich nach mir um, also versuchte ich, das Gelächter so wirken zu lassen, als sei es Ausdruck erstickter, tränenreicher Trauer. Ein anhaltender, ernster Lachanfall, der einem völlig den Wind aus den Segeln nehmen kann und die Brustmuskulatur fast zum Platzen bringt, hatte mich in seiner Gewalt. Daß mir das ausgerechnet auf einer Beerdigung passieren mußte, machte mich nur noch hysterischer. Glenn blickte überrascht zu mir herüber und schien zu denken: »O Gott, er empfindet sicher viel mehr Trauer als ich«, und das brachte mich nur noch mehr zum Lachen. Es war ein Alptraum, und ich konnte das Ende der Messe kaum erwarten. Aber anschließend kam der Priester zu mir, weil er glaubte, die Trauer hätte mich völlig außer Gefecht gesetzt, und er schlug vor: »Mein Sohn, laß uns ins Pfarrhaus gehen, damit wir uns noch persönlich mit Louis' Geist unterhalten können.« Man mußte ihm folgen, alles andere wäre respektlos gewesen. Wir beteten dort also noch weiter, und ich konnte die ganze Zeit nicht aufhören zu lachen. Auf der Fahrt zurück zum Hotel drückte mir jeder, sogar Glenn Ford, sein Mitgefühl aus.

Louis' Rollen wurden nach seinem Tod mit Paul Ford, einem sehr lustigen Schauspieler, neu besetzt. Aber der Regisseur Danny Mann, Glenn und ich ruinierten den Film. Am ersten Drehtag merkte ich, daß Glenn glaubte, er könne allen meisterhaft die Schau stehlen. Er wollte nicht von links gefilmt werden, weil er das für seine »schlechte Seite« hielt. Vor jedem Dreh kam er ganz früh an den Set und richtete sich in der von ihm gewünschten Position ein, so daß die Kamera ihn von der rechten Seite aufnehmen mußte; nachdem wir dann unsere Plätze eingenommen hatten, ging er immer ein, zwei Schritte zurück, so daß die Kamera gezwungen war, ihm zu folgen, bis schließlich sein ganzes Gesicht zu sehen war, während andere Schauspieler sich umdrehen mußten und damit drei Viertel ihres Gesichts »verloren«. Manchmal fuchtelte er vor meinem Gesicht herum oder machte eine schnelle Bewegung, wenn ich meinen Text sprach, um die Blicke des Publikums auf sich zu lenken; oder er fing an zu stottern, um die Aufmerksamkeit für sich zu gewinnen.

Mir war klar, was Glenn da machte, aber ich glaube, er begriff nicht, wie durchsichtig sein Verhalten war. Mir waren schon früher hin und wieder Schauspieler untergekommen, die versuchten, die Kamera in Beschlag zu nehmen, aber von seinem Kaliber hatte ich noch niemanden erlebt. Ich war mit diesen

Methoden ebenso vertraut wie er, sie sind nun wirklich kein Geheimnis. Viele Schauspieler versuchen es und manipulieren das Publikum. Olivia de Havilland hatte den großartigen Trick, so tief zu atmen, daß ihre Brüste an- und abschwollen; in solchen Fällen machte sie mit den anderen Schauspielern kurzen Prozeß, weil das Publikum – zumindest der männliche Teil und mindestens die Hälfte des weiblichen – mit der Bewegung ihrer Brüste beschäftigt war. Aber Ford brachte diese Tricks zur Vollendung, und selbst bei dieser fragilen Geschichte, die von uns beiden äußerste Sensibilität im Zusammenspiel abverlangte, war seine Eitelkeit ungebremst.

Am Anfang versuchte ich noch, Glenn zu versichern, daß ich seinen Status keineswegs in Frage stellen wollte, und in mehreren Szenen drehte ich mich auch zu drei Vierteln um, so daß die Kamera sein Gesicht ganz in den Bildausschnitt bekam. Ich wollte ihm zeigen, daß wir keine Gegner waren, aber er setzte seine Sperenzchen fort. Immer wenn wir für eine Einstellung unsere Positionen eingenommen hatten, ging er kurz vor dem Moment, in dem die Kamera zu laufen anfing, ein paar Schritte zurück, so daß ich den Kopf drehen mußte, um ihn anzusehen, während er in den Hintergrund trat. Der Ausschnitt der Kamera hatte mein Gesicht zunächst voll und dann im Profil, und Glenn dachte offenbar, daß mir das nicht bewußt sei. Aber irgendwann reichte es mir, und beim nächstenmal folgte ich ihm einfach über die Bühne. Wenn er zurückging, bewegte ich mich auf ihn zu; er tat es wieder, und ich bewegte mich wieder ein paar Zentimeter vor; das ging immer so weiter, so daß wir uns Zentimeter für Zentimeter über die Bühne schoben wie zwei Tangotänzer. Schließlich brüllte der Kameramann: »Halt! Ich kann die Schärfe nicht mehr ziehen! Ihr seid unscharf!« Ich kam zu dem Schluß, daß da Hopfen und Malz verloren und der Film nicht mehr zu retten war. Es war eine gefühlvolle Komödie, aber unser Zweikampf machte sie zunichte. Danny Mann führte Regie, und ich hielt das nicht für einen seiner besten Versuche. Ganz abgesehen von allem anderen fühlte ich mich als Komiker nicht geeignet; David Wayne hätte auch die Filmrolle spielen sollen.

Aber da der Film sowieso verloren war, beschloß ich, mich ein bißchen auf Glenns Kosten zu amüsieren. Ich sorgte dafür, daß ich immer vor ihm am Set war, und nahm dann eine Position ein, bei der er von der linken Seite aufgenommen werden mußte. Ich fing an, ihm bei seinem Text hineinzureden und mich bei meinem zu versprechen, wenn er eine große Szene hatte, und versuchte ihn ganz allgemein aus der Ruhe zu bringen. Wenn ein Schauspieler eine lange Einstellung hat, kann er keine Unruhe gebrauchen. Vor einer seiner großen Reden an eine Gruppe Okinawas holte ich mir von der Requisite eine Fliegenpatsche und verfolgte im Hintergrund imaginäre Fliegen, erwischte manchmal eine, und während seiner Nahaufnahmen steckte ich den Kopf ins Bild und verschwand wieder, als sei ich auf der Suche nach einer Fliege.

Glenn sah mich an wie vom Blitz getroffen. Er wußte nicht, was er davon halten sollte, weil ich ihn mit seinen Tricks am Anfang hatte davonkommen lassen, er verstand nicht, was in mich gefahren war. Ich hatte einfach Lust, ihn fertigzumachen, während er mich weiter für zu dumm hielt, um seine Taktik zu durchschauen. Das machte es nur noch lustiger, ihn am Set und außerhalb auflaufen zu lassen. Mit dem Essen war er äußerst geizig. An einem der Drehorte teilten wir uns eine Garderobe, in der er eine Schachtel mit Süßigkeiten und Gebäck aufbewahrte, das er an einer Armeestation gekauft hatte, und davon gab er nur ungern etwas ab. Einmal sah ich, wie er eine Packung Kekse in unserem Zimmer versteckte, und ich klaute ein paar. Als er herausfand, daß einige seiner Kekse fehlten, stürmte er aus dem Zimmer und beschuldigte japanische Kinder aus der Nachbarschaft, die sich bei uns herumtrieben und kaum sechzig Zentimeter groß waren. Er schrie sie an: »Keine Kekse! Keine Kekse! Ihr sollt keine Kekse essen! Nicht da reingehen!«

Es gefiel mir nicht, wie er die Kinder behandelte, und ich fand, er hätte ihnen die Kekse besser schenken sollen, denn damals gab es nicht allzu viele Süßigkeiten. Später an diesem Tag stahl ich ihm noch einmal Kekse, warf welche auf den Boden und trat darauf herum. Als er hereinkam und die Krümel sah, ging er in die Luft. Die Kekse müssen ungefähr ein Dollar fünfundfünfzig gekostet haben, aber er bekam eine Mordswut und verlangte, daß die Produzenten Wachen vor unserer Garderobe aufstellten, worauf natürlich eine Menge Witze über die »Kekswächter« gerissen wurden.

Als er weitere Kekse entdeckte, die zertreten waren, fragte mich Glenn, ob ich etwas darüber wisse, aber ich versicherte ihm völlig glaubhaft, daß mir das Ganze ein absolutes Rätsel sei. Er überlegte krampfhaft, wie diese Kinder es wohl geschafft haben mochten, an den Wachen im Wohnwagen vorbeizukommen.

Er erfuhr es nie. Für ihn war es wie eines dieser englischen Gesellschaftsrätsel, wie Louis Calherns Geschichte mit dem Whisky und dem Strohhalm.

36

Ich habe mir oft überlegt, was aus mir geworden wäre, wenn ich nicht die Schauspielerlaufbahn eingeschlagen hätte: Bestimmt wäre ich als Betrüger im Gefängnis gelandet. Vielleicht wäre ich auch dem Wahnsinn verfallen. Die Schauspielerei erlaubte mir den Luxus, Tausende von Dollars in Psychoanalytiker zu investieren, von denen die meisten nichts anderes taten als mich davon zu überzeugen, daß die Analytiker – vor allem die in New York und Beverly Hills – selbst ein bißchen durchgedreht sind und es darüber hinaus nur auf das Geld ihrer Patienten abgesehen haben. In Wahrheit verschlimmern sie nur die psychischen Probleme ihrer Patienten. Jedenfalls wäre aus mir bestimmt ein guter Betrüger geworden, ich kann perfekt lügen und die Dinge so hindrehen, daß sie mir in den Kram passen. Dabei vermittle ich den Eindruck, es sei mir völlig ernst. Ein guter Betrüger kann jeden hereinlegen, aber zuallererst legt er sich selbst herein. Damals, als ich mit der Idee spielte, Priester zu werden, dachte ich mir, daß es dieselben Talente sind, die einen guten Wanderprediger und einen guten Betrüger ausmachen.

Durch das Glück, ein erfolgreicher Schauspieler zu sein, hatte ich auch Zeit im Überfluß. Ich mußte nur einen Film pro Jahr machen, was höchstens drei Monate in Anspruch nahm, und das brachte mir soviel ein, daß ich mir keine Sorgen machen mußte, bis zu dem Tag, an dem jeweils mein Manager anrief und sagte: »Wir müssen am Ende des Jahres deine Steuern zahlen, du solltest lieber noch einen Film machen.« Wenn es soweit war, habe ich mich umgesehen und irgendeine Gelegenheit wahrgenommen.

Nach *Das kleine Teehaus* drängte mich mein Vater zu einem weiteren Film. Er hielt sich für meinen Manager, obwohl ich ihn nur angestellt hatte, damit ihm nach dem Tod meiner Mutter ein

Büro zur Verfügung stand. Er sagte, daß Pennebaker Productions in ernsten finanziellen Schwierigkeiten steckten. Wie immer war er nur mit Geld beschäftigt. Er beklagte sich, daß ich zuviel für den UNO-Film und einen geplanten Western ausgab, und er behauptete, daß ein Freund, den ich ebenfalls bei Pennebaker eingestellt hatte, mich ausbeute. Wenn ich nicht bald einen Film machte, dann bekäme ich Schwierigkeiten mit dem Finanzamt, und er drängte mich, bei einem Film mitzuwirken, der auf einem Roman von James A. Michener basierte. Joshua Logan wollte Regie führen, und Warner Brothers (mit dem Produzenten William Goetz) hatten angeboten, den Film gemeinsam mit Pennebaker zu finanzieren. Ich las *Sayonara*, den Roman. Die Handlung war im Nachkriegsjapan angesiedelt. Der Text warf interessante Fragen über zwischenmenschliche Beziehungen auf, wie ich fand, aber das Drehbuch gefiel mir nicht. Im Skript und im Roman verliebt sich der amerikanische Luftwaffenpilot Major Lloyd Gruver – die Figur, die ich nach Logans Wunsch spielen sollte – während des Koreakriegs in die schöne Japanerin Hana-ogi, die Mitglied einer hochangesehenen Elite-Tanzgruppe ist. Aber die Romanze zwischen den zwei Kulturen ist zum Scheitern verurteilt, weil die Tradition in beiden Fällen eine Heirat nur innerhalb der eigenen Rasse oder Kaste erlaubt. Ich fand, die Geschichte billige indirekt eine Form des Rassismus, indem sie dieses Prinzip akzeptierte. Aber ich konnte mir vorstellen, daß ein anderes Ende den Film zu etwas gemacht hätte, was in etwa dem entsprach, was mir für meine eigenen Filme vorgeschwebt hatte – Filme, die eine positive Kraft auf die Welt ausübten. Ich sagte Logan unter der Bedingung zu, daß das Madame-Butterfly-Ende ersetzt würde. Ich wollte, daß am Ende klargestellt wäre, daß in einer gemischtrassigen Ehe nichts Falsches liegt, sie sich vielmehr ganz natürlich aus der Liebe zweier Menschen ergibt. Ich wollte, daß Hana-ogi und Major Lloyd Gruver am Ende heiraten, womit Logan schließlich einverstanden war.

Aber nach unserer Ankunft in Japan merkte ich, daß Josh unter massiven Depressionen litt, die ihn in seiner Arbeit behinderten. Am Ende war ich es, der einen großen Teil des Films umschrieb und ganze Passagen improvisierte. Wir mußten einfach irgendwie über die Runden kommen. Joshs Probleme und das unverändert schlechte Wetter erschwerten die Dreharbeiten, und ich glaube, Josh wußte die meiste Zeit gar nicht, was gerade ablief.

Mein Vater sagte mittlerweile Marlon zu mir und nicht mehr Bud. Obwohl wir höflich zueinander waren, blieb die Spannung zwischen uns bestehen. Als ich ihn bei mir eingestellt hatte, erwartete ich von ihm keine Gegenleistung. Es gab nichts, was er zu tun gehabt hätte, doch er nahm seine Aufgabe sehr ernst und schickte mir pausenlos Briefe, in denen er mich davor warnte, Geld auf Projekte zu verschwenden, die zu nichts führten. Außerdem glaubte er, daß ich zu sehr damit beschäftigt wäre, große Worte zu machen statt Geld. Bevor wir unseren Gewinnanteil für *Sayonara* bekamen, schrieb er mir: »Für Pennebaker steht eine Filmproduktion im Moment beinahe in so weiter Ferne wie am Anfang. Wir haben 18 000 harte Dollars Deines eigenen Vermögens ausgegeben, $ 25 000 von der MCA und über $ 153 000, die uns Paramount geliehen hat – insgesamt $ 196 000. Mit Pennebakers Ruf als Produzent steht es nicht zum Besten, und alles spricht dafür, daß das auch Deinen Ruf in Mitleidenschaft ziehen wird.« Allein die Vorbereitungen zu dem UNO-Film hätten zweiundsiebzigtausend Dollar verschlungen. »Mit ein Grund für die Verluste ist wohl in der Aufklärungsarbeit zu suchen, mit der Pennebaker die Welt missionieren zu müssen glaubt. Dazu stehe ich mit ganzem Herzen, aber ich denke doch, daß sich die Frage stellt, ob diese Art von Programm sich für eine Produktionsgesellschaft in der Embryonalphase eignet . . .«

Ich wollte mich nicht nach seiner Meinung richten und nur reine Unterhaltungsfilme machen. Meine Filme sollten auch wertvoll für die Gesellschaft sein und mir das Gefühl geben, den Lauf der Welt positiv zu beeinflussen. Mein Vater war mit den Prioritäten, die ich setzte, nicht einverstanden: »Die Firma« sollte »mit dem vorrangigen Ziel arbeiten, geschmackvolle, gute Filme hervorzubringen, die sich gut verkaufen, bis irgendwann die Zeit kommt, wo sie es sich leisten kann, etwas für die Gefühle zu tun. Ich glaube, wir müssen in einiger Hinsicht das

Pferd von hinten aufzäumen. Sinn und Zweck der Filmindustrie liegen in der Unterhaltung und nicht im Transport irgendwelcher Botschaften ... Stiftungen, Universitäten, Colleges, die medizinische Forschung und Versorgung, ja sogar die Kirchen bringen wahrscheinlich mehr Gutes von wahrhafter Dauer hervor, und all das wird durch hart erarbeitete Dollars ermöglicht. Du behauptest ja, ich hätte eine gewisse Art von finanzieller Neurose. Ich glaube, Du hast eine andere Art von finanzieller Neurose. Wir sollten uns einmal über unsere jeweiligen Weltanschauungen unterhalten. Ich persönlich bin der Ansicht, daß nichts dagegen spricht, Geld zu haben, wenn man es als Instrument und nicht nur als Zahlungsmittel betrachtet ... Richtig angewendet, kann Geld sehr viel dazu beitragen, das Gute in der Welt zu vermehren. Erst wenn Pennebaker genügend Umsatz gemacht hat, sind die Mittel vorhanden, um sie für Filme auszugeben, die in Deinem Sinne sind.«

Mein Vater beklagte sich auch weiterhin über die Freunde von mir, die ich zu Pennebaker gebracht hatte und von denen er glaubte, daß sie mich ausnutzten. »Du hast eine große Beobachtungsgabe und weißt viel«, schrieb er, »aber Du läßt es zu, daß Du gefühlsmäßig zu bestimmten Dingen gedrängt wirst. Für Dein Privatleben geht das an, aber nicht, was Pennebaker betrifft ...«

Als die Presse sich Geschichten über mich ausdachte, schützte ich demgegenüber, was über mich gesagt und gedacht wurde, Gleichgültigkeit vor. Ich glaube, meine distanzierte Pose hat einigermaßen überzeugend gewirkt, aber es war natürlich nur Maskerade. Daß Zeitungen und Magazine Dinge erfanden, die nicht nur nicht den Tatsachen entsprachen, sondern auch noch unter die Gürtellinie gingen, machte mir schwer zu schaffen. Besonders verärgert war ich über die Geschichten in *Time* und *Life*. Ich beauftragte ein Büro, das Time Inc., die Muttergesellschaft, unter die Lupe zu nehmen und mich mit verläßlichen Informationen über dunkle Punkte in deren Geschichte zu versorgen. Ich gab etwa achttausend Dollar für einen langen Bericht darüber aus, wie die Nachrichten von *Time* verdreht und verfälscht worden waren, und dann klapperte ich eine Fernseh-

und Radiosendung nach der anderen ab, um mich dazu zu äußern und sie fertigzumachen. Ich wollte ihnen die Werbekunden nehmen. Ich wollte Rache. Ich wollte sie verletzen, ohne ihnen damit eine Handhabe gegen mich zu geben, denn ich wiederholte nur, was unumstößlich recherchiert war, nämlich, daß die Nachrichten ihres Chefs Henry Luce verzerrt präsentiert wurden. Im Radio und im Fernsehen sagte ich, seine Magazine ruinierten den Ruf der Vereinigten Staaten, sie seien unpatriotisch und verletzten das Ansehen unseres Landes. Außerdem beleidigten sie andere Länder mit den Halbwahrheiten, die sie verbreiteten und für die unsere Nation letztendlich den Preis würde zahlen müssen. Ich habe dieses Spiel genossen. So bin ich einen Großteil meines Lebens gewesen; wenn ich mich ungerecht behandelt fühlte, schlug ich zurück.

Time Inc. schickte eine Frau vorbei, die, wie sich herausstellte, mit einem meiner Freunde verwandt war. Unter irgendeinem Vorwand rief sie an, und ich lud sie zum Essen ein. Wir tranken mehrere Martinis, und als wir uns auf den Rückweg machten, fuhr ich auf dem Highway Schlangenlinien, was meine Beifahrerin aber wenig beeindruckte, war sie doch noch betrunkener als ich. Ich steuerte in meine Einfahrt, doch bevor wir ausstiegen, erinnerte sie sich ihrer Mission und versuchte tapfer, sie zu erfüllen. Mit schwerer Zunge sagte sie: »Marlon, was sollen eigentlich diese ganzen Angriffe auf *Time*? Was steckt dahinter? Was ist da los?«

»Ach, ich finde, es sind großartige Zeitschriften«, meinte ich, »aber sie sollten ein paar Dinge korrigieren, und ich habe in mehreren Sendungen versucht, die Sache richtigzustellen. Ich werde das auch fortsetzen, weil ich es als Bürgerpflicht empfinde, die Presse zu korrigieren, wenn sie irrt. Ich finde sogar, sie könnten mir dafür dankbar sein. Sie haben eine Leserbriefseite, und irgendwie sind meine ganzen Aktionen auch nichts anderes als ein Leserbrief. Es ist ein fortwährender Leserbrief, der immer weitergeschrieben wird, bis sie merken, daß sie nicht das Recht haben, den Ruf Amerikas wegen ihrer Sensationsmache leichtsinnig aufs Spiel zu setzen...«

Mit sanfter Gewalt drückte ich sie daraufhin ins Gras, in der Absicht, zusammen mit der Agentin meines Feindes das Tier mit den zwei Rücken zu bilden, aber ich war vor Suff wie gelähmt, und außerdem hatte mich der Alkohol regelrecht entwaffnet. Ich konnte nicht einmal mehr den Efeu von ihren Ohrläppchen unterscheiden, und so kehrte sie so unangetastet, wie sie gekommen war, nach New York zurück. Aber seither hat *Time* meinen Namen höchstens noch am Rande erwähnt. Time Inc. ist eine große Gesellschaft, und was zwischen uns vorgefallen ist, wiederholt im Grunde nur die alte Geschichte von David und Goliath: Auch der Schwächste ist vom Sieg nur einen Steinwurf entfernt.

Ende 1957 ging ich nach Europa, um *Die jungen Löwen* zu drehen, einen Film nach Irwin Shaws Roman über drei Soldaten – zwei Amerikaner und einen Deutschen –, deren Leben sich vor und während des Zweiten Weltkriegs kreuzt. Monty Clift spielte den jüdisch-amerikanischen Soldaten Noah Ackerman und ich den Deutschen Christian Diestl. Jay Kantor erzählte mir, daß Dean Martin, mit dessen Karriere es nach dem Bruch mit Jerry Lewis bergab ging, unbedingt den Michael Whiteacre spielen wolle, einen amerikanischen Entertainer, der gegen seinen Willen in den Krieg ziehen muß. Dean Martin wollte beweisen, daß er eine ernste dramatische Rolle spielen konnte, also half ich ihm, den Part zu bekommen. Als wir uns vor Drehbeginn in einem Restaurant in Paris trafen, schüttete mir jemand versehentlich einen Topf mit kochendheißem Wasser über den Unterleib. Es waren furchtbare Schmerzen, und ich mußte ein paar Tage ins Krankenhaus, wo ich mir Gedanken über das Drehbuch machte und beschloß, ein Änderungsrecht in den Vertrag mit aufzunehmen.

Das ursprüngliche Skript hielt sich eng an das Buch, in dem Shaw alle Deutschen als böse Karikaturen gezeichnet hat, insbesondere Christian, den er als eine Art Symbol für alle Übel des Nazitums darstellte; er schilderte ihn als gemein, böse, niederträchtig, ein Klischee des Bösen. Seit dem Kriegsende gab es viele solcher Bücher und Filme von Juden, und ich halte es für eine völlig verständliche Neigung, daß die Juden, bewußt oder unbewußt, dafür sorgen wollen, daß die Welt den Holocaust nie vergißt und daß sie natürlich auch darauf aus sind, Sympathie und finanzielle Unterstützung für Israel zu gewinnen. Indirekt machte Shaw *alle* Deutschen für den Holocaust verantwortlich, und damit war ich nicht einverstanden. Zu seinem großen Ärger veränderte ich die Handlung völlig, so daß am Anfang der Geschichte jener Mann, der von mir dargestellt wurde, in Hitler eine positive Kraft sieht, weil er den Deutschen und ihrem Leben einen neuen Sinn gab. Aber im Fortgang der Geschichte wird er zunehmend ernüchtert und hadert mit seinen früheren Ansichten. Wie viele Deutsche war auch Christian ein Opfer von Hitlers Propaganda und glaubte, dieser würde Europa einen dauerhaften Frieden bescheren, wenn er es erst einmal erobert hatte – dieselbe Argumentation, die Napoleon vorbrachte, als er sagte, er wolle Europa vereinigen, um Frieden zu stiften. Ich fand, die Geschichte solle zeigen, daß es nicht durch und durch »schlechte« Menschen auf der Welt gibt, sondern daß sie sich nur allzuleicht vom rechten Weg abbringen lassen.

Mit Verallgemeinerungen habe ich in jeder Hinsicht meine Schwierigkeiten, weil sie selten zutreffen. Damals ging gerade die McCarthy-Ära zu Ende, in der das Leben so vieler Menschen ruiniert worden war, weil zahllose Amerikaner dem Märchen Glauben geschenkt hatten, das da behauptet, jeder Kommunist – oder jeder, der einmal mit einem solchen ein Bier getrunken habe – sei der Teufel in Person. Die Niedertracht eines Joe McCarthy wurde dabei völlig übersehen. Er stellte eine weit größere Bedrohung dar als die Leute, auf die er es abgesehen hatte.

In *Die jungen Löwen* wollte ich zeigen, daß es an den Deutschen wie an allen anderen Menschen auch positive Aspekte gibt. Je nach eigenem Standpunkt kann man in allem positive und negative Elemente entdecken. Hitler lebte in dem Wahn, daß die Deutschen eine überlegene Rasse seien und die Juden minderwertig – die Umkehrung dessen ist natürlich genauso falsch; unter Juden wie Deutschen gibt es sowohl schlechte als auch anständige Menschen. Ich beschloß, die Rolle des Christian Diestl zu spielen, um eine Konstante des menschlichen Charakters zu illustrieren – nämlich das Bedürfnis, liebgewordene Mythen aufrechtzuerhalten und alles zu versuchen, um deren Schattenseiten ignorieren zu können.

Das passiert ständig. Ich habe Eltern in Fernsehinterviews erzählen hören, wie stolz sie auf ihren Sohn seien, der in Vietnam ums Leben gekommen ist, weil er für die Freiheit, für sein Land und für die amerikanischen Ideale gekämpft habe. Aber ich bin mir sicher, im tiefsten Grunde ihres Herzens müssen sie gewußt haben, was für ein idiotischer Krieg das war und daß das Leben ihrer Söhne sinnlos verheizt wurde. Erinnerungen und Mythen waren das einzige, woran sie sich klammern konnten; sie konnten nicht zugeben, daß ihr Sohn wegen der sinnlosen und zerstörerischen Politik von Lyndon Johnson, Robert McNamara und dem Rest dieser feinen Gesellschaft geopfert wurde.

In der Rolle des Christian Diestl wollte ich auch zeigen, daß Menschen wie Johnson und McNamara häufig eine Vorstellung von Rechtschaffenheit und Idealismus haben, die völlig verquer ist. Sie glauben ernsthaft, das rechtfertigen zu können, was nicht zu rechtfertigen ist. Im Namen von Moral und Sitte begehen sie die schrecklichsten Taten, um ihre Ziele zu erreichen, und hinterher verteidigen sie diese Aktionen auch noch schamlos. Die Ausführenden der Operation Phoenix, eines Projekts der CIA in Vietnam, waren verantwortlich für die Folterung und Tötung von Hunderten von Menschen. Ein Mitarbeiter der CIA, der viel damit zu tun hatte, hat mir einmal von der Vorgehensweise erzählt: Wenn jemand als Mitglied des Vietcong vom Computer erfaßt wurde, dann bekamen mehrere Killerkommandos diesen Namen zugespielt, um die Person auszuschalten – aber viele dieser Menschen waren gar nicht wirklich beim Vietcong, und ihre Namen wurden irrtümlich damit in Verbindung gebracht, manchmal auch nur, weil irgend jemand etwas gegen sie hatte. Der Mann von der CIA hat sich deswegen einmal bei einem seiner Vorgesetzten beschwert, der ihm zur Antwort gab: »Sehen Sie, in allen Kriegen werden Unschuldige getötet. Wenn von vieren einer der Richtige war, dann geht das in Ordnung. Der Rest muß einfach geopfert werden; das ist ein *Krieg* hier.« Dieser Vorgesetzte war strenggläubiger Katholik und inzwischen darauf konditioniert, seine Arbeit ohne jegliche Gewissensbisse zu machen – aber wie sehr unterschied er sich eigentlich von Heydrich oder Himmler?

Die Menschen können zu allem konditioniert werden. Wenn man im Namen seines Landes einen Mord begeht, dann wird es Patriotismus genannt. Die Armee unterzog junge Männer einer Gehirnwäsche, bevor sie nach Vietnam geschickt wurden. Sie sollten glauben, sie stünden auf der Seite Gottes. Die Marine brachte die jungen Leute nach Camp Pendleton, isolierte sie und versetzte sie durch Indoktrination, Konditionierung und Drill in eine Art Trancezustand. Wenn ihnen etwas befohlen wurde, führten sie es aus, so wie im Zweiten Weltkrieg die Marineinfanterie auf Saipan den Befehl widerspruchslos ausführte, Phosphorbomben auf Höhlen abzufeuern, in denen sich Frauen und Kinder versteckt hielten – fraglos und ohne Bedauern oder Schuldgefühle. Sie benutzten Flammenwerfer, um Menschen bei lebendigem Leib zu verbrennen, so wie unsere Piloten vietnamesische Zivilisten mit Napalm und Splitterbomben vernichtet haben, die deren Leiber mit winzigen Pfeilen durchsiebten, die mit Widerhaken versehen waren, um die tödliche Wirkung zu verdoppeln. Die Soldaten, die das Massaker unter den Dorfbewohnern von My Lai anrichteten, waren keine schlechteren Menschen als die Deutschen, die die Grausamkeiten im Zweiten Weltkrieg begingen. Die brutale Erfahrung des Krieges bringt einen dazu, ein mörderisches Raubtier zu werden. An Orten wie Fort Bragg und Fort Benning waren sie beinahe mit demselben Glaubensbekenntnis geimpft worden, das Christian Diestl in einer Filmsequenz vorgesungen wird: »Ob mein Land im Unrecht ist oder nicht, wenn es mich ruft, tue ich meine Pflicht; für mein Land werde ich *alles* tun.«

37

Von Wes Mickler lernte ich eine der wichtigsten Lektionen, die man als Schauspieler überhaupt bekommen kann: Trau einem Pferd nie über den Weg, sagte er, denn ein kluges wirst du nie finden. Damals in Libertyville lehnte er sich immer in seinen alten Stuhl zurück, blickte mich lange und wissend an und sagte mir dann, daß alle Pferde dumm seien. Er hatte recht. Ein kluges Pferd ist mir wirklich noch nie begegnet, aber ich habe auch viele dumme Reiter gekannt – mich selbst eingeschlossen. Der ungünstigste Platz in einem Western ist für einen Schauspieler der Rücken eines galoppierenden Pferdes, wie ich herausgefunden habe, und zwar besonders dann, wenn einem ein Haufen anderer Pferde auf den Fersen ist. Weder kannst du die Pferde sehen, noch sie dich. Weil so viel Staub aufgewirbelt wird, reicht die Sicht nicht weiter als zwei Meter, und wenn irgend etwas passiert, ist man verloren, weil einen die nachfolgenden Pferde einfach überrennen würden. In *Julius Cäsar* ritt ich an der Spitze einer Armee und führte sie über ein Feld, als sich mein Schuh im Steigbügel verfing. Ich beugte mich hinunter und versuchte, ihn loszumachen, aber ich kam nicht bis an den Steigbügel heran. So beschloß ich, besser alles so zu lassen, bis die Einstellung abgedreht war. Das war dumm. Nachdem ich eine ziemliche Strecke zurückgelegt hatte, drehte ich mich um und sah, wie über die ganze Breite des Feldes Pferde in vollem Galopp auf mich zugerast kamen, manche schlugen aus und sprangen wild herum; andere lagen bereits auf dem Boden. Ich versuchte daraufhin, auch mein Pferd zum Galopp zu bewegen, aber weil mein Fuß immer noch mit dem Steigbügel zu kämpfen hatte, konnte ich nur durch lautes, nervöses Gebrüll auf mich aufmerksam machen. Das Pferd weigerte sich stur, schneller zu laufen, und ich konnte den anderen hinter mir nicht ausweichen. Um Haaresbreite wäre ich der Stampede vor die Hufe gefallen, den Fuß noch im Steigbügel gefangen. Ich duckte mich, als die anderen Pferde an mir vorbeirasten, und versuchte mir klarzuwerden, was eigentlich passiert war. Später wurde mir berichtet, daß mein Pferd in ein Hornissennest getreten war und die Hornissen ihre Rache an den Reitern und Pferden hinter mir geübt hatten.

Bei einer Szene in *Viva Zapata!* galoppierten vier Reiter – die mich auf meinem Pferd gefangenhielten – mit mir einen Weg entlang, um plötzlich feindlicher Kavallerie gegenüberzustehen, die mir jedoch wohlgesonnen war. Der Mann, der mein Pferd hielt, einen großen Hengst mit mächtigem Hals, sollte die Zügel loslassen, sobald ihm klarwurde, daß es ihm gleich an den Kragen gehen würde, während ich die Gelegenheit nutzen und die Flucht ergreifen sollte. Als aber die vier Männer ihre Pferde in Richtung Truppen wandten, versperrten sie mir den Fluchtweg, was mein Pferd nicht davon abhielt, in gestrecktem Galopp auf das Hindernis zuzuhalten. Ein andermal sprang ein Statist vom Pferd, um mir, wie es das Drehbuch verlangte, wichtige Neuigkeiten mitzuteilen. Ich war von Wes Mickler gewarnt worden: Wer hinter einem Pferd hergeht, das einen nicht kennt, sollte besser so nahe dranbleiben, daß es nicht ausholen und zutreten kann. Hat man das Pech, sich im äußeren Radius der Hufe zu bewegen, dann kann einen das Pferd leicht k. o. schlagen. Unglücklicherweise war diesem Statisten ein solcher Rat nicht gegeben worden, und als er hinten um das Pferd herumrannte, stand er an genau der Stelle, an der man nicht stehen sollte. Das Pferd trat ihm gegen den Hinterkopf, er ging zu Boden wie von einem Schuß getroffen und war tot.

Während der Dreharbeiten zu *Viva Zapata!* machte ich an manchen Nachmittagen einen Ausritt, um die Schönheit der Wüste zu genießen. Ein paar Tage nach einem solchen Ausflug, auf dem ich einem außergewöhnlichen Schmetterlingsschwarm begegnet war, sprang ich auf mein Pferd. Doch kaum war ich im Sattel, fing es auch schon an, wild herumzuspringen und auszuschlagen. Nach weniger als drei Sekunden flog ich in hohem Bogen durch die Luft. Als ich wieder festen Boden unter den Füßen hatte, prüfte ich zuerst den Zustand meiner Knochen. Da kam einer der Studiocowboys vorbei und feixte: »Marlon, *dieses* Pferd hättest du besser nicht genommen, das ist noch nicht eingeritten.« Es stellte sich heraus, daß es nur als Blickfang für die erste Szene nach dem Mittagessen gedacht war, es hätte gar nicht geritten werden sollen.

Bevor ich mich auf einen neuen Regisseur einließ, rief ich immer einen Schauspieler an, der mit ihm bereits Erfahrungen gesammelt hatte, und fragte: »Was weißt du über ihn?« So telefonierte ich vor der Zusammenarbeit mit John Huston für *Spiegelbild im Goldenen Auge* mit John Saxon und stellte ihm die übliche Frage.

»Er ist gut«, meinte John. »Er bedrängt dich nicht und läßt dich in Ruhe, und wenn der Film so gut wie fertig ist, verschwindet er. Aber wenn du eine Szene mit Pferden hast, dann besorg dir ein Double, sonst bringt er dich um.«

Er hatte recht damit, daß John die Schauspieler in Ruhe ließ. Er gab uns überhaupt keine Anweisungen. Er besorgte sich gute Schauspieler und ließ sie improvisieren, half aber nie bei der Entwicklung einer Rolle mit, wie Kazan es getan hatte. Er saß am Rand des Sets und sagte: »Yeah, okay, Leute, das war gut, das war ein guter Anfang, warum versuchen wir's nicht noch mal?« Er drückte sich immer sehr vage aus, und wir gaben uns selbst die Zeichen zur Aufnahme. Bei diesem Film rauchte John ziemlich viel Gras, und vor einer Aufnahme gab er mir ein bißchen Marihuana. Binnen kurzem hatte ich keine Ahnung mehr, wer oder wo ich war oder was ich zu tun hatte. Ich wußte nur, daß alles ganz in Ordnung zu sein schien, daß die Welt sehr lustig war und John derselben Meinung wie ich. Ich kam kaum auf die Beine, und wenn mir jemand eine Frage stellte, dann antwortete ich fünf Sekunden später mit »Was?«, aber irgendwie schaffte ich die Aufnahme dann doch.

Gegen Ende der Dreharbeiten tat John genau das, was mir vorausgesagt worden war: Er verschwand. Ein paar Tage lang zeigte er sich überhaupt nicht am Set, und einer der Regieassistenten mußte einspringen; an anderen Tagen erschien er zur Arbeit, verschwand aber nach etwa einer Stunde wieder, manchmal sahen wir ihn auch allein in einiger Entfernung herumirren. Wenn es an das Ende eines Films ging, wurde er immer irgendwie bedrückt und deprimiert.

Leider hatte ich das, was mir John Saxon über Huston und

Pferde gesagt hatte, nicht allzu ernst genommen. Ich hatte eine Szene, in der ich auf einem Pferd davongaloppieren sollte, und als Huston mich fragte, ob ich die Einstellung ohne Double drehen wollte, sagte ich: »Klar.« Ich hatte viel Zeit auf dem Rücken von Hollywoodpferden verbracht und keine Angst vor ihnen. Aber als ich zu dieser Aufnahme aus meiner Garderobe kam, wartete ein enormer Hengst auf mich, der so bebte und zitterte, daß man hätte glauben können, er hänge an einer Steckdose. John hatte einen Stallknecht angewiesen, ihn warmzumachen, und der hatte seine Arbeit exzellent erledigt; er hatte das Pferd so lange hin und her treiben lassen, bis es ganz verschwitzt war und vor lauter Bewegungsdrang zitterte. Ich blickte an ihm hoch und sagte mir: »Marlon, das ist ein ganz schöner Brocken von einem Pferd.« Ich wußte, daß Hengste sehr eigenwillig sind und überaus aggressiv, ja sogar gefährlich werden können, aber ich schwang mich trotzdem in den Sattel. Doch noch ehe ich richtig oben war, hob der Gaul ab wie ein Düsenjäger, der von einem Flugzeugträger aus startet.

Bevor wir noch fünf oder sechs Schritte weit gekommen waren, wußte ich zweifelsfrei, daß es das falsche Pferd war, auf dem ich saß. Der Hengst war derartig vollgepumpt mit Adrenalin, daß wir früher oder später in einem Schuppen oder Zaun landen mußten. Ich nahm die Füße aus den Steigbügeln, hob das rechte Bein und sprang ab. Daraufhin landete ich mit beiden Beinen im Schlamm und sagte nur: »John, wenn du mich willst, ich bin in meiner Garderobe. Ich glaube, ich brauche ein anderes Pferd – oder ein Double.«

Für die Totale benutzte Huston dann einen Stuntman, und für die Nahaufnahme setzte er mich in einen Sattel auf einem Pick-up und filmte mich mit ziemlich verängstigtem Gesichtsausdruck.

Auch für meine Rolle in *Der Besessene*, meiner ersten Arbeit nach *Die jungen Löwen*, mußte ich reiten. Pennebaker Productions hatten in ihren ersten vier Jahren für die Entwicklung eines guten Westerndrehbuchs beinahe ebenso viel Geld ausgegeben wie für die erwähnte UNO-Geschichte, aber aus den verschiedensten Gründen scheiterten sämtliche Projekte, auch ein Western, der sich an die Handlung von *Der Graf von Monte*

Christo anlehnte. Doch schließlich hörte ich von einem Roman von Charles Neider, *The Authentic Death of Hendry Jones*, aus dem *Der Besessene* wurde, einer meiner Lieblingsfilme. Es war der erste und einzige Film, bei dem ich Regie führte, obwohl das ursprünglich gar nicht in meiner Absicht lag. Eigentlich war Stanley Kubrick die Regie angeboten worden, aber das Drehbuch gefiel ihm nicht. »Marlon«, sagte er, »ich habe das Skript gelesen, und mir ist völlig unklar, worum es eigentlich geht.«

»In dem Film geht es darum, daß ich Karl Malden jede Woche zweihundertfünfzigtausend Dollar zahlen muß.« Ich hatte Karl für den Film unter Vertrag, und jede Verzögerung bedeutete zweihundertfünfzigtausend Dollar Verlust.

»Gut«, sagte Stanley, »wenn es darum geht, dann ist es, glaube ich, der falsche Film für mich.«

Ich schickte das Drehbuch noch Sidney Lumet, dann Gadg, dann ein paar anderen Regisseuren, aber nicht einer wollte den Film machen. Schließlich blieb mir nichts anderes übrig, als die Regie selbst zu übernehmen. Der Großteil wurde in Big Sur und auf der Halbinsel in Monterey gedreht, wo ich mit vielen hübschen Frauen geschlafen und ziemlich viel gelacht habe.

Am ersten Drehtag hatte ich nicht die leiseste Ahnung, was ich machen sollte. Der Kameramann gab mir deshalb einen dieser Guckkästen, den Regisseure zur Bildbestimmung verwenden. Ich sah durch den Sucher, schüttelte den Kopf und sagte: »Ich weiß nicht ... Schwer zu sagen, wie die Szene wirken wird, es ist alles so weit weg ...«

Daraufhin kam der Kameramann zu mir und drehte den Sucher in meiner Hand sanft um. Ich hatte durch das falsche Ende gesehen.

»Wenn du das für einen schlechten Start hältst, dann wart erst mal ab, wie's weitergeht«, sagte ich und lachte. Es war mir nicht peinlich, auch wenn hinter mir verhalten gekichert wurde. Als wir in der fünften Woche waren – und selbst noch im fünften Monat –, war ich immer noch dabei, zu lernen. Ich dachte, der Film sei in drei Monaten abgedreht, aber die Drehzeit erstreckte sich über ein halbes Jahr, und die Kosten verdoppelten sich auf über sechs Millionen Dollar; Paramount, der Geldgeber, war darüber natürlich nicht sonderlich erbaut.

Ich versuchte, meine Arbeitsweise den Umständen anzupassen. Mehrere Autoren hatten am Drehbuch geschrieben – Sam Peckinpah, Calder Willingham und am Ende Guy Trosper –, und nun bestand die Arbeit darin, zwischen Aufbau und Aufnahme die Szenen zu improvisieren und sie notfalls umzuschreiben. Manchmal hatte ich eine Stunde Zeit, manchmal nur eine Minute. Einige Szenen habe ich immer wieder neu gedreht, aus den verschiedensten Blickwinkeln, mit den unterschiedlichsten Dialogen in allen nur denkbaren Varianten. Ich wußte einfach nicht, was ich machen sollte. Spontan dachte ich mir Sachen aus, denn ich hatte nicht den blassesten Schimmer, worauf die Geschichte eigentlich hinauslaufen sollte. Oft habe ich auch Zeit geschunden und dabei versucht, die Story im Kopf fortzuentwickeln – in der vagen Hoffnung, den Schauspielern das Gefühl zu geben, ich wüßte, was ich täte.

Vielleicht gefällt mir der Film auch nur deshalb so gut, weil ich viele angenehme Erinnerungen an die Mitwirkenden mit ihm verbinde – Ben Johnson, Slim Pickens und besonders Karl Malden in der Rolle des Dad. Trotzdem bin ich vom Regisseursdasein kuriert – man muß zu unmenschlichen Zeiten aufstehen – und das ist für mich das Schlimmste, auch wenn es Spaß macht, zu versuchen, eine Realität zu erzeugen, eine Story interessant zu machen und mit Schauspielern zu arbeiten. Manchmal habe ich die Darsteller auch ausgetrickst. In einer Szene beispielsweise hat Ben Johnson einen Streit mit einem seiner Landsmänner, und am Ende erschießt er ihn. Mir mißfiel der Gesichtsausdruck des anderen kurz vor seinem Ende, weil darin keine Todesangst zu sehen war. Ich aber wollte, daß Entsetzen und Furcht in seinem Gesicht lagen, also sagte ich: »Laßt uns die Szene noch mal proben.« Ich setzte ihn auf einen Holzbock mit Sattel und ließ die Kamera laufen, ohne es ihm zu sagen. Dann näherte ich mich ihm mit den Worten: »Larry, ich will, daß du in dieser Szene . . .« – und klatsch! verpaßte ich ihm eine deftige Ohrfeige und sprang aus dem Bild.

Sein Gesichtsausdruck war ganz wunderbar, genau so, wie ich es gewollt hatte, aber ich hatte so fest zugeschlagen, daß sein Schnurrbart verrutscht war und ich die Einstellung dann doch nicht verwenden konnte. Eine andere Szene fällt mir noch ein.

Ich sollte betrunken und vom Regen durchnäßt einen Raum betreten und eine darin anwesende Chinesin vergewaltigen. Der Punkt ist, daß es im Film so gut wie unmöglich ist, einen Betrunkenen zu simulieren. In einem Theaterstück geht das schon, aber nicht bei einem Close-up. Ich dachte mir also, die Szene würde besser kommen, wenn ich wirklich betrunken wäre. Am Tag der Aufnahme fing ich nachmittags um Viertel nach vier an zu trinken, nachdem ich den anderen Schauspielern ihre Anweisungen gegeben hatte. Ich brauchte noch nie viel Alkohol, um über den Jordan zu gehen, war also in Null Komma nichts betrunken, torkelte durch die Gegend und versuchte, das Mädchen zu packen. Leider war ich zu betrunken, um die Szene zu Ende zu spielen, also ließ ich mich ein paar Tage später wieder vollaufen und drehte neu. Es paßte immer noch nicht – schließlich mußte ich noch ein paar Nachmittage darauf verwenden, bis alles stimmte.

Als wir nach Hollywood zurückkehrten, erfuhr ich, daß wir genügend Material für einen sechs- oder achtstündigen Film beisammen hätten, und machte mich an den Schnitt. Aber die Sache langweilte mich bald, und so übergab ich den Job jemand anderem. Nach der Fertigstellung hieß es bei Paramount, meine Version gefalle ihnen nicht – in meinem Film würden alle Lügen erzählen bis auf Karl Malden. Das Studio zerstückelte den Film und machte auch aus ihm einen Lügner. Damals langweilte mich das ganze Projekt, und ich klinkte mich aus.

Einige Jahre vor *Der Besessene* erzählte mir Tennessee Williams von seinem neuen Stück *Orpheus steigt herab,* wobei Anna Magnani und ich die Hauptrollen übernehmen sollten. Ich für meinen Teil hatte aber kein Interesse daran, wieder auf die Bühne zurückzukehren, und so übernahmen Cliff Robertson und Maureen Stapleton die Rollen. Anders verhielt es sich jedoch, als Tennessee und Sidney Lumet mich für eine Rolle in der Verfilmung des Theaterstücks *Der Mann in der Schlangenhaut* vorsahen. Zu dieser Zeit ließ ich mich gerade von meiner ersten Frau scheiden und brauchte Geld. Ich sollte einen Vagabunden spielen, der mit seiner Gitarre durch eine kleine Stadt in Mississippi zieht und sich mit einer älteren Frau einläßt, die von Anna gespielt wurde. Sie hatte in dem italienischen Film *Rom – offene Stadt* und später in Tennessees *Die tätowierte Rose* eine beachtliche Probe ihres darstellerischen Könnens gegeben. Die Magnani war ein sehr unruhiger Typ, und in *Der Mann in der Schlangenhaut* hielt ich sie für eine Fehlbesetzung.

In einem Brief an Lady Maria St. Just schrieb Tennessee während der Dreharbeiten: »Die Magnani hat Komplexe wegen ihres Alters; sie glaubt, sie habe keinen Hals mehr, und die Maske versucht, die Haut auf der Rückseite mit Klebeband straffzuziehen. Sie empfindet das als fürchterliche Beleidigung und gerät trotzdem jedesmal in Wut, wenn sie beim Sichten der Muster eine Falte an ihrem Hals entdeckt.« Tennessee wurde zu dieser Zeit immer bekümmerter, verfiel häufig in Depressionen und versuchte, sich mit Alkohol und Tabletten zu behelfen. Ich weiß nicht genau, was er mit sich herumtrug, auch wenn er sich große Sorgen um den Gesundheitszustand seiner Mutter und seiner Schwester machte. Tennessee war für mich immer einer der bedeutendsten amerikanischen Schriftsteller, aber von diesem Stück oder Film hielt ich nicht viel. Wie die meisten großen amerikanischen Schriftsteller verwandelte er Schwarze in Fensterscheiben. In *Der Mann mit der Schlangenhaut* hatte er sie beinahe unsichtbar gemacht, als wären sie Requisiten. Schwarze kamen in der Geschichte vor, aber sie waren Randfiguren, die nichts mit den zentralen Themen zu tun hatten, genau wie in *Endstation Sehnsucht*, und ich empfand das als eine sehr subtile Form der Rassendiskriminierung. Ich will nicht sagen, daß Tennessee gefühllos war. Im Gegenteil, aber er drückte die vorherrschende Meinung unter praktisch allen amerikanischen Autoren aus. Die Erfahrung der Schwarzen wurde ignoriert. Ich glaube, niemand schrieb über dieses Sujet, bis Jim Baldwin und Toni Morrison auf der Bildfläche erschienen. In Hollywood war es noch schlimmer. Das Leben von Schwarzen war kein Thema, und wenn es trotzdem aufgegriffen wurde, dann nur, um bigottem Geschwafel Raum zu geben – wie etwa in dem Film *Die Geburt einer Nation*, in dem die Schwarzen unverhohlen verachtet werden.

Tennessee warnte mich vor Anna Magnani. Sie war sechzehn Jahre älter als ich und stand in dem Ruf, sich gerne mit jungen

Männern zu umgeben. Sie hatte ihm gesagt, sie sei in mich verliebt, und bevor wir in den Norden des Staates New York fuhren, um zu drehen, bestätigte sie dieses Gerücht. Nachdem wir uns ein paarmal in Kalifornien getroffen hatten, versuchte sie einige Male, mich allein zu sehen, und eines Nachmittags gelang es ihr schließlich im Beverly Hills Hotel. Ohne daß ich sie irgendwie dazu ermutigt hätte, fing sie an, mich leidenschaftlich zu küssen. Ich versuchte, zu reagieren, denn ich wußte ja, daß es das Alter war, das ihr zu schaffen machte – die Vergänglichkeit ihrer Schönheit –, und ich glaubte, aus Höflichkeit ihre Küsse erwidern zu müssen; es wäre eine ziemliche Beleidigung gewesen, wenn ich sie zurückgewiesen hätte. Aber als sie mich einmal umschlungen hatte, wollte sie mich nicht mehr loslassen. Sobald ich mich ihr entziehen wollte, umklammerte sie mich und biß mir auf die Lippe, was wirklich weh tat. Ihre Zähne nagten an meiner Unterlippe, und das Bild von uns beiden – zwei Menschen in einer Umarmung gefangen – erinnerte mich an eines dieser tödlichen Paarungsrituale von Insekten, die mit dem Gnadenstoß des Weibchens enden. Wir taumelten vor und zurück, während sie versuchte, mich zum Bett zu ziehen. Meine Augen standen sperrangelweit offen, und als ich sie direkt vor meiner Nase hatte, sah ich, daß sie wahrhaft wild geworden war. Attila, der Hunnenkönig, griff an, mit fliegenden Fahnen. Schließlich wurde der Schmerz unerträglich, daß ich sie an der Nase packte und so fest zudrückte, wie ich nur konnte – so, als würde ich eine Zitrone auspressen. Ich wollte sie endlich abschütteln. Das überraschte sie, und mir verhalf es zur Flucht.

38

Einige Zeit nach dem Tod meiner Mutter im Jahr 1953 heiratete mein Vater wieder, und mit siebzig hatte er eine Affäre mit einer meiner Sekretärinnen. Auch mit fortschreitendem Alter änderte er sich kaum; er sah immer noch gut aus, blieb ein Geizhals, ein Charmeur, ein Schwerenöter. Er verlor nie die Schüchternheit, die besonders Frauen an ihm mochten. Sie lag einfach in seinem Wesen. Trotz seines maskulinen Auftretens besaß er auch eine sanfte, bescheidene und ruhige Art, die den Leuten in Verbindung mit seinem sehr tiefgehenden Sinn für Humor gefiel. Er war überhaupt nicht dafür geschaffen, irgendwo im Filmbusineß zu arbeiten, aber ich hatte ihm ein Gehalt gegeben, einen Schreibtisch, ein Büro, eine Sekretärin und die Gelegenheit, beschäftigt zu wirken und sich nützlich zu fühlen. Eines Tages feuerte er dann einen meiner Freunde, ohne mir etwas gesagt zu haben. Als ich davon hörte, ging ich in sein Büro und stellte klar, daß mein Freund seinen Job behalten würde. Irgendwo tief in mir drinnen baute sich eine Welle auf, wurde höher und brach sich, und ich machte ihn so fertig, bis er nur noch ein verwirrtes, stotterndes, blinzelndes Häufchen Elend war.

Ich sagte ihm, er könne von Glück sagen, daß er überhaupt Arbeit habe, denn mit seiner Qualifikation wäre jeder andere im Armenhaus gelandet. Ich ging unsere ganze Familiengeschichte durch, beschuldigte ihn, das Leben meiner Mutter ruiniert und jede nur mögliche Gelegenheit wahrgenommen zu haben, mich herunterzumachen und mir ein Minderwertigkeitsgefühl einzureden. Ich nahm ihn total in die Zange, zerlegte ihn Stück für Stück, eins nach dem anderen, und breitete seine Psyche auf dem Boden aus. Ich war kalt, korrekt und logisch – ich schrie und brüllte nicht –, war einfach nur eiskalt, und als er versuchte, mir mit Ausreden zu kommen, schlug ich ihm quasi die Tür vor der Nase zu und erinnerte ihn daran, in was für ein Chaos er unser Leben verwandelt hatte. Ich warf ihm an den Kopf, daß er und nur er verantwortlich für die Alkoholsucht meiner Schwestern sei und außerdem kalt, lieblos, egoistisch, infantil, verachtenswert und nur mit sich selbst beschäftigt. Ich tat alles, damit er sich nutzlos, hilflos, hoffnungslos und schwach fühlte. Ich attackierte ihn beinahe drei Stunden lag, und als er versuchte, das Gespräch zu beenden, sagte ich: »Bleib sitzen, wenn du erwartest, noch weiterhin Geld von mir zu bekommen. Du hörst dir jetzt an, was dein Arbeitgeber dir zu sagen hat. Ich bin dein Arbeitgeber und du bist der Arbeitnehmer – zumindest trägst du die Bezeichnung –, und du machst, was ich dir sage.«

In drei Stunden tat ich, wozu ich in dreiunddreißig Jahren nicht fähig gewesen war, und doch hatte ich die ganze Zeit über Angst. Ich fürchtete mich vor dem, was er *mir* antun könnte. Er hatte mich immer überrannt und eingeschüchtert, doch je mehr ich redete, desto mehr spürte ich, daß ich im Recht war. Ich war wie Joe Louis in seinem Zweikampf gegen Max Schmeling: Ich schlug überall hin. Er war ungeschützt, und ich deckte ihn ein mit den gemeinsten Schlägen. Als ich dann alles, was mir auf dem Herzen lag, losgeworden war, ließ ich ihn gehen.

Danach rief ich jeden in der Familie an und erzählte, was ich getan hatte. Alle gratulierten mir. »Es war aber auch Zeit«, sagten meine Schwestern. Doch innerlich stand ich noch nachträglich unter Schock. Ich dachte, der Himmel würde über mir einstürzen, weil ich das alles gesagt hatte.

Einige Tage später rief mich ein Psychiater an, den mein Vater konsultiert hatte. Er meinte, er brauche meine Hilfe, weil sich sein Patient in einer ernsten Depression befinde und »am Rande eines Abgrunds« stehe.

»Ja, Doktor«, sagte ich, »danke für Ihren Anruf. Wenn mein Vater über den Rand dieser Depression hinaus ist und zerschmettert auf dem Felsen darunter liegt – wenn er ganz unten angekommen ist –, dann rufen Sie mich doch bitte noch mal an, und ich will sehen, was sich tun läßt . . .«

Danach hielt ich meinen Vater an der kurzen Leine. Ich sorgte dafür, daß er mir weder zu nahe kommen noch sich zu weit von mir entfernen konnte. Ich hatte ihn unter Kontrolle und beließ es auch dabei.

Im Frühjahr 1965 besuchte ich ein Indianerreservat der Navajo in Arizona. Dort lernte ich eine alte Medizinfrau kennen. Sie war reizend, mit klugen schwarzen Augen, und ich fragte sie, ob sie mir etwas über mich erzählen könne, einfach, indem sie mich ansehen würde. Per Übersetzer bejahte sie, dann steckte sie die Hand in eine Schachtel mit Blumen, die sie neben sich stehen hatte, und streute mir gelbe Kornblumen über Kopf und Schultern. Sie sagte, der Alkohol hätte eine sehr wichtige Rolle in meinem Leben gespielt, und ich würde bald vom Blitz getroffen werden. In dem Moment, als sie das sagte, durchfuhr mich ein seltsames Beben, das mein Nervensystem erzittern ließ.

»Deine Eltern sind beide tot«, fuhr sie fort.

»Nein«, sagte ich, »nur meine Mutter – mein Vater lebt noch.«

Innerhalb von wenigen Minuten bekam ich die Nachricht, daß im Stammesbüro ein Anruf auf mich wartete. Eine meiner Schwestern war am Apparat. Sie teilte mir mit, daß mein Vater gerade gestorben sei. Wir lachten beide, und ich sagte: »Und keinen Augenblick zu früh.«

Ich stieg ins Auto und fuhr nach Hause. Es dauerte beinahe zwölf Stunden. Ich hatte eine Holländerin namens Honey dabei, und als wir zu Hause angekommen waren und im Bett lagen, erzählte ich ihr von meinem Vater und meinen Gefühlen ihm gegenüber. Als ich langsam in den Schlaf hinüberglitt, hatte ich eine Vision. Mein Vater entfernte sich von mir, er ging auf dem Gehsteig, dann drehte er sich um und sah mich an, ein Willy Loman mit herabhängenden Schultern und einem leichten Lächeln im Gesicht. Als er an den Rand der Ewigkeit kam, blieb er stehen, blickte wieder zurück, mir halb zugewandt, mit niedergeschlagenen Augen, und sagte: *Ich habe mein Bestes getan, Kind.* Er wandte sich wieder ab, und ich wußte, daß er nach meiner Mutter suchte.

Dann wurde er zu einem Vogel, wie sie damals, und er erhob sich in den Himmel, stieg höher und höher hinauf, bis er sie neben einem Felsen fand, wo sie auf ihn gewartet hatte.

Mein Vater war so geheimnistuerisch, was Geld betraf, daß wir nie herausfanden, wieviel er bei seinem Tod besaß. Er hinterließ seiner zweiten Frau das Haus und ungefähr dreitausend Dollar aus einer Versicherung, aber den Rest – wer weiß wieviel – hatte er auf Bankkonten unter falschem Namen versteckt. Wahrscheinlich liegt es dort noch heute. Komischerweise hat er Jahre davor zufällig etwas angezettelt, was ihm fast Erfolg beschert hätte. Nach seinem Tod schoß der Goldpreis nach oben, und zum erstenmal hätte es sich gelohnt, die alten Goldminen auszubeuten, mit denen ich so viel Geld verloren hatte. Doch zu diesem Zeitpunkt hatten wir sie längst abgestoßen.

Ich weiß nicht, was ich tun würde, wäre mein Vater heute noch am Leben. Nach seinem Tod dachte ich oft: »Gott, überlaß ihn mir nur noch einmal für acht Sekunden – mehr will ich gar nicht, bloß acht Sekunden, weil ich ihm nur noch schnell den Kiefer brechen will.« Ich wollte sein Gesicht zu Brei schlagen, wollte, daß er die Zähne ausspuckt. Ich wollte ihm die Eier bis in den Hals treten. Ich wollte ihm die Ohren abreißen und sie vor seinen Augen vertilgen. Ich wollte ihm an den Kehlkopf gehen und ihn in den Magen rammen. Ich wollte ihn wirklich fertigmachen. Aber mit der Zeit wurde mir klar, daß ich nie frei sein würde, solange ich so dachte, solange ich diese Gefühle in mir nicht auslöschen konnte. Mit der Zeit habe ich vielleicht auch ein bißchen von ihm in mir gefunden. Irgendwie lebt er auch in meinen Genen fort. Seine Mutter hatte ihn verlassen, als er vier Jahre alt war, und er muß so ungefähr dasselbe durchgemacht haben wie ich. Als Kinder fehlte es meinen Schwestern und mir immer an emotionaler Sicherheit, und ihm war es vielleicht auch nicht anders ergangen. Jede Generation ist physisch und psychisch mit der Generation vor ihr und nach ihr verbunden, und manche Familienkrankheiten können sich übertragen. Wie wir mußte er sich als Kind gefühlsmäßig alleine durchschlagen, so gut er konnte. Wie gesagt, ich glaube nicht, daß irgend jemand böse auf die Welt kommt. Wir alle sind das Ergebnis unserer Kindheit, unserer Gene und unserer Umgebung, und darüber haben wir wenig Kontrolle.

Meine Schwestern haben versucht, mir zu helfen, mehr Verständnis für meinen Vater zu entwickeln. Fran hat mich neulich in einem Brief daran erinnert, daß der Vater unseres Vaters »ein bösartiger, strenger, furchteinflößender Zuchtmeister war, der unserer Großmutter das Leben zur Hölle machte, daß sie davonlief, als Papa erst vier Jahre alt war. Ihn ganz allein zurückließ ... einer armseligen, lieblosen und angstvollen Kindheit überließ, mit einem selbstgerechten und gefühllosen Ordnungshüter anstelle eines Vaters. Das war seine Wunde – und die Angst, von der er sich nie erholt hat. Er wurde eins achtzig groß ... und in seiner stark maskulinen Erscheinung steckte ein sehr komplizierter, unruhiger und isolierter Mensch ... der mit sich selbst und oft auch mit der Welt im Clinch lag«.

Am Ende begriff ich, daß ich meinem Vater vergeben mußte, wenn ich je mit meinem Leben zurechtkommen wollte.

39

Die glücklichsten Momente meines Lebens verbrachte ich auf Tahiti. Wenn ich je wirklich nahe am Glück war, dann auf meiner Insel unter lauter Tahitianern. Dumm wie ich damals war, dachte ich bei meinem ersten Besuch noch, ich könnte ihnen mit meinem Geld helfen. Statt dessen lernte ich, daß ich ihnen nichts zu geben hatte und sie mir alles.

Tahiti hat mich schon fasziniert, als ich ein Teenager war. Es begann in der Bibliothek in Shattuck, als ich den *National Geographic* durchblätterte, und die magische Anziehung hielt an, nachdem ich nach New York gezogen war. Dort durchforschte ich die Bibliotheken nach jedem Buch, in dem Tahiti erwähnt wurde, während ich die Filmarchive des Museums of Modern Art nach Bildern von Polynesien durchstöberte. Anfang der sechziger Jahre bot mir die MGM die Rolle des Fletcher Christian in einem Remake der *Meuterei auf der Bounty* an, und der Film sollte auf Tahiti gedreht werden. Vorher hatte mich David Lean gefragt, ob ich T. E. Lawrence in *Lawrence von Arabien* spielen wollte; ich war deshalb nach Paris geflogen, um mich mit ihm und Sam Spiegel zu treffen, und sie hatten mein Mitwirken schon öffentlich angekündigt. Aber als *Meuterei auf der Bounty* ins Gespräch kam und David meinte, die Dreharbeiten für *Lawrence von Arabien* würden sechs Monate in Anspruch nehmen, und zwar zum Großteil in der Wüste, da beschloß ich, lieber nach Tahiti zu gehen. Lean war ein sehr guter Regisseur, aber er brauchte so lange, um einen Film fertigzustellen, daß ich in der Wüste ausgetrocknet wäre wie eine Pfütze.

Von dem Moment an, als ich Tahiti zum erstenmal sah, überstieg die Wirklichkeit bei weitem meine Erwartungen, und so wurden die Dreharbeiten zu *Meuterei auf der Bounty* zur schönsten Zeit meines Lebens. Den Großteil drehten wir auf einem Nachbau der *H. M. S. Bounty*, die an der Küste vor Anker lag, und sobald der Regisseur zum letztenmal an einem Drehtag »Cut!« gesagt hatte, riß ich mir die britische Marineoffiziersuniform vom Leib und tauchte vom Schiff aus in die Bucht, um mit den tahitischen Komparsen schwimmen zu gehen. Oft drehten wir nur zwei oder drei Einstellungen am Tag, so daß ich ihre Gesellschaft stundenlang genießen konnte, und sie gefielen mir immer besser, weil sie das Leben so liebten.

Während der Dreharbeiten begannen Gerüchte zu kursieren, wonach wir Monate hinter dem Zeitplan lägen und das Budget bereits in Millionenhöhe überzogen hätten, und dies alles wegen *mir*. Mir war zuerst gar nicht bewußt, daß MGM mir die Schuld für die Verzögerungen gab, für die sie selbst verantwortlich war, so wie einst Elizabeth Taylor von Twentieth Century Fox zum Sündenbock für die Fehlkalkulationen und die Terminüberschreitungen von *Cleopatra* gemacht worden war. Als ich auf Tahiti ankam, hatte MGM immer noch kein brauchbares Drehbuch vorliegen, die *H. M. S. Bounty* war noch nicht fertig, und die üblichen Produktionsvorbereitungen lagen mehrere Wochen hinter dem Zeitplan. Als wir dann schließlich mit dem Dreh begannen, merkte das Studio, daß es die Kosten einer Produktion vor Ort unterschätzt hatte, und sie feuerten Carol Reed, den Regisseur, was wiederum nur Zeit und Geld kostete. Unverschämterweise sah MGM in mir den Grund für all die Komplikationen. Das war völlig unzutreffend, aber die Reporter der Boulevardpresse – die mich nicht mochten, weil ich mich weigerte, ihnen Interviews zu geben, und die selten nachrecherchierten, wenn nicht irgendein Kitzel an der Sache war – waren unkritisch genug, um zu glauben, was ihnen die MGM-Agenten vorsetzten; es paßte zu ihrer vorgefaßten Meinung über den exzentrischen, mürrischen Brando, und bald waren die verzerrten Darstellungen so unverrückbar geworden wie Granit. Zum ersten und einzigen Mal in meinem Leben bat ich einen Presseagenten, meine Version der Geschichte zu drukken, doch ich fand zu spät heraus, daß er mit MGM unter einer Decke steckte. Obwohl er offiziell für mich arbeitete, war er von MGM engagiert worden – mit dem geheimen Auftrag, mich zum Hauptschuldigen zu machen. Ich erfuhr erst Jahre später davon. Zu der Zeit war es mir noch völlig egal, was die Leute über mich schrieben oder dachten. Deshalb hatte ich den Vorgängen auch nicht viel Aufmerksamkeit gewidmet, bis es zu spät war und die Geschichte über meine angebliche Verschwendungssucht, dem Muster der Mythen über mich, einen weiteren Faden hinzufügte.

Carol Reed, der erste Regisseur des Films, war ein talentierter Engländer, den ich sehr bewunderte. Als MGM ihn durch Lewis Milestone ersetzte, sagte man uns, daß Carol nach einem Streit mit dem Studio gekündigt habe. Später erfuhr ich, daß er hinausgeworfen worden war, weil er aus Captain Bligh einen Helden machen wollte. In Wirklichkeit *war* Bligh ein Held, aber Charles Laughton hatte ihn nicht so dargestellt, und da er der definitive Bligh war, wollte sich das Studio mit der neuen Version nicht anfreunden. Die war eigentlich gar kein Remake des Originals, sondern eher eine Art Fortsetzung, die da weitermacht, wo der erste Film aufhört. Ich hatte mir die *Meuterei auf der Bounty*-Fassung von 1935 angesehen und war von Charles Laughtons Leistung sehr beeindruckt, aber nicht von Clark Gable als Fletcher Christian. Er hatte sich nicht einmal die Mühe gemacht, mit englischem Akzent zu sprechen, und Franchot Tone, der andere Star des Films, ebensowenig. Sie ließen sich überhaupt nicht darauf ein, daß sie englische Seeleute darstellen mußten, und das wirkte völlig absurd. Clark Gable spielte wie immer nur Clark Gable.

An Trevor Howards Stelle hätte ich nie die Verantwortung übernommen, in dem Remake Bligh zu spielen, denn es gab nur einen Bligh, richtig oder falsch, historisch zutreffend oder nicht. Laughtons Charakterisierung macht alle anderen überflüssig. Carol Reed wollte historisch korrekt sein und die Meuterer so erbärmlich darstellen, wie sie es in Wirklichkeit gewesen waren. Aber das Studio war anderer Meinung. Mir ist noch nie ein Studio untergekommen, das so anständig war, sich an die Wahrheit zu halten, wenn sich mit der Verdrehung der Tatsachen mehr Geld machen ließ. Reed wurde fallengelassen wie eine heiße Kartoffel.

Während einer Drehpause bestieg ich zusammen mit einem tahitischen Freund den höchsten Berg auf der Insel. Am Gipfel deutete er in Richtung Norden und fragte: »Kannst du die Insel da draußen sehen?«

Ich sah überhaupt nichts.

»Siehst du denn nicht die kleine Insel da? Sie heißt Teti'aroa.« Schließlich konnte ich in knapp fünfzig Kilometer Entfernung einen bleistiftdünnen Strich am Horizont erkennen, und bevor ich mich versah, zog mich diese Insel so magisch an wie Tahiti selbst. Ich erkundigte mich bei anderen tahitischen Freunden darüber, und man berichtete mir, daß die Insel einer älteren blinden Amerikanerin namens Madame Duran gehörte. Der letzte König von Tahiti, Pomerae V., hatte sie ihrem Vater geschenkt, einem Arzt namens Williams, und dieser hatte dort jahrelang gelebt, eine Kokosnußplantage gepflanzt und liegt noch heute dort begraben. Nach seinem Tod übernahm Madame Duran die Insel, und auch sie lebte schon seit vielen Jahren dort.

Nachdem der Film abgedreht war, ging mir Teti'aroa nicht mehr aus dem Kopf. Ich las meine Bücher über Tahiti noch einmal, um zu sehen, ob es irgendwo erwähnt wurde. Und tatsächlich: Somerset Maugham hatte darüber geschrieben, und ich fand heraus, daß ein Leprakranker den Großteil seines Lebens dort verbracht hatte. Nick Rutgers, ein Freund von mir, erzählte, daß er die Insel einmal besucht habe und Madame Duran kenne. Er machte den Vorschlag, mit mir hinzufahren und mich ihr vorzustellen, also kehrte ich nach Tahiti zurück. Auf der Insel gab es keine Landebahn, weswegen wir uns von einem Fischer hinbringen lassen mußten. Als wir uns der Insel näherten, sah ich, daß der dünne Strich Land, den ich von ferne gesehen hatte, weit größer war als angenommen und alle meine Erwartungen übertraf.

Teti'aroa bestand eigentlich aus mehreren Inseln: Es war ein Korallenatoll, lag einige Meter über dem Meeresspiegel und umfaßte ein Gebiet von etwa sechshundert Hektar, die sich über ein Dutzend Inseln erstreckten. Die größte Insel umschloß eine breite, halbmondförmige, atemberaubende Lagune. Zahllose Vogelarten sahen uns zu, wie wir an Land wateten; dicke Kokospalmen standen vor mir im Sand wie Brigaden von Wachtposten mit Federhauben; wo ich nur hinsah, erstreckten sich weite Sandstrände. Die Lagune hatte an ihrer breitesten Stelle eine Ausdehnung von etwa acht Kilometern und war durchzogen von kristallklarem Wasser mit mehr Blautönen, als ich mir je hätte träumen lassen: türkis, dunkelblau, hellblau, indigoblau, kobaltblau, königsblau, taubenblau, ultramarin. Während ich dieses unglaubliche Farbenspektrum bewunderte, zogen ungefähr sechshundert Meter über mir mehrere makellose, weiße, flache Wolken über mich hinweg, als würden sie eine Parade vor mir abhalten. Kurz fiel ein Schatten auf die Insel, dann waren sie vorbeigezogen, und die Sonne schien wieder glänzend wie Satin auf die wilden Farben der Lagune. Es war ein magischer Moment.

Madame Duran, die mit ihrer Freundin und Gehilfin Annie allein auf der Insel lebte, begrüßte mich sehr liebenswürdig. Wir unterhielten uns sieben Stunden lang, ohne eine einzige Unterbrechung. Sie lebte zwar von aller Welt isoliert, wußte aber trotzdem, daß ich Schauspieler war. Sie verließ selten die Insel, aber sie hatte ein Radio, ihre einzige Verbindung zur Welt, und sie hatte einmal ein Interview mit mir gehört. Sie wirkte einsam, aber sie steckte voller Energie, Neugier, Lebenskraft und Weisheit. Sie war seit fast fünfundzwanzig Jahren blind, konnte aber Hell und Dunkel unterscheiden. Sie hatte es sich, wie sie erzählte, in ihrem kleinen Haus aus Koralle und Zement bequem eingerichtet und sich eine Methode ausgedacht, mit Hilfe derer sie sich auf der Insel gefahrlos bewegen konnte: Sie hatte nämlich von einem Baum zum nächsten Drähte gespannt, und denen folgte sie mit einem Tuch in der Hand um die Insel.

Madam Duran war begierig auf Nachrichten aus Amerika, und sie wiederum erzählte mir Geschichten über die Insel – über ihren Vater, über Schiffswracks und alte tahitische Freunde –, und bis zum heutigen Tag bedaure ich, daß ich ihre Erinnerungen nicht aufgeschrieben habe. Gesellschaft leisteten ihr Annie, eine alte Frau halbchinesischer Abstammung, sowie vierzig Hunde und Katzen, von denen die meisten während unseres Gepräчs faul im Schatten lagen. Ihre größten Feinde waren die Hundefänger aus Tahiti. Immer wenn sie einen Versuch unternahmen, die Insel zu betreten, verscheuchte sie sie mit ihrem Regenschirm.

Es war ein angenehmer Besuch, und einige Monate später

kehrte ich auf die Insel zurück und brachte ihr einen Apfelkuchen mit. Ich hatte es ihr irgendwie angetan und sie mir nicht minder. Ich bat sie, mir mehr von der Geschichte und vom Zauber Tahitis zu erzählen, und wieder unterhielten wir uns stundenlang. Schließlich fragte ich sie, ob sie je daran gedacht habe, aufgrund ihres hohen Alters die Insel zu verkaufen.

»Nein«, sagte sie, »ich glaube nicht.« Aber zwei oder drei Jahre später bekam ich einen Brief von ihr, in dem sie schrieb, daß sie es sich jetzt doch überlege, Teti'aroa zu verkaufen. Sie hatte sich bei einem Sturz verletzt und wollte der medizinischen Versorgung wegen nun vielleicht doch wieder in die Stadt ziehen, in der sie aufgewachsen war, nach Vallejo in Kalifornien. Als ich sie fragte, wieviel sie für die Insel haben wollte, meinte sie, zweihunderttausend Dollar. Nachdem wir handelseinig geworden waren, rief ich den Gouverneur von Tahiti an, einen Franzosen, und erzählte ihm von meinem Vorhaben, die Insel zu kaufen, wenn ich die Erlaubnis der tahitischen und französischen Regierung bekäme. Nach einer Kabinettssitzung versicherte er mir enthusiastisch, daß ich in ihrer Gemeinschaft willkommen sei, aber es eine Weile dauern würde, die Papiere vorzubereiten. Er wolle sich melden, sobald es soweit sei. Diese Verzögerung erstaunte mich dann doch, und ich fragte: »Aus welchem Grund könnte man mir die Erlaubnis zum Kauf der Insel verweigern?«

»O nein«, antwortete er, »wir freuen uns sehr, Sie unter uns zu haben. Wir sind *stolz* darauf, sie hierzuhaben.«

Ein Jahr später waren die Papiere immer noch nicht fertig, und der Gouverneur verließ seinen Posten. An seinem letzten Arbeitstag erhielt ich ein Telegramm: »Ihr Antrag, die Insel Teti'aroa zu kaufen, ist abgelehnt worden.«

Ich dachte, die Sache sei damit erledigt, aber bei meinem nächsten Besuch in Tahiti fuhr ich auf die Insel, um nach Madam Duran zu sehen. Das erste, was sie zu mir sagte, war, daß sie enttäuscht sei, weil ich es mir anders überlegt habe, aber jetzt habe sie ein weiteres Angebot von einem amerikanischen Geschäftsmann vorliegen, der auch mir bekannt war. Der Antrag war von der Regierung genehmigt worden, und sie wollte das Geschäft machen.

Ich war entsetzt und sagte: »Madame Duran, ich *wollte* die Insel kaufen und will es noch, aber man hat mir die Erlaubnis verweigert.«

»Wie konnte das passieren?«

»Keine Ahnung.«

Sie sagte: »Die Politiker hier hängen ihr Mäntelchen nach dem Wind. Versuchen Sie's einfach noch mal.«

Kurz darauf war ich in Paris und beschloß, den Mann aufzusuchen, der der nächste Gouverneur von Tahiti werden sollte, ein liebenswürdiger Korse. Nachdem ich ein paar Stunden auf ihn eingeredet hatte, um ihn davon zu überzeugen, daß ich ein guter Nachbar wäre, versicherte er mir, die Regierung würde sich nicht querstellen, wenn ich die Insel kaufen und Madame Duran noch an mich verkaufen wolle. Ich meldete mich bei ihr, doch sie stand bereits kurz vor Vertragsabschluß mit dem Geschäftsmann, der Teti'aroa für dreihunderttausend Dollar kaufen wollte. Ich erzählte ihr, was man mir in Paris gesagt hatte, aber der Preis war zu hoch für mich.

»Na ja«, meinte sie, »von Ihnen habe ich damals zweihunderttausend Dollar verlangt, und Sie haben eingeschlagen, also ist das der Preis.«

»Madame Duran«, sagte ich, »das kann ich nicht tun. Das wäre nicht fair. Wenn Sie dreihunderttausend Dollar dafür bekommen können, dann nehmen Sie sie bitte.«

»Nein«, beharrte sie, »wenn Sie die Insel wollen, gehört sie Ihnen. Ich bitte Sie nur, keinen der Bäume zu fällen.«

Ich versprach ihr nicht nur das, sondern versicherte ihr auch, die Insel nach Möglichkeit in ihrem ursprünglichen Zustand zu belassen. Das Versprechen habe ich gehalten. Übrigens hat von mir niemand jemals Bestechungsgelder verlangt. Ich hätte auch nichts gezahlt, obwohl ich glaube, daß Bestechung schon mit einem aufgesetzten Lächeln beginnt, und ich habe soviel Charme verwendet, wie ich nur konnte, um die Regierung zu überzeugen.

Ich drängte Madame Duran, ihr Haus zu behalten und ihren Lebensabend dort zu verbringen, aber sie sagte: »Nein, das ist jetzt Ihre Insel. Ich gehe zurück nach Vallejo.« Nicht lange nach ihrer Rückkehr nach Kalifornien starb Madame Duran.

40

Als Teti'aroa 1966 endlich rechtmäßig in meinen Besitz überging, ließ ich mich von Papeete aus in einem Regierungsboot übersetzen. Das letzte Stück wollten wir mit kleineren Schiffen zurücklegen, auf denen ich einige der Sachen transportierte, die ich auf der Insel vermutlich benötigen würde. Ein solches Hochgefühl wie in dem Moment, als wir in Richtung auf Teti'aroa Segel setzten, hatte ich noch nie. Meine tahitischen Freunde und ich, wir waren ungefähr zu zehnt, waren auf zwei Boote verteilt. Als uns das Regierungsboot vor dem Riff absetzte, war die Brandung zu stark, um den üblichen Kanal zum Ufer zu nehmen. Einer der Tahitianer wußte aber von einer Passage auf der anderen Seite, also fuhren wir um die Insel herum, und das erste Boot gelangte auch schnell ans Ufer. Ich war im zweiten Boot, einem großen Ruderboot, das vollgestopft war mit einem Rasenmäher, einem Bierfaß, einem Stromgenerator, einer Harke, Schaufeln und anderen Geräten – alles in Kisten verpackt, auf denen wir saßen. Während wir im Kielwasser des ersten Bootes auf das Riff zuglitten, spürte ich unversehens, wie uns die Strömung auf die Insel zutrieb, während sich vor uns ganze Reihen von zwei bis drei Meter hohen Wellen erhoben. Sie stiegen hoch und schienen unsicher innezuhalten, bevor sie sich plötzlich brachen und mit einer gewaltigen Explosion auf das Riff donnerten. Später erfuhr ich, weshalb das so war: Wenn eine große tahitische Welle auf ein Korallenatoll wie Teti'aroa trifft, dann wird die Lufttasche unter dem Wellenkamm durch das Gewicht des Wassers komprimiert. Wenn die Welle sich dann auf dem Riff bricht, explodiert die mit einemmal freigesetzte Luft mit unheimlicher Kraft und schickt einen Wasserturm von oft mehr als dreißig Metern Höhe in die Luft. Wir beobachteten dieses Naturschauspiel von unserer Position vor dem Riff aus, paddelten und warteten auf den richtigen Moment, um anzulegen. Ein Tahitianer, der vorne im Boot saß, behielt die Wellen im Auge, dann rief er auf tahitisch: »Los!« Wir fünf paddelten so schnell wir konnten, und ich hatte so viel Spaß wie noch selten im Leben. Was für ein Abenteuer, zum erstenmal auf meiner Insel anzulegen! Doch plötzlich merkte ich, daß wir überhaupt nicht vom Fleck kamen, daß wir uns vielmehr *rückwärts* bewegten. Wir paddelten alle so kräftig es ging, aber trotzdem zog es uns in die falsche Richtung. Ich drehte mich um und sah eine Welle, die bestimmt zehn Meter hoch gewesen sein muß, sie kam von hinten, und ihre Schaumkronen sagten mir: *Willkommen in Tahiti, Marlon*. Mein Blick streifte das Korallenriff vor uns, und ich konnte kaum glauben, was ich da sah. Es hatte sich plötzlich in eine ausgedehnte Steinwüste verwandelt, eingefärbt in einen hübschen Rosaton. Wie eine gewaltige Pumpe hatte die Welle hinter uns das Wasser vom Riff abgesaugt und zu einer riesigen Faust versammelt, die uns gleich zerschmettern würde. Sie schlug zu wie Joe Louis, und als die komprimierte Lufttasche explodierte, wurden wir in den Himmel geschickt. Oben auf dem Kamm der Welle hüpften wir ein paarmal gen Himmel und begannen dann auf das harte, rosa Riff mit – wie es uns schien – ungefähr einhundertzwanzig Stundenkilometern im rechten Winkel zuzurasen. Die Tahitianer sprangen aus dem Boot, aber ich bewegte mich nicht schnell genug. Es krachte mit dem Bug zuerst auf das Riff und brach in zwei Hälften auseinander, wobei ich mich an der einen Hälfte festklammerte wie ein Rodeoreiter, der versucht, sich auf einem wildgewordenen Pferd zu halten. Als es auf dem Riff aufkrachte, hörte ich die nächste Welle von hinten herankommen und drehte mich um: Sie schien noch größer zu sein als die vorangegangene. Ich hatte die Wahl zwischen einem Wellenritt mit halbem Boot oder dem Sprung auf das Riff. Ich sprang auf das Riff. Ich dachte, wenn die Welle das Boot träfe, solange ich noch drinnen säße, könnte es womöglich kentern. Kaum war ich abgesprungen, explodierte die zweite Welle und schleifte mich mehrere hundert Meter über die Korallen, die so scharf waren wie Rasierklingen und mir den Körper von oben bis unten aufschlitzten. Wie ich später erfuhr, wäre es klüger gewesen, mich an einer Koralle festzuhalten, bis die Welle über mich hinweggeschwappt wäre, und dann wieder Luft zu holen, bevor ich mich an den nächsten Felsen klammerte. Aber damals wußte ich das noch nicht, und so war ich übel zugerichtet, als ich ans Ufer humpelte. Ich konnte zwar noch laufen, aber ich war blutüberströmt, und die Tahitianer meinten, es könne möglicherweise zu einer schlimmen Infektion kommen.

Auf der Insel gab es keine Antibiotika, und das hieß, daß ich nach Papeete zurückkehren mußte, um dort einen Arzt aufzusuchen. Wir gaben über Funk durch, daß wir Hilfe brauchten, aber das Regierungsboot kam erst nach vier Tagen wieder. Diesmal hatten sie ein Spezialboot mit wenig Tiefgang dabei. In Tahiti nennen sie es »Reefjumper«. Sie warten, bis eine Welle vorüber ist, und dann versuchen sie, vor der nächsten rasch über das Riff zu gleiten.

Von der Insel aus sah ich zu, wie das Regierungsboot ankam und den Reefjumper ins Wasser setzte. Ein großer, vornehm aussehender Mann mit grauen Haaren stieg ein, gefolgt von acht jüngeren Tahitianern. Ich nahm an, daß er ihr Anführer war. Er war eine stolze, patrizische Erscheinung. Während die jüngeren Männer die Ruder bereit hielten und auf seine Befehle warteten, stand er aufrecht und überblickte das Riff wie ein alter Seefahrer. Er wartete auf eine Pause zwischen den Wellen, auf den richtigen Moment, und ich mußte an die legendären Helden des alten Polynesien denken. Man konnte ihm ansehen, daß er viel Erfahrung hatte. Er wartete ungefähr zwanzig Minuten, begutachtete die Wellen, prüfte die Windgeschwindigkeit und studierte das Muster der Wogen und Brecher. Die Wellen sahen so groß und mächtig aus wie vier Tage zuvor, aber der Grauhaarige wirkte höchst selbstbeherrscht und zuversichtlich. Schließlich drehte er sich um und gab das Signal. Die acht Männer fingen an zu rudern, und das Boot schoß auf das Ufer zu, als würde es von einem 200 PS starken Motor angetrieben. Ich war äußerst beeindruckt, und es war schön anzusehen. Doch dann kam eine Welle von hinten und warf das Boot zehn Meter in die Luft. Alle flogen in die Höhe, die eine Hälfte landete außerhalb des Riffs, die andere Hälfte innerhalb, und ihre Ruder riß es in sämtliche Richtungen. Das Boot kippte um, und dann trieb es kieloben wie ein durchweichter Doughnut. Mir dämmerte langsam, daß ich die ganzen Legenden über Tahiti und das Meer neu durchdenken mußte.

Im nachhinein erfuhr ich, daß die Polynesier, die auf den höhergelegenen Inseln wohnten, selten gut über das Leben auf den niedriggelegenen Inseln Bescheid wissen und umgekehrt. Die Männer, mit denen ich das erste Mal gelandet war, und die, die nach ihnen kamen, um uns zu helfen, waren es nicht gewohnt, an einem Atoll wie Teti'aroa anzulegen, das nur drei Meter über dem Meeresspiegel liegt. Ein paar Meter vom Ufer entfernt fällt der Meeresboden siebzig Grad bis auf eine Tiefe von eintausend Metern ab. Wenn eine riesige Welle kommt, dann entzieht ihr das Riff die Basis, und dann kracht die Welle herunter und wirft jedes Boot wie ein Rammbock irgendwo in die Korallen hinein. Das Riff um Teti'aroa ist so scharfkantig, daß es jedem Boot wie eine Karbidsäge den Boden aufschlitzen kann, wovon übrigens die Wracks von mindestens zehn Schiffen, die um das Riff herum verstreut liegen, erzählen. Jahre nachdem ich die Insel gekauft hatte, passierte das auch einer kalifornischen Familie, die von Australien aus nach Hause segeln wollte. Ihr Boot zerschmetterte am Riff, während sie sich auf eine der Inseln retten konnten. Völlig erschöpft, ohne Nahrung, unterkühlt und noch unter Schock stehend, blieben sie eine Woche lang dort und fühlten sich wie die Familie Robinson, als sie endlich ein Boot vorbeikommen sahen. Der Fischer sagte ihnen, sie seien nur wenige Meilen von dem Hotel entfernt, das ich auf der Insel erbaut hatte.

Bei meiner nächsten Reise zu der Insel, ein paar Monate danach, verließ ich Papeete an Bord eines vollgetakelten Dreimasters, der *Carthaginian*. Wir ankerten vor dem Riff und setzten in einem kleinen Boot bei ruhiger See zum Ufer über. Ohne jegliche Schwierigkeiten gelangten wir durch die Brandung. Ich sprang aus dem Boot und schwamm durch das Riff. Überall gab es so viele Fische, wunderschöne Fische in allen Farben und Schattierungen. Ich hätte einen Speer mit geschlossenen Augen irgendwo hinwerfen können, ich hätte auf jeden Fall getroffen. Am Strand ging ich bis ans Ende einer der Inseln. Von dort aus erstreckte sich ein langer, schmaler, sandiger Streifen von etwa fünfhundert Metern ins Meer, und am anderen Ende, nahe am Wasser, stand eine kleine Palme, die nur noch wenige Meter hoch war. Es war bereits dunkel geworden, und ich beschloß, es mir bequem zu machen. Unter dem Baum lagen Kokosnüsse, die nahezu dreieckig waren. Ich nahm eine von ihnen, steckte sie in den Sand und fand, daß sie ein wunderbares Kissen abgab. Dann legte ich den Kopf zurück, tauchte die Füße ins Wasser und starrte hinauf in den Himmel, während eine sanfte Brise über mich hinwegstrich. Das Wasser war fast genauso warm wie die Luft. Dann fiel mir für einen Augenblick das große, besorgte Gesicht von Mr. Underbrink ein, wie er hinter seinem Direktorenschreibtisch in der Libertyville High-School saß, mich böse ansah und mir Vorträge hielt, daß ich es nie zu etwas bringen würde. »Wenn Sie schon so schlau sind, Mr. Underbrink«, entgegnete ich ihm in Gedanken, »warum haben Sie dann keine Insel?«

Ich schlief schließlich bis zum Sonnenaufgang unter dem Baum, aber bevor ich eindämmerte, sah ich noch hinauf zu den Sternen und dachte: Hier bin ich nun, auf einem winzigen Fleckchen Erde mitten in einem riesigen Ozean, auf einem Planeten, der in der Mitte eines unvorstellbar großen Areals liegt, das wir Weltraum nennen, und ich schlafe auf Tierskeletten (denn nichts anderes sind Korallenriffe). Nach dieser Nacht habe ich mich nie mehr als Eigentümer der Insel betrachtet, sondern lediglich als jemand, der für das Privileg bezahlt hat, sie besuchen zu dürfen. Ich denke an all die Tahitianer, die vor mir dort waren, auf demselben Strand gelegen und dieselben Sterne angesehen haben, vor fünfhundert oder tausend Jahren, und den Geist dieser Leute spüre ich jedesmal wieder, wenn ich in Teti'aroa bin.

41

Etwa ein Dutzend Häuser standen auf Teti'aroa, als ich die Insel erwarb, und die meisten davon – erbaut aus Koralle, Zement und Gips – waren stark renovierungsbedürftig. Ich hatte es immer gerne gehabt, Pläne zu schmieden und Projekte in Angriff zu nehmen, und so fing ich gleich mit den Arbeiten an, wobei ich nie vergaß, daß ich versprochen hatte, sowenig wie möglich in das Leben der Insel einzugreifen. Zuerst machten wir uns an das Haus, das den Leprakranken beherbergt hatte. Wir pflanzten Blumen darum herum und weihten das Haus seinem Andenken. Später begann ich dann ein Unternehmen, das sich über die nächsten zwanzig Jahre erstrecken sollte, nämlich die Insel finanziell autonom zu machen. Wir fingen an mit einem bescheidenen Hotel im tahitischen Stil, einer Schule, Häusern für die, die auf der Insel arbeiteten, und einer primitiven Landebahn. Seitdem einmal ein Koch versehentlich eine Dose DDT statt Mehl aus dem Regal genommen hatte, um damit den Fisch zu panieren, wußten wir, daß so eine Panne auf der Insel tödlich enden konnte. Es gab weder Ärzte noch Krankenschwestern, und die nächste medizinische Hilfe war dreißig Meilen entfernt. Und auch dorthin konnte man nur gelangen, wenn man ein vorbeifahrendes Fischerboot rief oder auf ein gechartertes Boot aus Papeete wartete.

Schon vor dem Vorfall mit dem DDT war mir die Gefährlichkeit des Lebens auf Teti'aroa zu Bewußtsein gekommen, nachdem ich einmal in dem Kanal zwischen zwei Inseln tauchen gegangen war. Ich bin ein ganz passabler Schwimmer und wollte ausprobieren, ob ich ohne Sauerstoffgerät bis auf den Grund käme – in einer Tiefe von dreizehn Metern. Dabei begegnete ich mehreren Riffhaien, die etwa zwei Meter lang waren – lang genug, um mir Angst einzujagen, aber da ich sie nicht sonderlich zu stören schien, tauchte ich weiter. Mit angehaltenem Atem berührte ich den Meeresboden – und traf auf einen

Hai, einen Einzelgänger, der weit größer war als die anderen. Mir gefiel sein Blick nicht und meiner ihm wohl auch nicht besonders. Dummerweise war jedoch ich derjenige, der seinen Privatgarten betreten hatte. Er fing an, schneller zu schwimmen, bewegte seinen Körper in der typisch schlängelnden Art, um besser voranzukommen, und als er nur noch wenige Meter entfernt war, glaubte ich, ihm ansehen zu können, wie er sich überlegte, ob meine Wade wohl zum Mittagessen geeignet war. Irgendwo hatte ich gelesen, daß Taucher in solchen Situationen dem Hai am besten fest in die Augen sehen und ihm einen Schlag auf die Nase verpassen. Statt dessen kraulte ich wie besessen in Richtung Oberfläche. Ob mir der Hai gefolgt ist, weiß ich nicht; ich weiß nicht einmal mehr, wie ich es schaffte, nach oben zu kommen.

Dieser Vorfall verstärkte mein Gefühl der Isolation auf der Insel. Wenn der Hai eine Kostprobe von mir genommen hätte, wäre ich wahrscheinlich erst von der Insel gekommen, wenn es schon zu spät gewesen wäre. Als der Koch das DDT mit dem Mehl verwechselte, war ich selbst nicht auf der Insel, aber denen, die von dem Fisch gegessen hatten, ging es sehr schlecht. Glücklicherweise hatten zwei Leute das Essen verpaßt und konnten sich um die Opfer kümmern, bis ein Boot vorbeikam und sie nach Papeete brachte. Jedenfalls stand mein Entschluß fest: Wir brauchten eine Landebahn.

Mitte der siebziger Jahre, als die Insel schon ein paar Jahre in meinem Besitz war, das Hotel einigermaßen florierte und die Landebahn gebaut war, kehrte ein älterer Tahitianer, der Grandpère genannt wurde, mit einem dicken roten, etwa einen Meter langen Fisch vom Angeln zurück. Er sagte, es sei ein Red Snapper, aber mich erinnerte der Fang eher an das Bild von einem roten giftigen Fisch, das ich einmal gesehen hatte und von dem es hieß, daß er in Lagunen vorkam. Ich erwähnte das Grandpère gegenüber, aber er versicherte mir, der Fisch sei nicht giftig. »Er sieht so ähnlich aus«, meinte er, »aber er ist es nicht.«

»Okay«, sagte ich. Ich dachte mir, wenn es einer in Tahiti geschafft hat, so lange zu leben, um graue Haare zu bekommen, muß er auch wissen, welche Fische man essen kann.

Am nächsten Morgen wachte ich um zwei Uhr in der Früh mit gefühllosen Lippen auf. Sie waren völlig taub. Es kribbelte in den Füßen, meine Handflächen juckten, und ich hatte teuflische Kopfschmerzen. Ich wußte, daß es am Fisch lag, auch wenn ich nicht viel davon gegessen hatte. Ich hatte von Fischvergiftungen in der Südsee gelesen, und so wollte ich bestimmt nicht sterben: Je nach Giftigkeit der Art bringen einen manche Fische innerhalb von Stunden um, bei anderen dauert es drei oder vier Tage, bis man schreiend vor Schmerz dem Tod in die Arme sinkt. Ich hatte von Leuten gehört, die sich die Haut vom Fleisch gerissen hatten, weil es so juckte. Ich stand auf, machte einen Kontrollgang auf der Insel und erfuhr, daß jeder, der von dem Fisch gegessen hatte, erkrankt war. Da ich der Kapitän des Schiffes war, mußte ich ihnen die Medizin, die wir hatten, überlassen, und dann funkte ich nach Papeete, damit man uns ein Charterflugzeug schickte, um die Kranken abzutransportieren.

Am schlechtesten ging es Grandpère und vier seiner Freunde. Sie hatten den giftigen Fisch mit »Fafaru« gegessen, einer tahitischen Version vom Limburger hoch zehn: Fischstückchen – gewöhnlich Gedärme und Innereien – werden dabei zum Faulen in einer mit Meerwasser gefüllten Kokosnußschale in die Sonne gestellt, bis das Ganze stinkt und vor Würmern nur so wimmelt. Dann wird die Schale ausgeleert und frisches Meerwasser auf den verbliebenen Rest der Fäulnisbakterien gegossen, was eine herrliche Bakteriensuppe ergibt, in der man frischen Fisch mariniert. Nach vier oder fünf Stunden kann man das Ganze dann essen, und es stinkt wie der Fuß eines toten Alligators, der zwei Monate lang in der Sonne gelegen hat. Die Widerlichkeit des Ganzen spottet jeder Beschreibung. Selbst Bussarde scheuen davor zurück. Nicht wenige von ihnen sollen von dem Geruch sogar schon ohnmächtig geworden sein.

Nicht alle Tahitianer essen Fafaru, aber für manche, wie für Grandpère, ist es eine Leibspeise. Bei den Mahlzeiten sitzen sie gewöhnlich so, daß der Wind den Gestank nicht zu den anderen herüberbläst, aber Leute, die Fafaru gegessen haben, kann man immer noch zehn Meilen gegen den Wind riechen, egal, wie sie sitzen. Unglücklicherweise hatten Grandpère und seine Freunde am Abend zuvor Teile des giftigen Fisches in ihr Fafaru eingelegt, und demzufolge waren sie in einer schrecklichen Verfassung. Das Flugzeug brachte sie nach Papeete, wo ihnen der Magen ausgepumpt wurde und wo sie dann ein paar Wochen Urlaub im Krankenhaus machen durften.

Wir hatten zwar eine Flugverbindung zur Insel aufgebaut, aber von einem First-class-Service war das Ganze natürlich meilenweit entfernt. Gewöhnlich stellte sich ein ehrgeiziger Pilot aus Papeete zur Verfügung, der beschlossen hatte, mit quasi anderthalb Flugzeugen eine Fluglinie zu gründen – wegen der häufigen Ausfälle beschlich einen oft das Gefühl, nur in einem halben Flugzeug zu sitzen. Vor dem Abflug mußte immer einer der Passagiere aussteigen und den Propeller anwerfen.

Nach einem mehrwöchigen Aufenthalt auf der Insel mußte ich einmal wegen eines Films nach Los Angeles. Der Pilot aus Papeete kam mit einem Flugzeug, das er sicher für schnittig, schick und erstklassig hielt – eine *zweimotorige* Seifenkiste, die Wiley Post längst ausrangiert hätte. An diesem Morgen wollten wir zu fünft die Insel verlassen, aber ein paar Minuten nach dem Start drehte sich einer der Propeller nicht mehr. »May Day, May Day«, gab der Pilot per Funk durch, »mein Steuerbordmotor ist ausgefallen ...« Dann wandte er sich zu uns um und meinte leichthin: »Keine Sorge, die Kiste fliegt auch mit einer Maschine.«

Beim Ausfall eines Motors muß der Pilot den Antriebsverlust der einen Seite durch starkes Gegensteuern ausgleichen, damit das Flugzeug nicht immer im Kreis fliegt. Soviel wußte ich, und der Pilot reagierte dankenswerterweise entsprechend. Da wir nur fünf Minuten von Teti'aroa entfernt waren, kehrte er um und flog zurück in Richtung Insel. Doch unglücklicherweise fing nun der andere Motor zu stottern an.

»Okay, alle Mann herhören«, sagte ich, »wir veranstalten einen Wettbewerb. Jeder hält seine Handflächen nach oben. Wer am wenigsten schwitzt ...«

Als wir über dem Riff hinuntergingen und der Pilot die Landebahn anvisierte, stotterte der zweite Motor immer noch, doch da erwachte der Motor, der zuerst ausgefallen war, plötzlich zum Leben. Als er ansprang, zog es uns zu einem Grüppchen Kokospalmen am Rand der Landebahn hinüber, der Pilot steuerte gegen, und wir drifteten in die andere Richtung ab. Aber dann fiel er wieder aus, während die zweite Maschine noch hüstelte, und wir trudelten wieder auf die Kokospalmen zu. Ich wußte, daß diese Bäume einmal einem Sturm mit hundertachtzig Stundenkilometern Windgeschwindigkeit standgehalten hatten, und ich fragte mich, was wohl passieren würde, wenn sich ein Flugzeug darin verfing. Während mir diese Gedanken durch den Kopf schossen, legte das Warnsignal los, das anzeigt, wenn der Flug überzogen ist. Während ich dem Blöken der Anlage und dem Krach der Maschinen lauschte, die abwechselnd aussetzten und wieder ansprangen, dachte ich, was für ein lustiger Abgang es wäre, auf dieser wunderbaren Insel zu sterben.

Wir hielten mittlerweile direkt auf die Kokospalmen zu; sie waren nur noch zwei- oder dreihundert Meter entfernt, und ich fand sie aus dieser Nähe recht hübsch. Plötzlich sprang der Motor, der zuerst ausgefallen war, brüllend wieder an, und das Flugzeug flog erneut weg von den Bäumen, nachdem es mit einer der Tragflächen mehrere Palmwedel abgerissen hatte.

Nachdem der Pilot das Flugzeug schließlich ziemlich unsanft auf die Landebahn gesetzt hatte, saß ich da und dachte: »Tja, Marlon, heute hat's wohl noch nicht sein sollen.«

Ich stieg aus dem Flugzeug, küßte den Piloten nach französischem Brauch auf beide Wangen, sah zu den Kokospalmen hoch und erinnerte mich daran, daß ich am nächsten Tag in Los Angeles sein mußte. Ich ging zurück in mein Zimmer, warf mich aufs Bett, blickte durch die Muschelvorhänge auf die Lagune und dachte mir: »Was soll's.« Obwohl man uns am selben Tag noch ein anderes Flugzeug schickte, um uns abzuholen, blieb ich noch zwei Wochen auf Teti'aroa. Mir war einfach nicht danach, schon nach Los Angeles zurückzukehren.

42

Während der sechziger und siebziger Jahre ist so viel passiert, daß ich mich nur noch undeutlich an diese Zeit erinnern kann. Ich versuchte immer noch, meinem Leben irgendeinen Sinn zu geben, und beteiligte mich an fast jeder Aktion, die einen Beitrag zur Beendigung von Armut, Rassendiskriminierung und sozialer Ungerechtigkeit leisten wollte. Doch das war nicht alles, was ich während dieser Jahre machte; es gab auch viele Partys, Besäufnisse, wir amüsierten uns, sprangen in Swimmingpools, rauchten Gras, lagen am Strand und sahen uns den Sonnenuntergang an. Während der sechziger Jahre ging in Hollywood jeder mit jedem ins Bett. Es gehörte einfach dazu, die Frau oder Freundin des anderen zu vögeln, und ich habe meinen Teil dazu beigetragen. Wie immer war das Filmemachen für mich Mittel zum Zweck: Ich wollte genügend Geld verdienen, um mich und meine Familie zu ernähren, meine Alimente zu zahlen, meine Projekte auf Teti'aroa zu finanzieren und den Leuten zu helfen, die Hilfe nötig hatten. Ich spielte viel herum, beschäftigte mich aber mindestens ebensosehr mit der Lage der Welt. Ich war immer noch der Ansicht, Filme sollten sich solchen Themen wie der Scheinheiligkeit, der Ungerechtigkeit und der politischen Korruption widmen. Manchmal war ich auch in einer Stimmung, in der ich überhaupt keine Filme mehr machen wollte. Ich sagte meiner Sekretärin, sie solle alle Drehbücher ungelesen zurückschicken, weil ich kein Geld mehr verdienen wolle. In Kalifornien ist es Gesetz, daß die Hälfte des Verdienstes dem Ehepartner zusteht, und manchmal weigerte ich mich zu arbeiten.

Trotzdem machte ich mir immer noch Gedanken über Leute, die weniger Glück hatten als ich, die in Schwierigkeiten steckten oder die von anderen schlecht behandelt wurden. Vor allem aber verabscheute ich Menschen, die ihre Autorität ausnutzten – ob es nun Eltern oder Präsidenten waren –, um auf anderen Menschen herumzutrampeln. Ungerechtigkeit, Vorurteile, Armut, unfaires Verhalten oder Rassendiskriminierung beschämten mich, egal, ob es sich dabei um Gruppen handelte, die nicht das Glück hatten, von unserem politischen System zu profitieren, oder um Einzelpersonen wie Caryl Chessman, der hingerichtet werden sollte – und gegen dessen Exekution ich mich aussprach, weil er meiner Ansicht nach zu Unrecht verurteilt worden war.

An dem Film über die UNO, den ich geplant hatte, als wir 1955 Pennebaker Productions auf die Beine stellten, wurde sechs Jahre später schließlich *Der häßliche Amerikaner*, nach einer Vorlage von William J. Lederer und Eugene Burdick. Ich spielte Harrison Carter McWhite, einen amerikanischen Botschafter, der eitel, aber gutwillig ist. Er wird in ein fiktives Land in Südostasien geschickt und bringt dabei die ganzen Fehleinschätzungen und den Eigennutz der herrschenden Klasse Amerikas mit. Ich betrachtete ihn als eine Art Allegorie auf die herablassende und egoistische Art und Weise, mit der die Vereinigten Staaten ärmere Nationen in der sogenannten dritten Welt behandelten. Aus der zeitlichen Distanz heraus ist mir klargeworden, daß der Film ebensosehr eine Metapher der Politik ist, die schließlich zum Vietnamkrieg führte und achtundfünfzigtausend Amerikaner das Leben kostete, hauptsächlich wegen der Märchen über die »kommunistische Weltverschwörung« und der »Dominotheorie«, die eine Kopfgeburt der Gebrüder Dulles war.

Wie gesagt, als ich zum erstenmal von der Entwicklungshilfe der UNO und der Unterstützung hörte, die Amerika dem Ausland gab, dachte ich, das seien wunderbare Beispiele dafür, wie die Besitzenden den Armen aus Mitleid und Barmherzigkeit unter die Arme griffen. Aber als ich für die UNICEF in Ländern der dritten Welt unterwegs war, begriff ich, daß die Politik der industriellen Länder nicht nur eigennützig, egoistisch und fehl am Platz war, sondern darüber hinaus noch nicht einmal funktionierte. Im Namen von Sitte und Anstand beanspruchten die Vereinigten Staaten und Gesellschaften wie die United Fruit Company für sich das Recht, die Welt zu regieren. In Lateinamerika und Asien unterstützten die USA jede Regierung, wenn sie sich nur bereit erklärte, gegen den Kommunismus zu kämpfen und amerikanische Interessen zu vertreten – ganz gleich, wie korrupt sie war. Doch die Bevölkerung dieser Länder stießen wir vor den Kopf. Die Führer der sogenannten freien Welt, die Vereinigten Staaten von Amerika, förderten Diktaturen mit Tyrannen an der Spitze, einzig unterstützt von der wohlhabenden Elite, die den demokratischen Prinzipien Hohn sprach. Unser Land nahm Mord und Korruption in Kauf, weil es meinte, ein tyrannischer Diktator wie Ferdinand Marcos sei für die Philippinen besser als ein demokratisch gesinnter Führer, der die Vorstellungen der Bauern verwirklichen wollte: nämlich den Wohlstand gerecht aufzuteilen, von dem nur zwei Prozent der Bevölkerung profitierten. Die CIA torpedierte demokratisch gewählte Regierungen und mischte sich rücksichtslos in die inneren Angelegenheiten fremder Länder ein. Unsere Regierung setzte auf Diktatoren, die ihr Volk beraubten, betrogen und ermordeten, und das blieb so lange ungestraft, wie sie »gegen den Kommunismus« waren. Die USA ließen sie mit allem davonkommen, einschließlich Mord. Außerdem waren an unsere politische Unterstützung Bedingungen geknüpft. Wir halfen nicht, weil wir etwas gegen die Hungersnot, die Unwissenheit, gegen Krankheiten oder Armut unternehmen wollten; uns ging es allein um unsere eigenen Interessen, die Befriedigung unserer Gier, die wir mit den Märchen über den Kommunismus rechtfertigen wollten.

Als *Der häßliche Amerikaner* in Bangkok anlief, gab Kukrit Pramoj, ein ehemaliger Minister der thailändischen Regierung, der im Film den Premierminister eines fiktiven Landes gespielt hatte, eine Party und lud das gesamte Diplomatische Korps Thailands ein. Ich flog zu diesem Anlaß hin und wurde als Ehrengast so zentral plaziert, daß mich jeder sehen konnte. Im Rahmen des Unterhaltungsprogramms kam auch eine Thai-Oper zur Aufführung, in der barfüßige Tänzer mitwirkten, die sich sehr, sehr langsam bewegten. Sie schienen Jahre zu brauchen, um die Augen von einer Seite zur anderen zu wenden, und Jahrhunderte, um ihre Hände oder Füße zu bewegen. Schon bald konnte ich die Augen kaum noch offenhalten, und mein Nachbar mußte mich ständig in die Rippen stoßen, damit ich nicht wegdämmerte. Das wäre eine fürchterliche Beleidigung gewesen, da ich ja schließlich der Ehrengast war. Zwischen den Akten pausierte die Musik, und ich mußte aufstehen, zu den Darstellern gehen und ihnen auf eine Art, die den thailändischen Riten Rechnung trug, mittels eines Übersetzers sagen, wie wundervoll sie gespielt hatten. Es fiel mir nicht leicht, etwas einigermaßen Vernünftiges über den Zauber der Thai-Oper zu sagen. Man bedeutete mir, daß im nächsten Akt der Affenkönig angreifen würde und es zu einem wütenden Kampf kommen werde. Endlich tut sich was auf der Bühne, dachte ich erleichtert. Aber unglaublicherweise geriet dieser Teil der Oper noch langsamer als die vorangegangenen, und schließlich gipfelte er in einer Art Fingerwackeln und Augenverdrehen, was zusammengerechnet ungefähr eine Minute dauerte. Ich kämpfte mit aller Macht gegen die beiden Muskelmänner an, die mir die Augenlider herunterzogen, und muß mit meinen sperrangelweit aufgerissenen Augen ausgesehen haben wie ein Zombie.

Ich habe keine Ahnung, wie ich die Vorstellung überstand. Danach machte ich die Bekanntschaft all der Diplomaten und Honoratioren, die zum Fest geladen waren; überall wurden Hände geschüttelt und Französisch, Thai und mehr oder weniger Englisch gesprochen. Ich war dem Tiefschlaf bereits nahe, aber irgendwie machte mir das alles trotzdem einen Heidenspaß. Als ich wieder im Hotel war, ließ ich mich zuerst einmal auf den Boden sinken, weil es dort am kühlsten war. Meine Füße juckten aus irgendwelchen Gründen fürchterlich, und ich erinnere mich noch an meinen letzten Gedanken vor dem Einschlafen: Wie wäre es wunderbar, dachte ich, wenn das Schwein, das an meiner Fußsohle leckt und knabbert, nur für eine halbe Minute damit aufhören könnte.

Es klingt zwar komisch, aber Nächte wie diese machten das Filmbusineß attraktiv für mich. So bekam ich die Gelegenheit, Leute wie Richter William O. Douglas, Martin Luther King jr., Dag Hammarskjöld, Sukarno, Jawaharlal Nehru, Indira Gandhi und Robert und John Kennedy kennenzulernen.

Als sich JFK um die Präsidentschaft bewarb, hielt ich ihn für einen Politiker der neuen Art, den ich bewundern und unterstützen konnte, obwohl ich in meinem Leben nur selten zur Wahl gegangen bin. Er war nicht nur liebenswürdig, sondern auch klug, er hatte Verständnis für die Geschichte, war neugierig, und es war ihm offenbar ernst damit, ein paar der Ungerechtigkeiten im Land geradezurücken.

Einmal besuchte ich eines seiner Wahlkampfdinner, und irgendwann fing er an, sich durch den Raum zu arbeiten, ging von einem Tisch zum andern und reichte allen die Hand. »Das muß Sie ja ganz schön langweilen«, sagte ich, als er bei mir angelangt war.

Etwas überrascht und vielleicht auch verletzt meinte er: »Eigentlich langweilt es mich überhaupt nicht. Es interessiert mich, was die Leute zu sagen haben, was sie denken und . . .«

»Aber ich bitte Sie«, sagte ich. »Soll das heißen, Sie finden es unheimlich aufregend, hier zu sitzen und mit irgendwelchen hochvornehmen Damen Konversation zu machen?«

»Ich mag diese Damen«, sagte Kennedy.

»Ich bitte Sie.«

Kennedy blickte mich mit unverhohlener Feindseligkeit und Mißtrauen an, bis ich ihn anlächelte und sagte: »So ernst können Sie das doch gar nicht meinen.«

Er lächelte zurück, und es war ein nettes Lächeln, als er endlich begriff, daß ich ihn gar nicht kritisieren wollte, sondern im Endeffekt nichts anderes sagte als: »Ich möchte ein einziges Mal die Wahrheit von einem Politiker hören.«

Nach dem Essen kam ein Agent des Secret Service zu mir und richtete mir aus, daß der Präsident mich sehen wolle.

»Das wird interessant werden«, dachte ich mir und folgte ihm nach oben in Kennedys Hotelzimmer. Er hatte auf der Veranstaltung nichts gegessen, weil er pausenlos mit Händeschütteln beschäftigt war, deshalb aß er jetzt und lud mich dazu ein. Doch vorher machten wir uns erst einmal daran, uns zu betrinken.

Kennedy war geradeheraus, geistvoll und überaus interessiert daran, alles über die Frauen, die ich in Hollywood kannte, zu erfahren. Dann wechselte er das Thema, sah mich mißtrauisch an und sagte: »Wir wissen, was Sie mit den Indianern gemacht haben«, und hob warnend den Zeigefinger.

»Na ja«, meinte ich, »ich weiß, was Sie mit den Indianern *nicht* gemacht haben.«

Da wechselte er wieder das Thema: »Sie werden zu dick für die Rolle.«

»Welche Rolle?« fragte ich.

»Unwichtig. Wichtig ist Ihr Speck.«

»Machen Sie Witze?« fragte ich. »Haben Sie neulich mal in den Spiegel geguckt? Ihre Pausbacken sprengen jeden Rahmen. Wenn die im Fernsehen nah an Sie rangehen, haben sie nur noch die Hälfte Ihres Gesichts auf dem Schirm. Im Fernsehen sehen Sie aus wie der Mond. Ich kann kaum Ihr Gesicht sehen, weil es so dick ist.«

Kennedy beharrte darauf, daß er viel weniger wiege als ich, und ich widersprach ihm. Also schwankten wir beide ins Badezimmer, und ich stellte mich auf die Waage. Als er an der Reihe war, setzte ich meinen großen Zeh mit darauf, so daß er ungefähr fünfundzwanzig Pfund mehr wog als ich. Ich sagte: »Na, Dickerchen, verloren!«

Ein paar Jahre später, als sich der Vietnamkrieg langsam zu der Tragödie entwickelte, die er letztlich war, fuhr ich wegen eines Nothilfeprogramms der UNICEF wieder nach Asien. Der nordindische Staat Bihar wurde damals von einer schrecklichen Hungersnot heimgesucht. Das Leid, das ich sah, veranlaßte mich, einen 45-Minuten-Film zu machen, den ich mit einer 16-mm-Kamera drehte. In einem Jeep fuhr ich mit UNICEF-Mitarbeitern von einem Dorf zum nächsten, und die Straßen waren zerfurcht und schlammig. Auf einigen dauerte es länger, hundert Kilometer zurückzulegen, als von Los Angeles nach New York zu fliegen. Die meisten Dörfer waren auf dieselbe Art angelegt, nämlich achterförmig: Auf der einen Seite lebten die Brahmanen und Angehörige anderer höherer Kasten, auf der anderen lebten die Unberührbaren. Meistens waren die Brunnen auf der Seite der Unberührbaren ausgetrocknet, und niemand hatte genügend Geld, um neue zu bohren. Ihrem Glauben nach durften sie das Wasser aus den Brunnen der höheren Kasten nicht benutzen, da sie ja unrein waren und das Wasser verseucht hätten. Sie durften nicht einmal aus einem Krug Wasser trinken, der aus einem Brahmanenbrunnen geschöpft worden war.

Dieser Logik konnte ich selbst guten Willens nicht folgen, und wie die Unberührbaren behandelt wurden, blieb mir unverständlich. Sie mußten die Straßen fegen und menschliche Exkremente mit der Hand auflesen. Für die Hindus galten sie nicht nur als unberührbar, sondern auch als »unhörbar«. In früheren Zeiten durften sie in manchen Dörfern nicht einmal auf Instrumenten spielen, weil sie damit die Ohren jedes Brahmanen, der die Musik hörte, verunreinigten. Auf manchen Wegen durften sie nicht gehen, weil sie ja *gesehen* werden und den Blick der Brahmanen beschmutzen könnten; sie mußten mit einer Glocke umhergehen, damit man sie schon von weitem hören konnte und die Brahmanen jedes zufällige Zusammentreffen vermeiden konnten.

In einem Dorf sah ich einen Inder, der vor einem Laden stand und versuchte, sich bemerkbar zu machen. Der Händler trat auf die Terrasse und fragte: »Was willst du?« Der Unberührbare antwortete: »Ich möchte Reis.« Der Ladenbesitzer sagte ihm den Preis und ging wieder hinein. Der Unberührbare legte ein paar Rupien auf einen Pfosten vor dem Laden und trat zurück. Der Händler kam heraus, nahm das Geld, legte den Reis auf den Pfosten und verschwand wieder. Dann näherte sich der Unberührbare langsam und nahm den Reis. Er hatte seine Stellung innerhalb der Hierarchie akzeptiert. Der Ladenbesitzer mußte sich in der Zwischenzeit einem religiösen Ritual unterziehen, um sich zu reinigen, denn er war ja von dem Geld des Unberührbaren verunreinigt worden.

Die Kinder aus Bihar, die ich filmte, waren ausgemergelt und mit Pockennarben und Schorf übersät; viele starben. Meistens lag das nächste Krankenhaus meilenweit entfernt, und wenn doch eines da war, dann gab es zu wenig Personal, Medizin und Lebensmittel. Die Krankenhausbetten waren grau vor Flöhen, und die Kinder lagen je nach Kastenzugehörigkeit in mehr oder minder guten Betten; selbst dort waren die Unberührbaren ausgestoßen. In fast allen Dörfern litten die Kinder an Unterernährung und Durchfall. Die Mütter hatten keine Milch, weil sie selbst nichts zu essen und kaum Wasser hatten. Ein kleines Mädchen kam zu einem der Helfer und wollte das ihm angebotene Essen mit den Falten seines Sari aufnehmen, aber der Stoff war so dünn, daß es keinen Quadratzentimeter gab, der stark genug gewesen wäre, um das Essen zu tragen.

In vielen Dörfern hatten die Kühe das Stroh von den Dächern abgekaut, weil es kein Futter für sie gab, und die Menschen waren so dürr, daß es unfaßbar schien, daß sie überhaupt noch laufen konnten.

Wenn man ein Kind an der Wange berührte, dann hinterließ das eine Druckstelle im Fleisch; die Haut hatte keine Spannung mehr und erinnerte an die eines Kadavers.

In einem Dorf fotografierte ich einmal eine Gruppe Inder, als eine Frau aus der Menge trat und ihr Baby vor die Kamera hielt, als könne die durch irgendeinen Zauber ihr Kind retten. Als ich die sterbenden Kinder filmte, schien es mir so absurd, daß sich in Vietnam, gar nicht weit weg von hier, die Menschen quasi freiwillig gegenseitig umbrachten. Wie gerne hätte ich einen Bruchteil des Geldes, das für Bomben ausgegeben wurde, für Hydrologen verwendet, damit in den Dörfern Brunnen gebaut werden konnten.

Das Kastensystem Indiens ist eines der heimtückischsten sozialen Systeme, die sich der Mensch je ausgedacht hat, obwohl es sich im Prinzip nicht von den Kastensystemen anderer Gesellschaften unterscheidet. Es gibt in allen anthropoiden Systemen ähnliche Hierarchien – bei den Menschen, den Pavianen, den Schimpansen und Gorillas. In Indien ist das System einfach komplexer und vielschichtiger – es gibt etwa neunzehntausend Unterkasten in der hinduistischen Gesellschaft. Menschen, die in einer unteren Kaste geboren sind, sollen angeblich in einem früheren Leben Böses getan haben; die Brahmanen an der Spitze der Hierarchie behaupten, von der heiligsten, priesterlichsten Klasse abzustammen. Es gibt sogar Brahmanen, die keine anderen Brahmanen heiraten würden, weil sie einer anderen Subkaste entstammen.

Gandhi ist es zu verdanken, daß es seit 1949 illegal ist, Unberührbare als minderwertig zu behandeln, aber die Gesetze ändern nichts an der Denkweise der Menschen. Selbst Gandhi mit all seiner Kraft und Stärke hatte es nicht leicht, etwas zu verändern. Es ist ein entsetzliches System, in Varianten ist es aber in allen Gesellschaften, auch in unserer, vorhanden. Es steht für den fundamentalen menschlichen Trieb, sich in Gruppen zu organisieren und andere als minderwertig hinzustellen.

Ironischerweise haben die Briten, die selbst ein rigides, wenn auch nicht so komplexes Klassensystem haben wie die Inder, die Brahmanen ihrerseits behandelt wie Unberührbare, als sie das Land regierten.

Auch in den Vereinigten Staaten haben wir seit jeher unsere Unberührbaren – Indianer, Schwarze, Homosexuelle. Wer weiß, wer der nächste ist.

Am letzten Tag der Aufnahmen, nachdem ich ein Kind gefilmt hatte, das vor meinen Augen gestorben war, legte ich die Kamera nieder und weinte. Ich konnte es nicht mehr mit ansehen. Mir war klar, daß ich meine Informationen nach Amerika bringen mußte. Ich dachte, das amerikanische Volk wäre entsetzt und würde alles in seiner Macht Stehende tun, um diesem Elend ein Ende zu setzen.

Als ich nach Hause kam, zeigte ich den Film deshalb Jack Valenti, der Vorsitzender der Motion Picture Association of America wurde, nachdem er Berater des Präsidenten gewesen war. Er sagte mir, daß er den Film Präsident Johnson vorgeführt habe – und dann habe ich nie wieder von ihm gehört. Ich zeigte ihn so vielen Prominenten in Hollywood wie ich nur konnte, aber niemand wollte mir helfen, den Film als Dokumentation in die Kinos zu bekommen, obwohl alle Tränen in den Augen hatten, nachdem sie ihn gesehen hatten, außer der Frau eines Produzenten, die sagte: »Weißt du, Marlon, wir sollten uns erst einmal um uns selbst kümmern« – eine unserer bekanntesten Phrasen. Nachdem ich es in Hollywood versucht hatte, dachte ich, der Film würde über das Fernsehen vielleicht ein noch größeres Publikum erreichen. Ich zeigte ihn jemandem von CBS News, der meinte: »Es ist ein wirkungsvoller Film, aber wir haben keine Verwendung dafür.«

»Warum denn nicht?« fragte ich.

Er antwortete: »Weil unsere Nachrichtenredaktion alles selbst produziert, wir haben noch nie irgendwelche Dokumentationen von außen angefordert und ausgestrahlt.«

»Warum nicht? Ich war dort. Was ich zeige, ist die Wahrheit.«

»Ja, aber wir haben Richtlinien, an die wir uns zu halten haben, und wir können keine Ausnahmen machen.«

Bei NBC erzählten sie mir dasselbe. Den Film habe ich also nie ins Fernsehen gebracht, und damit war die Sache erledigt.

43

Etwas an meinem Leben fand ich immer erstaunlich: Als ich geboren wurde, war es gerade zweiundsechzig Jahre her, daß in Amerika ein Mensch einen anderen Menschen kaufen konnte. Das hatte mich schon als Jugendlicher erstaunt, und ich fragte mich, wie es wohl dazu hatte kommen können. Ich beschäftigte mich mit der Geschichte der Schwarzen, versuchte mich in sie hineinzuversetzen und mir so gut es ging vorzustellen, was es bedeutete, als Schwarzer geboren zu sein – was natürlich unmöglich ist. Ich brauchte allerdings Jahre, um das zu kapieren. Wegen ihres enormen Durchhaltevermögens, das sie sich in mehr als vierhundert Jahren angeeignet hatten, betrachtete ich die Afroamerikaner als Helden; auch Sklaverei und Folter hatten es nicht vermocht, ihren Lebensmut zu brechen. Die Not und das Elend konnten noch so groß sein, sie bewahrten sich immer etwas, selbst wenn es nur ihre Musik oder ihre Religion war. Man entriß sie ihrer afrikanischen Heimat, zwang sie, in Ketten den langen Marsch zu einem Seehafen auf sich zu nehmen, hielt sie auf Schiffen gefangen und brachte sie schließlich an irgendeinen Ort, um sie zum Verkauf anzubieten. Sie überlebten nicht nur die körperlichen, sondern auch die seelischen Strapazen: nicht zu wissen, wohin sie überhaupt verschleppt wurden und was aus ihnen werden sollte. Man stieß sie in eine Welt mit einer fremden Sprache, fremden Sitten und einer fremden Kultur, vor der sie unendlich viel Angst gehabt haben müssen. Familien wurden zerrissen und an Sklavenhalter verhökert, von denen sie gezwungen wurden, wie Tiere zu arbeiten. Das Essen, das ihnen vorgesetzt wurde, war eine Art Gnadenbrot – die Versorgung restlos abhängig von den Launen ihrer Herren. Von Generation zu Generation mußten sie auf diese Art ihr Dasein fristen: unterdrückt, entrechtet, in dem Bewußtsein, nicht viel mehr wert zu sein als ein Tier. Wer überleben wollte, mußte sehr stark sein, und deswegen gab es für mich immer einen Unterschied zwischen den Afroamerikanern und den Afrikanern; die Vorfahren der erstgenannten hatten so viel zu ertragen, daß nur die Zähesten durchkamen.

Als Lincoln den Schwarzen ihre sogenannte Freiheit schenkte, wurde null Komma nichts die Farmpacht eingeführt. Die Pächter mußten in Form eines Ernteanteils bezahlen. Dann kamen der KKK, die Lynchjustiz, die Verweigerung der staatsbürgerlichen Rechte und all die anderen modernen Arten der Sklaverei. Die Schwarzen waren dem Gesetz nach frei, aber die Diskriminierung ging weiter – so heimtückisch und vollständig, daß sich lediglich die Gestalt der Sklaverei wandelte. Die Weißen waren in der Mehrheit, und die Schwarzen wurden von Geburt an darauf konditioniert, sich für minderwertig zu halten. Sie bekommen es jeden Tag aufs neue zu spüren; sie haben keine Chance, und doch haben sie allen Widrigkeiten getrotzt und unsere Kultur dazu noch enorm bereichert. Ein Großteil des amerikanischen Humors stammt von den Schwarzen, so wie unsere Musik. Die Schwarzen haben der Welt das Tanzen beigebracht, vom Jitterbug bis zum Rock 'n' Roll, und ich glaube, sie haben den Amerikanern ungeheuer dabei geholfen, sich von den puritanischen Einstellungen gegenüber der Sexualität freizumachen, die unserer Kultur den überwiegenden Teil dieses Jahrhunderts und dem gesamten vorangehenden das Leben schwergemacht hat. Neben der Musik war Sex das einzige, was den Sklaven gestattet war – denn wenn sie sich fortpflanzten, dann bedeutete das ein neues Stück Eigentum ... Die Weißen beraubten sie ihres Tanzes und ihrer Musik, aber die Schwarzen zeigten uns und vielen anderen in der Welt, daß wir uns unserer Sexualität bewußter werden und mehr unseren Impulsen folgen müssen, die ein natürlicher Teil von uns allen sind.

Als sich in den späten Fünfzigern und frühen Sechzigern die Bürgerrechtsbewegung entwickelte, tat ich alles, was in meinen Kräften stand, um sie zu unterstützen. Ich fuhr mit Paul Newman, Virgil Frye, Tony Franciosa und anderen Freunden in den Süden, um dort an den Friedensmärschen teilzunehmen und Dr. Martin Luther King jr. zur Seite zu stehen. Bei der Demonstration in Washington stand ich ein paar Schritte hinter Dr.

King, als er seine »Ich habe einen Traum«-Rede hielt, die ich immer noch im Ohr habe. Er war ein Mensch, den ich sehr bewunderte. Ich war der Meinung, daß ein Teil von ihm es bedauerte, so tief in den Kampf um die Gleichberechtigung verstrickt zu sein, während ein anderer Teil ihn dazu hintrieb, und ich bin überzeugt davon, daß er wußte, daß er sich dafür würde opfern müssen.

Nichts hat mich je so bewegt wie die Worte, die King an dem Abend sprach, bevor er in Memphis ermordet wurde: »Ich möchte nur Gottes Willen tun. Und er hat mir erlaubt, auf den Berg zu steigen. Und ich habe hinüber auf die andere Seite geblickt – und das Gelobte Land gesehen. Ich komme vielleicht nicht zusammen mit euch dort an . . .« – aber sein Volk würde das gelobte Land erreichen. »Ich fürchte keinen Menschen.« Er sagte damals, er würde gerne ein langes Leben haben, denn lange zu leben sei erstrebenswert, aber: »Mine eyes have seen the glory of the coming of the Lord . . .« Beinahe schien er seinen Tod anzukündigen; irgendwie wußte er, daß er nahe bevorstand und unausweichlich war. Ich glaube, er war bereit zu sterben. Er hatte viel erreicht, aber da war so viel Schmerz und Qual, daß er am Ende seiner Kraft war. In Memphis war es nur darum gegangen, eine kleine Lohnerhöhung für die städtischen Müllmänner auszuhandeln, ein Job, der schon zu den besten gehörte, auf die ein Schwarzer hoffen konnte. Sein Mut und seine Tapferkeit angesichts der ständig drohenden Katastrophe bewegen mich noch heute.

Nach dem Mord an King und den Attentaten auf Bobby Kennedy und Medgar Evers konnten die Schwarzen zu Recht sagen, daß sie keinen Grund mehr hatten, weiterhin an der Idee der Gewaltlosigkeit und der des passiven Widerstands festzuhalten. Der Bürgermeister John Lindsay bat mich, mit ihm durch die Straßen von Harlem zu gehen, damit sich nach dem Mord an Dr. King die Stimmung etwas beruhigte, und ich willigte ein. Damals war nicht klar, daß das Ganze nichts als ein politischer Schachzug war, um schwarze Stimmen zu bekommen. Die Mitarbeiter des Bürgermeisters hatten die Presse aufgescheucht, und sobald wir ankamen, waren wir von Fotografen umzingelt. Die Leute aus Harlem schoben und drückten mich; ich dachte, sie wollten ein Autogramm von mir haben, statt dessen baten sie um Arbeit.

Nachdem ich nach Kalifornien zurückgekehrt war, las ich einen Artikel über die Black Panther, deren Angehörige im Jahr zuvor in das Kongreßgebäude in Sacramento eingedrungen waren. Ich wußte nichts über sie oder ihr politisches Programm, aber meine Neugier war geweckt. Ich rief in ihrem Hauptquartier in Oakland an und sprach mit einem der Anführer – entweder mit Bobby Seale oder mit Eldridge Cleaver, ich weiß es nicht mehr genau –, und wurde nach Oakland eingeladen. Am Flughafen holte mich eine Abordnung der Panther ab und brachte mich zu Eldridges Wohnung. Ich verbrachte fast die ganze Nacht dort mit ihm, seiner Frau Kathleen, einem Mann namens Crutch, Bobby Seale und einem siebzehnjährigen Black Panther namens Bobby Hutton.

Ich war begierig darauf, mehr über die Panther zu erfahren. Ich wollte immer noch verstehen, wie das Leben für einen Schwarzen in Amerika wohl aussah. Außer meiner Freundschaft zu Jimmy Baldwin gab es keinen großen Berührungspunkt, und ich glaubte, es wissen zu müssen. Eldridges Intelligenz war beeindruckend, und er sprach mit Schärfe über Armut, Vorurteile und den Widerstand, den die Weißen gegen die Rassengleichheit aufboten. Er war ein vernünftiger Mann, aber wie viele Black Panther, deren Männlichkeit durch den Rassismus bedroht war, sprach er mit provozierendem Tonfall. Er meinte, sie würden deshalb so aggressiv um die Verfassungsrechte kämpfen, damit die jüngeren Schwarzen der Welt mit mehr Stolz begegnen könnten. Im Prinzip glaube ich, daß sie eigentlich nur als Menschen respektiert werden wollten; einer der Umstände, die es schwierig machten, in Amerika jung und schwarz zu sein, meinte Cleaver, sei der, daß es keine schwarzen Helden gebe, die man verehren oder mit denen man sich identifizieren könne. Alle Geschichtsbücher, alle Filme und Fernsehsendungen drehten sich nur um die Weißen. Doch diese Art des Vorurteils sei es nicht, was die Schwarzen am meisten verletze, fügte er hinzu, sondern vielmehr die Tatsache, daß die Schwarzen in einer von Weißen dominierten Gesellschaft einfach nicht zu zählen schienen.

Wir unterhielten uns bis beinahe vier Uhr morgens, und ich erfuhr eine Menge über ganz unterschiedliche Dinge, besonders aber über die Alltagserfahrungen eines Schwarzen in Oakland – wie es war, von der Polizei angehalten und durchsucht zu werden, einfach nur, weil man schwarzer Hautfarbe war; wie es war, von Bullen degradiert, herabgesetzt und »Nigger« genannt zu werden; wie es war, sich für einen Job zu bewerben und in den Augen der Arbeitgeber sehen zu müssen, daß der Job ab dem Moment nicht mehr zu haben war, in dem man den Raum betreten hatte.

Ungefähr zwei Wochen später saßen Bobby Hutton und Eldridge Cleaver in der Falle: Sie befanden sich in einem Haus, das von der Polizei von Oakland umstellt worden war. Das Haus fing Feuer, und als Bobby Hutton ins Freie trat, wurde der hübsche Junge von der Polizei erschossen. Eldridge, der sich noch im Innern befand, zog sich aus, als er sah, was passiert war, dann kam er mit erhobenen Händen und gespreizten Fingern nach draußen, splitternackt. Das war sehr intelligent, denn bei so vielen Zeugen hätte die Polizei nicht einfach einen Mann erschießen können, der ganz offensichtlich unbewaffnet war. Ich bin sicher, dieser Einfall hat ihm das Leben gerettet.

Die Ermordung von Bobby Hutton bestätigte alles, was ich während dieser langen Nacht in Oakland gehört hatte. Am nächsten Tag flog ich zurück nach Oakland. Jim Farmer, der Initiator des Congress of Racial Equality, war an diesem Tag ebenfalls dort. Dies war eine der seltenen Gelegenheiten in meinem Leben, wo ich mich wirklich gefährdet fühlte. In Oakland herrschte eine knisternde Spannung, und ich spürte, daß der Polizei jede Entschuldigung recht kommen würde, um Sympathisanten der Black Panther zu töten. Im Haus der Cleavers stank es immer noch nach Tränengas, und mir stieg das Wasser in die Augen, obwohl Türen und Fenster offenstanden. Auch Farmer war da, den ich nicht gut kannte und der mich mit haßerfülltem Blick ansah. Später erfuhr ich, daß er mich verachtete, weil er mich nur für einen weiteren dieser windelweichen weißen Liberalen hielt.

Bei Bobby Huttons Beerdigung verstand ich langam die Blicke, die Jim Farmer mir zugeworfen hatte. Ich war ein Außenseiter – wie schon so oft in meinem Leben, wenn ich an Orten und unter Menschen war, denen ich eigentlich helfen wollte. In der Kirche saß ich in der zweiten Reihe, hinter mir schluchzende Frauen, und vor mir, still und stoisch die Black Panther. Bobby Seale sprach über Hutton und klagte freimütig das Policedepartment von Oakland an. Der Sarg stand offen, und am Griff des Deckels war ein Strauß gelber Chrysanthemen befestigt; während Seales Rede fielen ein paar Blütenblätter auf Bobbys Gesicht und Brust. Dann stellten sich die Panther mit ihren schwarzen Uniformen, den schwarzen Kappen, dunklen Sonnenbrillen und Lederjacken in einer Reihe vor dem Sarg auf. Die meisten blieben einfach stehen, blickten auf ihn hinab und hoben die Faust zum Gruß. Dann trat einer vor, nahm das Magazin aus einem Karabiner und legte es in Huttons Hand. Keiner von ihnen weinte, obwohl selbst ich mich kaum zurückhalten konnte. In der Kirche herrschte eine ungeheure Kälte, die beinahe greifbar war und ihre Wurzeln in einer langen Geschichte des Leidens hatte; in ihrer Trauer waren die Panther jenseits aller Tränen.

Durch die Panther begriff ich erst, wie behütet mein Leben als Weißer war und daß ich trotz meiner lebenslangen Suche, meiner Neugierde und meines Mitgefühls nie ganz verstehen würde, was es hieß, schwarz zu sein. Dem Einfühlungsvermögen sind Grenzen gesetzt, und ich konnte nicht einfach in ihre Haut schlüpfen. Ich war fest entschlossen, sie in ihrem Kampf zu unterstützen, doch ich galt als Außenseiter und würde es immer bleiben. Das wurde mir auch später klargemacht, als mir ein paar Schwarze eröffneten, daß sie mich nicht leiden könnten, weil ich ein Weißer wäre, der versuchte, den Kampf der Schwarzen zu kämpfen. Unter ihnen war Rap Brown, der mich einen hohlen Liberalen nannte, der die Nase in eine Welt steckte, in der er nichts zu suchen und von der er keine Ahnung hätte. Browns Argument wurde dankbar angenommen; es stimmt: Die Weißen werden nie verstehen, was es bedeutet, in Amerika ein Schwarzer zu sein und ein Leben zu führen, wie es Toni Morrison in ihren Büchern so wortgewandt beschreibt. Es sind geniale Bücher, aber trotz der Schönheit ihrer Prosa, trotz aller in ihr geschilderten Qualen und Schmerzen, trotz der

Sensibilität von Toni Morrison, ihres Humors und ihrer Hingabe an die schwarze Rasse – und auch ungeachtet dessen, daß sie bewegend und spannend schreibt: Die Weißen werden nie verstehen, was es heißt, von Kindesbeinen an darauf gedrillt zu werden, sich selbst zu verachten, sich als minderwertig und zweitklassig zu empfinden.

Als im Kongreß dann endlich die Bürgerrechte verabschiedet wurden, schrieb ich Jimmy Baldwin, verantwortlich dafür seien nicht »Kennedy, Johnson, Humphrey oder sonst jemand von denen. Es lag an Bessie Smith, Emmett Till, Medgar Evers, an dir, an Rosa Parks, James Meredith ... an vielen, die ›Zeugen‹ waren, wie du es oft ausgedrückt hast, ›Zeugen, die es geschafft haben zu überleben‹.«

Nach der Verabschiedung der Bürgerrechtsgesetze schienen die Black Panther an Bedeutung zu verlieren, und ihre Führung spaltete sich. Huey Newton und Bobby Seale schworen der Gewalt als Mittel zur Durchsetzung der eigenen Interessen ab, während Eldridge Cleaver ins Exil ging. Als das Gesetz durch war, hoffte jeder, daß es die Schwarzen von nun an leichter haben würden, und irgendwie war es auch so; sie haben jetzt ein paar Chancen mehr als früher. Eines jedoch hat sich nicht geändert, und das ist für ein schwarzes Kind am schwersten zu begreifen: die Tatsache, daß es kaum Gelegenheit haben wird, seine Hoffnungen wahr zu machen. Es wird unbewußt immer noch dazu erzogen, sich für zweitklassig zu halten. Es ist nicht der Rassismus des Ku-Klux-Klan – den sowieso alle für Blödsinn halten –, der die Schwarzen schwächt, sondern der heimtückische, subtile Rassismus, der den schwarzen Kindern ihren Stolz und ihr Selbstwertgefühl und somit jede Chance nimmt.

44

Von den Filmen, die ich in den sechziger Jahren drehte, waren einige mehr, andere weniger erfolgreich. Manche, zum Beispiel *Am Abend des folgenden Tages,* machte ich nur wegen des Geldes, andere, wie *Candy,* weil ein Freund mich darum gebeten hatte und ich ihm den Gefallen nicht abschlagen wollte. In dem Film gab ich eine lächerliche Figur ab, und allen anderen hat der Film letztlich nur geschadet. Damals interessierte ich mich für andere Sachen, aber ich mußte sehen, daß ich mir meinen Lebensunterhalt verdiente, und nahm, was sich mir bot.

Am stärksten sind mir aus jener Zeit die Reisen in Erinnerung geblieben und die neuen Freundschaften, die sich daraus ergaben. *Zwei erfolgreiche Verführer,* mein erster Dreh nach *Der häßliche Amerikaner,* war der einzige Film, für den ich morgens gerne aufstand. Ich konnte es kaum erwarten, bis die täglichen Dreharbeiten begannen. Ich bin kein Komödiant und habe auch kein sonderliches Talent in dieser Richtung, aber dieses Drehbuch um zwei Gauner, die an der französischen Riviera vergnügt auf die Jagd nach Geld und Sex gehen, war wirklich urkomisch, und mit David Niven zu arbeiten war göttlich. Was ich gelacht habe! David gehörte, genau wie Laurence Olivier, zu den britischen Schauspielern, die einfach nicht »unter Wert« spielen wollten – also keinen Akzent unter ihrer eigenen gesellschaftlichen Stellung annehmen. Er hatte einen wundervollen, unterkühlten Witz, der einfach sophisticated war und mich regelmäßig in ein schallend lachendes Etwas verwandelte, das stark einem Wakkelpudding glich.

Am ersten Drehtag fiel mir auf, daß David nervös wirkte. Als er seinen Text las, zitterten seine Hände so stark, daß er das Skript kaum halten konnte. Ich sprach ihn später darauf an, doch statt seine Nervosität zuzugeben, antwortete er mir mit einer so witzigen Retourkutsche, daß ich fast abbrach vor Lachen. Ich glaube, Niven wurde mit einem Fluch geboren, mit einer Stimme im Kopf, die ihm ständig vorsagte: »Bring bloß jeden zum Lachen heute und laß deinen Charme spielen, sonst ist es aus mit dir.« Er gab sich gern aristokratisch und genoß die Gesellschaft von Leuten, die Chalets in Gstaad und Jachten im Hafen von Nizza hatten. Auf eine vergnügliche Art empfand er sich irgendwie als unzulänglich, und aus seiner Fähigkeit, Menschen zu bezaubern und zum Lachen zu bringen, bezog er sein Selbstvertrauen und seine Stärke. Sein Humor war äußerst britisch. Ich konnte meine Rolle in dem Film gar nicht gut spielen, weil ich von einem Lachanfall in den nächsten fiel. Zusammen haben wir ganz schön viel Material versaut. Nachdem ich in einer Szene sechs oder sieben Einstellungen vermasselt hatte, versuchte ich, ihm über die Schulter zu blicken, so daß ich ihm nicht ständig ins Gesicht sehen mußte, aber meinen Text brachte ich immer noch nicht über die Lippen. Frustriert entschloß sich der Regisseur, einfach eine Nahaufnahme von David zu machen. Er verbannte mich aus dem Bild, doch selbst das brachte meinen Lachreiz nicht zum Erliegen. Schließlich bat er mich, in meiner Garderobe zu verschwinden, was ich auch tat. Ich vergrub den Kopf im Kissen, um mein Gelächter zu dämpfen, aber David erzählte mir später, daß er mich am Set noch immer hätte hören können.

Diese Art von Erinnerungen gehören neben den Reisen und den Begegnungen mit fremden Kulturen zu den schönen Seiten des Filmemachens. Auch den Film *Morituri* genoß ich, weil meine Freunde Wally Cox und Billy Redfield mit von der Partie waren. Ich spielte einen Saboteur im Zweiten Weltkrieg, der an Bord eines Schiffes, dessen Kommandeur von Yul Brynner dargestellt wurde, eine geheime Mission zu erfüllen hatte. Yul war kein großer Schauspieler, dennoch habe ich etwas von ihm über das Filmemachen gelernt. Er war ein netter Mann, aber genau wie David Niven mochte er In-Lokale und fühlte sich in Gesellschaft der Schickeria am wohlsten, was Wally, Billy und mir nicht besonders zusagte. Irgend jemand, wahrscheinlich Wally, ulkte: »Ich frage mich, wie Yul wohl aussehen würde, wenn er die Beine mal zusammenhielte?« Yul nahm nämlich immer die gebieterische Pose aus *Der König und ich* ein, die Beine gespreizt, fest auf den Boden gestemmt, und die Hände in den Hüften. Eine Sache in dem Film gelang Yul jedoch auf eine Weise, die mich beeindruckte. In einer Szene wirkte Yul für meine Begriffe sehr theatralisch und künstlich, aber als ich die Einstellung dann in den Mustern sah, funktionierte sie, weil das Licht effektvoll eingesetzt war. Ich erfuhr, daß er dem Beleuchter Vorschläge gemacht hatte. Ich hatte mich nie sonderlich um das Licht gekümmert, und erst jetzt verstand ich, daß der Mann, der dafür verantwortlich ist, viel für dich tun oder dir aber auch das Genick brechen kann. Je nach Ausleuchtung kann er das Gesicht dramatischer gestalten, konturlos und matt wirken oder dich einfach in der Dunkelheit absaufen lassen. Von da an besprach ich mich vor jeder Szene immer erst mit dem Beleuchter und überprüfte mit einem Spiegel die verschiedenen Effekte, die die Scheinwerfer auf mein Aussehen und meine Darstellung hatten.

Das Loch in der Tür von 1971 war ebenfalls ein Film, den ich sehr genoß. Es war ein Thriller nach Henry James' *Schraubendrehungen*. Regie führte Michael Winner, ein Engländer, der wie David Niven einen ausgeprägten Sinn für Humor hatte und ein starkes, typisch britisches Klassenbewußtsein. Gedreht wurde in einem großen Landhaus in der Nähe von Cambridge, in dem es ein wunderschönes Eßzimmer gab, das er mit teurem Porzellan, Tischwäsche und Besteck erster Güte ausstattete. Dann verkündete er, daß dieser Raum nur von Alice Marchak, Jay Kantor, meinen Freunden Philip und Marie Rhodes, mir und ihm benutzt werden dürfe. Ich sagte, daß ich diese Art von Klassenunterschied nicht angemessen fände und mit den anderen Schauspielern und dem Team essen wollte, aber Michael meinte nur: »Marlon, es tut mir leid, aber das Team will nicht mit dir essen. Sie fühlen sich sehr viel wohler, wenn sie in der Kantine nebenan unter sich sind und sich wegen der übermächtigen Präsenz ihrer Arbeitgeber und eines großen Stars keine Gedanken machen müssen.«

Ich ging trotzdem in die Kantine, setzte mich an einen Tisch, und als die anderen Schauspieler und Crew-Mitglieder mit ihren Tabletts hereinkamen, hob ich die Hand und lud sie ein, neben mir Platz zu nehmen, aber sie gingen einfach weiter. »Marlon«, sagte Michael, »es nützt nichts, wenn du hier herumfuchtelst; von diesen Leuten wird sich keiner zu uns setzen. Die unterhalten sich lieber mit ihresgleichen und haben alle Angst vor dir.« Er hatte offenbar recht, denn außer ihm und meinen Freunden aus dem anderen Zimmer wollte sich wirklich niemand zu mir setzen. Als wir am nächsten Tag ein paar Einstellungen auf einem Friedhof zu drehen hatten, hatte Michael wieder für einen eigenen Speiseraum für mich und meine Freunde gesorgt – diesmal in einem Pfarrhaus. Daraufhin lud ich zwei Schauspielerinnen, die im Film mitwirkten, ein, mit uns zu essen, Stephanie Beacham und Thora Hird, eine berühmte, ältere englische Charakterdarstellerin. Zuerst sagten sie nicht viel, aber nachdem ich Fragen gestellt und sie zum Sprechen ermutigt hatte, fing Thora quasi nonstop in einem schwerfälligen nordenglischen Akzent zu reden an, den ich nicht entschlüsseln konnte.

Hinterher sagte ich zu Michael: »Ich hab' kein Wort von ihr verstanden. Warum hast du mir nicht geholfen?«

»Tja, Marlon«, meinte er, »du hast sie eingeladen, und da es sehr nette Leute sind, dachte ich mir, du würdest sicher bestens mit ihnen auskommen.« Danach aß ich immer in meiner Garderobe oder im Wohnwagen, während Michael das Eßzimmer mit den leinenen Tischdecken benutzte. Doch als er am letzten Drehtag zum Mittagessen kam, saß ich mit all meinen Freunden ebenfalls da. Einen Augenblick lang freute er sich sichtlich, doch dann standen wir alle gleichzeitig auf und gingen zu den anderen Schauspielern und dem Team in die Kantine. Er kam mit.

Als ich sechs Jahre später wegen der Dreharbeiten zu *Superman* nach London mußte, lud ich Michael zum Abendessen in ein Haus in Shepperton ein, das man eigens für mich angemietet hatte. Es war ein Haus, kälter als die Eishöhle in dem Film. Wenn der Boiler eingeschaltet war, dann funktionierte aus irgendwelchen Gründen die Heizung nicht mehr. Als Michael auffiel, daß ich meine Kleidung mit Zeitungspapier ausgestopft hatte, wollte er wissen, weshalb, und ich erklärte ihm, daß ich diesen Trick vor langer Zeit als Wanderarbeiter gelernt hatte.

Später am Abend fragte ich ihn: »Wie sprichst du das Wort ›integral‹ aus?«

»In*te*gral«, antwortete er.

»Nein, ich glaube, es wird *in*tigral ausgesprochen.«

»Bei uns bestimmt nicht«, meinte er.

Ich antwortete, daß es doch wohl eine maßgebende Ausspracheregelung des Wortes geben müsse, und wiederholte, daß ich *in*tigral für richtig hielt. Er bestand auf seiner Version, und so schlug ich eine Wette vor.

»Gut, Marlon – hundert Pfund«, sagte er und bot mir die Hand, damit ich in die Wette einschlug.

»Nein«, sagte ich, »denken wir uns lieber etwas anderes aus . . . Ich weiß was: Der Verlierer muß eine Stunde lang am Piccadilly Circus Pariser verkaufen.«

»Aber Marlon«, sagte er, »du weißt doch, daß du das nie machen wirst. Ich finde, eine Wette ist wichtig und muß eingehalten werden, und ich will deine Freundschaft nicht aufs Spiel setzen, wenn du die Wette verlierst, was ganz bestimmt der Fall sein wird, und dann doch nicht zum Piccadilly Circus gehst.«

»Ich verspreche dir, daß ich es machen werde, ganz bestimmt«, sagte ich, und wir besiegelten die Wette per Handschlag.

Gegen Ende des nächsten Nachmittags, es war der erste Drehtag von *Superman*, rief Michael an. »Warum hast du dich nicht früher gemeldet?« fragte ich und erzählte ihm, daß ich mir schon ausgemalt hatte, wie ich die Wette einzulösen dachte: Ich wollte mich als blinder Bettler verkleiden und so die Pariser am Piccadilly Circus verkaufen.

»Leider mußt du das nicht«, sagte Michael.

Er hatte im Lexikon nachgeschlagen und herausgefunden, daß es nur eine richtige Aussprache für das Wort gab: *in*tigral. Ein paar Monate später bat er seinen Chauffeur, eine große Anzahl Kondome verschiedenster Größen und Formen von einer Londoner Sexshopkette zu kaufen. Sie kosteten zwei Pfund pro Stück, und er stand schließlich eine Stunde lang am Piccadilly Circus, um sie für ein Pfund pro Stück anzubieten. Obwohl es wirklich ein Sonderangebot war, verkaufte er nur ein paar – und die noch dazu an Freunde, die zufällig vorbeikamen.

Es war gar nicht so einfach, den Rest des Bestands loszuwerden, wie er mir erzählte. Da es ihm zu peinlich war, seine Mitarbeiter – die allesamt recht religiös waren – darum zu bitten, die Kondome zu vernichten, verbrachte er einen ganzen Abend damit, sie zu zerschneiden und zu zerschnippeln und in den Abfalleimer wandern zu lassen.

Neben vielen Reisen nach Tahiti, verbrachte ich während der Sechziger viel Zeit damit, Neumexiko, Arizona, Süddakota sowie entlegene Gegenden in Kalifornien und anderen Staaten zu erkunden. Ich schwang mich, auf der Suche nach einem interessanten Platz, auf mein Motorrad und fuhr allein oder mit einem Mädchen los. Einmal war ich mit einem neuen Motorrad unterwegs, verließ den Highway und fuhr durch das Death Valley. Ich raste durch die Wüste, was das Zeug hielt. Es herrschten über vierzig Grad, und das war der Maschine wohl zuviel: Sie gab ihren Geist auf. Sie war nicht richtig eingefahren worden und jetzt einfach zu heiß gelaufen. Ich bekam sie nicht mehr an und mußte mehrere Meilen marschieren. Später sagte mir ein Ranger, daß ich Glück gehabt hatte – nicht weit von seiner Station waren erst vor kurzem zwei Menschen wegen Flüssigkeits- und Elektrolytmangel ums Leben gekommen.

Während ich in der Nähe von St. George in Utah den Western *Südwest nach Sonora* drehte, bekam ich Besuch von Lisa, der Designerin aus New York, die glaubte, mir mit einer Spermatherapie das Leben gerettet zu haben. Ich schlug einen Ausflug auf meinem Motorrad vor. Wir pesten durch die Wüste, als wir plötzlich auf die ausgebleichten Kadaver von dreißig oder vierzig Rindern stießen, die zwischen den niedrigen Steppenpflanzen lagen. Es war ein unheimlicher Anblick. Später vermutete ich, daß sie wahrscheinlich Opfer der Radioaktivität geworden waren, die nach einem Atomtest in Nevada von Norden her herübergeweht worden war, oder Opfer des Nervengases, das aus einer Militäranlage in Utah ausgetreten war. Es war dasselbe Gebiet, in dem John Wayne einen Film gedreht hatte, bei dem mehrere Schauspieler und Angehörige des Teams radioaktiver Strahlung ausgesetzt waren und später dann an Krebs starben. Ich fand es nicht ohne Ironie, daß John Wayne, der begeisterte Befürworter des amerikanischen »Nuke'em«-Militarismus, an einer Dosis radioaktiver Strahlung aus der Rüstungsindustrie hätte zugrunde gehen können.

Ich fuhr mit Lisa noch ein paar Meilen weiter und fand, daß die Wüste wie dazu geschaffen war, um miteinander zu schlafen. Die Wüste war wunderschön, im Hintergrund hoben sich die rosafarbenen Berge ab, und bis auf zwei Vögel waren wir beide so allein wie die ersten Menschen im Paradies. Doch gerade, als es mir kam, fing die Erde zu beben an; es schien, als würde tonnenweise TNT unter uns hochgehen. Während die Erde erschüttert wurde, erzitterte mein ganzer Körper. Er vibrierte wie noch nie. »Was für eine Art Orgasmus ist das?« fragte ich mich. Mein Gott, das ist Zauberei! Ich dachte: Das ist der Orgasmus, der mein Leben beendet; ich sterbe hier mitten in der Wüste am Orgasmus. Dann folgte ein unheimlich lauter Knall.

Lisa sah zu mir hoch und fragte: »Was war das?«

Dann fiel mir ein, daß das Geräusch wahrscheinlich von irgendeinem jungen Luftwaffenpiloten verursacht worden war, der mit seinem Überschallflugzeug direkt über unsere Köpfe gedonnert war. Das Ganze ging so schnell, daß ich das Flugzeug nicht einmal zu Gesicht bekam – wenn es denn überhaupt eines gegeben hat. Falls ja, dann überrollten uns die Druckwellen und der Knall beim Durchbrechen der Schallmauer in genau dem richtigen Moment. Ich hatte weder vorher noch nachher je so einen Orgasmus. Einen Augenblick lang dachte ich, ich würde sterben. Welch ein Abgang!

45

Jahre nach unseren Streitigkeiten wegen *Sinuhe, der Ägypter* wurde ich Zeuge, wie Darryl Zanuck seinen Sohn unbarmherzig demütigte. Er hatte Richard zum Leiter von Twentieth Century Fox bestellt, dann hatte er ihn wieder gefeuert und die Entlassung wie einen persönlichen Triumph verkündet. Er sagte Dinge, die ein Sohn nie aus dem Munde seines Vaters hören sollte. Als ich Zanuck später im Stork Club in New York traf, ging ich zu ihm an den Tisch und sagte – für alle laut und vernehmlich –, daß er sich schämen sollte.

Etwas Ähnliches erlebte ich, als ich mit Charlie Chaplin an *Die Gräfin von Hongkong* arbeitete. Ich hatte Chaplin als Schauspieler immer sehr bewundert. Manche seiner Filme, etwa *Lichter der Großstadt*, rühren mich noch heute zu Tränen und bringen mich zum Lachen. Zu Beginn des Films stellt er sich selbst vor und führt in einer witzigen Szene seine Figur ein: Die Kamera entdeckt ihn schlafend in den Armen einer Statue. Das Ende des Films sieht so aus: Nachdem er eine Gefängnisstrafe verbüßen mußte, weil er Geld gestohlen hatte, um einem blinden Mädchen eine Augenoperation zu ermöglichen, kommt er schließlich an ihrem Blumenladen vorbei. Er erkennt sie wieder, aber sie weiß natürlich nicht, wer er ist, weil sie ja damals blind gewesen ist. Er ist jetzt ein Tramp, mit Löchern in den Schuhen, und sein zerlumptes Hemd hängt ihm aus der Hose. Er kann es kaum fassen, sie wiederzusehen. Als er vorbeigehen will, läuft sie aus dem Laden und steckt ihm eine Rose ins Knopfloch. Bei der Berührung seines Anzugs und seiner Schulter hellt sich ihr Gesicht auf, und das Publikum begreift, daß sie mit den Fingern den Mann erkennt, der ihr geholfen hat, das Augenlicht wiederzugewinnen, und den sie liebt. Der Zuschauer spürt nicht nur ihre Liebe, sondern auch seine Scham, als sie merkt, daß er ein Tramp ist. Es ist ein zauberhafter Moment, einer, der in das Unterbewußtsein des Publikums eindringt, und das können nur die besten Schauspieler. Ich weiß nicht, ob es ein bewußter oder ein instinktiver Akt war, aber Chaplin verstand den Mythos, den er mit dem kleinen Tramp geschaffen hatte, und er hielt hartnäckig daran fest.

Er mag ein genialer Komiker gewesen sein, gut, aber als ich nach London flog, um in den letzten Jahren seines Lebens noch mit ihm zusammenzuarbeiten, war Chaplin nichts als ein fürchterlich grausamer Mann. Er war beinahe siebenundsiebzig, als er mir die Rolle des Diplomaten Ogden Mears in *Die Gräfin von Hongkong* anbot. In dieser Komödie, die auf einem Luxuskreuzer angesiedelt ist, der zwischen Hongkong und San Francisco verkehrt, spielt Sophia Loren ein verarmtes ehemaliges Tanzgirl, das sich in meinem Zimmer versteckt hält. Ich verehrte Chaplin zwar – er hatte die Story auf einer Reise aus Shanghai im Jahr 1931 geschrieben –, doch als er mir 1966 die Rolle anbot, erklärte ich ihm, daß ich mich nicht für geeignet hielte. Ich war in Komödien nie sonderlich gut, aber er bestand darauf, daß ich es könne, und da er in meinen Augen ein Genie war, willigte ich ein, Wachs in seinen Händen zu sein. Ich stellte mir vor, er wisse etwas, das ich nicht wußte, und wäre der Meinung, ich könnte dem Film etwas geben, das mir selbst unbekannt war.

Aber die *Gräfin von Hongkong* war eine Katastrophe, und während der Dreharbeiten merkte ich, daß Chaplin wohl der größte Sadist war, der mir je untergekommen ist. Er war ein egoistischer Tyrann und ein Pfennigfuchser. Er schikanierte Leute, die zu spät kamen, beschimpfte sie unbarmherzig und trieb sie an, schneller zu arbeiten. Am schlimmsten war, mit welcher Grausamkeit er seinen Sohn Sydney, der meinen Sekretär spielte, behandelte. Er putzte ihn ständig vor allen anderen herunter: »Sydney, du bist so dumm! Hast du nicht genügend Hirn im Kopf, um die Hand auf den Türknopf zu legen? *Du weißt doch, was ein Türknopf ist, oder?* Du mußt nur den Türknopf drehen, die Tür aufmachen und reingehen. *Ist das vielleicht schwierig, Sydney?*«

Chaplin sprach immer wieder so mit seinem Sohn. Ohne jede Veranlaßung drehte er dessen Szenen immer wieder neu, er tadelte ihn und sprach nie ohne Sarkasmus zu ihm. Oona

O'Neill, Charlies Frau, war immer dabei, aber sie verteidigte ihren Stiefsohn nie. Es tat weh, das mit anzusehen, besonders nachdem Sydney mir erzählt hatte, daß Chaplin alle seine Kinder so behandelte. Einer von Charlies Söhnen war einmal gegen dessen Willen nach Paris gegangen, an Weihnachten wieder zurückgekehrt und hatte an die Tür geklopft. Charlie öffnete sie und brach ihm mit einem einzigen Faustschlag die Nase, dann knallte er sie wieder zu. Seinen Sohn ließ er blutend am Boden liegen. Er weigerte sich, ihn hineinzulassen. Er war ein sehr reicher Mann, gab aber, wie Sydney erzählte, seinen Kindern nie irgendwelche nennenswerten Summen. Sydney träumte zum Beispiel davon, ein Restaurant zu eröffnen, aber sein millionenschwerer Vater wollte ihm nichts leihen.

»Sydney, warum läßt du dir das gefallen?« fragte ich ihn eines Tages. »Warum verschwindest du nicht einfach vom Set? Warum sagst du ihm nicht die Meinung? Warum läßt du diese Blamage über dich ergehen? Es gibt keinen Grund dafür.«

»Er wird alt«, sagte Sydney und suchte Entschuldigungen für seinen Vater: Er habe Probleme mit dem Film, er habe eine Grippe, er mache sich Gedanken über dies und das.

Ich sagte: »Nichts davon ist eine Entschuldigung dafür, so sadistisch zu sein, besonders nicht zu dem eigenen Sohn.« Aber ich konnte Sydney nie davon überzeugen, sich gegen seinen Vater aufzulehnen, und er ließ weiterhin alles mit sich machen.

Eines Tages kam ich etwa fünfzehn Minuten zu spät ans Set. Das war nicht recht, ich hätte mich nicht verspäten dürfen, aber es war nun mal passiert. Chaplin schimpfte mich vor versammelter Mannschaft aus, beschämte mich, sagte mir, ich hätte kein Arbeitsethos und sei eine Schande für meinen Beruf.

Als das immer so weiterging, fing ich an zu kochen. Schließlich sagte ich: »Mr. Chaplin, ich bin jetzt noch zwanzig Minuten in meiner Garderobe. Wenn Sie sich in dieser Zeit entschuldigen wollen, dann werde ich es mir noch einmal überlegen. Andernfalls steige ich ins Flugzeug und fliege in die Vereinigten Staaten zurück. Sie haben noch zwanzig Minuten.«

Ich ging in meine Garderobe, und nach ein paar Minuten

klopfte Chaplin an die Tür und entschuldigte sich. Danach kam er mir nie mehr in die Quere, und wir beendeten den Film ohne weitere Vorfälle.

Charlie wurde nicht böse geboren. Wie alle Menschen war er die Summe seines genetischen Erbes und der Erfahrungen, die er gemacht hatte. Wir werden alle geformt von den Qualen und Mißgeschicken, die uns widerfahren. Er wußte, was anrührend, lustig, traurig, mitleiderregend und heroisch war; er wußte, wie man die Emotionen des Publikums weckt; und seine Intuition sagte ihm, wie die menschliche Persönlichkeit funktioniert. Aber es war zu wenig, um seinen eigenen Charakter zu verstehen.

Ich betrachte ihn immer noch als das vielleicht größte Genie, das das Medium Film je hervorgebracht hat. Ich glaube nicht, daß sonst jemand so ein Talent hatte wie er; neben ihm wirkte jeder wie ein Liliputaner. Aber als Mensch war er ein Kessel Buntes, so wie jeder von uns.

46

Außer Elia Kazan und Bernardo Bertolucci war der beste Regisseur, mit dem ich gearbeitet habe, Gillo Pontecorvo, und das, obwohl wir beide uns beinahe umgebracht hätten. 1968 führte er Regie in einem Film, den so gut wie niemand gesehen hat. Er hieß ursprünglich *Queimada* und kam dann in Amerika unter dem Titel *Burn!* heraus. Ich spielte Sir William Walker, einen englischen Spion, der all das Böse personifiziert, das die europäischen Mächte während des neunzehnten Jahrhunderts in ihren Kolonien angerichtet haben. Es gab viele Parallelen zu Vietnam, und der Film drehte sich um das universelle Thema, wie die Schwachen von den Starken ausgebeutet werden. Ich glaube, so gut wie in dem Film war ich noch nie, aber nur wenige Leute kamen, um sich das anzusehen.

Gillo hatte einen Film gemacht, der mir gefiel, *Schlacht um Algier*. Er gehörte zu den wenigen großen Filmemachern, die ich kannte. Er ist ein außerordentlich talentierter, begabter Mann, aber die meiste Zeit lagen wir uns nur in den Haaren. Wir verbrachten sechs Monate in Kolumbien, hauptsächlich in Cartagena, einer Stadt mit feuchttropischem Klima, die etwa elf Breitengrade über dem Äquator liegt – und nicht weit entfernt vom Tor zur Hölle, wie ich seinerzeit dachte. An den meisten Tagen herrschte eine Temperatur von über vierzig Grad, und die Feuchtigkeit verwandelte den Set in ein türkisches Bad. Gillo machte seine erste Einstellung aus dem Fenster einer winzigen Kabine heraus, die eine Gefängniszelle in einem alten Fort darstellen sollte. Die Kamera ist auf einen Hof gerichtet, in dem gerade ein Gefangener exekutiert wird. Als ich sah, daß Gillo trotz der Hitze einen schweren, langen Wintermantel trug, traute ich meinen Augen nicht. Mit den eingeschalteten Scheinwerfern muß es in dem Raum fast fünfundsechzig Grad heiß gewesen sein. Aber er drehte eine Einstellung nach der anderen ab, ohne auch nur einmal den Mantel auszuziehen.

»Gillo«, fragte ich schließlich, »warum trägst du diesen schweren Mantel?« Er war schweißnaß. »Gillo, wieso ziehst du ihn denn nicht aus?«

Er zuckte die Achseln, zog den Kragen hoch, sah sich um und sagte auf französisch: »Mich fröstelt ein wenig, ich weiß auch nicht, warum. Ich will mir keinen Schnupfen holen.«

»Der Mantel wird dir dabei aber keine große Hilfe sein. Wenn du krank bist, ist es sinnlos, dich noch mehr zu schwächen, indem du deinem Körper alle Flüssigkeit entziehst.«

»Laß nur«, sagte er und wandte sich ab.

Ich ging zu einem der Mitarbeiter des Teams und meinte: »Wenn er nicht wirklich die Grippe bekommt, dann macht er etwas wirklich Komisches. Er ist schon völlig erschöpft und wird noch umkippen, weil er so schwitzt.«

Während der nächsten Drehpause kam Gillo nach draußen, und ich sah, daß er unter dem Mantel nur blaue Shorts trug. Eine merkwürdige Kombination, dachte ich, eine Badehose und ein Mantel, bei dieser Hitze? Während ich ihn beobachtete, fischte er eine Handvoll kleiner Gegenstände aus einer Manteltasche und ließ sie in der anderen wieder verschwinden. Ich ging zu ihm hin und fragte: »Was hast du da?«

»Glaubst du an das Glück?« fragte Gillo.

»Meinst du an das Schicksal?«

»Glück, *fortuna*.«

»Ich weiß nicht«, sagte ich. »Ich glaube schon. An manchen Tagen denkst du, heute hast du Glück, an anderen nicht.«

Er steckte die Hand in die Tasche und brachte ein kleines Stück Plastik zum Vorschein, das aussah wie eine krumme, rote Chilischote. »Was ist das?« fragte ich.

»Ein kleiner Glücksbringer. Faß ihn mal an«, sagte er und fügte hinzu, daß das dem Film Glück bringen würde.

Ich tat es und fragte ihn, wo sein Talisman herkäme.

»Aus Italia.«

»Und was kosten solche Sachen?«

»Nichts. Er langte wieder in seine Tasche, holte Dutzende kleiner Chilischoten hervor und gab mir eine davon. Er schien sich zu freuen, daß ich sie angenommen hatte, und meinte, ich hätte dadurch dazu beigetragen, daß der Film ein Erfolg würde.

Ich habe seither noch einige andere Italiener kennengelernt, die ohne Talisman in der Tasche keinen Schritt vor die Tür setzen würden, aber Gillo war abergläubisch bis zum Exzeß. Einer seiner Freunde erzählte mir, daß er bei der ersten Einstellung eines neuen Films immer diesen Mantel trage. Außerdem bestand er angeblich darauf, daß in dieser Einstellung immer derselbe Requisiteur mit demselben Paar Turnschuhe vorkam. Diesmal war er der Mann, der in der ersten Szene stranguliert wurde, und die Turnschuhe waren so angemalt worden, daß sie aussahen wie Stiefel. Außerdem wurde mir gesagt, an Donnerstagen dürfe ich Gillo nie um etwas bitten, denn wenn er mir die Bitte dann abschlagen müsse, brächte ihm das Unglück. Auch die Farbe Lila durfte nie in seinen Filmen vorkommen oder sonst irgendwo in Sichtweite sein, weil er dies ebenfalls als böses Omen betrachtete. Seine Abneigung gegen diese Farbe grenzte an Besessenheit; er hätte sie sogar aus einem sommerlichen Sonnenuntergang getilgt, wenn er gekonnt hätte.

Gillo war ein gutaussehender Mann mit dunklen Haaren und hübschen blauen Augen, der aus einer in jeder Hinsicht leistungsfähigen Familie stammte; einer seiner Brüder hatte den Stalin-Friedenspreis bekommen, ein anderer war Nobelpreisträger, und seine Schwester arbeitete als Missionarin in Afrika.

Trotz dieses ganzen Aberglaubens wußte Gillo, wie man Schauspieler führte. Weil ich kein Italienisch und er nur sehr wenig Englisch sprach, unterhielten wir uns meistens auf französisch oder versuchten es nonverbal; wenn ich in einer Szene spielen mußte, kam er immer zu mir und signalisierte mir mit einer kleinen Geste: »Ein bißchen weniger« oder »Ein bißchen mehr«. Er hatte stets recht, obwohl er nicht immer die klügste Art wählte, mir auf die Sprünge zu helfen. Er war ein guter Filmemacher, aber er war auch ein Zuchtmeister, der permanent versuchte, mich dazu zu bringen, die Rolle genau so zu spielen, wie es seinen Vorstellungen entsprach, und oft wollte ich mich ihm nicht fügen. Er betrachtete alles von einem marxistischen Standpunkt aus. Die meisten seiner Mitarbeiter waren der Meinung, dieses Dogma enthielte die Antwort auf alle Probleme der Welt, und manche von ihnen waren sehr finstere Gestalten. Für Gillo mögen sie hilfreich gewesen sein, aber ich machte mir nicht viel aus ihnen. Manche Teile meiner Texte stammten direkt aus dem Kommunistischen Manifest, und ich weigerte mich, sie zu sprechen. Er war sehr gewieft, was Tricks anging. Wenn wir unterschiedlicher Meinung waren, gab er manchmal nach, ließ aber die Kamera weiterlaufen, nachdem er »Cut!« gesagt hatte, in der Hoffnung, er könnte mich dazu bringen, etwas zu tun, was ich ihm bisher verweigert hatte. In einer Szene sollte ich beispielsweise Evaristo Marquez zuprosten, dem Helden des Films, einem Revolutionsführer, der mir als Folie diente, aber Gillo wollte nicht, daß ich nach dem Trinkspruch das Glas leerte. Ich sollte den Wein auf den Boden kippen, um Evaristo zu brüskieren. Meinem Empfinden nach paßte das an diesem Punkt des Films nicht zu meiner Rolle, und ich weigerte mich; ich wollte ihm ehrlich zuprosten. Gillo ließ es mich nach meinen Vorstellungen machen, doch dann ließ er heimlich die Kamera weiterlaufen und filmte mich dabei, wie ich mein Glas auf den Boden kippte, weil ich dachte, die Szene wäre abgedreht. Als ich den Film dann sah, hatte er genau diese Einstellung genommen.

Ein andermal bestand Gillo auf einer Textpassage, die ich nicht sprechen wollte. Es war ein sehr heißer Tag, und ich trug lediglich Shorts und Jacke, weil ich nur von der Hüfte an aufwärts gefilmt wurde. Er ließ mich die Szene endlos wiederholen, weil er dachte, daß ich irgendwann so erschöpft sein würde, daß ich nachgab. Aber nach etwa dem zehnten Take wurde mir klar, was gespielt wurde, und ich bat die Maske, mir einen Hocker zu besorgen. Den band ich mir dann um den Hintern und spielte die Szene weiterhin so, wie ich sie mir vorstellte. Nach jedem Take setzte ich mich hin und tat so, als würde ich das *Wall Street Journal* lesen, das Gillo als Symbol für alles Böse ansah und abgrundtief haßte. Nach einer Unmenge von Takes gab er schließlich auf; ich hatte ihn geschafft.

Die meisten unserer Streits drehten sich um die Interpretation meines Charakters und der Story, aber es gab auch Auseinandersetzungen über ganz andere Dinge. Gillo hatte zahllose schwarze kolumbianische Statisten als Sklaven und Revolutionäre eingestellt, und mir fiel auf, daß ihnen anderes Essen vorgesetzt wurde als den Europäern und Amerikanern. Für meine Begriffe sah es ungenießbar aus, und schließlich sprach ich ihn darauf an.

»Aber das essen sie doch gerne«, sagte Gillo. »So was essen sie immer.«

In Wirklichkeit wollte Gillo sparen, wie mir ein Mitarbeiter des Teams erzählte; das Essen für die schwarzen Statisten kostete weniger. Dann erfuhr ich auch noch, daß er den schwarzen Komparsen weniger Lohn zahlte als den weißen. Als ich ihn daraufhin ansprach, behauptete er, die weißen Statisten würden sich andernfalls beschweren.

»Moment mal, Gillo; in diesem Film geht es darum, wie die Weißen die Schwarzen ausgebeutet haben.«

Gillo sagte, er sei einer Meinung mit mir, aber er könne in diesem Punkt nicht nachgeben; in seinen Augen heilige der Zweck die Mittel.

»Okay«, meinte ich, »dann reise ich ab. Bei so was mache ich nicht mit.«

Ich fuhr zum Flughafen nach Barranquilla und wollte gerade in ein Flugzeug nach Los Angeles steigen, als Gillo mir durch einen Boten mitteilen ließ, er würde fortan Bezahlung und Essen angleichen.

Bei den Dreharbeiten zu diesem Film ging es ziemlich hoch her. Alle rauchten Roten Kolumbianer, eine starke Marihuanasorte, und das Team war die meiste Zeit bekifft. Aus irgendeinem Grund zog die Tatsache, daß in Cartagena ein Film gedreht wurde, eine Menge Frauen aus Brasilien an. Sie tauchten in Scharen auf. Zum überwiegenden Teil stammten sie aus angesehenen Familien der Oberschicht und wollten einfach mit jedem ins Bett gehen. Nach ihrer Heimreise würden sie sich von einem Arzt das Jungfernhäutchen wieder zusammennähen lassen, so erzählten sie mir, damit ihre zukünftigen Ehemänner sie für Jungfrauen hielten. Die Ärzte in Rio müssen mit diesem Film eine Menge Geld verdient haben.

Mein Waffenstillstand mit Gillo dauerte nicht lange. Obwohl er den Lohn für die schwarzen Statisten anhob und ihnen für kurze Zeit besseres Essen vorsetzte, stellte ich nach ein paar Tagen fest, daß sie immer noch nicht dasselbe Essen bekamen wie die Europäer. Wir drehten gerade in einem ärmlichen Dorf, das von Schwarzen bewohnt wurde; die Häuser hatten Lehmfußboden, die Wände bestanden aus Rohr, und die Kinder hatten aufgeblähte Bäuche. Es war ein guter Drehort, weil der Film genau darum ging, aber es brach einem das Herz.

»Du kannst den Leuten nicht so einen Mist vorsetzen«, sagte ich zu Gillo. Diesmal ignorierte er mich. Deshalb überredete ich das ganze Team, sein Mittagessen in einer Art Pyramide vor der Kamera aufzubauen und die Arbeit zu verweigern.

Gillo kam mit seinen Schlägertypen auf mich zu und sagte: »Ich höre, du bist mit dem Mittagessen nicht zufrieden.«

»Stimmt.«

»Was hättest du denn gerne zu essen?«

»Champagner«, sagte ich, »und Kaviar. Ich hätte gerne was Anständiges zu essen, und ich möchte, daß es mir angemessen serviert wird.«

Irgendwo fand Gillo ein Restaurant, das das gewünschte Essen direkt an den Drehort lieferte, und dazu vier Kellner in roten Jacketts mit Hemdbrust und einer Serviette über dem Arm. Als sie den Tisch mit Tischdecke, Silberbesteck und Kerzen bestückten, sagte ich. »Nein, die Kerzen nicht hierhin, sondern dorthin, und die Gabeln bitte auf die andere Seite der Teller.« Dann befühlte ich die Champagnerflasche und monierte die Temperatur. »Sie sollte besser noch ein bißchen auf Eis liegen.«

Ich kommandierte die Kellner herum, während sich das Team und die Dorfbewohner um uns versammelten, um uns mit verschränkten Armen anzusehen. In ihren Augen muß ich der Inbegriff eines Kapitalisten gewesen sein, der weder Maß noch Ziel kennt. Gillo ließ einen Fotografen von der Regenbogenpresse kommen, der Aufnahmen von dem Ereignis machen sollte, und versammelte ein paar Schwarze im Hintergrund. Nachdem alles perfekt arrangiert war, suchte ich in der Menge nach den ärmsten, kränksten und unglücklichsten Kindern, die ich finden konnte, lud sie ein, am Tisch zu sitzen, und dann servierte ich ihnen das Essen. Die Leute klatschten, aber was mein Verhältnis zu Gillo betraf, verschlimmerte die Episode die Situation nur.

Wir führten unsere Auseinandersetzungen fort, während andere Probleme auftauchten: ein wichtiges Mitglied des Teams starb an einem Herzanfall; der Kameramann bekam ein Gerstenkorn und konnte nicht mehr filmen; es wurde noch heißer, wo wir alle sowieso schon zu lange arbeiteten und kurz vor einem Hitzschlag standen. Die wenigen Auflagen der Gewerkschaft waren weit milder als in den Staaten, und jeder war ziemlich gereizt. Ich fand es auch zunehmend amüsant, daß ein so treuer Anhänger des Marxismus sich so leicht damit tat, seine Arbeiter auszubeuten. Mittlerweile schlug Gillo mit seinem Aberglauben wirklich über alle Stränge. Wenn jemand das Salz umwarf, mußte Gillo um den Tisch rennen und noch mehr Salz in einem bestimmten Muster auf den Boden streuen; wenn Wein verschüttet wurde, dann mußte der Schuldige einen Finger in den Wein tauchen und damit jedem am Tisch hinter beide Ohren tupfen. Es war traurig, aber auch zum Lachen. Ich fing an, Dinge zu tun, die Gillo ärgerten, indem ich ihn beispielsweise donnerstags um einen Gefallen bat, Lila trug oder unter Leitern hindurchging; einmal öffnete ich die Tür meines Wohnwagens, blendete Gillo mit einem Spiegel und rief: »Hey, Gillo, *buon giorno*«, und dann zerbrach ich den Spiegel. In Gillos Augen war das Zerbrechen eines Spiegels gleichzusetzen mit einer direkten Beschwörung des Bösen. Einmal erhob er beim Mittagessen das Glas zu einem Toast und sagte: *»Salute!«* Ich hob mein Glas, während alle tranken, dann schüttete ich meinen Wein mit Schwung auf den Boden, was für Gillo eine immense Beleidigung darstellte. Er besorgte sich eine Pistole, die er in seinen Gürtel steckte, und ich lief nur noch mit Messer herum. Vor Jahren hatte ich Messerwerfen geübt, und bei Weiten bis zu sechs Metern war ich ziemlich sicher. Manchmal nahm ich das Messer und warf es gegen eine Wand oder einen Pfosten, die nur wenige Meter entfernt von ihm standen. Er erschauerte leicht, dann stemmte er die Hand in die Hüfte, umfaßte den Griff seiner Pistole, sah mich mit strenger Miene an und ließ mich wissen, daß auch er bereit für die Schlacht sei.

Als wir eines Tages wieder einmal mitten in einem unserer Streits über die Machart des Films waren, schrie ich ihn aus vollem Halse an: »Du machst mich total fertig . . . Du machst mich total fertig!« Ich merkte gar nicht, wie sehr ich brüllte.

Er sprang in die Luft wie von der Tarantel gestochen. An einem anderen Tag hätten wir uns beinahe wegen einer Szene geprügelt, in der vier halbnackte schwarze Kinder die kopflose Leiche ihres Vaters – der Mann, der in der ersten Szene hingerichtet wird – nach Hause schleifen, um ihn zu begraben. Gillo drehte einen Teil der Szene am Vormittag, dann unterbrach er zur Mittagspause. Als ich später zum Set zurückkam, war er noch nicht zurück, und die Garderobiere hielt eines der Kinder auf dem Schoß.

»Was ist los mit dem Jungen?« fragte ich.

»Ihm ist schlecht.«

»Warum?«

»Er hat mittags einen Wurm erbrochen, und jetzt hat er hohes Fieber.«

»Was macht er dann hier?« fragte ich. »Wo ist der Arzt?«

Sie sagte, daß Gillo erst die Szene mit dem Jungen abdrehen wolle, denn sonst müsse er ein anderes Kind für die Rolle suchen und würde einen halben Drehtag verlieren.

»Weiß er, daß der Junge krank ist?«

»Ja.«

Ich rief einen Arzt und bat ihn, so schnell wie möglich zum Set zu kommen. Als er ankam, sagte ich: »Nehmen Sie meinen Wagen und fahren Sie das Kind sofort ins Krankenhaus.«

Als Gillo vom Mittagessen zurückkehrte, kochte ich vor Wut und er nicht minder, weil ich den Jungen weggeschickt hatte. Um ein Haar hätten wir uns geprügelt; nur die Tatsache, daß er kleiner war als ich, hielt mich davor zurück, ihn zu schlagen. Einige Tage später konnte ich Gillo und die Hitze nicht mehr ertragen. Ich brauchte Urlaub. Die Leute fielen reihenweise um, aufgrund von Krankheiten oder Erschöpfung. Ich fuhr nach Barranquilla und flog um vier Uhr morgens nach Los Angeles. Ein oder zwei Tage später bekam ich einen bitterbösen Brief von den Produzenten. Sie schrieben, ich sei vertragsbrüchig geworden. Sie drohten mir mit einer Anzeige, falls ich nicht sofort nach Kolumbien zurückkehrte. Ich schrieb zurück und verlangte umgehend eine Entschuldigung für ihre absurden Anschuldigungen – die alle völlig zutreffend waren. Nachdem ich so abgekanzelt worden sei, sagte ich, könne ich unmöglich an eine Rückkehr denken; mein Ruf als Schauspieler stünde auf dem Spiel. Ich wußte, daß die Produzenten nur leere Drohungen ausstießen, denn ich hatte längst gelernt, daß der Schauspieler die Oberhand hat, sobald die Dreharbeiten erst einmal begonnen haben. Man hatte schon zuviel Geld investiert, um das Projekt einfach fallenzulassen, und selbst wenn sie aus einem Prozeß als Sieger hervorgegangen wären – was nützte ihnen das? Bis zu einem Urteil wären Jahre vergangen, und in dieser Zeit wäre auch das Geld, das sie in das Projekt gesteckt hatten, verlorenes Geld gewesen. Ein Schauspieler kann sich unter diesen Umständen fast alles erlauben. Er muß nur wissen, wie. Die meisten sind zu eingeschüchtert, um etwas zu unternehmen – ich war es nicht.

Nach einem fünftägigen Urlaub und einem Entschuldigungsbrief schrieb ich den Produzenten, daß ich den Film fertig machen würde, aber nur in Nordafrika, wo das Klima angenehmer und die Umgebung und die Landschaft vergleichbar seien. Sie stimmten zu, forderten mich aber auf, wegen ein paar Einstellungen noch einmal nach Kolumbien zurückzukehren. Ich wollte das Land nicht mehr wiedersehen, erklärte mich aber einverstanden. Also buchten sie mir einen Flug bei Delta Airlines von Los Angeles nach New Orleans sowie den Anschlußflug von dort nach Barranquilla. Als ich am Los Angeles International Airport ins Flugzeug stieg, fragte ich eine Stewardeß: »Sind Sie sicher, daß dieser Flug nach Havanna geht?«

Sie öffnete die Tür zum Cockpit und sagte dem Captain: »Hier draußen ist ein Typ, der wissen will, ob wir nach Havanna fliegen.«

Der Captain sagte: »Raus mit ihm, und wenn er nicht spurt, dann sagen Sie ihm, daß sonst innerhalb von zwei Minuten das FBI hier steht.«

»Ach bitte«, sagte ich, »ich bin fürchterlich müde.«

Die Stewardeß, die mich nicht erkannte, sagte: »Raus aus dem Flugzeug, mein Junge.«

Ich freute mich, weil ich es nicht im mindesten eilig hatte, nach Kolumbien zurückzukehren, und rannte mit Karacho die Rampe hinunter zur Eingangshalle. Als ich am Eincheckschalter vorbeischoß, sagte einer der Angestellten: »Stimmt etwas nicht, Mr. Brando?«

»Nein«, sagte ich außer Atem, »die schienen mir nur ein bißchen nervös, und ich habe Sorgen und Aufregung genug im Leben.« Dann lief ich los wie eine Gazelle, weil ich annahm, daß man gleich den Piloten anrufen und ihm sagen würde: »Sie haben soeben einen Filmstar aus dem Flugzeug geworfen.« Und so war es natürlich: Als ich versuchte, am Ticketschalter vorbeizukommen, wartete dort schon ein Steward auf mich.

»Mr. Brando, es tut uns furchtbar leid«, sagte er. »Wir wußten nicht, daß Sie das waren; bitte nehmen Sie unsere Entschuldigung an und kehren Sie zum Flugzeug zurück. Man wartet dort auf Sie.«

»Nein«, sagte ich. »Nicht jetzt. Ich bin sehr verärgert. Ich bin sowieso immer nervös beim Fliegen, und wenn der Pilot derart nervös ist, dann habe ich nicht das Gefühl, bei ihm besonders gut aufgehoben zu sein . . .«

Die Geschichte landete schließlich in den Zeitungen, und die Fluggesellschaft entschuldigte sich, aber es verschaffte mir etwas Extraurlaub, weil das nächste Flugzeug von New Orleans nach Barranquilla erst in drei Tagen ging. Unglücklicherweise charterten sie ein Privatflugzeug, das mich in New Orleans abholen sollte, und so mußte ich schon nach zwei Tagen nach Kolumbien zurückkehren.

Trotz all der oben geschilderten Probleme war Gillo einer der einfühlsamsten und genauesten Regisseure, für die ich je gearbeitet habe. Das hat mich bis zum Ende des Films durchhalten lassen, ungeachtet der Schwierigkeiten und des Unfriedens zwischen uns. Ich empfand große Achtung für ihn. Als ich später einen Film über die Schlacht von Wounded Knee machen wollte, war er der erste Regisseur, der mir dafür in den Sinn kam.

47

Bei Frauen hatte ich immer Glück. Es gab viele in meinem Leben, obwohl ich mit kaum einer mehr als ein paar Minuten verbracht habe. Ich hatte viel zu viele Affären, als daß ich noch guten Gewissens von mir behaupten könnte, ein normaler, vernünftig denkender Mensch zu sein. Aber ich glaubte immer, da draußen müsse irgend etwas – irgend jemand – sein. Da war auch etwas: gewaltige Unterhaltszahlungen, und wenn das nicht, dann genügend Probleme für fünfzig Männer.

Was Frauen betraf, führte ich, wenn Sie so wollen, ein Leben der Superlative. Es gefiel mir, bei Frauen die richtigen emotionalen Schalter zu suchen und sie dann auch zu drücken – was gemeinhin bedeutet, ihnen das Gefühl von Wichtigkeit zu geben und ihnen Sicherheit für sich und ihre Kinder zu bieten. Je unwahrscheinlicher es war, daß ich bei einer Frau landen konnte, desto dringender wurde mein Verlangen nach ihr. Mit Nonnen ein paar Schweinereien anzustellen, war schon immer eine Phantasie von mir. In einem Krankenhaus versuchte ich es einmal. Sie hieß Schwester Raphael und sah recht gut aus. Sie kam oft in mein Zimmer, um nach mir zu sehen, und weil sie ungewöhnlich extrovertiert war, dachte ich: Vielleicht bringe ich in ihr doch den Funken zum Glühen. Also versuchte ich es – und scheiterte. Was für menschliche Regungen auch immer unter ihrem Gewand wohnten, sie fühlte sich Gott allein verpflichtet, und keine Kraft der Welt ist mächtiger als ein starker Glaube, sei er nun religiöser oder anderer Natur.

Wenn mein Timing schlecht war und sich zwei Frauen über den Weg liefen, dann zog das häufig Probleme nach sich, weil sich jede für die einzige hielt. Ich weiß noch, wie ich einmal aus meinem Haus floh, weil sich dort zwei Frauen begegneten, die sich nicht begegnen sollten, und dachte: »Marlon, du bist jetzt fünfundsechzig Jahre alt und hockst hier im Bambus, ist das nicht ein bißchen lächerlich?«

Ehrlichkeit ist in solchen Situationen nicht unbedingt das Mittel der Wahl. Einmal stand eine Frau – sie war Schauspielerin und der Meinung, ich hätte vor, den Rest meines Lebens mit ihr zu verbringen – nackt bei mir im Schlafzimmer und fragte beiläufig: »Was hast du letztes Wochenende gemacht?« Als sie auf mich zukam, zuckte ich zurück und ging in Deckung wie ein Boxer. Sie lächelte. »Wovor hast du denn Angst? Ich werd' dich schon nicht verprügeln!«

»Nur ein Reflex«, sagte ich. Dann dachte ich, es sei an der Zeit, die Lügerei aufzugeben. Es ist absurd, dachte ich, warum soll ich ihr nicht die Wahrheit sagen? Es ist Blödsinn, sie anzulügen.

Also erzählte ich ihr, daß ich das Wochenende mit einer Frau, die sie ebenfalls kannte, verbracht hatte, worauf sie mich an den Haaren zog und wie wild auf mich eintrommelte. Sie schrie wie eine Furie, und ich konnte mich nicht losmachen, weil sie mich noch an den Haaren hielt. Schließlich packte ich sie mit beiden Armen, schob sie durchs Zimmer, rannte splitternackt zum Eingang, schnappte mir meine Autoschlüssel und huschte aus der Tür, wobei ich mir die Füße auf dem Gehsteig aufschnitt. Es war Dezember und eiskalt; ich war nackt, hatte blaugefrorene Lippen und blutige Füße. Nachdem ich das Auto angelassen hatte, kam mir plötzlich der Gedanke, daß die Frau vielleicht verletzt sein könnte. Ich schlich mich zurück zum Haus, blickte durch das Schlafzimmerfenster und sah sie auf dem Bett sitzen und telefonieren. Ich ging zu einem Nachbarn, lieh mir eine Decke, hüllte mich darin ein und fuhr, immer noch frierend, los, ohne daß ich gewußt hätte, wohin. Dann fiel mir mein Freund Sam Gilman ein, der nicht weit von mir weg wohnte, und ich beschloß, bei ihm Zuflucht für die Nacht zu suchen. Auf dem Weg zu ihm fragte ich mich: »Ist das das Leben, das du dir vorgestellt hast, Marlon? Mitten in der Nacht den Ventura Boulevard entlangzufahren, und noch dazu im Adamskostüm?«

Ich hämmerte also gegen Sams Tür, und als er mich da stehen sah, mit einer Decke über meinen Weichteilen, brach er in schallendes Gelächter aus. Ich fragte Sam: »Sam, hast du Valium?«

Er brüllte vor Lachen.

»Sam, hast du was zum Anziehen?« Er gab mir kurze Hosen, ein Armeeshirt und Socken. Seine Frau war auch aufgewacht, und als sie mich sah, fing sie ebenfalls an zu lachen. Ich meinte: »Sam, das ist alles andere als lustig.« Da bekam er fast einen Herzanfall.

Ein paar Stunden später fuhr ich nach Hause, und die Frau war weg. Ich war danach aber noch fünf Jahre mit ihr zusammen.

Eines Nachmittags lag ich bei mir zu Hause mit einem Mädchen im Bett, als plötzlich eine Stewardeß in Uniform über uns stand und auf uns herunterstarrte. Plötzlich fiel mir wieder ein, daß ich eine Verabredung mit ihr gehabt hatte, die ich völlig verschwitzt hatte. Da ich dem Mädchen, mit dem ich im Bett lag, vorgegaukelt hatte, unsere Beziehung sei für die Ewigkeit gedacht, war die Stewardeß in einem äußerst ungünstigen Moment erschienen, obwohl ich sagen muß, daß sie die Situation recht gut in den Griff bekam: Sie stellte ihr Köfferchen ab und sagte: »Ich sehe, du bist beschäftigt. Ich gehe solange in die Küche und mache mir was zu essen. Ich habe einen Mordshunger.«

Ich entschuldigte mich bei dem Mädchen, weil ich es in diese peinliche Lage gebracht hatte, dachte mir ein paar Lügen über die Stewardeß aus und erneuerte meine Liebesschwüre. Aber sie stand auf, zog sich an und ging. Ich kann es ihr nicht verdenken.

Ein andermal fand eine Frau in meinem Schlafzimmer Damenunterwäsche, die nicht ihr gehörte. Als sie mich deshalb zur Rede stellte, lachte ich, weil ich glaubte, wenn ich es ins Scherzhafte zog, würde sie das friedlich stimmen. Weit gefehlt – statt dessen haute sie mir ihren Schlüsselbund, an dem ein zwanzig Zentimeter langes Stück Eichenholz hing, über den Schädel. Blut lief mir über die Stirn, über die Augen, tropfte auf den Boden und hinterließ eine tiefrote Pfütze auf dem Teppich. Ich habe eine hohe Schmerzschwelle, und es tat nicht wirklich weh, aber das sagte ich ihr nicht. Ich tat so, als hätte ich das Bewußtsein verloren, und ließ mich langsam auf den Boden gleiten, während ich mir das Blut im Gesicht verschmierte, um es noch schlimmer aussehen zu lassen. Da war sie schon längst in Tränen aufgelöst und rannte auf der Suche nach Verbandszeug und Medizin panisch im Haus herum. Sie wollte mich unbedingt zum Arzt bringen.

»Nein, nein, es geht schon«, sagte ich. »Aber ich kann nichts sehen, ich weiß nicht was, was los ist. *Ich kann nichts sehen.*«

Die Situation wendete sich also zu meinen Gunsten, und ihre Wut verrauchte, aber die Sache mit der Unterwäsche vergaß sie mir nie.

Obwohl ich gewöhnlich kein schlechtes Gedächtnis habe, passierte es hin und wieder, daß ich Affären mit Frauen hatte, an die ich mich später nicht mehr erinnerte. Einmal, auf einer Party in Los Angeles, fiel mein Blick auf eine bezaubernde Frau, die auf der anderen Seite des Raums stand, eine elegante, dunkeläugige Erscheinung mit feinen Zügen und einer atemberaubenden Figur. Ich sagte mir: »Verdammt, Marlon, der Nachmittag vergeht, die Zeit verstreicht.« Auf meine charmanteste Art ging ich zu ihr hinüber, sah ihr in die Augen und sagte: »Entschuldigen Sie, ich glaube, ich habe mich soeben verliebt. Darf ich mich setzen?«

Ihr Lächeln war so unergründlich wie das der Mona Lisa, aber sie sagte nichts. Ich fragte sie nach dem Grund für dieses Lächeln.

»Lächle ich?«

»Wenn Sie mich fragen müssen, ob Sie lächeln oder nicht, dann haben Sie Probleme«, sagte ich.

»Tja, schon möglich.«

Ich schaltete auf automatische Steuerung um, gab mich weiterhin charmant, und sie taute zunehmend auf. Jeder von uns spielte seine Rolle in dem Paarungstanz, der in jeder anthropoiden Kultur der sexuellen Vereinigung und deren Zweck, der Fortpflanzung, vorangeht. Ich folgte ihr durch sämtliche Pfade unseres Flirts und dachte, wir würden uns auf das von mir anvisierte Ziel zubewegen, als sie plötzlich sagte: »Wir kennen uns übrigens.«

»Wirklich? Das kann nicht sein. Ihr Gesicht hätte ich nie vergessen. Nie im Leben.«

»Es stimmt aber.«

»Woher denn?«

»Sie wissen es wirklich nicht mehr, hm?« fragte sie.

»Sie machen sich lustig über mich«, sagte ich. »Sie machen doch Spaß.«

»Wir haben uns in Tahiti kennengelernt.«

»Wo in Tahiti?«

Sie nannte ein Hotel in Papeete.

»Dort haben wir uns getroffen?«

»Allerdings.«

»Wo haben wir uns dort getroffen?«

»Auf Ihrem Zimmer.«

»Warum wissen Sie das noch so genau?« fragte ich.

»Weil mein Zimmer nur zwei Türen weiter war.«

Es stellte sich heraus, daß ich eines Nachts auf Tahiti mit dieser faszinierenden Frau geschlafen hatte, und dann war sie wieder aus meinem Leben verschwunden. Ich merkte, daß ich einen Fauxpas begangen hatte, und versuchte, mich herauszulavieren. »Glauben Sie, ich hätte diese Nacht auch nur eine Minute lang vergessen können? Sie ist in mein Gedächtnis eingraviert. Ich hätte nie gedacht, daß wir uns wiedersehen würden. Natürlich erinnere ich mich an Sie; es war eine der schönsten Nächte meines Lebens!«

Obwohl ich daran zweifle, daß sie mir wirklich glaubte, führte der Flirt zu seinem absehbaren Ende. Sie war Archäologin und stammte aus Brasilien, eine bemerkenswerte Frau und eine großartige Tänzerin; außer ihr habe ich noch nie jemanden den Fuß so anmutig auf den Boden setzen sehen. Sie war schön und exotisch, aber sie wollte eine monogame Beziehung, und als sie merkte, daß mich meine Instinkte in andere Richtungen führten, drückte sie unzweideutig ihr Mißfallen aus. Nachdem wir unsere Affäre wiederaufgenommen hatten, war ich einmal mit Jeff Brown, einem alten Freund aus New York, auf einer großen Party in Hollywood. Jeff war ein ruhiger, gesetzter Kerl, und ich glaube, die bacchantische Atmosphäre erstaunte ihn etwas. Wir unterhielten uns gerade im Swimmingpool, als sie plötzlich auf uns zukam und mir mit ihrem Schuhabsatz gegen den Kopf trat. Sie war betrunken und trat so fest zu, daß ich sie mir schnappte und mit mir durch den Pool zog, so weit ich konnte. Aber mir tat der Kopf noch weh, so daß ich kurz unter Wasser tauchte, um ihn abzukühlen. Als ich wieder nach oben kam, sah Jeff mich an. Sein Nasenbein war gebrochen. Sein Gesicht sah aus wie eine zerquetschte Erdbeere – eine riesige, plattgedrückte, blutige, zerquetschte Erdbeere. Sein Mund stand weit offen, und er sah mich erstaunt an. »Was ist denn eigentlich los mit Ihnen?« fragte er die Frau, die ihrerseits sagte: »O Gott, wer sind Sie denn?«

Sie hatte sich schnell wieder erholt, nachdem ich sie in den Pool befördert hatte, und genau in dem Moment, als ich untergetaucht war, hatte sie sich umgedreht, um mir wieder einen Schlag zu verpassen, doch diesmal war es Jeff, der eins auf die Nase bekam.

48

Manchmal bezeichne ich die mittleren Jahre meines Lebens insgeheim als die Leck-mich-Jahre. Wenn mir ein Mann mit einer deutlich spürbar maskulinen Art begegnete, wurde er sofort mein Feind. Ich suchte seine wunden Punkte und stocherte darin herum. Ich äffte ihn nach, bis ich ihn zum Idioten gemacht hatte, und das sah dann oft so aus, daß ich mit seiner Frau schlief. Ich war äußerst rachsüchtig. Den Ausspruch von George Santayana fand ich damals äußerst zutreffend: »Jemanden vom Sockel zu stoßen, besonders, wenn er eine arrogante Pose eingenommen hat, befriedigt einen zutiefst.«

Mittlerweile habe ich eine andere Haltung dazu, aber während dieser Jahre gefiel es mir außerordentlich, bestimmte Risiken einzugehen: Es war wie Felsenklettern, ungesichert die senkrechte Wand eines Granitfelsens zu erklimmen oder aus einem Flugzeug zu springen und erst im letzten Moment die Schnur zu ziehen, ohne sich sicher zu sein, ob sich der Fallschirm auch öffnen würde.

Wie schon bemerkt, wurde während der frühen sechziger Jahre in Hollywood und Beverly Hills quer durch die Betten gevögelt. Auf Partys war es äußerst beliebt, sich mit einem abgewandelten Kinderspiel die Zeit zu vertreiben: Die Gastgeberin schaltete das Licht aus, und die anderen versteckten sich paarweise irgendwo im Haus – und für gewöhnlich waren das große Häuser. Wenn zwei vorher bestimmte Gäste ein Pärchen in der Dunkelheit fanden und durch Berührung identifizieren konnten, dann waren diese beiden an der Reihe. Eines Abends verschwand ich mit der Frau eines Songschreibers, dessen Persönlichkeit für meinen Geschmack mit etwas zuviel Testosteron angereichert war. Während ich mich mit ihr in der Dunkelheit versteckte, machte ich meine üblichen Annäherungsversuche. Aber sie wehrte ab: »Nein, nicht hier, nicht hier.«

»Warum denn nicht?« fragte ich.

»Vielleicht macht jemand das Licht an.«

»Na und?«

Sie antwortete: »Aber ich bin doch verheiratet.«

Ein paar Tage später rief sie mich an, um mir zu sagen, daß ihr Mann für einige Tage nach Palm Springs gefahren sei. Wir waren gerade oben im Bett, als wir hörten, wie ein Auto in die Auffahrt bog und die Gartentür auf- und wieder zuging. Wir wußten, daß er es war, und so blieb mir nichts anderes übrig, als durch das Fenster zu verschwinden. Ich kletterte vorsichtig über das Fensterbrett, packte den Efeu an der Wand und wollte wie ein Fassadenkletterer elegant den Boden erreichen, verlor dann aber den Halt und fiel über zwei Meter tief in einen großen Busch, der meinen Fall bremste und seine messerscharfen Zweige in meine Beine bohrte.

Dreizehn Jahre lang hatte ich eine Affäre mit einer sehr attraktiven Frau aus Beverly Hills. Sie lebt noch, also nenne ich sie einfach Lenore. Unsere Kinder wuchsen zusammen auf, und ich kannte sie und ihren Ehemann sehr gut. Er war Physiker, hatte einen Abschluß in Medizin und noch fünf oder sechs andere dazu, und er besaß viele Patente, die ihn sehr, sehr reich machten. Ich parkte mein Auto nachts immer ein paar Straßen von ihrem Haus entfernt und spazierte lässig in meinen Turnschuhen die Straße entlang, sprang über den Zaun auf der Rückseite des Hauses und öffnete die Hintertür, die sie für mich offenließ. Normalerweise schlief ihr Mann oben in seinem Zimmer, und ich stieg die Hintertreppe hoch, wo sie auf mich wartete, manchmal unter der Dusche. Aus irgendeinem Grund machten wir es häufig im Badezimmer, wo sie sich sowohl als ausdauernd als auch äußerst einfallsreich erwies. Danach gingen wir entweder ins Bett, oder ich machte mich wieder auf den Heimweg. Ihrem Mann da oben so nahe zu sein, machte unser Abenteuer noch um einiges aufregender. Vor dem Morgengrauen stand ich meistens auf und versteckte mich unter dem Bett, für den Fall, daß er hereinkäme. Gelegentlich schlief ich wieder ein, was ziemlich riskant war, denn manchmal schnarche ich. Hin und wieder kamen auch Lenores Kinder herein, und nach einer Weile wußten sie, was Sache war, aber sie hielten absolut dicht. Da unsere Kinder zusammen spielten, waren wir fast wie eine große Familie.

Arthur, Lenores Mann, war sehr intelligent, machte aber immer einen auf betont jugendlich. Er tat so, als sei er etwas simpel und sagte ständig Sachen wie: »Mann, hey!«, »Menschenskind!«, »Mann o Mann!« und »Herr im Himmel!« Andererseits hatte er aber eine geladene Kleinkaliberpistole in seinem Zimmer liegen.

In einer Sommernacht kletterte ich über den Zaun, und die Tür war wie üblich unverschlossen. Nachdem ich eingetreten war, drehte ich mich um, um den Riegel vorzuschieben; ich sollte die Tür immer abschließen, sobald ich im Haus war. Ich war gerade dabei, da kam Arthur aus der Küche und stand zwei Schritte entfernt von mir in der Dunkelheit. Ich machte vor Schreck einen Riesensatz, und er sprang mindestens einen halben Meter höher. »Mann o Mann!« sagte er. »Hast du mich aber erschreckt.«

Ich war wie gelähmt und hatte keine Ahnung, was ich sagen sollte. Mein Gehirn hörte einfach auf zu funktionieren, es arbeitete gerade noch so weit, daß es sich an Arthurs Pistole erinnerte. Eine Schlagzeile schoß mir durch den Kopf: SCHAUSPIELER GETÖTET – NÄCHTLICHER EINDRINGLING ERSCHOSSEN, WEIL ER FÜR EINEN EINBRECHER GEHALTEN WURDE. Das war schon mehr als einem Playboy passiert. Nach ein paar Sekunden war das erste, was mir über die Lippen kam: »Mensch, bin ich froh, dich zu sehen.«

Dann versuchte ich, die passende Miene zu diesen Worten aufzusetzen, was immer sie auch bedeuten mochten, aber ich fand keine, und so blubberten die Worte weiter wie Blasen aus meinem Mund: »Gott, Arthur. Ich bin wirklich froh, dich zu sehen. Ich *muß* mit irgend jemandem darüber sprechen . . .«

Die Worte entschlüpften mir, als würde jemand anders sie sprechen, und ich dachte mir: Wovon redest du eigentlich, du Wahnsinniger?«

Schließlich sagte ich: »Arthur, können wir uns unterhalten?« Ich legte ihm die Hand auf die Schulter. »Ich habe ein Problem.« Ich fuhr fort: »Können wir uns kurz unterhalten?«

»Na klar«, meinte Arthur.

»Gehen wir auf die Veranda«, sagte ich. Ich kannte das Haus so gut, daß ich wußte, daß ich dadurch ungefähr fünfzehn Meter und dreißig Sekunden gewinnen würde, um mir eine Erklärung dafür auszudenken, weshalb ich mich um zwei Uhr fünfzig in der Früh in diesem Haus befand – ganz zu schweigen von der unverschlossenen Tür.

Als wir auf der Veranda waren, ließ ich mich in einen Stuhl fallen, sah ihn an und sagte ernst, daß einer meiner Söhne nicht nach Hause gekommen sei. »Hast du ihn irgendwo gesehen?«

»Menschenskind, nein.«

»Du hast ihn heute überhaupt nicht gesehen?«

»Nein.«

Jetzt hatte ich mit einer Fingerspitze Halt an einer Idee gefunden, aber nur mit einer Fingerspitze; wenn ich jetzt ausrutschte, dann würde ich ungefähr dreihundert Meter senkrecht abstürzen. Aber ich gewann ein bißchen mehr Boden, indem ich sagte: »Er ist nämlich nicht zu Hause. Ich habe keine Ahnung, wo er ist. Er war den ganzen Tag nicht zu Hause. Ich mache mir schreckliche Sorgen.«

Mein Sohn lag natürlich daheim im Bett und schlief.

»Also, hier haben wir ihn bestimmt nicht gesehen«, sagte Arthur voller Mitgefühl.

»Ich weiß nicht, ob ich nicht besser die Polizei rufen sollte«, meinte ich. »Vielleicht macht er nur eine Spritztour mit Freunden, oder er steckt in Schwierigkeiten, aber ich mache mir Sorgen. Mir ist nur eingefallen, daß er möglicherweise hier sein könnte – die Kinder übernachten doch oft bei Freunden. Ich wollte erst telefonieren, aber dann dachte ich, damit wecke ich ja alle auf.«

Da merkte ich, daß ich den falschen Weg eingeschlagen hatte; statt zu telefonieren, war ich einfach über seinen Zaun gesprungen, die Auffahrt hochmarschiert und hatte seine Hintertür geöffnet, mit der offensichtlichen Absicht, den ganzen Haushalt aufzuwecken. Ich wollte so schnell wie möglich wieder aus dieser Sackgasse heraus, aber noch bevor ich etwas sagen konnte, meinte Arthur: »Vielleicht weiß Lenore ja, wo er steckt?«

»Lenore? Die schläft doch wahrscheinlich schon tief und fest.«

Aber Arthur meinte: »Ach was, Mann, ich weck' sie auf. Sie wird bestimmt Bescheid wissen . . .«

In diesem Moment kam Lenore in einem sexy Negligé die Treppe herunter. Sie strahlte geradezu. Die Haare wunderschön gekämmt, war sie bereit, ihren Liebhaber zu empfangen, der gerade über ihren Zaun geklettert war. Als sie die Treppe herunterstieg, sah sie Arthur und mich auf der Veranda sitzen und brach in schallendes Gelächter aus, sie konnte sich fast nicht mehr halten vor Lachen. Der Anblick von mir, wie ich mit meinem sorgenvollen billigen Vertretergesicht zu ihr aufsah, und der Anblick von Arthur, der versuchte, mitleidig auszusehen, das Kinn vorgeschoben, die Augenbrauen zur Decke gerichtet, brachte sie zum Explodieren. Sie konnte einfach nicht mehr. Verzweifelt hielt sie sich an einer Topfpalme am Fuß der Treppe fest und versuchte aufrecht stehenzubleiben. Der traurige Ausdruck in meinem Gesicht bremste sie zwar ein wenig, aber nicht viel.

Mein Herz klopfte wie ein Preßlufthammer, und ich muß einen Blutdruck von über zweihundert gehabt haben. Warum lachte sie? War sie hysterisch? Da stand sie, in ihrem wunderschönen Nachthemd, mit gekämmten Haaren um drei Uhr morgens und schüttete sich aus vor Lachen. Wie konnte sie sich nur so aufführen? Ich ignorierte ihr Gelächter und fragte sie, ob sie meinen Sohn gesehen habe.

In dem Moment kippte die Palme um, an der Lenore sich festhielt. Ich war so starr vor Angst, daß ich nicht sah, was Arthur eigentlich die ganze Zeit über machte. Ich wagte nicht, den Blick von dem Türgriff im Gang zu lösen. Dort starrte ich hin. Er saß rechts von mir. Sie kam von links auf die Veranda, und ich glotzte stur an ihr vorbei auf den Türgriff, denn ich dachte, mich würde der gleiche hysterische Anfall packen, wenn ich sie ansehen würde, und so sagte ich schließlich: »Ich finde, hier gibt es eigentlich gar nichts zu lachen.«

Irgendwie fand sie es wahnsinnig komisch, mitten in der Nacht zwei Männer auf der Veranda sitzen zu sehen, besonders einen, der so schuldig war wie ein Safeknacker, der gerade in flagranti ertappt worden war, verzweifelt nach einem Grund für seine Anwesenheit suchte und dessen einzige Entschuldigung lautete: »Hast du meinen Sohn gesehen?« Schließlich ließ sie sich in einen Stuhl fallen und sagte: »Nein, ich habe ihn nicht gesehen.« Und damit begann Lenore, eine geistig äußerst bewegliche Frau, eine Vorstellung zu geben, die selbst Stella Adler entzückt hätte. Was für eine Kühnheit sie demonstrierte! Es war ja schon waghalsig genug von mir, über ihren Zaun zu springen, aber sie war jetzt Kollaborateurin und Partnerin bei dem Unterfangen, die Eskapade zu einem anständigen Ende zu bringen. Kaum hatte sie zu lachen aufgehört, begriff sie die Situation schnell. Sie konnte es an unseren Gesichtern ablesen, und was sie nicht lesen konnte, dachte sie sich dazu. Sofort ging sie dazu über, meine väterliche Sorge zusammen mit Arthur zu teilen.

Schließlich sagte ich: »Ich rufe besser doch nicht die Polizei an. Wißt ihr was? Ich geh' einfach nach Hause und warte. Er wird schon heimkommen. Ich sollte lieber Geduld haben, statt in Panik auszubrechen. Was meinst du, Arthur?«

Arthur stimmte mir zu, daß das wahrscheinlich das beste wäre. Ich stand auf und dankte ihnen überschwenglich, während mein Kinn ein bißchen zitterte und Lenore krampfhaft versuchte, nicht wieder in Lachen auszubrechen.

»Wo steht dein Auto?« fragte Arthur.

»Um die Ecke«, antwortete ich schnell und dachte dabei, wenn ich mich jetzt wieder in irgendeine Dummheit verrenne und mir noch eine unglaubliche Geschichte ausdenken muß, dann ist alles zu spät.

Ich wünschte ihnen eine gute Nacht und versuchte so schnell wie möglich zur Tür zu kommen, während Arthur noch sagte: »Mann o Mann, Junge, sag uns bloß Bescheid . . .«

Ich ging als freier Mensch durch die Tür, und vielleicht habe ich an der Ecke sogar einen kleinen Luftsprung gemacht.

Im Rückblick bin ich mir sicher, daß Arthur die ganze Zeit wußte, was ablief. Wie Lenore und ich spielte er seine Rolle ganz hervorragend. Später beging er Selbstmord, aber nicht wegen Lenore und mir, sondern wegen einer schleichenden Krankheit, die ihn langsam dahinraffte.

49

Eines Abends – ich wollte gleich eine Frau in Beverly Hills besuchen, deren Mann sich über Nacht im Krankenhaus einigen Tests unterziehen mußte – aß ich ein Kilo Eiskrem. Das war eigentlich nichts Ungewöhnliches, aber zu der Zeit bereitete ich mich gerade auf einen neuen Film vor und war auf strenge Diät gesetzt. Als ich das Eis gegessen hatte, steckte ich mir also den Finger in den Hals und übergab mich. (Nein, ich leide nicht an Bulimie, aber manchmal mache ich solche Dinge eben.) Das Erbrochene war rosa, doch das beunruhigte mich nicht weiter, und ich fuhr über den Benedict Canyon zu meiner Freundin.

Nachdem Sylvia und ich uns wie üblich ausgiebig herumgewälzt hatten, sahen wir fern, bis sie müde wurde und nach oben ins Bett ging. Ich sah mir die Sendung noch zu Ende an, dann stand ich auf, um heimzufahren, doch plötzlich fühlte ich mich wie am Rand eines bebenden Abgrunds, nur um Haaresbreite vom Nichts entfernt. Durch den Nebel meines zunehmenden Schwindelgefühls fiel mir wieder mein rosafarbener Mageninhalt ein, und ich dachte: Ich habe bestimmt innere Blutungen.

Ich wußte, daß ich Hilfe brauchte, und krabbelte auf allen vieren die Treppe zu Sylvias Schlafzimmer hinauf; es war eine enge Wendeltreppe, die beinahe senkrecht nach oben führte. Ich kann mich heute noch an den Teppichflor erinnern, der nur ein paar Millimeter von meiner Nase entfernt zu mir aufsah. Die ganze Zeit über dachte ich bei mir: Wenn ich hier sterbe, dann wird ihr Mann dahinterkommen, was sie getan hat. Dann sagte dieselbe Stimme in meinem Kopf: Marlon, endlich läßt dich jemand für deine Sünden bezahlen.

Eine Stufe nach der anderen kämpfte ich mich die Treppe hinauf, dann kroch ich den Gang entlang zu Sylvias Bett und sagte: »Du mußt mir einen Arzt holen, ich bin krank.«

Uns beiden war die Lage völlig klar: Wenn ich bei ihr zu Hause ohnmächtig würde, müßte sie den ärztlichen Notdienst benachrichtigen, und ihr Mann würde erfahren, daß ich um drei Uhr morgens bei ihr gewesen war. Wenn sie mich ins Krankenhaus brächte, würde sie mit mir gesehen werden. Wenn ich starb, dann wäre alles noch schlimmer. Sylvia tat etwas sehr Tapferes, für das ich ihr immer dankbar sein werde; ohne auch nur einen Moment zu zögern, sagte sie, daß sie mich ins Krankenhaus fahren würde. Vielleicht hatte sie keine große Wahl, aber sie hat mir das Leben gerettet, und es war sehr mutig von ihr.

Sie fuhr mich also ins Krankenhaus der UCLA, wo mich die Schwestern in der Notaufnahme auf ein Krankenbett setzten und mir Fragen stellten. Ein Arzt kam herein, stellte mir noch mehr Fragen, schüttelte den Kopf und vertrat die Ansicht, daß mir nichts Schwerwiegendes fehle.

»Herr Doktor«, meinte ich, »ich sage Ihnen, was mit mir los ist. Ich habe innere Blutungen. Stecken Sie mir eine Sonde in den Magen, und Sie werden feststellen, daß dort Blut ist.«

»Na ja, wir sind uns nicht ganz sicher.«

»Sie können es erst wissen, wenn Sie es versucht haben«, antwortete ich.

Sie folgten also meinem Vorschlag und entzogen meinem Magen eine Menge schwarzer Flüssigkeit. Ich hatte den Verdacht, daß ich mir bei meiner Bulimie-Imitation einen Riß in der Speiseröhre zugezogen und deshalb mindestens vier Stunden lang innere Blutungen gehabt hatte.

»Was passiert, wenn Sie die Blutung nicht stillen können?« fragte ich.

»Wir bringen Sie nach oben und operieren Sie.«

»Wie können Sie mich operieren, wenn ich schon beinahe unter Schock stehe?«

»Nun, wir wissen nicht, wieviel Blut Sie verloren haben, und deshalb pumpen wir Ihnen erst mal den Magen aus.« Sie pumpten das Blut aus, dann pumpten sie mir Eiswasser in die Speiseröhre, worauf es zu bluten aufhörte. Am nächsten Tag steckten sie mir eine Sonde in den Hals und bestätigten meinen Verdacht: Meine Speiseröhre hatte einen Riß. Zehn Tage lang bekam ich nur weiche Kost, und es ging mir gut, aber danach hatte ich eine Speiseröhrenhernie, die ich in späteren Jahren mit Biofeedback und Meditation versuchte, in den Griff zu bekommen.

Jahrelang habe ich Diäten angefangen und wieder abgesetzt, meist vor einem neuen Film. Wenn ich abnehmen muß, kann ich es auch. Es war nichts Ungewöhnliches, wenn ich vor einem Film fünfunddreißig oder vierzig Pfund verlor. Ich aß weniger, trainierte mehr, und so nahm ich ab. Das Schwierigste war, mich in die richtige psychische Stimmung zu bringen, so daß mir das Essen nicht mehr rein zum Lustgewinn diente. Ich bin nicht von Natur aus dick. Ich bin hauptsächlich deshalb dick geworden, weil ich Brownies, Eiskrem und alles, was fett macht, so gerne mag. Ich glaube, das liegt zum Teil an meiner Kindheit. Wenn ich früher aus der Schule nach Hause kam, war meine Mutter nicht da und der Abwasch lag in der Spüle. Ich war niedergeschlagen und machte mir eine Packung Eis auf, und dann stand da oft noch ein Apfelkuchen herum und etwas Käse, und der Kuchen sagte: »Los, Marlon, hol mich hier raus. Mir ist ganz kalt hier drinnen. Sei so nett und hol mich raus, und Kamerad Käse kannst du auch gleich mitnehmen.« Dann fühlte ich mich weniger einsam.

Das Essen war immer mein Freund. Wann immer ich mich schlecht fühlte oder eine Krise hatte, ging ich zum Eisfach und öffnete es. Meistens wog ich etwa fünfundachtzig Kilo, nur während meiner Nervenzusammenbrüche in New York sank mein Gewicht auf unter achtzig Kilo. Als ich vierzig war, schaltete mein Stoffwechsel einen Gang herunter, aber ich aß genausoviel wie früher, während ich gleichzeitig mehr und mehr Zeit mit einer sitzenden Angelegenheit, dem Lesen, verbrachte.

Es gibt wahrscheinlich keine einzige Diät, die ich nicht schon ausprobiert habe. In den siebziger Jahren machte ich eine, bei der ich täglich nur einen Liter Zitronensaft und ein paar Gramm Feta zu mir nehmen durfte. Nachdem ich die Nacht im Haus einer Frau in Santa Monica verbracht hatte, wachte ich mit starken Bauchschmerzen auf. Sie war inzwischen einkaufen gegangen. Ich fuhr also nach Hause, schluckte ein paar säurebindende Tabletten und schlief wieder ein, obwohl ich mich fast krümmte vor Schmerzen. Als ich etwa eine halbe Stunde später wieder aufwachte, bekam ich schlimmen Durchfall und mußte mich übergeben. Das Erbrochene war schwarz, so wie mein Stuhl, und mir war schwindlig. Ich hatte keine Ahnung, was mir fehlte, aber ich war noch so geistesgegenwärtig zu wissen, daß ich etwas unternehmen mußte, bevor ich ohnmächtig wurde.

Ich ging ins Schlafzimmer, um telefonisch Hilfe zu rufen, und ich weiß noch genau, wie ich mich fragte: »Was macht das Telefon da unten?«, nachdem ich mit dem Kopf voran draufgefallen war. Der Sturz muß mein Gehirn mit genügend Blut versorgt haben, um noch zu funktionieren, denn es gelang mir irgendwie, der Vermittlung zu sagen, daß ich während des Gesprächs womöglich ohnmächtig würde. Für alle Fälle gab ich ihr meinen Namen, meine Adresse und meine Telefonnummer; dann bat ich sie, meinen Psychiater anzurufen und ihm zu sagen, daß ich Hilfe brauchte. Er kam gleich vorbei, und als er mich zum Auto führte, fragte ich mich im stillen, ob er stark genug war, um mich aufzuheben, wenn ich bewußtlos würde. Als wir dann zum Krankenhaus fuhren, wurde mir klar, daß ich wahrscheinlich wieder starke innere Blutungen hatte; ich hatte drei Wochen lang nichts als Zitronensaft und Feta zu mir genommen, und der säurehaltige Saft muß ein Loch in meinen Magen gebrannt haben.

Als der Psychiater mich endlich im Krankenhaus abgeliefert hatte, hatte ich bereits die Hälfte meines Blutes verloren. Meine Blutgruppe ist Null positiv, und aus irgendeinem Grund konnten die Schwestern keine Konserven auftreiben; wenn ich mich recht erinnere, waren die Null-positiv-Vorräte alle eingefroren. Sie setzten mich also auf eine Bettpfanne und maßen alle paar Minuten meinen Blutdruck. Dem Verhalten der Schwestern nach zu urteilen, konnte es jede Sekunde mit mir vorbei sein. Sie waren übermäßig höflich, sprachen ein bißchen zu laut und bewegten sich ein bißchen zu schnell, während sie mir versicherten, daß alles wieder in Ordnung käme.

Als meine Sekretärin Alice im Krankenhaus ankam, sah ich Furcht in ihren Augen. Ein Arzt verpaßte mir mehrere Spritzen, und erst nach mindestens einer Stunde, so schien es mir jedenfalls, hatten sie endlich das Blut für die Transfusion zur Hand. Danach ging es mir sofort besser. Später erzählte mir Alice, die Ärzte hätten ihr gesagt, daß ich um ein Haar gestorben wäre. Sie schwört auch, sie habe mich in der Notaufnahme beten sehen, aber das habe ich ihr nie abgenommen.

MARLON BRANDO

Mein Film- und Bühnenleben

Zusammen mit Sophia Loren in *Die Gräfin von Hongkong*. Das Drehbuch wollte, daß ich sie ums Sofa jagte und dabei brüllte: »Zieh den Pyjama aus, sonst reiß ich ihn dir vom Leib! Hast du verstanden? Zieh ihn aus!« Regie führte Charlie Chaplin, einer der sadistischsten Menschen, dem ich je begegnet bin.

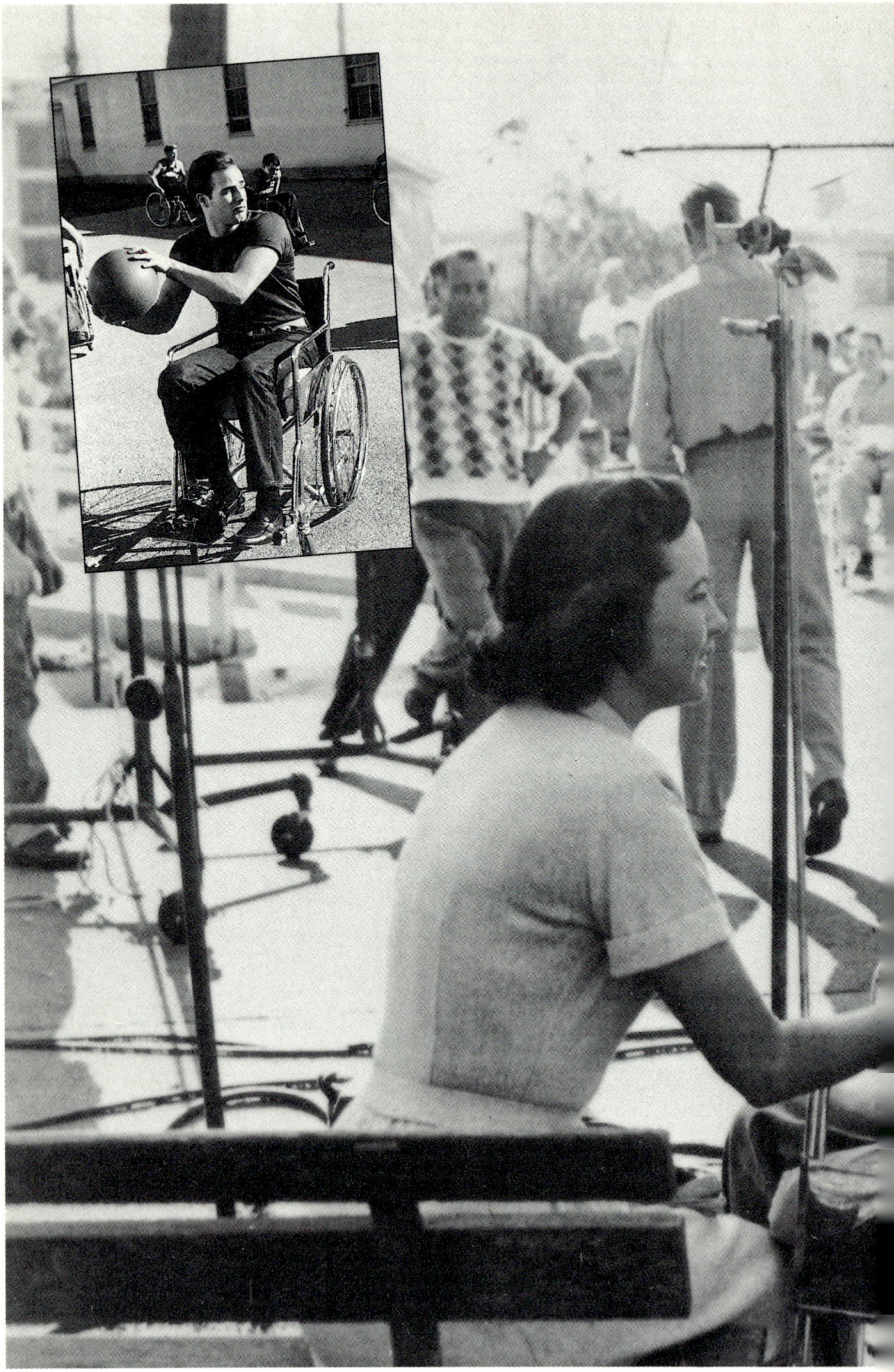

Mein erster Film, *Die Männer*, mit Teresa Wright. Ich spielte einen Leutnant mit zerschmettertem Rückgrat. Ich hatte keine Ahnung, wie es war, im Rollstuhl zu sitzen, also ließ ich mich als gelähmter Kriegsveteran ins Birmingham Veterans Hospital in Südkalifornien einweisen.

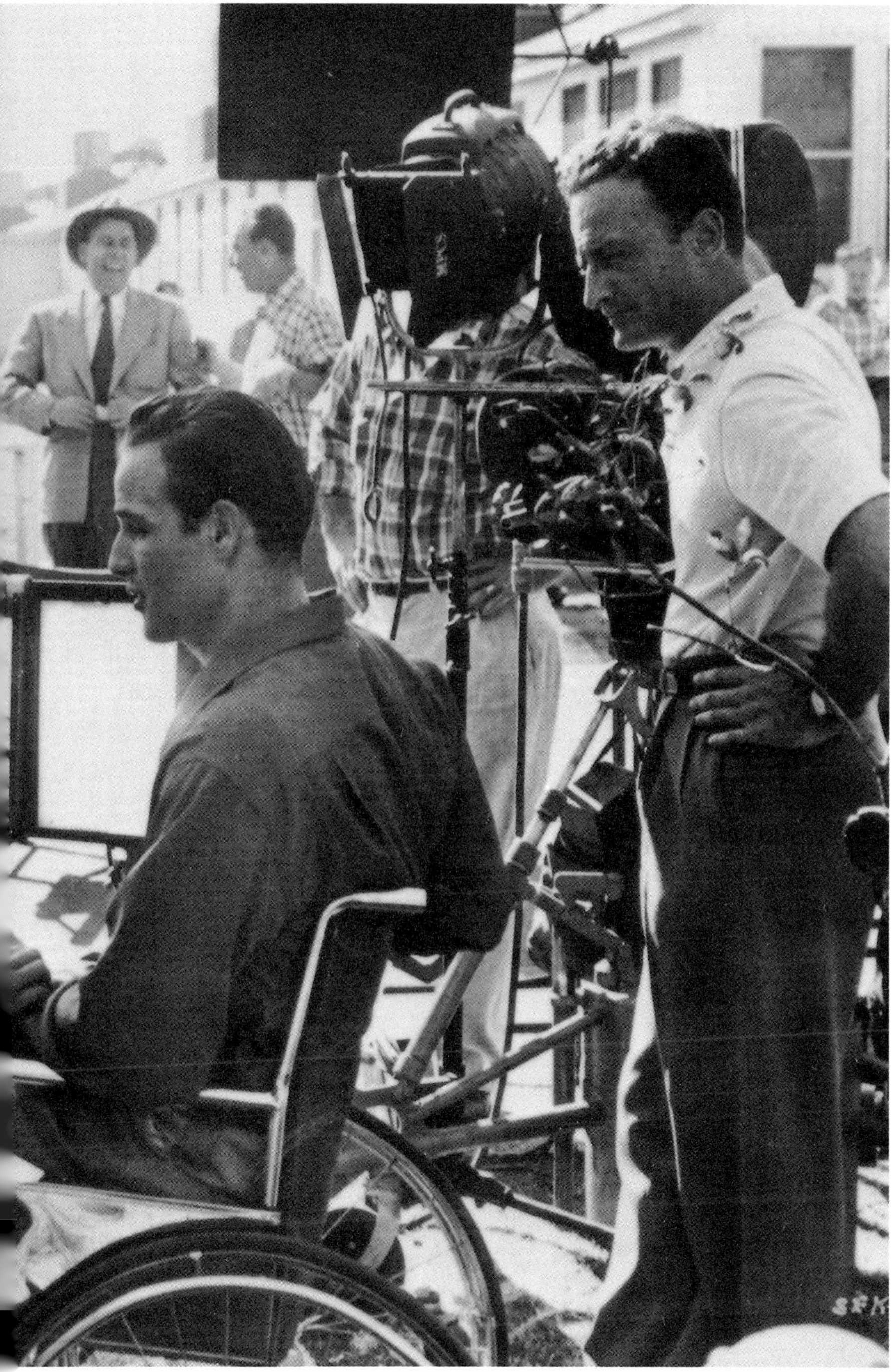

Die Bühnenversion von *Endstation Sehnsucht*, 1947: Privat war ich das genaue Gegenteil von Stanley Kowalski. Auf der Bühne: Peg Hillias, Kim Hunter, Karl Malden, Richard Garrick, Jessica Tandy, Rudy Bond, Nick Dennis, ich und Ann Dere.

Mir gefiel die Filmversion von *Endstation Sehnsucht* besser als das Stück. In vielerlei Hinsicht *war* Vivien Leigh tatsächlich Blanche. Jahre später erfuhr ich, daß Tennessee (kleines Bild oben links) lieber mich für die Rolle gewollt hatte als einen Hollywoodstar. Er schrieb seinem Agenten: »Das beseitigt das Hollywoodstigma.«

Zusammen mit Mary Murphy während der Dreharbeiten zu *Der Wilde.* Selbst beim Mittagessen in der Kantine von Fox konnten wir uns nicht von unseren Rollen trennen. Keiner meiner Kollegen in diesem Film, meinem fünften, hätte je gedacht, daß er die jungen Leute zur Rebellion anstacheln könnte.

Die Faust im Nacken. Als Kazan mir den fertigen Film zeigte, war ich so deprimiert über meine Leistung, daß ich den Vorführraum verließ. Im Bild rechts oben sieht man mich zusammen mit Lee J. Cobb und Rod Steiger, meinem »Bruder« – die berühmte Taxiszene improvisierten wir.

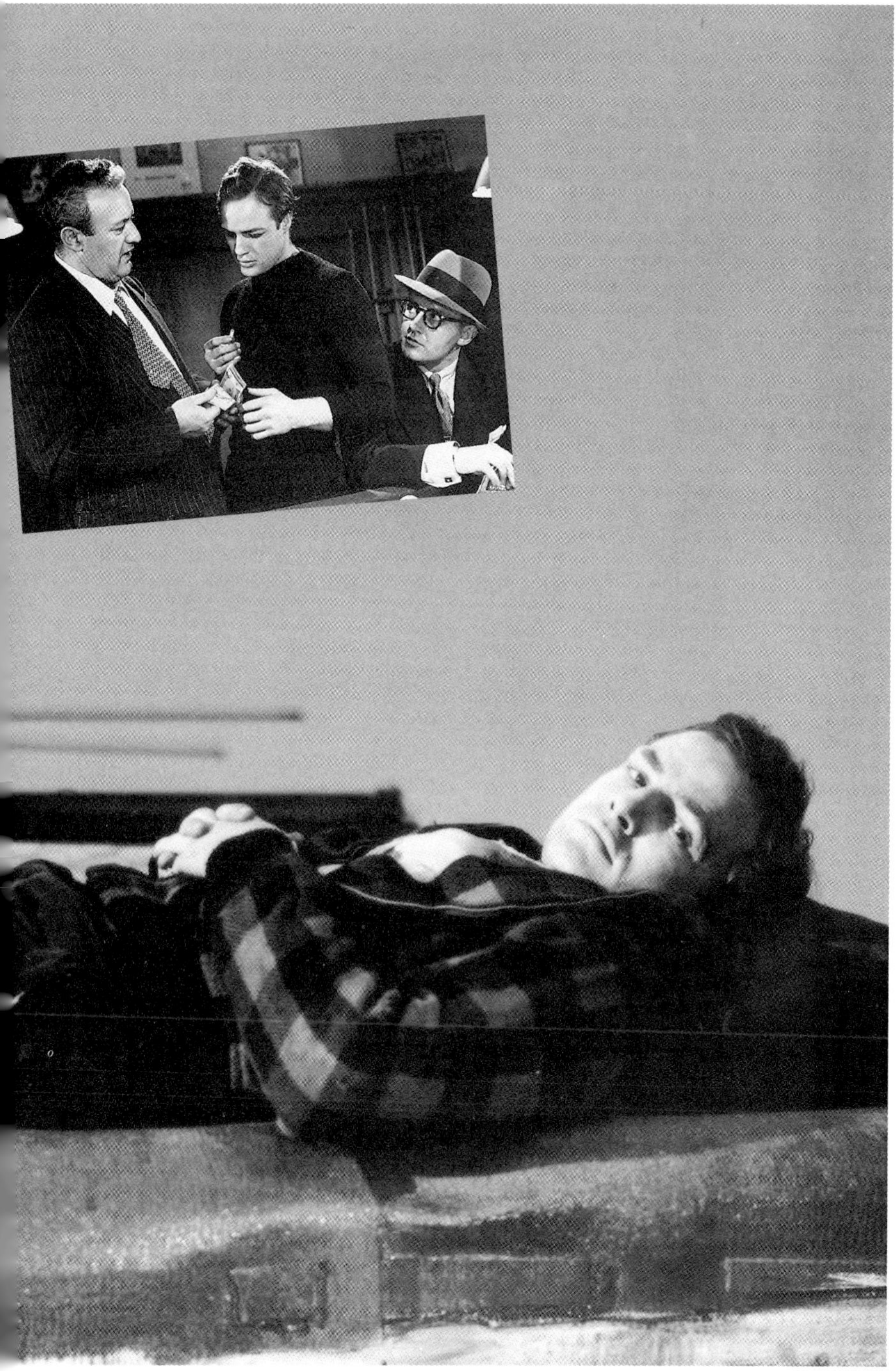

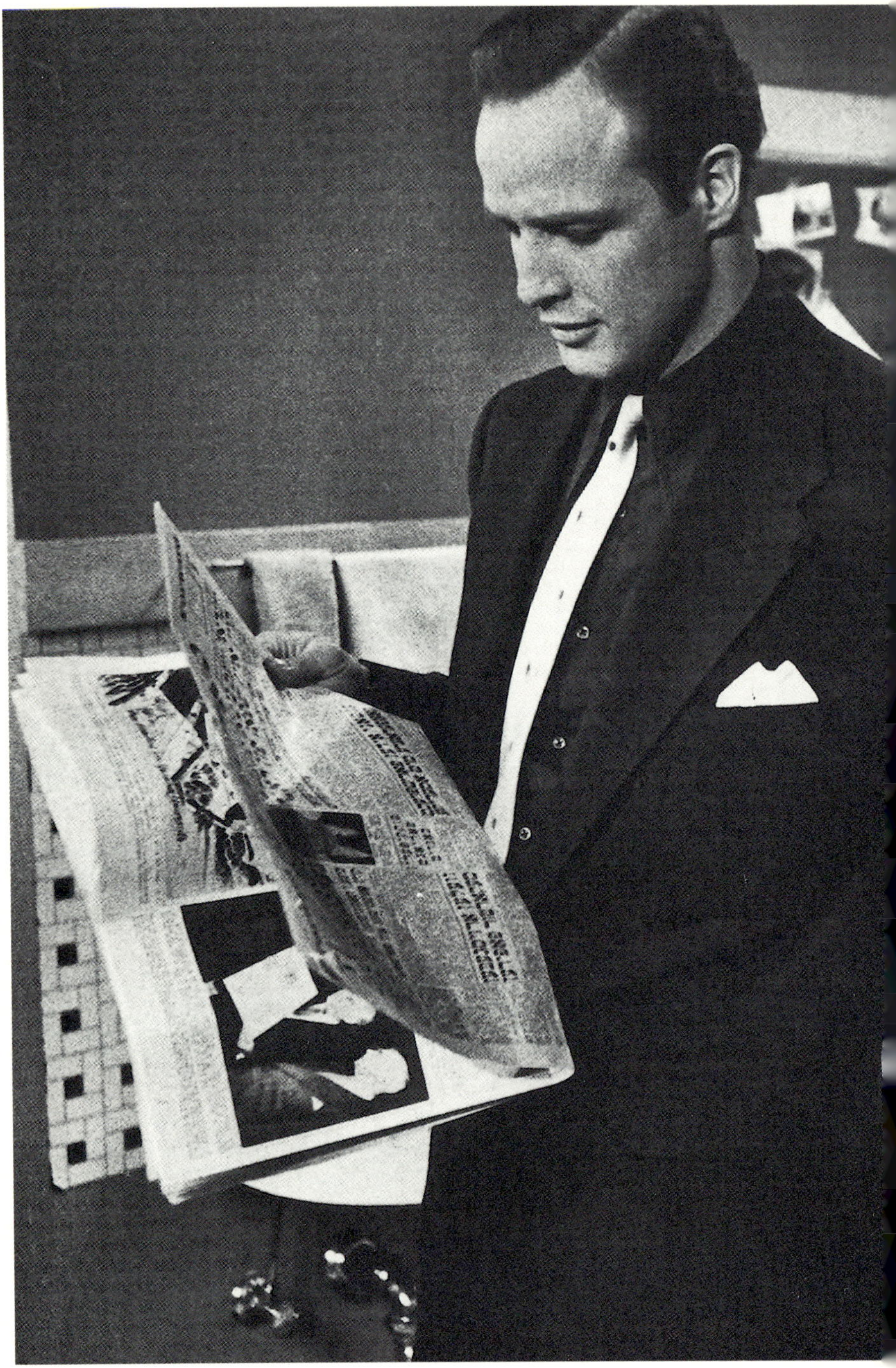

Schwere Jungs und leichte Mädchen, 1955. Offenbar konnte ich auch in Vivian Blaines Garderobe nicht mit den Späßchen des Spielers Sky Masterson aufhören. Sie nahm mir meinen Übermut nicht übel. Hier posiere ich mit der jiddischen Tageszeitung *The Jewish Daily Forward* für einen Freund des Fotografen Phil Stern.

Hinter den Kulissen von *Schwere Jungs und leichte Mädchen*, mit Grimasse, Twostep und Posaune. Jean Simmons (oben und rechts bei einer Probe in der Garderobe) war eine nachsichtige Kollegin. Die Tontechniker mixten meine Worte bei einem Song so dicht aufeinander, daß ich fast keine Luft mehr bekam, als ich vor der Kamera versuchte, meine Lippen synchron dazu zu bewegen.

In *Freshman* (oben) hatte Matthew Broderick wohl ganz ähnliche Probleme. Darunter: Porträt des Künstlers als junger Spieler. Rechts außen: Schach bei den Dreharbeiten zu *Ein Mann wird gejagt,* darunter: mit und ohne Perücke in *Candy*.

Bei einer Party mit James Dean. Wir waren beide Farmboys aus dem Mittleren Westen, die man immer wieder als Rebellen besetzte. Er imitierte nicht nur meine Schauspielerei, sondern auch das, was er für meinen Lebensstil hielt.

Als Napoleon in *Desirée,* 1954. Ich fand den Film oberflächlich und düster.

Eine meiner besten schauspielerischen Leistungen brachte ich in *Queimada,* 1970.

In *Der häßliche Amerikaner,* 1963.

In *Die jungen Löwen,* 1958: Ich wollte positive Aspekte herausarbeiten.

Als Johnny in *Der Wilde*, 1954: Ich spürte eine Geistesverwandtschaft.

Als Don Corleone in *Der Pate*, 1972: eine Begegnung mit der Mafia.

Weiße Zeit der Dürre, 1989.

Als Marcus Antonius in *Julius Caesar*, 1953, mangelte es mir an Erfahrung.

Bei den Dreharbeiten zu *Meuterei auf der Bounty* erlebte ich die glücklichsten Augenblicke meines Lebens. Ich kletterte auf einen der höchsten Berge und sah Teti'aroa; 1966 erwarb ich die Insel. Trevor Howard (oben) als Captain Bligh. Rechts: ein Spaziergang unter Palmen mit Tarita. Ich liebe die Tahitianer wegen ihrer Lebensfreude.

Zusammen mit Liz Taylor zwischen zwei Aufnahmen für *Spiegelbild im Goldenen Auge.* John Hustons Film von 1967 basierte auf Carson McCullers' schwüler Südstaatennovelle. Das National Catholic Office for Motion Pictures kritisierte ihn heftig. Rechts: Als Matt in *Süd-west nach Sonora,* 1966. Ich machte mir Sorgen wegen der radioaktiven Strahlung nach den Atomversuchen.

Als ich die afrokubanische Musik entdeckte, flippte ich fast aus.

Eines der peinlichsten Erlebnisse in meiner beruflichen Laufbahn hatte ich mit Maria Schneider in *Der letzte Tango in Paris,* als mein Penis auf die Größe einer Erdnuß zusammenschrumpelte.

Bei den Dreharbeiten zu *Die Formel*, 1980, fragte mich George Scott: »Wirst du eigentlich je eine Zeile zweimal genau auf die gleiche Art sprechen?« MGM kann bestätigen, daß ich antwortete: »Das ist doch egal, George, denn schließlich merkst du immer, wann du dran bist.«

Der Pate, 1972.

Als Jor-El, Supermans Vater, 1978.

In *Apokalypse Now*, 1979, als der verrückte Oberst Kurtz. Linke Seite: Zwischen den Aufnahmen mit Kindern: Unten: Mit Francis Ford Coppola. Ich rasierte mir den Kopf, ohne ihm vorher etwas zu sagen. Ich kriegte Francis immer wieder dran. In die Rolle des Kurtz habe ich mich völlig verloren.

Bei einer Party lief ich Marilyn Monroe über den Weg. Während die anderen Gäste tranken und tanzten, saß sie fast unbemerkt in einer Ecke und spielte Klavier. Wir hatten eine Affäre. Das letzte Mal sprachen wir zwei oder drei Tage vor ihrem Tod miteinander.

50

Niemand von uns kann die psychologischen Kräfte völlig verstehen, die unser Handeln motivieren, noch können wir – zumindest bisher nicht – all die biochemischen Reaktionen im Gehirn nachvollziehen, aufgrund derer wir eine Entscheidung oder eine Wahl treffen, lieber dem einen Weg statt dem anderen folgen. Aber ich glaube, eines steht fest: Alles, was wir tun, ist das Produkt dieser biochemischen Reaktionen. Francis Crick, der Mitentdecker der DNA-Struktur, schrieb vor kurzem: »Das ›Du‹, deine Freunde und deine Sorgen, deine Erinnerungen, deine Ziele, dein Begriff von persönlicher Identität und freiem Willen, all das ist in Wahrheit nicht mehr als das Verhalten einer riesigen Menge von Nervenzellen und der mit ihnen verbundenen Moleküle.«

Es ist gewagt, ja geradezu tollkühn, das Verhalten von Erwachsenen auf ein einziges Erlebnis oder sogar auf eine Reihe von Erlebnissen in der Kindheit zurückzuführen; in der Palette des menschlichen Verhaltens gibt es mehr Grautöne als Schattierungen von Schwarz und Weiß – das weiß ich sehr wohl. Doch als ich mit zunehmendem Alter immer häufiger dunkelhäutigen, exotischen Frauen nachlief, mußte ich mich einfach fragen, ob das alles nicht ein Versuch war, Ermi, mein Kindermädchen, zu ersetzen, deren weiche, dunkle Haut mir seit dem zarten Alter von sieben Jahren selten aus dem Kopf gegangen ist. Sie war das Ideal, das in meiner Seele fest verankert war. Nachdem ich sie verloren hatte, habe ich vermutlich den Großteil meines Lebens mit der Suche nach ihr zugebracht. Zusammen mit meiner Mutter mag Ermi viel mit meiner Weigerung – oder vielleicht meiner Unfähigkeit? – zu tun gehabt haben, später, als ich erwachsen war, Frauen zu vertrauen. Wenn man nie Wärme, Liebe oder Zuneigung erfahren hat, ist es schwer, all das jemanden zu schenken. Wenn man es erfahren hat, es einem aber wieder genommen wurde, wenn man sich abgewiesen und verlassen fühlte, dann hat man Angst davor, wieder verletzt zu werden. Meine Mutter verließ mich, um zur Flasche zu greifen, als ich kaum dem Säuglingsalter entwachsen war; und danach ließ Ermi mich im Stich. Es stimmt, sie ging nur, um ihr eigenes Leben zu leben und um zu heiraten, aber für mein damaliges Empfinden hatte sie mich einfach verlassen. Und das, nachdem ich ihr so nahe gewesen war, nachdem ich ihr mein ganzes Leben verschrieben hatte, nachdem ich von der einzigen anderen Frau, die es in meiner Welt gab, allein gelassen worden war. Für mich brach eine Welt zusammen.

Danach wollte ich immer mit mehreren Frauen gleichzeitig zusammensein. Es war eine Art emotionale Versicherungspolice, die mich davor schützte, wieder verletzt zu werden. Aus diesem Grund fiel es mir auch schwer zu lieben und zu vertrauen. Wie ein Jongleur, der gleichzeitig mit sechs Tellern spielt, versuchte ich stets, mehrere Affären auf einmal zu haben, so daß ich noch vier oder fünf Frauen hatte, falls mich eine verließ.

Ich war gern in der Gesellschaft von Frauen, aber ein gewisser Jemand namens Harvey stand ständig in der Ecke, ein unsichtbarer Hase, genannt Beziehung. Fast alle Frauen wollten von mir hören, daß ich sie ebenso liebte wie sie mich und daß unsere Liebe ewig und unvergänglich sei. Manchmal erzählte ich ihnen, was sie hören wollten, aber ich war schon immer der Meinung, daß Monogamie, Treue und ewige Liebe nur Konstrukte sind, die der Natur des Menschen zuwiderlaufen. Natürlich, die kindischen Träume der Heranwachsenden sagen uns, wie die Liebe aussehen sollte, und das tun auch unsere Lieder; alle verkünden auf die eine oder andere Weise: »Ich liebe dich ... du liebst mich ... wir werden uns ewig lieben ... ich liebe dich bis zu meinem Tod und noch darüber hinaus, bis du stirbst und wir uns im Himmel wiedersehen.« Diese Lieder sind Bestandteil unserer kulturellen Mythologie, sie verbreiten Werte, die mit unserer Natur kollidieren, einer Natur, die sich im Laufe von Milliarden von Jahren herausgebildet hat.

Ich glaube nicht, daß ich für die Monogamie geschaffen bin. Ich glaube, daß *kein* Mensch für die Monogamie geschaffen ist. Schimpansen, unsere nächsten Verwandten, leben nicht monogam, ebensowenig Gorillas oder Paviane. Die menschliche Natur ist keinen Deut monogamer angelegt als ihre. In jeder menschlichen Kultur werden die Männer von genetisch bestimmten Impulsen, über die sie keine Kontrolle haben, getrieben, ihren Samen auf so viele Frauen wie möglich zu verteilen. Sex ist die vorherrschende Kraft unserer und jeder anderen Spezies. Die Replikation unserer Gene und die Erhaltung unserer Spezies sind unsere stärksten Triebe. Wir können nichts dagegen tun, unser Handeln ist vorprogrammiert. Es mag je nach Kultur gewisse Unterschiede geben, aber ob es sich nun um Margaret Meads Samoa oder um das moderne Manhattan handelt, unsere genetischen Anlagen bestimmen unser Sexualverhalten unwiderruflich.

Auch wenn ich manche Frauen glauben ließ, daß ich sie liebte – und in manchen Fällen war ich vielleicht selbst dieser Meinung –, gab es eine, die ich mehr als alle anderen liebte.

Ich war Anfang Vierzig, als ich Weonna in Rom kennenlernte. Sie hatte in *Candy* mitgespielt und war mit einem Freund von mir zusammen. Er und ich waren dieselbe Art von Rivalen wie einst Carlo Fiore und ich; wir versuchten jeweils, das Girl des anderen herumzukriegen. Nachdem er mir Weonna in der Empfangshalle eines Hotels vorgestellt hatte, verabschiedete er sich, und ich baggerte sie gleich ohne Umschweife an.

»Warum gehen wir nicht nach oben und vögeln ein bißchen?« Sie antwortete. »Warum nicht? Gehen wir!«

Das waren der Anfang und das Ende der Verführung.

Weonna wurde nur etwa hundert Meilen von meinem Heimatort entfernt geboren. Sie hatte ein wenig geschrieben, kurz als Schauspielerin und als Model gearbeitet, ein bißchen Geld mit Immobilien verdient. Sie war ein außerordentliches Geschöpf mit ihrer weißen Haut, dem weichen, naturblonden Haar. Sie hatte Sommersprossen, viele Leberflecken, grüne Augen und einen ganz leichten irischen Akzent, den sie von ihrer irischen Mutter geerbt hatte. Sie brachte mich mehr zum Lachen als alle anderen Frauen, die ich je gekannt hatte. Wie meine Mutter und meine Großmutter hatte sie einen Sinn für das Absurde, sehr ausgefallene Gedanken, und sie setzte ihrer

Phantasie keine Grenzen. Sie war amüsant, witzig, intelligent, exzentrisch. Aber sie hatte auch Probleme. Sie war sehr mißtrauisch, trank zuviel und nahm manchmal Drogen – keine harten Drogen, sondern Tabletten. Sie tat es nur sporadisch; sie schluckte die Pillen eine Zeitlang, dann schwor sie ihnen ab, blieb eine Weile clean, bis sie erneut anfing und ich sie ins Krankenhaus bringen mußte, weil das der einzige Ort war, wo sie aufhören konnte. Trotzdem hatten wir viel Spaß zusammen, und selbst heute noch muß ich oft lachen, wenn ich an damals denke.

Eines Nachts nahm ich Weonna mit, um ein paar Wasserrohre zu stehlen, und das brachte ihr beinahe eine Herzattacke ein. Nicht weit von meinem Haus in Kalifornien gab es ein Grundstück, das im Besitz der Teamsters' Union war. Es war unbebaut geblieben, während auf den angrenzenden Grundstücken überall Häuser errichtet worden waren. Wenn ich noch keine Lust hatte, schlafen zu gehen, fuhr ich oft mit meinem Jeep dorthin und kurvte nur so zum Spaß ohne Licht herum. Eines Tages kamen Bautrupps mit ihrer Ausrüstung auf das Grundstück, und es sah so aus, als sollte dort eine große Siedlung entstehen. Doch als etwas Zeit vergangen war, hörten sie abrupt mit den Arbeiten auf und verließen die Baustelle. Haufenweise Baumaterial blieb zurück, unter anderem ein ganzer Stoß siebeneinhalb Zentimeter dicker Wasserrohre. Ich arbeitete gerade an meinem Haus und brauchte Rohre. Deshalb fuhr ich gegen zwei Uhr morgens mit Weonna dorthin, hängte ein paar Rohre an die Winde meines Jeeps und fing an, sie aufzukurbeln. Binnen Minuten schwebte ein Hubschrauber über uns, der die Baustelle mit einem hellen Scheinwerfer absuchte. Ich ließ die Kurbel fallen, und als sich der flackernde Lichtkegel auf den Jeep richtete, winkte ich wie wild, als wollte ich sagen: »Bitte kommt runter, ich brauche Hilfe!«

Ich hatte nicht die geringste Ahnung, was für eine Geschichte ich den Cops auftischen wollte. Mein panisches Winken war das einzige, was mir eingefallen war. Dann erklang über Lautsprecher eine Stimme aus der Luft: »Bleiben Sie, wo Sie sind. Keine Bewegung. Sie stehen unter polizeilicher Überwachung.«

Ich winkte und lächelte weiter, wie ein schiffbrüchiger Seemann, der endlich ein Boot sieht, nachdem er sein halbes Leben auf einer einsamen Insel verbracht hat. Ein paar Minuten später hielt ein Polizeiauto mit Blaulicht und quietschenden Bremsen in etwa fünfzehn Metern Entfernung von uns.

Eines meiner nun zu bewältigenden Probleme war die Tatsache, daß das Kabel an der Winde meines Jeeps immer noch an den Rohren befestigt war. Ich flüsterte Weonna zu: »Du darfst mir jetzt auf keinen Fall widersprechen, egal, was ich sage. Stimme mir einfach bei allem zu. Wir werden ein paar Lügen erzählen müssen.«

»Ich lüge nicht«, sagte sie. »*Du* bist derjenige, der uns die Suppe eingebrockt hat, und ich habe keine Lust, sie mit dir gemeinsam auszulöffeln.«

Ich fand ihre Illoyalität unschön, aber ich hatte gar keine Gelegenheit, mit ihr zu streiten, denn gerade, als ich etwas sagen wollte, leuchtete uns der Polizeiwagen mit einem Suchscheinwerfer an, so daß wir beide nichts mehr sehen konnten. Ich versuchte, glücklich und erleichtert auszusehen, und brüllte: »Gott sei Dank haben Sie uns gefunden! Ich dachte schon, wir müßten die ganze Nacht hier verbringen.«

Als die Cops sahen, daß ich in Begleitung einer Frau war, beruhigte sie das sichtlich, und einer von ihnen kam auf den Jeep zu. Ich dankte ihm überschwenglich und erklärte: »Ich bin am Mullholland Drive falsch abgebogen und hier in der Wildnis gelandet. Dann sind wir im Sand steckengeblieben. Ich wollte die Rohre mit Hilfe der Winde an meinem Auto festbinden, um mich so vielleicht selbst herausziehen zu können, aber die Räder haben durchgedreht. Könnten Sie vielleicht einen Abschleppwagen rufen, damit wir hier rauskommen? Ich wäre Ihnen sehr dankbar.«

Die ganze Zeit über hoffte ich, daß er nicht auf den Boden blicken würde, denn dann hätte er begriffen, daß kein Mensch in einem halben Zentimeter Sand steckenbleiben kann. Er war gerade dabei, zum Polizeiauto zurückzugehen, um einen Abschleppwagen zu rufen, aber noch bevor er vier Schritte gegangen war, sagte ich: »Einen Moment, Officer. Ich sollte es vielleicht noch einmal versuchen, bevor Sie anrufen.«

Ich ließ den Jeep an, trat bis zum Anschlag aufs Gas, bis der

Motor aufheulte wie eine Dreschmaschine zur Erntezeit, dann legte ich den Gang ein und ließ die Kupplung ganz langsam kommen, während ich einen Fuß fest auf der Bremse hatte. Der Jeep wackelte, bebte, schaukelte und fing langsam zu rollen an, als ich die Kupplung losließ. Nach ein paar Metern stieg ich aus und sagte zu dem Officer: »Ich glaube, ich habe es geschafft. Mann, war das ein Glück. Ganz herzlichen Dank für Ihre Hilfe. Ich weiß gar nicht, was ich gemacht hätte, wenn Sie nicht vorbeigekommen wären.«

Er nahm meinen Dank entgegen und fuhr weiter. Ich folgte ihm zurück auf die Straße, und am Mullholland Drive trennten sich unsere Wege. Weonnas beharrliches Schweigen machte mir eindeutig klar, was sie von mir hielt. Ich allerdings war recht zufrieden mit mir, bis ich im Rückspiegel sah, daß der Polizeiwagen eine Kehrtwendung gemacht hatte und uns nachfuhr. Ach du Scheiße, dachte ich, jetzt ist der Groschen bei ihm gefallen.

Das Auto raste mit Blaulicht hinter uns her, und ich hielt an. Weonna hatte schon vortretende Augen und zitterte beinahe. Einer der Polizisten kam mit einer Taschenlampe an mein Fenster und sagte: »Mr. Brando, meine Frau würde mir nie verzeihen, wenn ich ohne Autogramm von Ihnen nach Hause käme.«

»Aber klar doch, Officer«, sagte ich. Ich hätte ihn küssen können. »Haben Sie was zu schreiben?«

51

Den überwiegenden Teil meines Lebens plagte mich die Eifersucht, aber ich bemühte mich sehr, es keinen wissen zu lassen. Ich hatte Angst, man könnte es sonst gegen mich ausspielen. Heute bin ich anders; ich habe begriffen, daß Eifersucht ein sinnloses, unnützes Gefühl ist, das ich mir nicht leisten kann. Aber es kostete mich ein gehöriges Stück Anstrengung, dieses Gefühl, das ich ein Leben lang mit mir herumgetragen hatte, loszuwerden.

Weonna war genauso eifersüchtig und mißtrauisch wie ich, und sie ärgerte sich über die anderen Frauen in meinem Leben – manchmal durchaus zu Recht. In der Zeit, als ich noch keinen Stacheldraht und elektrischen Sicherheitszaun um mein Haus gezogen hatte, wachten wir einmal spätnachts von einem Geräusch auf und sahen eine Frau am Fußende des Bettes stehen.

»Wer sind Sie? Was wollen Sie?« fragte ich und zog mir die Decke bis unters Kinn, wie Zasu Pitts in einem alten Film.

»Wer *ich* bin?« entgegnete sie. »Wer ist denn *die* da?«

Sie deutete auf Weonna, die ebenso überrascht war wie ich. Ich war noch etwas verwirrt und fragte nur immer wieder: »Wer sind Sie? Was wollen Sie? Wer sind Sie?«

»Was soll das heißen, wer ich bin? Ich nehme an, du sagst das nur, damit sie nicht erfährt, wer ich bin.«

Weonna fing langsam an, mich mißtrauisch anzusehen.

»Hören Sie«, sagte ich, »ich habe keine Ahnung, wer Sie sind oder was Sie hier machen.«

»Du hast mich wohl heute nachmittag nicht an der Bushaltestelle gesehen?«

»An welcher Bushaltestelle?«

»An *welcher* Bushaltestelle?« Sie lachte spöttisch.

»Hören Sie, Sie verschwinden jetz sofort aus meinem Haus.«

»Ich verschwinde nirgendwohin«, sagte sie. »Du wirst jetzt erst einmal *sie* los, so sieht's aus.«

»Okay, ich rufe die Polizei.«

Weonna stieg aus dem Bett und schüttelte empört den Kopf; sie dachte, ich würde die Frau kennen. Ich hielt sie fest und sagte: »Warte einen Moment, Weonna ... *warte mal.* Ich kenne die Frau nicht. Ich habe sie noch nie in meinem Leben gesehen.«

Dann wackelte plötzlich das Bett, ich drehte mich um und sah, daß sich die Frau nackt ausgezogen hatte und neben mich ins Bett geschlüpft war.

»Würden Sie sofort gehen, bitte?« sagte ich. »*Auf der Stelle.* Was bilden Sie sich eigentlich ein?«

Ich legte alle theatralische Kraft, die ich hatte, in meine Stimme und gab mich ernsthaft entrüstet, was mir trotz der späten Stunde gelang, aber Weonna wehrte nur müde ab. »Macht nichts, ich geh' schon. Es hat wohl keinen Sinn, sich aufzuregen. Ich gehe.«

»Weonna, Weonna ... Ich habe keine ... ich ...« Ich brachte keinen Ton heraus, als hätte mir jemand mit der Bratpfanne eins übergezogen. Schließlich gelang es mir, das Telefon neben dem Bett zu nehmen und Weonna auf diese Art zu zeigen, daß es mir ernst war. Ich sagte: »Ich rufe jetzt die Polizei. Sie werden kommen und die Frau mitnehmen. Du mußt mir glauben.«

Ich langte hinüber und schob den nackten Körper aus meinem Bett. Sie landete beinahe auf dem Boden, während ich ihr befahl: »Raus hier!« Dann wählte ich die Nummer des Polizeireviers und erklärte, daß eine Frau bei mir eingebrochen sei und nicht gehen wolle. Ich bat, einen Wagen vorbeizuschicken und sie mitzunehmen.

Innerhalb von fünf Minuten kam ein Polizeiwagen mit zwei Polizisten an. »Wollen Sie Anzeige erstatten?« fragte der eine, als die Frau aus dem Schlafzimmer abgeführt wurde, nachdem sie sich angezogen hatte.

»Nein«, sagte ich, »schaffen Sie sie einfach nur fort.«

Die nächste Viertelstunde verbrachte ich damit, Weonna zu beteuern, daß ich die Frau wirklich nicht kannte. Sie antwortete mit einem ganz zarten Kräuseln der Lippen und brachte damit ihr Mißtrauen und ihre Ungläubigkeit zum Ausdruck, so als hätte der Vorfall ihren Verdacht bestätigt, daß ich untreu, ein gerissener Lügner und ein Hallodri sei. Ich konnte es ihr nicht verdenken, denn damals war ich genau das. Trotzdem gelang es mir am Ende, sie zu beruhigen, und wir schliefen wieder ein. Als wir eine Stunde später friedlich aneinandergeschmiegt im Bett lagen und schliefen, hörten wir plötzlich wieder ein Geräusch. Wir wachten gleichzeitig auf und sahen die Frau erneut im Zimmer stehen. Ihr Gesicht brannte vor Wut. Sie starrte Weonna zornig an und sagte: »Bist du sie immer noch nicht losgeworden?«

Ich antwortete: »Also noch einmal machen wir das Ganze nicht durch. Ich rufe die Polizei, und diesmal kommen Sie ins Gefängnis, dieses Mal erstatte ich Anzeige. Haben Sie das verstanden?«

Ich wählte die Nummer des Polizeireviers und sprach mit demselben Beamten wie beim erstenmal. »Entschuldigung, Officer, hier spricht noch einmal Marlon Brando. Die Frau, die Sie gerade von meinem Grundstück abtransportiert haben, ist schon wieder da, und ich bin ziemlich verärgert. Bitte kommen Sie, und holen Sie sie ab.« Ich stotterte und stammelte wie Edward Everett Horton.

Ganz langsam und bedächtig antwortete der Polizist: »Mr. Brando, wir haben heute nacht viel zu tun; es ist ziemlich viel los hier. Bei ein paar dieser Dinge handelt es sich um ausgesprochen ernste Angelegenheiten, und Frauen aus Ihrem Haus zu schaffen, gehört nicht dazu.«

Ich setzte eine strenge Miene auf, warf der Frau einen kurzen Blick zu, und sagte: »Okay, Officer, vielen herzlichen Dank. Danke«, und legte auf.

»Sie sind in zwölf Minuten hier«, sagte ich. »Und diesmal wandern Sie ins Gefängnis. Ich erstatte Anzeige, und Ihnen sollte klar sein, daß Sie dann mindestens ein Jahr sitzen müssen.«

Da verließ die Frau fluchtartig das Haus, und ich sah sie nie wieder.

Ein andermal lagen Weonna und ich im Bett, als sie mich mit einem festen Stoß in die Rippen weckte. Überrascht wie ich war, wollte ich mich gerade entrüstet beschweren, als sie mir zuflüsterte: »*Da ist jemand im Haus.*«

»Wie kommst du darauf?«

Weonna hatte ein außerordentliches Gehör. Sie schüttelte den Kopf, um mir zu sagen, daß sie sich ganz sicher sei. Ich stieg aus dem Bett und holte meine Schrotflinte aus dem Schrank; dann ging ich nackt in den Gang, ohne eigentlich zu wissen, was ich suchte oder was ich tun würde, wenn ich es gefunden hätte. Ich weiß noch, wie ich dachte: Marlon, du bist splitternackt, und was passiert, wenn sie dich so sehen? Die werden dich nicht gerade ernst nehmen. Wenn ich ein Einbrecher wäre, dann würde mich ein nackter Typ mit Sicherheit nicht sonderlich abschrecken.

Ich ging durch den Gang ins Wohnzimmer, aber ich konnte niemanden finden, also kehrte ich mit der Schrotflinte ins Schlafzimmer zurück und sagte zu Weonna, daß die Luft rein sei. Sie sah mich verängstigt an und flüsterte: »*Sie sind im Badezimmer . . .*«

Im Badezimmer stieß ich auf eine hübsche junge Frau, die sich hinter der Tür versteckte. Die Glasschiebetür zur Terrasse stand offen, und dadurch war sie hereingekommen. Ich richtete das Gewehr auf sie und sagte: »Legen Sie sich so ruhig und schnell wie möglich hin, den Kopf auf den Teppich – *sofort!*« Sie wollte etwas sagen, aber ich ließ sie nicht zu Wort kommen: »Tun Sie, was ich Ihnen gesagt habe.« Sie tat, wie ihr geheißen, legte sich auf den Boden und drückte das Gesicht auf den Teppich. Sie hatte ihre Tasche in der Hand, und ich befahl ihr: »Schieben Sie Ihre Handtasche ganz langsam zu mir herüber.« Sie tat, wie ihr geheißen. Ich öffnete die Tasche und durchsuchte ihren Geldbeutel, der sehr ordentlich war. Ich fand eine Mitgliedskarte von der Vereinigung der Filmschauspieler und fragte: »Sind Sie Schauspielerin?«

Die Frau, deren Nase und Mund im Teppich vergraben waren, murmelte ein ersticktes: »Ja.«

»Was machen Sie um drei Uhr morgens in meinem Badezimmer?«

Undeutlich antwortete sie: »Ich dachte, Sie wüßten vielleicht, wo es Arbeit für mich gibt.«

»Das ist wahrscheinlich der unpassendste Ort, um Arbeit zu suchen«, sagte ich. »Was Sie hier tun, bringt Ihnen überhaupt nichts und ist äußerst unprofessionell. Stehen Sie auf. Hier ist Ihre Tasche, und da ist die Tür. Lassen Sie sich nie wieder hier blicken, und machen Sie das, zu Ihrem eigenen Besten, auch nie bei jemand anderem, denn es ist gefährlich.«

Ich weiß nicht, ob sie je Arbeit beim Film bekommen hat.

Diese beiden Frauen waren nicht die einzigen, die einfach so bei mir auftauchten. Ruhm ist eine große Verlockung und stellt einiges mit den Menschen an. Eine Frau kampierte einmal drei Tage lang bei strömendem Regen vor meinem Haus, als ich gerade Alphonse, einen tahitischen Jungen, bei mir zu Besuch hatte. Alphonses Füße waren durch einen Geburtsfehler nach innen gewachsen, und ich hatte dafür gesorgt, daß er mit seiner Großmutter nach Los Angeles kommen konnte, um sich hier operieren zu lassen. Die ältere Frau war eigentlich gar nicht seine richtige Großmutter, sondern sie versorgte ihn und wurde von ihm nur Großmutter genannt. Eines Tages sagte sie mir, daß eine Frau draußen warte und mich besuchen wolle. Ich antwortete, daß ich niemanden erwarten würde und daß ich es mir zur Regel gemacht hätte, nie mit Fremden zu sprechen, die bei mir vor der Tür standen. Aber ich sah mit meinem Fernrohr durchs Fenster, und da stand wirklich eine Frau in der Auffahrt. Ich dachte mir, sie ist sicher auch eine von diesen Durchgeknallten, und sagte Großmutter, daß ich sie nicht empfangen wollte. Drei Tage später hatte sich die Frau trotz eines ziemlichen Unwetters noch nicht vom Fleck bewegt, und mittlerweile war Alphonses Großmutter ziemlich aufgebracht. Sie verstand das nicht; sie hatte so etwas noch nie gesehen und bat mich: »Bitte, laß sie rein, sie muß völlig durchnäßt sein und frieren. Ich will ihr etwas zu essen geben.«

Großmutter war so mitfühlend, ich mußte einfach etwas unternehmen. Ich ging hinaus und sprach mit der Frau. Sie sah sehr gut aus, eine Mulattin Anfang Dreißig, die mit einem akkuraten britischen Akzent sprach. Ihre Kleidung war naß, und sie fror, also lud ich sie in das Kaminzimmer ein, das an mein Schlafzimmer angrenzte, wo sie sich am Feuer wärmen konnte. Großmutter gab ihr eine warme Decke und eine Tasse Kaffee, und sie erzählte mir schließlich ihre Geschichte. Nachdem sie sich *Der Besessene* angesehen hatte, war sie in ein Café gegangen und hatte eine Tasse Kaffee bestellt. Beim Trinken entdeckte sie, wie sich ihre Augen im Kaffee spiegelten – und plötzlich, wie sich ihre Augen in *meine* verwandelten –, das war der Moment, ab dem sie überall meine Augen sah, wo auch immer sie ging und stand, und das machte sie glauben, daß irgendein Geist sie in mich verwandelt hätte. Sie erzählte mir all das auf eine sehr höfliche und feine Art.

Ich fragte sie, woher sie stamme. Sie antwortete: »Ich wurde in New York City geboren.«

»Wo genau?«

»In Harlem.«

»Wie kommt es dann, daß Sie mit britischem Akzent sprechen? Haben Sie in England gelebt?«

»Nein, ich war noch nie da.«

»Haben Sie englischsprechende Bekannte?«

»Mein Freund ist aus England.«

Offenbar ahmte sie seinen Akzent nach, und sie machte das so gut, daß sie wahrscheinlich problemlos als Nachrichtensprecherin bei der BBC engagiert worden wäre. Sie erzählte, daß ihr ihr Psychiater den Besuch bei mir verordnet habe. Er hatte ihr den Rat gegeben, mich einmal in persona zu sehen – dann wüßte sie, daß sie sich täuschte und sie nicht ich war.

»Sie müssen viel Mut aufgebracht haben, um das zu tun«, sagte ich. »Wie Sie deutlich sehen können, bin ich nicht Sie, ich bin jemand anders; ich bin eine andere Person. Sie haben sich, warum auch immer, nur eingebildet, Sie seien ich.«

Zuerst konnte sie sich das gar nicht vorstellen und war etwas verwirrt, aber langsam entspannte sie sich. Sie war recht attraktiv, und kurz schlichen sich ein paar nicht sehr artige Phantasien bei mir ein, da mein Bett nur einige Schritte weit entfernt stand. Aber zu dem Zeitpunkt war ich schon ein bißchen erwachsen geworden, so daß ich solche Gedanken aus meinem Kopf verbannte. Sie ging dann. Ich gab ihr meine Telefonnummer, und sie rief mich noch mehrmals an, meist sehr verzweifelt, wenn sie einen Rückfall gehabt hatte und wieder glaubte, sie sei ich. Ihr Psychiater riet ihr dann immer, mich anzurufen, um sich bestätigen zu lassen, daß das nicht der Fall war. Sie rief mich auch an, nachdem sie gelesen hatte, daß ich im Krankenhaus war, und ich versicherte ihr, daß es mir gutgehe und sie sich keine Sorgen machen müsse.

Die Anrufe gingen über einen Zeitraum von mehreren Jahren, dann hörten sie nach und nach auf. Der letzte kam vor einigen Jahren, und diesmal sprach sie mit deutschem Akzent. Ich fragte sie: »Haben Sie einen neuen Freund?«

»Ja.«

»Ist es ein Deutscher?«

»Ja, woher wissen Sie das?«

Jahrelang sah ich Weonna immer wieder, und wir liebten und stritten uns viel. Sie war eine starke Frau und konnte gut austeilen. Sie hatte einen untrüglichen Spürsinn für meine Unsicherheiten und Eifersüchteleien, und wir hatten wilde Streits. Ich glaube, keiner von uns war gewillt oder fähig, sich zu ändern. Bei unserem letzten Treffen stritten wir uns bis aufs Messer und machten uns emotional völlig fertig. Es war ein gräßlicher Zusammenstoß. Weonna hatte, um sich an mir zu rächen, weil ich sie angeblich verletzt hatte, einen meiner Söhne verführt. Ich verlor nicht die Beherrschung. Mir wurde einfach nur klar, daß es aus war und daß es keine Möglichkeit gab, daß zwischen uns je wieder etwas wäre. Nach dem, was sie getan hatte, war eine Wiederaussöhnung unmöglich. Ich beruhigte meinen Jungen, daß er keine Schuldgefühle haben müsse, daß das Vorgefallene nur ein Schachzug von ihr gewesen sei, um mir das Messer ins Herz zu stoßen, und daß er nichts zu bereuen habe.

Etwa fünf Jahre lang sah ich Weonna daraufhin nicht mehr, auch wenn ich oft an sie dachte und mir hin und wieder von ihr erzählt wurde: Sie war nach Neumexiko gezogen, hatte die Schauspielerei aufgegeben, war erfolgreich als Immobilienmaklerin und hatte ein Jurastudium begonnen. Dann hörte ich, daß sie wieder nach Los Angeles gezogen sei. Jemand hatte sie auf einer Party gesehen. Ich dachte mir, daß sich unsere Wege irgendwann kreuzen würden, und etwas aufgeregt fragte ich mich, was in diesem Fall wohl passieren würde. Als ich ihr dann auf der Party eines Freundes tatsächlich begegnete, hüpfte mein Magen, als hätte mir ein Schwergewichtsboxer einen Schlag in die Eingeweide verpaßt. Ich nahm all meinen Mut zusammen, ging zu ihr, legte sanft die Arme um sie und sagte: »Ich freue mich sehr, dich zu sehen, Weonna.« Sie wurde rot, gab mir ihre Telefonnummer, und wir riefen uns wieder an. Sie war so lustig wie eh und je, und für mich gibt es nichts auf der Welt, was so verführerisch oder so lebendig ist wie Lachen. Es ist die reinste Medizin.

Die meisten Frauen in meinem Leben waren farbig, wie Ermi: lateinamerikanisch, karibisch, indisch, pakistanisch, chinesisch, japanisch. Weonna bildete die Ausnahme, sie war eine irische Kartoffel, und wir hatten, im Gegensatz zu den anderen, viel gemeinsam, weil wir aus demselben Teil des Landes stammten, dieselbe kulturelle Sprache sprachen, eine ähnliche Geschichte hatten, dieselben Späße mochten – und auf dieselbe Art stritten.

Nach dieser Party traf ich Weonna noch einige Male auf Festen, und wie eh und je brachte sie mich fast um mit ihren Witzen. Sie war sehr sensibel, aber trotzdem gewieft; zudem war sie naiv und kindlich. Nachdem wir schließlich mehrmals miteinander telefoniert hatten und uns auch öfter zufällig über den Weg gelaufen waren, sagte sie: »Was passiert denn jetzt ... mit uns?«

»Ich weiß es nicht«, meinte ich. »Ich bin genauso unsicher wie du.« Ich hatte sie seit dieser ersten Party nicht mehr berührt und wußte genausowenig wie sie, worauf wir zusteuerten.

Weonna erzählte mir, daß sie einen Psychiater aufsuchen wolle, weil sie Probleme habe, mit denen sie nicht fertig werde, und ich riet ihr zu. Ich schrieb ihr auch einen Brief, in dem ich ihr alles, was sie mir angetan hatte, vergab. Ich schrieb, daß ich hoffe, daß auch sie mir vergebe. Ich sagte, daß wir aus Unwissenheit und Schmerz, Sehnsucht und Angst, Furcht und Streß so grausam zueinander gewesen waren und daß ich begriffen hätte, daß es wichtig für mich sei, ihr zu vergeben. Zum damaligen Zeitpunkt wußte ich nicht, warum ich diesen Brief schrieb, aber heute ist mir der Grund dafür klar. Weil ich ihr vergab, daß sie mir ein Schwert ins Herz gerammt hatte, gewann ich meine Freiheit zurück.

Bis dahin hatte ich mein Leben mit der Suche nach einer Frau verbracht, die mich bedingungslos liebte, einer Frau, die ich meinerseits zu lieben vermochte, weil ich mich darauf verlassen durfte, daß ich von ihr niemals verletzt werden oder verlassen würde, einer Frau, die den Schmerz, den mir meine Mutter und Ermi angetan hatten, wiedergutmachen würde. Aber von dem Moment fing ich an, alle Frauen uneingeschränkt zu akzeptieren. Sie waren nicht länger meine Feindinnen, aber auch keine Erzengel, die mir ganz sicher ein perfektes Leben bescheren würden. Ich begriff, wenn ich je glücklich werden wollte, dann mußte ich selbst dieses Ziel erreichen. Es nutzte nichts, wenn ich irgendeiner Frau nachjagte, in der Hoffnung, sie sei im Besitz des Zaubertranks, der mir ein reiches und glückliches Leben schenken würde.

Ich begriff, wenn ich mir selbst alles, was ich getan hatte, vergeben wollte, dann mußte ich auch meiner Mutter vergeben. Damals verstand ich das noch nicht, aber als ich Weonna verzieh, symbolisierte sie meine Mutter, und deshalb war es eigentlich sie, der ich vergeben hatte. Seither habe ich eine gute Beziehung zu Frauen.

Nachdem ich Weonna diesen Brief geschrieben hatte, trafen wir uns wieder regelmäßig. Zwar wurden nicht alle Wunden geheilt, aber ich glaube, wir beide wußten, daß wir wieder zusammenkommen würden. Doch während wir auf die Karten warteten, die das Schicksal uns geben würde, starb Weonna. Sie ritt ein Pferd, das sie sehr liebte. Es stürzte und begrub sie unter sich. Sie erlitt schwere Kopfverletzungen und starb innerhalb von vierundzwanzig Stunden.

Bei der Beerdigung blickte ich auf Weonna im offenen Sarg hinab, legte ihr einen Strauß Blumen in die Hand, flüsterte ihr ins Ohr, daß ich sie liebte, und dann küßte ich sie. Seitdem ist kein einziger Tag vergangen, an dem ich sie nicht vermißt hätte. Sie war es, die mir das Lachen schenkte.

Weonna hatte mir gesagt, daß sie nach ihrem Tod neben ihrem Vater auf einem katholischen Friedhof in Süddakota beerdigt werden wolle. Ich erzählte das ihrer Mutter, aber sie meinte, daß Weonnas Onkel, ein Priester, der Ansicht sei, daß sie es nicht verdiene, auf einem katholischen Friedhof zu liegen, weil sie aus der Kirche ausgetreten war. Ich hätte den Mann am liebsten erwürgt, aber ihre Mutter fügte sich seinen Wünschen, und so wurde Weonna in einem konfessionslosen Friedhof im San Fernando Valley beigesetzt, wo sie heute noch liegt. Manchmal fahre ich von meinem Haus aus den Hügel hinunter und lege Blumen auf ihr Grab. Ihre Mutter ist mittlerweile ebenfalls tot, und ich dachte oft daran, Weonnas Sarg überführen zu lassen, damit sie bei ihrem Vater sein kann. Eines Tages werde ich das sicher auch tun.

52

Nach meinem Nervenzusammenbruch in New York konsultierte ich viele Jahre lang immer wieder Psychiater, besonders wenn ich mich, was häufig der Fall war, deprimiert, unruhig und verängstigt fühlte, ohne eigentlich zu wissen, warum. Ich verschwendete viel Geld auf diese Ärzte, doch schließlich fand ich einen, der mir wirklich helfen konnte, Dr. G. L. Harrington. Er kurierte mich auf eine Art und Weise, die ich nie verstehen werde, aber am Ende erkannte ich, daß jeder seine Probleme allein lösen muß.

Neben meinen Depressionen und Angstzuständen hatte ich lange Zeit noch ein anderes Problem: Bis vor etwa zwanzig Jahren war ich so etwas wie eine tickende Zeitbombe. Einmal fuhr ich auf dem Santa Monica Boulevard, als mich ein Bus hinter mir anhupte. Ich hielt mich an die Geschwindigkeitsbegrenzung und hatte keine Lust, schneller zu fahren, aber er hupte ununterbrochen weiter, raste schließlich an mir vorbei und schnitt mich so, daß er mich beinahe seitwärts gerammt hätte. Ich trat aufs Gas und verfolgte ihn noch fünf Häuserblocks weiter, bis ich endlich vor ihm einscheren und ihn zum Halten zwingen konnte. Dann sprang ich aus dem Auto und trommelte mit beiden Fäusten gegen die Glastür des Busses. Ich brüllte den Fahrer an, er solle die Tür öffnen – ich hätte ihn am liebsten auseinandergenommen. Der Busfahrer ging in Dekkung, und als ich merkte, daß ich die Tür nicht aufdrücken konnte, fuhr ich weiter, überzeugt davon, ihm ordentlich die Meinung gesagt zu haben.

Ein andermal war ich in Cannes und hörte, daß Elizabeth Taylor, die ich mochte, und Richard Burton, den ich weniger mochte, ebenfalls dort waren. Ich wollte sie bitten, bei einer Show mitzuwirken, die ich für die UNICEF organisierte, und verabredete mich mit ihnen zum Lunch auf einer Jacht. Obwohl es erst Mittag war, war Richard schon betrunken. In diesem

Zustand war er immer unmöglich, und bald machte er abfällige rassistische Bemerkungen über meine tahitischen Kinder.

Anfangs überhörte ich das, aber als er immer weitermachte, sagte ich zu ihm: »Wenn du noch einen einzigen Kommentar über meine Kinder abgibst, dann schmeiß ich dich vom Boot.«

Burton sah mich dümmlich und schweigend mit seinen geschwollenen, trüben Augen an, während Elizabeth sagte: »Ach Richard, hör doch jetzt auf...« Er nahm die Herausforderung nicht an, aber wenn er es getan hätte, dann hätte ich keine Sekunde gezögert, meine Drohung wahr zu machen.

Ein andermal war ich in einem Nachtklub in Hollywood, wo eine mittelmäßige Sängerin auftrat; ihre Stimme klang ein wenig wie die einer heiseren Gans, sie hatte Übergewicht und war außerdem nicht mehr ganz taufrisch. Sie war nicht unbedingt hübsch anzusehen, schlug sich aber wacker. Am Nebentisch saßen mehrere Leute, die abfällige Bemerkungen über sie machten, und zwar so laut, daß sie auf der Bühne zu hören waren. Ich dachte: Die arme Frau gibt da oben ihr Bestes, immerhin ist sie ja auch nicht mehr die Jüngste, und versucht, sich ihr Geld zu verdienen, und diese Typen demütigen sie.

Mein Ärger wuchs, als die Männer mit ihren Bemerkungen weitermachten. Irgendwann wurde ich dann von einem erkannt. Er langte zu mir herüber und berührte mich am Arm, entweder um sich vorzustellen oder weil er ein Autogramm von mir wollte. Im selben Moment hatte ich schon meinen Tisch umgeworfen, ging zu ihm hinüber und sagte: »Wenn Sie Lust haben, am Leben zu bleiben, dann lassen Sie das. Fassen Sie mich nie wieder an!«

Mein Ausbruch hatte ihn eingeschüchtert, und nicht einmal ich hatte ihn kommen sehen. Zu der Zeit war ich ohnehin permanent geladen und wartete nur darauf, explodieren zu können. Ich hatte so eine dünne Haut, daß ich immer dicht davor stand, restlos die Kontrolle über mich zu verlieren.

Es war eine Mordswut, die noch bis vor fünf oder sechs Jahren ständig in mir rumorte und ohne Vorankündigung ausbrechen konnte. Stets richtete sie sich gegen Vertreter des männlichen Geschlechts, am allermeisten aber gegen Paparazzi, diese erbärmlichen, mit Kameras bewehrten Raubtiere, die die Gossen der ganzen Welt durchstreifen. Ich haßte jeden, der versuchte, in meine Privatsphäre einzudringen, besonders wenn es meine Kinder betraf, vor allem aber Paparazzi. Nach einer Party in Rom verabschiedete ich einmal ein paar meiner Gäste an der Haustür. Ich hatte meinen Sohn auf dem Arm, und plötzlich ging ein Blitzlichtgewitter los. Da drehte ich durch. Sofort brachte ich meinen Sohn zurück ins Wohnzimmer und raste aus der Wohnung wie ein Berserker, um einem der Fotografen einen Schlag zu verpassen, der sich gewaschen hatte. Leider verfehlte ich den Reporter um einen knappen Meter und fiel auf den Gehsteig. Verletzt wurde bei dieser Aktion nichts außer meinem Stolz, denn das Adrenalin machte mich taub für alle Schmerzen. Ich ging wieder in die Wohnung, griff mir eine Champagnerflasche und verfolgte damit einen dieser rattengesichtigen Paparazzi. Er rannte die Straße hinunter, sprang auf die Kühlerhaube eines Autos, hüpfte über das Dach und kletterte auf eine Mauer. Ich verfolgte ihn fast bis zur nächsten Straße, die Flasche in der Hand wie einen Knüppel. Fast hätte ich ihn gehabt, als er in eine Straßenbahn sprang und mir doch noch entkam. Gut möglich, daß ich ihn mit der Champagnerflasche getötet hätte, wenn er mir in die Finger gefallen wäre. Später in dieser Nacht, um halb drei Uhr morgens, fingen ein paar seiner Freunde, eine Bande von Schlägern, an, gegen meine Tür zu hämmern. Ich holte ein Fleischermesser aus der Küche und bereitete mich auf einen blutigen Kampf vor. Aber die Frau, mit der ich zu diesem Zeitpunkt zusammen war, hatte Angst, ich könnte jemanden umbringen, und versuchte, mir das Messer abzunehmen. Sie war die stärkste Frau, die ich je gekannt habe, und sie umklammerte mein Handgelenk mit beiden Händen. Schließlich kam ich zur Besinnung und dachte: »Das ist doch Wahnsinn. Ich lauf' doch nicht herum und bringe Leute mit einem Fleischermesser um.« Also rief ich die amerikanische Botschaft an und verlangte, den Botschafter zu sprechen.

Der wachhabende Beamte sagte: »Er schläft.«

Ich sagte: »Wecken Sie ihn auf, oder er liest morgen etwas über sich in der Zeitung.« Ich war wirklich wütend.

Als der Botschafter am Apparat war, sagte ich: »Ich verlange, daß die italienische Regierung mir irgendeine Art von Schutz gewährt. Man hat mir gedroht und mich angegriffen, meine Familie wurde belästigt, und ich will, daß etwas unternommen wird.«

Am nächsten Morgen standen ein paar Karabinieri vor meiner Tür. Als ich öffnete, startete einer der Paparazzi einen heimlichen Angriff und ließ seine Kamera blitzen. Aber ein Polizist legte seine Hand, die so groß wie ein Klodeckel war, über das Objektiv und führte ihn ab. Auf dem Polizeirevier öffneten sie seine Kamera, holten den Film heraus und meinten schließlich: »Alles okay.« Den kaputten, belichteten Film gaben sie ihm wieder zurück. Während dieses Rombesuchs wurde ich von keinen Paparazzi mehr belästigt, aber am Flughafen wäre ich beinahe einem anderen Fotografen, der angefangen hatte, Aufnahmen von meinen Kindern zu machen, an den Kragen gegangen.

Mittlerweile ist es mir egal, aber damals lag ich ständig im Clinch mit den Paparazzi. Einmal verpaßte ich einem Fotografen, der vor einem Club in Hollywood mit schußbereiter Kamera auf mich wartete, einen solchen Hieb, daß er bewußtlos wurde; als er wieder zu sich kam, blickte er um sich und sah seine Kamera in Einzelteilen neben sich auf dem Boden liegen. Es tat mir leid, was ich getan hatte. Ich bückte mich und half ihm, die Teile wieder einzusammeln. »Entschuldigung«, sagte ich, und er fragte: »Was ist passiert?«

»Ich weiß nicht«, antwortete ich. »Es sieht so aus, als sei Ihre Kamera explodiert.«

Als ich einmal mit Dick Cavett auf dem Weg in ein Chinarestaurant in New York war, bat ich einen Paparazzo, der uns schon fast den ganzen Tag über auf den Fersen gewesen war: »Schauen Sie, ich bin mit einem Freund unterwegs, und Sie haben den ganzen Tag über eine Menge Bilder von uns geschossen. Es wäre wirklich nett, wenn wir jetzt in Ruhe essen könnten und Sie uns allein ließen.«

Er antwortete: »In Ordnung. Wenn Sie Ihre dunkle Brille abnehmen und mich eine gute Aufnahme machen lassen, dann denk ich mal drüber nach.«

Schneller, als ich es für möglich gehalten hätte, ging ich in Positur, holte aus – und brach ihm den Kiefer. Während er fiel, hob ich den Fuß, um ihn zu treten, besann mich dann aber eines Besseren und dachte: »Marlon, hör auf damit. Tu's nicht.«

Am nächsten Morgen war meine Hand so groß wie ein Baseballhandschuh. Ich dachte, ich hätte mir etwas gebrochen und ging zu einem Arzt, der mich röntgte. »Gebrochen ist die Hand nicht«, stellte er fest.

»Na, Gott sei Dank. Vielen Dank, Herr Doktor, ich mach' einen Verband drum und Heilbäder.«

»Nein«, sagte er. »Ich fürchte, Sie müssen ins Krankenhaus. Sehen Sie die feinen roten Linien, die sich an Ihrem Handgelenk hochziehen? Sie haben eine Blutvergiftung. Wenn Sie nicht sofort etwas unternehmen, könnte Sie das den Arm kosten.«

Die Zähne des Fotografen hatten eine Sehnenscheide durchtrennt, und der Arzt klärte mich darüber auf, daß es im Mund eines Menschen mehr gefährliche Bakterien gebe als in dem der meisten Tiere, abgesehen von den Affen. Das überraschte mich nicht; ich hatte sowieso angenommen, daß sich im Mund eines Paparazzo alle Bakterien der Welt tummeln würden. Ich verbrachte mehrere Tage im Krankenhaus, mußte auf dem Rücken liegen, und mein Arm wurde in heiße Kompressen gewickelt. Aber ich sorgte dafür, daß keiner davon erfuhr, daß ich durch meine eigene Schuld im Krankenhaus gelandet war, weil ich einen Paparazzo verprügelt hatte.

Ich war bei fünf verschiedenen Psychiatern, bevor ich einen fand, der mir helfen konnte. Nach meiner Erfahrung sind die meisten Psychiater Menschen, denen es gefällt, andere Leute zu kontrollieren, weil sie nicht wissen, wie sie sich selbst helfen sollen. Von den eigenen Erfahrungen erdrückt, glauben sie, sie könnten nur dann damit fertig werden, wenn sie Macht über andere ausüben. Ich habe viele kennengelernt, und einige davon waren die durchgeknalltesten Typen, die mir je untergekommen sind. Es begann mit einem Freudianer, den mir Elia Kazan empfohlen hatte, und es ging weiter mit mehreren Therapeuten in Kalifornien, zu denen auch einer aus Beverly Hills gehörte, den ich jahrelang konsultierte. Er war ein neurotischer, furchtsamer Mann, der seine Ängste nicht zugeben wollte und der alles gelesen, aber nichts verstanden hatte.

Alles und jedes war ihm unheimlich, selbst seine eigenen Haare; sie waren kraus, und er ließ sie sich immer ganz kurz schneiden, damit niemand dachte, er hätte das Blut eines Schwarzen in sich. Als wir uns einmal über den Vietnamkrieg unterhielten, fragte ich: »Was wäre, wenn wir den Hafen von Haiphong bombardieren würden, und China würde auf der Seite von Nordvietnam in den Krieg eintreten?« Er antwortete, die Chinesen seien nicht so gefährlich, als daß sie nicht mit drei Atombomben zu neutralisieren wären. Er verbrachte einen Großteil unserer Sitzungen mit der Frage nach seiner Bezahlung. Wenn mein Geschäftsführer die Rechnung nur einen Tag zu spät bezahlte, dann erinnerte er mich sofort daran. Er gab mir an fünf Tagen pro Woche Termine, und er beendete jede Sitzung mit den Worten: »Wir müssen jetzt aufhören, mein nächster Patient wartet schon.« Er schnüffelte in meinem Gehirn herum, während ich mich schlechter denn je fühlte, und als ich ihn dann am dringendsten gebraucht hätte, ließ er mich im Stich.

Das passierte vor ein paar Jahren, als ich dachte, ich sei in eine Jamaikanerin namens Diana verliebt, die sehr lebhaft und lustig war, in ihrem Innersten aber ordinär und unkultiviert, eine Möchtegernschauspielerin mit mehr Ehrgeiz als Talent. Mitten in einer größeren Affäre teilte sie mir mit, daß sie eine Filmrolle in England, wo sie früher einmal gelebt hatte, angenommen habe. Als ich ihr klarmachte, daß es mir nicht recht sei, wenn sie diesen Job annähme, sagte sie: »Ach was, ich komm' doch zurück.«

»Nein«, sagte ich, »denn wenn du durch diese Tür gehst, dann wirst du nie wieder durch sie hereinkommen dürfen.«

Diana weinte, aber sie bestand darauf, daß ihr Entschluß nicht mehr rückgängig zu machen sei. Ich brachte sie zum Flughafen und gab ihr einen Abschiedskuß, dann fuhr ich nach Hause und verbrannte ihr Foto und alles andere, was mich an sie erinnerte. Nach ihrer Ankunft in England schickte mir Diana mehrere Telegramme, aber ich antwortete nie. Ich war zwar am Boden zerstört, wollte aber trotzdem nicht, daß sie davon erfuhr.

Mein Psychiater war in Urlaub gewesen, als sie mich verließ, und als er zurückkehrte, ging ich in seine Praxis, um ihm mein Herz auszuschütten und ihm zu sagen, wie schlecht es mir ging. Aber er meinte nur: »Ich glaube, ich kann Ihnen nicht mehr helfen.« Ich war zehn oder zwölf Jahre lang sein Patient gewesen und brauchte jetzt dringend seine Hilfe, aber er wies mich zurück. Ich hatte ihm vertraut, doch er gehörte auch zu den Analytikern, die einen erst angeln und dann jede Verantwortung von sich weisen. Die meisten Automechaniker garantieren für ihre Arbeit, nicht aber ein Psychiater. Ich hatte diesem Menschen jahrelang sein Essen und seine Autos finanziert, doch jetzt ließ er mich im Stich.

»Sie können mich doch nicht einfach wegschicken«, sagte ich, »wo soll ich denn sonst hingehen?« Damals begriff ich noch nicht, daß es besser für mich gewesen wäre, wenn ich ihm nie begegnet wäre. Er erhob sich aus seinem Sessel, lief im Kreis herum wie ein geistesabwesender Hund und geriet dabei mit einem Fuß in seinen Papierkorb, während er aus dem Fenster blickte. Der ganze Inhalt ergoß sich über den Boden, aber er war so in sich selbst versunken, daß er keine Anstalten machte, den Papierkorb wieder aufzustellen. Da begriff ich, daß er ebenso nervös und ängstlich war wie ich, also ging ich, obwohl ich wirklich litt.

Diana schrieb mir weiterhin aus England, daß sie mich vermisse und mich sehen wolle, aber ich reagierte nicht. Dann fuhr ich nach London, wo ich auf eine Party eingeladen war und ihr prompt begegnete. Ich sah sie nicht an, aber aus den Augenwinkeln heraus merkte ich, daß sie mich beobachtete. Ich versuchte, mich aus dem Staub zu machen, bevor es zu einem Zusammentreffen kam, aber als ich in den Lift stieg, stand sie plötzlich vor mir. »Wir dürfen uns nicht mehr auf diese Weise begegnen, findest du nicht?« sagte ich und versuchte, ein paar Späße zu machen. In der Lobby ging ich nach links und sie nach rechts, aber plötzlich hatte ich ein schlechtes Gewissen, drehte mich um, rief sie und sagte: »Diana, es tut mir leid, daß das heute abend nicht so gut gelaufen ist.« Sie sagte irgend etwas Herzliches, und jeder von uns ging seine eigenen Wege.

Einige Monate später, als ich *Der letzte Tango in Paris* drehte, erschien Diana mit einer Kamera am Set. Sie versuchte sich jetzt als Fotografin. Ich sagte, daß ich mich freue, sie zu sehen, und gab ihr einen Kuß. Wir drehten gerade, und so schlug ich ihr vor, abends zusammen essen zu gehen. Das taten wir auch, und wir lachten und sprachen über die alten Zeiten. Schließlich gingen wir zu der Wohnung, in der ich untergebracht war; sie kam mit nach oben und zog sich aus, aber ich schlief ein. Ich hatte keine Gefühle mehr für sie. Wieder ein paar Monate später war Diana erneut in Kalifornien und rief bei mir an. Sie habe Rückenschmerzen und wolle eine Massage. Sie kam zu mir, zog sich aus, und ich massierte sie am ganzen Körper, doch dann schlief ich wieder ein. Ich dachte nicht einmal daran, mit ihr zu schlafen. Seit sie mich verlassen hatte, fühlte ich nichts mehr für sie.

Dieser Psychiater aus Beverly Hills hatte kein wirkliches Verständnis für Menschen. Diese Erkenntnis hat mich allerdings eine erkleckliche Summe gekostet. Damals machten akademische Grade einen mächtigen Eindruck auf mich. Ich brauchte lange, bis ich kapierte, daß die Tatsache, daß jemand Medizin studiert hat und seine Wände mit Diplomen vollpflastert, noch nicht bedeutet, daß er ein guter Analytiker ist. Es erfordert ein seltenes, besonderes Talent, sich in andere Menschen einzufühlen, und das ist rar gesät.

Ein paar Jahre später lernte ich G. L. Harrington kennen, einen wunderbaren, einsichtigen Mann, der mittlerweile leider an Leberkrebs gestorben ist. Das ist eine Krankheit, die normalerweise innerhalb von Monaten zum Tod führt, aber er kämpfte noch fünf Jahre dagegen an. Sein Körper war verkrüppelt, aber nicht sein Geist. Bei einem Autounfall waren ihm seine Hüfte und ein Bein zerquetscht worden, doch er lehnte eine Amputation des Beins ab. Es war gut fünf Zentimeter kürzer als das andere, und er hatte große Schmerzen, beklagte sich aber nie. Er war ein gutaussehender, rauher Mann mit einer tiefen, rauchigen Stimme und vielen männlichen Hormonen. Irgendwie erinnerte er mich an meinen Vater. Er war ein Typ Mann, von dem ich nie gedacht hätte, daß ich ihn mögen könnte. Die Gegenwart maskuliner Männer, wie er einer war, hatte mich immer gelähmt, und häufig geriet ich in Streitereien mit ihnen. Ich glaubte, bei Männern wie ihm aggressiv werden zu müssen, glaubte, sie besiegen zu müssen. Harrington war genau so ein Mann. Während des Krieges war er Pilot gewesen, und den Medaillen und Auszeichnungen an seiner Wand nach zu urteilen, ein sehr tapferer. Doch trotz seiner maskulinen Aura war er einer der lustigsten, witzigsten, kreativsten, gefühlvollsten und einsichtigsten Menschen, die mir je begegnet sind. Nachdem ich jahrelang auf der Couch gelegen hatte, war ich mit der Analyse als solcher schon vertraut, als ich ihn das erste Mal konsultierte. Immer wenn ich bei einem neuen Arzt eine Therapie anfing, versuchte ich, ihm meine Neurosen aufzuzählen, denn die meisten wollten genau das hören. Nach einer Gnadenfrist dachte ich, nun sei es an der Zeit, auch Harrington meine Wehwehchen aufzulisten. Mit einer ganzen Wagenladung psychoanalytischen Halbwissens stand ich vor ihm und sagte: »Ich würde gerne ein paar Sachen aufschlüsseln, die in der Vergangenheit passiert sind.«

»Ach, darauf kommen wir schon noch zu sprechen, wenn die Zeit dafür reif ist«, sagte Harrington, aber es kam nie dazu; er redete und lachte so viel, daß ich es ganz vergaß. Wir sprachen über alles, weil er ein sehr neugieriger Mensch war: Elektrizität, Flugzeuge, Genetik, Evolution, Politik, Botanik und was es sonst noch an Themen gab. Ich ging einmal die Woche zu ihm und freute mich jedesmal darauf, weil er mich dazu brachte, über mich selbst zu lachen. Einmal erzählte ich ihm, daß mich Autoren wie Kant und Rousseau immer gefesselt hätten und daß mich Frauen, die einen ähnlichen Geschmack hätten wie ich, schon immer fasziniert hätten, Frauen, mit denen ich etwas gemeinsam hatte.

Mit unbewegter Miene meinte Harrington: »Erzählen Sie mir doch mal von Ihrer japanischen Freundin . . .« Er sagte mir auf seine Art, daß ich gerade völligen Quatsch erzählt hatte: Du hast eine Freundin, die nicht englisch spricht, mit der du nichts gemeinsam hast, und doch willst du sie.

Ein andermal erklärte ich: »Ich glaube, wegen meines Vaters hat sich eine Menge Wut in mir aufgestaut.«

»Was meinen Sie mit ›Wut‹? Weil Sie ärgerlich auf Ihren Vater sind?«

»Ja.«

»Gut, aber jetzt sind Sie doch nicht wütend, oder?«

»Na ja, nicht jetzt im Moment.«

Er sagte: »Okay«, das war alles, aber irgendwie half es mir, meinen Ärger zu entschärfen.

Ein andermal kam ich in seine Praxis, ein kleiner Raum mit einem Schreibtisch, einem Tisch und zwei Stühlen, und nahm Platz. Wie üblich gab er mir eine Tasse Kaffee. Seine Frau stellte ihm jeden Morgen eine frische Rose auf den Schreibtisch, und an diesem Tag fiel mir auf, daß es eine ganz besonders schöne war. Zwei Blütenblätter waren heruntergefallen und lagen auf der Tischplatte. Ich war ganz gefangen von dem Anblick und sagte: »So eine schöne Rose habe ich noch nie gesehen.« Dann beugte ich mich vor, um daran zu riechen, und meinte: »Aber sie riecht nicht.«

»Das würde mich auch sehr wundern«, sagte er.

»Wieso?«

»Weil es keine echte ist.«

Er hatte zwei Blütenblätter neben die künstliche Rose gelegt, um die Illusion von Realität zu thematisieren und zu demonstrieren, daß alles im Leben von der Wahrnehmung abhängt – daß eine Sache nicht unbedingt wahr sein muß, nur weil man es annimmt.

Meine Schwester Jocelyn ging auch zu Harrington, und wir beide verbrachten viel Zeit am Telefon damit, unsere Aufzeichnungen von den Sitzungen durchzugehen und zu vergleichen. Sie empfand sehr viel für ihn, denn für sie war er der Vater, den sie nie gehabt hatte. Seine Frau war ebenfalls sehr nett. Sie war früher Konzertpianistin gewesen, und manchmal spielte sie während unserer Sitzungen in einem Nebenraum Rachmaninow.

Dr. Harrington erzählte mir einmal von einem Patienten, der ihn konsultiert hatte: Nach zehn oder zwölf Minuten war er mit den Worten aufgestanden: »Ich weiß jetzt, was ich wissen wollte, und ich möchte Ihnen dafür danken.« Dann verließ er das Haus. Ich mußte oft an diese Geschichte denken und fragte ihn eines Tages: »Warum müssen wir immer eine Stunde lang reden? Manchmal genügen mir auch schon zwanzig Minuten.« Er war einverstanden, und wenn es nicht gerade eine wichtige

Sitzung war, die zwei Stunden dauern konnte, erhob ich mich und ging, ohne auf die Zeit zu achten. Nach etwa drei Jahren stand ich irgendwann auf und sagte: »Ich weiß nicht, ob ich noch einmal hierherkommen muß. Ich würde mich gerne weiterhin mit Ihnen unterhalten, aber ich glaube, ich *muß* es nicht tun.«

Und damit war meine Therapie beendet. Ich ging nie mehr zu ihm, aber durch die Bekanntschaft mit ihm wurde ich ein anderer Mensch. Er war ein großartiger Freund, der auch anderen Angehörigen meiner Familie half, und durch seinen Humor lehrte er mich viel über mich selbst. Er hatte einfach eine Begabung dafür. Was ich vor allem von G. L. Harrington lernte, war zu vergeben – mir und anderen.

53

Vermutlich fragen sich manche Leser an dieser Stelle des Buches: »Wann erzählt Brando endlich von den Indianern? Ist das Elend der amerikanischen Ureinwohner nicht geradezu eine *Besessenheit* von ihm?« Dagegen wehre ich mich, allerdings mehr aus Verzweiflung denn aus Wut, denn ich werde ständig damit konfrontiert – und zwar von Leuten, die, vielleicht einfach mir zuliebe, vom »Elend der amerikanischen Ureinwohner« sprechen, als sei das etwas, was zu einer anderen Zeit auf einem anderen Planeten passierte – wie eine Dürrekatastrophe in Äquatorialafrika oder die Pestepidemien im Europa des vierzehnten Jahrhunderts. Das Abschlachten Hunderttausender unschuldiger Menschen ist doch keine historische Kuriosität oder gar ein göttlicher Akt, mit dem die Menschheit nichts zu tun hat und für die sie nicht verantwortlich ist. So etwas geht mir wirklich an die Nieren.

Ich bin sehr erstaunt darüber, wie wenig die meisten Amerikaner über die Indianer wissen und wie wenig Mitgefühl und Verständnis sie für sie haben. Es ist mir ein Rätsel, wieso viele einfach nicht zur Kenntnis nehmen wollen, daß dieses Land den amerikanischen Ureinwohnern gestohlen wurde und Millionen von ihnen umgebracht wurden. Aus dem nationalen Bewußtsein scheint diese Tatsache wie weggewischt zu sein. Es ist, als sei das alles nie passiert – und wenn, dann wird es als heroische Tat im Namen Gottes, der Zivilisation und des Fortschritts angesehen. Über die Zahl der Indianer, die das, was wir als »Manifest Destiny« bezeichnen, das Leben gekostet hat, haben die Gelehrten schon immer gestritten, aber meines Wissens hat sich die Mehrheit der gutinformierten Historiker und Anthropologen inzwischen darauf geeinigt, daß es zu der Zeit, als Kolumbus in der Neuen Welt ankam, zwischen sieben Millionen und achtzehn Millionen indigener Menschen gab, die dort lebten, wo sich heute der kontinentale Teil der Vereinigten

Staaten erstreckt. Im Jahr 1924 waren davon weniger als zweihundertvierzigtausend übrig. Im Lauf der Jahrhunderte waren ihre Vorfahren Opfer von Krankheit, Hunger und systematischer Ausrottung geworden.

Würde jemand eine ähnliche Ignoranz in bezug auf den Holocaust an den Tag legen, dann würde er sicher auf großes Erstaunen stoßen. Aber die meisten von uns sind tatsächlich ignorant, wenn es um die amerikanischen Ureinwohner geht. Wobei für mich der Mord an den Indianern sogar ein noch größeres Verbrechen an der Menschheit darstellt als der Holocaust: Es hat nicht nur mehr Leben gekostet, sondern es war ein Verbrechen, das über Jahrhunderte hinweg begangen wurde und in mancherlei Hinsicht noch bis heute andauert.

Seit ich als junger Mann versucht habe, Gelder für Israel zu sammeln, und im Zuge dessen viel über den Holocaust erfahren habe, galt mein Interesse den Mechanismen, die beim Aufeinandertreffen verschiedener Kulturen entstehen, und dieses Interesse hat mich mein Leben lang nicht mehr losgelassen. Anfang der sechziger Jahre las ich ein Buch von John Collier, dem ehemaligen US-Beauftragten für indianische Angelegenheiten. Er zeichnete dafür verantwortlich, daß die Indianer während der dreißiger Jahre zumindest ein nominelles Maß an Selbstverwaltung in den Reservaten zugesprochen bekamen, und ich war entsetzt, wie schlecht wir sie behandelt hatten. Dann las ich das Buch *The First Americans* von dem Anthropologen D'Arcy McNickle, einem Flathead, und es hat mich sehr bewegt. Das Buch beschreibt den grausamen zweihundertjährigen Krieg zwischen europäischen Siedlern und Indianern sowie die Massaker an eingeborenen Stämmen von Neuengland bis Kalifornien. Es berichtet, wie führende amerikanische Militärs wie Lieutenant General Phil Sheridan unumwunden die Auslöschung der Rasse forderten. Die Indianer, die diesen Untieren entkamen, wurden von Krankheiten dahingerafft, die die europäischen Siedler eingeschleppt hatten, und wer das überlebte, wurde aus seinem angestammten Gebiet vertrieben, absichtlich ausgehungert, oder man versuchte, ihm seine Kultur zu nehmen.

Dieses Buch öffnete mir die Augen, und ich reiste nach Santa

Fe, um D'Arcy McNickel zu besuchen. Nachdem wir uns einige Stunden unterhalten hatten, fragte ich ihn, wie ich mit ein paar Indianern in Kontakt kommen könnte, und er riet mir, mich an das National Indian Youth Council zu wenden. Daraufhin nahm ich an einem Treffen dieser Organisation teil und gewann eine Menge Freunde. Viele von ihnen sind es noch heute. Von diesem Moment an hat mich die Welt der amerikanischen Ureinwohner völlig gefangengenommen.

Anfang der sechziger Jahre erzählten mir mehrere Mitglieder des pazifischen Indian Youth Council, daß sie beschlossen hätten, gegen die Lachsfischereibeschränkungen vorzugehen, die die Regierung gegen die Indianer im Westen des Staates Washington und am Columbia River verhängt hatte. Jahrhundertealte Verträge garantierten ihren Stämmen das Recht, für immer an ihren gewohnten Plätzen zu fischen – »solange die Berge stehen, das Gras wächst und die Sonne scheint«. Doch gewerbsmäßige Fischer und Sportangler hatten Bundesbehörden und staatliche Stellen davon überzeugt, auch für die Indianer eine Fangquote einzuführen, weil sie sie für den Rückgang ihrer eigenen Ausbeute verantwortlich machten. Dabei waren es die Weißen gewesen, die seit Jahrzehnten eine Reihe von Staudämmen gebaut hatten, so daß die Lachse häufig am Laichen gehindert wurden. Zudem hatte die Holzindustrie die Flüsse und Bäche mit giftigen Chemikalien und anderem Müll verschmutzt. Die Indianer wollten gegen die Restriktionen vorgehen, weil sie eindeutig ihre gesetzlich festgelegten Fischereirechte in den Flüssen verletzten. Ich bot ihnen an, sie bei einer Aktion im Puyallup-Reservat in Washington zu unterstützen. Ich wollte mich verhaften lassen und so dieses »fish-in« an die Öffentlichkeit bringen. Ich stieg also mit einem Indianer und einem katholischen Priester in ein Boot, und irgend jemand gab uns einen großen Lachs, den wir unrechtmäßig in dem Fluß geangelt haben wollten – und wirklich erschien schon bald ein Jagdaufseher und nahm uns fest. Er brachte uns in ein Gefängnis in der Nähe von Olympia, aber nach anderthalb Stunden wurde ich wieder entlassen. Wie mir erzählt wurde, hatte sich der Gouverneur gegen die Festnahme eines Filmstars ausgesprochen, um dem Kampf der Indianer nicht noch mehr Publicity zu verschaffen.

Obwohl mein Gefängnisaufenthalt nur eine kurze Sache war, empfand ich nach meinen Erlebnissen eine Art brüderliche Verbundenheit mit den amerikanischen Ureinwohnern, die bis zum heutigen Tag andauert. Ich lernte das indianische Essen kennen, den indianischen Humor, die indianische Religion und den Sonnentanz, eine besonders intensive spirituelle Erfahrung. Die Regierung hatte ihn im Zuge ihrer Kampagne, den Geist und den Zusammenhalt der Indianer zu brechen, verboten, bis diese sich das Recht, den Tanz abzuhalten, in den sechziger Jahren wieder zurückgeholt hatten. Ich fühlte mich bei den Indianern auch deshalb so wohl, weil sie mich nicht wie einen Filmstar behandelten. Das Kino war ihnen schnurzpiepegal. Alle sind gleich, jeder teilt mit jedem. Die Indianer werden häufig als mürrische Menschen mit eintönigen Stimmungen dargestellt, doch ich machte die Erfahrung, daß sie sehr süffisant sind und einen gerne auf den Arm nehmen. Sie können über alles mögliche lachen, besonders über sich selbst. Wenn jemand stottert, dann fangen alle in der Gruppe an zu stottern, oder sie tun so, als würden sie einschlafen, während der arme Mann versucht, seinen Satz zu beenden. Aber es ist eine ehrliche Art von Humor, die alles andere als grausam ist.

Ohne Zweifel ist der Alkohol der Fluch, mit dem die Indianer geschlagen sind. Viele haben Suchtprobleme, und wann immer wir uns zusammensetzten, stand gewöhnlich eine Flasche auf dem Tisch. Ich lernte auch, daß es eine reale Zeit gibt und eine indianische Zeit: Wenn eine Zusammenkunft um neun Uhr abends beginnen soll, trödeln die Indianer so gegen zehn Uhr ein.

Nachdem mein erster Versuch einer Festnahme fehlgeschlagen war, machten wir uns erneut auf, diesmal zu einem anderen Reservat in Washington. Die Nacht vor dieser Aktion verbrachten wir in einer ungeheizten Hütte mit papierdünnen Wänden, woraufhin ich den schlimmsten Husten aller Zeiten bekam. Daß noch dazu ein feuchter Wind durch die Ritzen blies, machte die Sache nicht besser.

Bei Morgengrauen, als es Zeit war, aufzubrechen, hatte ich einen trockenen Reizhusten und hohes Fieber. Aber die Indianer sahen mich erwartungsvoll an, und ich wußte, daß ich gehen mußte. Ich wickelte mich in eine Decke und stieg in das Boot, während uns die eiskalten, vom Wind gepeitschten Wellen alle mit einem feinen Sprühregen überzogen. Als wir vom Ufer abstießen, glaubte ich, ich würde dieses Boot nicht lebend verlassen. Ich hatte den Verdacht, mir eine Lungenentzündung geholt zu haben, und glaubte, daß ich sterben müsse. Ich sah mich schon auf dem Grund des Flusses liegen. Zusammengekrümmt sagte ich zu Hank Adams, einem meiner indianischen Freunde, wie fürchterlich ich mich fühle. Er antwortete: »Meine Großmutter hat immer gesagt: ›Lächelst du, dann geht es dir besser.‹«

Ich sah ihn nur an und dachte: »Von was auf dieser armseligen, bepißten Welt sprichst du eigentlich? Ich sterbe, und du willst, daß ich lächle?«

Eine geschlagene Stunde lang fuhren wir flußauf- und wieder flußabwärts, aber kein einziger Jagdaufseher zeigte sich. Es ist mir ja egal, wenn ich sterbe, dachte ich, aber so sinnlos auf einem eiskalten Fluß sein Leben zu lassen und dabei nicht einmal festgenommen zu werden, das ist doch absurd. Erst später erfuhren wir, daß wir auf dem falschen Fluß gewesen waren. Die Patrouillenboote hatten uns woanders gesucht; ich hatte dem Tod ins Auge gesehen – oder zumindest hatte mich das mein Sinn für das Melodramatische glauben lassen –, und es war völlig umsonst gewesen. Einer der indianischen Rechtsanwälte brachte mich zum Flughafen, und als ich zu Hause war, kam ich mit einer Lungenentzündung ins Krankenhaus, wo ich mir schwor, daß ich es Hank Adams eines Tages heimzahlen würde.

Die »fish-ins« waren wichtig, denn sie legten in vielerlei Hinsicht den Grundstein für nachfolgende Aktionen der amerikanischen Ureinwohner im Kampf um die Bürgerrechte. Auch für mich waren sie wichtig, denn dadurch erfuhr ich, wogegen sich die Indianer wehrten und wie wenig Unterstützung sie erfuhren. Ich lernte besondere Menschen kennen, wie zum Beispiel Clyde Warrior, ein Ponca, mit dem ich oft durch das Land gefahren bin, um an den Treffen des Indian Youth Council teilzunehmen; er war ein Mann mit einer sehr würdevollen Ausstrahlung, die mir immer in Erinnerung bleiben wird, und einem wunderbaren Sinn für Humor. Er war sehr stolz darauf, Indianer zu sein, und machte mir klar, wie sehr mein eigenes Leben – und das jedes Menschen – dem der Indianer glich. Außerdem gab es noch Vince Deloria jr., einen hervorragenden Politikwissenschaftler, Autor und Spezialisten für indianische Geschichte, der sein Leben der indianischen Sache gewidmet hatte, sowie Dennis Banks, Russell Means und andere junge Indianer, die später das AIM gründen sollten, das American Indian Movement. Ich bekam auch Kontakt zu Gruppen wie dem Congress for the American Indian, Survival of the American Indian und dem National Congress for American Indians. Ich bereiste das ganze Land und versuchte, Staatsbeamten, Kongreßmitgliedern und dem Justizminister Robert Kennedy begreiflich zu machen, daß die Indianer unrechtmäßig behandelt wurden.

Ich traf mich auch mit William O. Douglas, einem Richter am Obersten Gerichtshof. Mich haben nur wenige Menschen eingeschüchtert, aber er hatte eine derartige Ausstrahlung und ich solchen Respekt vor ihm, daß ich kein Wort herausbrachte, als ich mit meiner Aktentasche voller Beschwerden über die Behandlung der Indianer sein Büro betrat.

Douglas saß hinter seinem Schreibtisch und gab sich freundlich und aufmerksam. Er fragte: »Ja?«

Ich bekam keine drei Worte zusammen. Nachdem ich minutenlang gestottert und gestammelt hatte, sagte er: »Ich muß jetzt leider ins Gericht. Es war nett, Sie kennengelernt zu haben.«

Ich stand auf und ging, kaum fähig, zu diesem bedeutenden Mann wenigstens auf Wiedersehen zu sagen.

54

Als sich die indianische Bürgerrechtsbewegung in den späten Sechzigern und Anfang der Siebziger ausbreitete und an Gewicht gewann, unterstützte ich sie auf jede mir mögliche Weise – emotional, geistig und finanziell. Die Ungerechtigkeiten, die die Indianer erleiden mußten, machten mich rasend; anders kann ich das nicht ausdrücken. Unsere Regierung hat fast vierhundert Verträge mit den Indianern geschlossen und jeden einzelnen davon gebrochen. Diese Vereinbarungen hörten sich meist folgendermaßen an: »Solange der Strom fließt, die Sonne scheint und das Gras wächst, wird dieses Land immer euch gehören, und es wird euch nie weggenommen oder ohne eure ausdrückliche Erlaubnis verkauft werden.« Und doch wurden alle dieser Vereinbarungen mit dem Segen und der schweigenden Zustimmung unserer Gerichte gebrochen. Auch wenn die Bundesregierung das Lippenbekenntnis ablegte, die Verträge einzuhalten – von Siedlern, Ranchern und Goldsuchern wurden sie mißachtet. Sie nahmen sich einfach die fruchtbarsten Täler, die üppigsten Wälder und den Grund mit den meisten Bodenschätzen. Sie besetzten das Land, wo immer sie wollten, dann überzeugten sie den Kongreß, den Status quo für rechtmäßig zu erklären und aus den Verträgen auszusteigen, die sie wider das Gesetz gebrochen hatten. Was würde wohl passieren, wenn Kuba einseitig den Vertrag aufkündigen würde, in dem es Amerika die Nutzung der Guantánamo Bay gestattet, ein Vertrag, der legal nur mit der Zustimmung beider Nationen annulliert werden kann? Es würde als kriegerische Handlung aufgefaßt werden, und im Handumdrehen würde auf Havanna ein Bombenhagel niedergehen. Doch wenn sich Indianer über einen Vertragsbruch auch nur beschweren, werden sie verhöhnt, diffamiert oder sie wandern ins Gefängnis. Ich glaube nicht, daß es etwas gibt, das an die Scheinheiligkeit herankommt, mit der die Vereinigten Staaten die amerikanischen Ureinwohner behandeln und behandelt haben. Unsere Führer haben im Namen der Demokratie ihre Ausrottung gefordert, im Namen des Christentums, im Namen der Zivilisation, im Namen all der Prinzipien, derentwegen wir Kriege geführt haben.

Vom Kongreß, dem Weißen Haus und von Menschenrechtsgruppen hören wir ständig Klagen über Völkermord oder die Benachteiligung dieser oder jener Gruppen. Aber kein Volk ist je so schlecht behandelt worden wie die amerikanischen Ureinwohner. Unsere Regierung hat die Prärieindianer absichtlich verhungern lassen, indem sie die Büffel abgeschlachtet hat, denn es war einfacher und schneller, Büffel zu töten als Indianer. Sie hatten nichts mehr zu essen und waren gezwungen, Verträge zu unterzeichnen, durch die sie ihr Land und ihre Zukunft verloren. Die Indianer unterlagen selten im militärischen Kampf; sie wurden durch Hunger zur Unterwerfung gezwungen. Im Orient hörte ich einmal, wie die chinesischen Bauern des neunzehnten Jahrhunderts als »Reischristen« bezeichnet wurden. Das war eine Anspielung auf die Art und Weise, wie die katholischen Missionare zur Bekehrung schritten: Wenn die Chinesen zur Messe gingen und sich nach den Geboten richteten, bekamen sie dafür Reis; wenn nicht, mußten sie hungern. Genauso wurden die Indianer gefügig gemacht. Kit Carson erfand dafür eine Art Politik der verbrannten Erde; er vernichtete die Obstbäume und die Ernte der Navajo, dann jagte er sie, bis sie tot oder fast verhungert waren. Diejenigen, die in Reservate gingen und sich dort auf irgendeine Art unabhängig gaben, bekamen kein Essen, keine Decken und keine Medizin, oder man setzte ihnen schimmliges Mehl und ranziges Fleisch vor, wodurch ihr Tod nur beschleunigt wurde. Die Regierung schob die Schuld für das verdorbene Essen auf die Händler an der Grenze, aber während die Indianer das schlechte Essen bekamen und verhungerten, wurden die Soldaten, die sie bewachten, gut ernährt. Ich denke, es kommt nicht von ungefähr, daß Hitler eine Studie über das System der amerikanischen Indianerreservate anforderte, als er Pläne zur »Endlösung« machte. Er bewunderte die Idee und wollte sie auch auf Europa anwenden.

Ausgehungert, erniedrigt und emotional erschöpft wie die Indianer waren, hatten sie am Ende keine andere Chance, als aufzugeben. Als Chief Seattle 1855 das Land seines Stammes an den Gouverneur des Staates Washington abtreten mußte, sagte er: »Mein Volk ist klein und zerstreut wie die wenigen vom Sturm geschüttelten Bäume im Grasland. Früher bedeckte mein Volk dieses Land wie eine vom Wind getriebene Woge den muschelbesäten Strand, aber diese Zeit ist vorbei und die Größe und Macht der Stämme heute fast schon vergessen . . .«

Zwanzig Jahre später versuchte Chief Joseph, ein großer Stammesführer der Nez Percé, trotz vieler Zugeständnisse an die Siedler die Kultur seines Volkes zu erhalten. Aber wie in so vielen anderen Fällen hielt die Regierung die Verträge mit den Nez Percé nicht ein: Zuerst zwangen sie den Stamm, sich auf Ödland zurückzuziehen, das den weißen Siedlern nicht gut genug war, und als dort dann Gold und andere Bodenschätze gefunden wurden, vertrieben sie die Indianer wiederum. Der große Krieger nahm seinen ganzen Stamm – mitsamt Frauen, Kindern und Tipis – und begann mit Looking Glass, einem anderen Chief, eine verzweifelte Flucht in das über eintausendfünfhundert Meilen entfernte Kanada, während der sie von Tausenden von Kavalleristen verfolgt wurden. Auf der Strecke kam es zu vierzehn größeren Gefechten mit der Kavallerie, und Chief Looking Glass erwies sich als brillanter Taktiker. Als sie schließlich weniger als fünfzig Meilen von der kanadischen Grenze und der Freiheit entfernt von der Armee gestellt wurden, ergab sich Chief Joseph mit einer Rede, die ergreifend zusammenfaßt, welch großes und stolzes Volk von den Vereinigten Staaten vernichtet wurde:

> Ich bin des Kampfes müde. Unsere Chiefs wurden umgebracht. Looking Glass ist tot. Toohoolhoolzote ist tot. Die alten Männer sind alle tot. Die jungen sind es, die ja oder nein sagen. Derjenige, der die jungen Männer anführte [Josephs Bruder], ist tot. Es ist kalt, und wir haben keine Decken. Die kleinen Kinder erfrieren. Manche Angehörige meines Volkes sind in die Berge geflüchtet, ohne Decken, ohne Essen. Niemand weiß, wo sie sind – vielleicht erfrie-

ren auch sie. Ich will Zeit haben, meine Kinder zu suchen, und sehen, wie viele ich finden kann. Vielleicht finde ich sie unter den Toten wieder. Hört mich an, meine Chiefs! Ich bin müde; mein Herz ist krank und traurig. Von dem Punkt an, wo die Sonne jetzt am Himmel steht, werde ich nie mehr kämpfen.

Nachdem ihnen ihr Land weggenommen worden war und die ausgelaugten Überlebenden dessen, was die Schriftstellerin Helen Jackson einmal *Jahrhundert der Schande* genannt hat, in Reservate getrieben worden waren, schickte die Regierung Missionare von sieben oder acht Konfessionen dorthin, die versuchten, die Indianer zum Christentum zu bekehren. Es war ein deutlicher Angriff auf ihre Religion und auf eine Kultur, die jahrtausendelang prächtig gediehen war, sowie eine unverhohlene Mißachtung der durch die Verfassung garantierten Religionsfreiheit. Die Missionare teilten die Reservate unter sich auf wie einen Kuchen. Sie stahlen Indianerkinder und schickten sie auf religiöse Akademien oder auf die Regierungsschule in Carlisle, Pennsylvania, wo sie geschlagen wurden, wenn sie ihre eigenen Sprachen sprachen. Wenn sie wegliefen, wurden sie nach militärischer Art streng bestraft. Und doch haben diese Verbrechen in unserem nationalen Bewußtsein kaum Spuren hinterlassen. Wenn sie überhaupt einen Gedanken auf die Indianer verschwenden, dann haben die meisten Amerikaner eine Collage aus Filmbildern im Kopf; an all die Qualen, das Leid und die Vernichtung denken sie nicht. Die Indianer stellen einfach ein vages, farbenfrohes Kapitel aus der Vergangenheit unseres Landes dar, und sie verdienen nicht mehr Beachtung, als man dem Bau des Eriekanals oder der transkontinentalen Eisenbahn widmen würde.

Nachdem mein Interesse für die Indianer geweckt war, merkte ich, daß sie von vielen Leuten, zumindest im Unterbewußtsein, nicht einmal als Menschen betrachtet werden. So war es schon von Anfang an; Cotton Mather verglich sie in seinen Predigten an die Puritaner mit dem Teufel und nannte es Gottes Werk – und Gottes Wille –, die heidnischen Wilden, die dem Christentum und dem Fortschritt im Weg standen, einfach abzuschlachten. In der Unabhängigkeitserklärung, in der es heißt, daß alle Menschen gleich sind, wurden die indigenen Völker Amerikas als »gnadenlose indianische Wilde« bezeichnet, »deren berüchtigte Kriegsregeln die Vernichtung aller Feinde ungeachtet von Alter, Geschlecht und Gesundheitszustand verlangen«. Als ein Armeeoberst namens John M. Chivington – er hatte einmal gefordert, daß Indianerkinder nicht verschont werden dürften, weil »Nissen Läuse hervorbringen« – 1864 seine Haubitzen bei Sand Creek, Colorado, auf die Lager unbewaffneter Indianer richtete, sagte er seinen Offizieren: »Ich bin gekommen, um Indianer zu töten, und ich glaube, daß es recht und ehrenhaft ist, zu diesem Zweck jedes Mittel unter Gottes Himmel anzuwenden.« Hunderte von indianischen Frauen, Kindern und Alten wurden bei dem Massaker von Sand Creek abgeschlachtet. Ein Offizier, der dabei war, erzählte später: »Frauen und Kinder wurden getötet und skalpiert, Kinder an der Brust ihrer Mutter erschossen, und alle Leichen wurden auf übelste Weise zugerichtet ... die Leichen von Frauen wurden auf eine Art geschändet, daß einem schon von der Schilderung übel wird ...« Die Soldaten schnitten Frauen die Vulva heraus, spannten sie über ihren Sattelknauf, sie schmückten ihre Hutbänder damit; manche benutzten die Haut der Hoden von Kriegern und der Brüste von Indianerinnen als Tabaksbeutel, und dann führten sie diese Trophäen zusammen mit den Nasen und Ohren einiger Indianer, die sie massakriert hatten, im Opernhaus von Denver vor.

Der Angriff auf die Indianer wurde bis ins zwanzigste Jahrhundert fortgeführt, aber auf andere Weise. Als ich in den dreißiger Jahren zur Schule ging, kaum vierzig Jahre, nachdem die Armee mehr als dreihundert Minnechonjou-Lakota, Männer, Frauen und Kinder, in Wounded Knee, Süddakota, abgeschlachtet hatte, taten die Schulbücher die Indianer in zwei oder drei Absätzen ab, in denen sie als gesichtslose, grausame, heidnische, wilde Rasse dargestellt wurden. Vom Groschenheftchen bis hin zu Filmen hat die populäre Kultur die Indianer karikiert, indem sie sie dämonisiert und entmenschlicht hat, und aus Indianermördern wie Daniel Boone, Andrew Jackson und Kit Carson wurden Volkshelden gemacht. Seit seinen Anfängen diffamierte Hollywood die Indianer in Filmen wie *Der Squaw-Mann*. John Wayne hat den Indianern wahrscheinlich mehr Schaden zugefügt als General Custer, indem er das idiotische Bild des tapferen weißen Mannes schuf, der gegen die gottlosen Wilden im Wilden Westen kämpft. Hollywood brauchte Bösewichter, und die Indianer wurden die Verkörperung des Bösen.

Doch unsere Behandlung der Indianer ist nur ein Steinchen im Mosaik der menschlichen Verderbtheit. Der Mensch besitzt die außerordentliche Fähigkeit, zu denken, aber es gibt einen irrationalen Aspekt in ihm, der ihn dazu treibt, im Interesse dessen, was er als seine Gattung betrachtet, zu kämpfen und zu morden. Darwin beschreibt das instinktive Bedürfnis von Mitgliedern jeder Spezies, die eigene Gruppe zu schützen und sich fortzupflanzen, aber der Mensch ist das einzige Tier, von dem ich weiß, das anderen Mitgliedern seiner *eigenen* Spezies bewußt Schmerz zufügt. Als ich als junger Mann half, Gelder für Israel aufzutreiben, war mir eine Sache völlig unbegreiflich: Wie konnten scheinbar ganz normale Deutsche unschuldige Kinder mit Maschinengewehren erschießen und Menschen zu Tausenden in Gaskammern treiben? Es schien mir unfaßbar, daß Menschen sich gegenseitig so etwas zufügen können. Aber inzwischen habe ich gelernt, daß wir zu allem fähig sind, wenn es um unsere eigene Gruppe geht; die Feindseligkeit ist das unwandelbare Produkt einer jahrmilliardenlangen Evolution.

Die Menschen fühlen sich in einem »Stamm« sicher und aufgehoben, was auch die Beliebtheit von Gangs in Städten überall auf der Welt zeigt. Ihre Mitglieder antworten auf einen atavistischen Impuls, der nichts mit den heutigen sozialen Bedingungen zu tun hat; er ist Teil jedes Menschen und jeder Kultur. Der Holocaust war kein Einzelfall: Was ihn von allem anderen unterschied, war das Ausmaß, das zu einem großen Teil einfach die Folge von Technologie und Organisation war. Seit undenklichen Zeiten haben die Menschen auf ähnliche Impulse reagiert, wenn es darum ging, andere Gruppen zu vernichten; die Nazis waren einfach effizienter. Nichts hat unsere fundamentalen Instinkte, uns gegenseitig umzubringen, ausradiert – wobei die Sache gewöhnlich beschönigt wird, indem man sie eine gerechte und edle Sache nennt, sei sie nun religiöser oder weltlicher Art.

In John Patricks Theaterstück *Das kleine Teehaus* sagt ein amerikanischer Offizier, der die Demokratie nach Okinawa bringen soll, ungefähr das folgende: »Wir schaffen hier eine Demokratie, selbst wenn wir alle umbringen müssen, um dieses Ziel zu erreichen.« *Julius Cäsar* ist ein zynisches Stück, weil es zeigt, wie leicht Menschen unter dem Vorwand eines guten Zwecks manipuliert werden können. Brutus begründet die Ermordung Cäsars folgendermaßen:

> Ist jemand in dieser Versammlung, irgendein herzlicher Freund Cäsars, dem sage ich: des Brutus Liebe zum Cäsar war nicht geringer als seine. Wenn dieser Freund dann fragt, warum Brutus gegen Cäsar aufstand, ist dies meine Antwort: nicht, weil ich Cäsar weniger liebte, sondern weil ich Rom mehr liebte. Wolltet ihr lieber, Cäsar lebte und ihr stürbet alle als Sklaven, als daß Cäsar tot ist, damit ihr alle lebet wie freie Männer? Weil Cäsar mich liebte, wein ich um ihn; weil er glücklich war, freue ich mich; weil er tapfer war, ehr ich ihn; aber weil er herrschsüchtig war, erschlug ich ihn. Also Tränen für seine Liebe, Freude für sein Glück, Ehre für seine Tapferkeit und Tod für seine Herrschsucht. . . .

Außer Marcus Antonius applaudierten alle seine Freunde.

Mit etwas anderen, aber ebenso effektvollen Mitteln der Manipulation bombardierten Goebbels' Propagandafilme die Deutschen, indem sie Aufnahmen von Juden zeigten, dann folgte ein Schnitt auf einen überfüllten Rattenbau, und diese Gegenüberstellung bedeutete nichts anderes als: Seht sie euch an. *Das sind die Juden.* Wir bleiben alle nicht unberührt von der ständigen Manipulation unseres Denkens und unserer Emotionen – in der Kirche, bei politischen Veranstaltungen oder bei Werbespots im Fernsehen. Jede Wiederholung hat eine Wirkung auf uns und wird Teil von uns. Die Nazis wußten das, und sie setzten es gezielt ein, um die Deutschen davon zu überzeugen, daß es völlig richtig sei, die Juden auszulöschen.

Kaum ein Jahrhundert ist vergangen, seit die Indianer mit Winchestergewehren nur so zum Spaß gejagt wurden. Ihre Jäger wurden darauf konditioniert, die Indianer nicht als Menschen zu betrachten, sondern wie Wild oder Wachteln. Die Geschichte steckt voller ähnlicher Verbrechen: Unter dem Zeichen des Christentums fielen die Kreuzzügler über den Mittleren Osten her und hackten die Leute mit Schwertern tot, die passenderweise eine Nachbildung des Kreuzes darstellten; weiße Siedler schlachteten Abertausende von Aborigines in Australien ab, die Türken ermordeten mehr als eine Million Armenier zwischen 1915 und 1918, Stalin ließ Millionen von Bauern und Intellektuellen hinrichten, die Roten Khmer rotteten Millionen Kambodschaner aus, während der sogenannten Kulturrevolution folgten Millionen Chinesen dem Aufruf ihrer Führer zum Mord, und heute praktizieren die Serben Völkermord an den Bosniern. Die Formel ist einfach und immer dieselbe: Mache die andere Gruppe zur Verkörperung des Bösen, entmenschliche sie, schaffe eine Ideologie, die edle Gründe dafür liefert, die Welt von diesem vermeintlichen Übel reinigen zu können – und du wirst sehen, daß sogar zivilisierte Menschen zu begeisterten Mördern werden. Wenn eine Gruppe erst einmal diffamiert und entmenschlicht wurde, geht es erstaunlich leicht, den »Herdentrieb« zu wecken – wie Hannah Arendt das so eloquent in *Eichmann in Jerusalem. Ein Bericht von der Banalität des Bösen* ausgeführt hat. Man kann ganz normale Menschen dazu bringen, schreckliche Dinge zu tun, wenn man es ihnen nur richtig verkauft und es in den Rang einer moralisch hochstehenden Angelegenheit erhebt. Darin spiegelt sich die Stärke, die Hartnäckigkeit und die Unverwüstlichkeit der menschlichen Glaubenssysteme wider; ein Mann wird dich eher umbringen, wenn du seine Überzeugungen bedrohst, als wenn du seine Frau vergewaltigst, denn sein Glaubenssystem ist die Grundlage seiner geistigen Gesundheit.

Wir sind, was uns beigebracht wird. Gewinnst du ein Kind mit sieben für dich, sagen die Jesuiten, dann gehört es dir ein Leben lang. Sobald gewisse Überzeugungen erst einmal fest in unserem Gehirn verankert sind, dann tun wir alles, um sie zu schützen, egal, wie sie aussehen. So gut wie jede Religion predigt: »Liebe deinen Nächsten wie dich selbst« und daß man sich selbst für das Wohlergehen anderer opfern sollte. Und doch wurden viele der blutigsten Kriege auf unserem Planeten um die Religion ausgetragen. Für mich war es immer eine Art Kindesmißbrauch, wenn versucht wird, einem noch unfertigen, leicht zu beeindruckenden Menschen Überzeugungen einzuhämmern, die ihn, selbst wenn sie richtig sind, sein Leben lang quälen werden. Ein Kind ist zu jung, um rationale Urteile zu fällen, aber viele Religionen tun es, um Kontrolle über das Denken des Kindes zu bekommen. Es geht alles nur um Macht.

Wie oben schon festgestellt, ist eines der einzigartigen Charakteristika des Menschen seine Beeinflußbarkeit. Ein anderes ist der Drang, Mythen zu schaffen und an sie zu glauben. Der britische Autor und Philosoph C. E. M. Joad schrieb beispielsweise, daß der Mensch das »dringende Bedürfnis zu glauben« hat und daß die »Werte eines Glaubens jenseits einer Einbettung in andere Wertsysteme stehen; sie repräsentieren keine Wahrheit, sondern produzieren Eindeutigkeit. Sie sind nicht fähig, entweder die Existenz anderslautender Urteile zuzugeben oder von den eigenen abzukommen, und so nehmen sie den Platz des Wissens ein, indem sie die Mutmaßungen anderer in Dogmen verwandeln«.

Eines der traurigsten Kapitel der amerikanischen Geschichte ist der Vietnamkrieg. Er kostete achtundfünfzigtausend Amerikaner das Leben, und ich frage mich, für was. Unser Land hat eine ganze Litanei von Märchen über die Bedrohung durch den Kommunismus in die Welt gesetzt, die »Dominotheorie« und der angebliche Druck eines sinosowjetischen Blocks, der in Wahrheit nie existiert hat. Alle diese Bedrohungen sind Lügenmärchen. Intelligente Menschen hatten eine Masse an Quellen und Informationen zur Verfügung, die ihnen gesagt hätten, daß sie völlig falsch lagen. Es waren keine bösen Menschen, aber erst, als es zu spät war, waren sie in der Lage, die Überzeugungen in Frage zu stellen, die sie gefangenhielten. Sie waren sich sicher, daß sie recht hatten, und Millionen Amerikaner akzeptierten ohne mit der Wimper zu zucken, was sie sagten. Wir glaubten allen Ernstes, daß ein Volk zehntausend Meilen entfernt von unseren Küsten ein gefährlicher Feind von uns sei –

sogar so gefährlich, daß wir die Lüge verbreiten mußten, ein amerikanisches Schiff sei im Golf von Tonkin von den Nordvietnamesen beschossen worden. Es bedurfte eines zehn- oder zwölfjährigen grausamen Krieges und einer fünfstelligen Ziffer sinnlos vergeudeter Menschenleben, um diese Wahrnehmung zu ändern – obwohl es noch heute Leute gibt, die darauf bestehen, daß es ein Fehler war, sich aus Vietnam zurückzuziehen, weil wir es nicht »ehrenvoll« getan haben.

Kurz gesagt, wir verlieren schnell die Kontrolle über die Realität. Wir behandelten die Indianer genauso wie die Serben die Muslime behandeln, wie die Türken mit den Armeniern umgingen und Hitler mit den Juden. Aber wir weigern uns, der Tatsache ins Auge zu sehen, daß sich unsere Nation des Völkermords schuldig gemacht hat. Unsere Fallschirmspringer springen aus Flugzeugen und brüllen dabei »Geronimo« und das Pentagon nennt seine Helikopter »Navajo« und »Cherokee«. Auf diese perverse Art glorifizieren wir den Indianer, aber in dem Moment, in dem er berechtigte Forderungen stellt, wird er von einer Nation ignoriert, die sich damit brüstet, ein Verfechter der Menschenrechte zu sein: nämlich das Recht auf Selbstbestimmung zu garantieren, auf Freiheit und auf Glückseligkeit. Die Kavalleristen und Siedler, die die Indianer abgeschlachtet haben, waren nicht von Grund auf böse; sie antworteten auf eine Kultur, die die Indianer dämonisierte. Aber das entschuldigt nicht die Weigerung unseres Landes, eine Schuld zu begleichen, die längst überfällig ist. Mit Ausnahme der Vereinigten Staaten hat so gut wie jede andere Kolonialmacht, die ihren Ureinwohnern Land gestohlen hat, wenigstens damit begonnen, einen Teil davon den rechtmäßigen Eigentümern zurückzugeben – oft mit Weh und Ach, weil die Vereinigten Staaten sie dazu getrieben haben. Wenn man aber ein Regierungsmitglied oder einen Rancher des Westens bittet, den Indianern auch nur einen Quadratzentimeter ihres Landes zurückzugeben, dann erntet man nur erstaunte Blicke. Ich habe viele von diesen Ranchern kennengelernt, und wenn das Thema auf die Ureinwohner kommt, die das Land früher besaßen, sagen sie: »Das Land gehört mir, weil mein Großvater diese Ranch aufgebaut hat, mein Vater hat sein ganzes Leben hier verbracht, ich habe mein ganzes Leben hier verbracht, und ich will auch, daß meine Kinder hier auf diesem ihrem Land leben.« Wenn ich darauf hinweise, daß die Indianer lange vor ihren Großvätern auf »ihrem« Land gelebt haben, finden sie immer ein Argument: »Kann schon sein, aber *ich* habe ihnen das Land nicht weggenommen. Mir kann niemand die Schuld zuschieben.« Oder: »Sie erwarten doch wohl nicht ernsthaft von mir, dieses Stück Land zu verlassen, oder? Vielleicht *wurde* es ja den Indianern weggenommen, aber wir waren diejenigen, die es besiedelt, etwas daraus gemacht und es bepflanzt haben. Wir haben uns dieses Land *verdient*.«

Es gibt eine unendliche Zahl von Argumenten. Zu den merkwürdigsten Unternehmungen unserer Regierung zählt es, daß unser Land – hauptsächlich aufgrund des großen politischen Einflusses der Juden – Milliarden von Dollar und das Leben zahlloser Amerikaner investiert hat, um Israel zu helfen, Gebiete zurückzugewinnen, die von ihren Vorfahren vor dreitausend Jahren besiedelt wurden. Wenn aber jemand versucht, das gleiche Prinzip auf die amerikanischen Ureinwohner anzuwenden, deren Vorfahren mindestens fünfzehntausend Jahre vor den Europäern da waren, heißt es, daß es zu spät sei, die Uhr jetzt noch zurückzudrehen. Logik nutzt da nichts; die Menschen reagieren nicht auf Logik.

Die Geschichte des American Indian Movement – seine Erfolge, seine Fehler und die schmutzige Geschichte, wie das FBI der Organisation zugesetzt und versucht hat, sie lahmzulegen – das ist ein zu umfangreiches Thema, als daß ich es in diesem Buch behandeln könnte. Ich möchte im folgenden also nur beschreiben, was ich als Außenstehender mitbekam. Das AIM schloß Indianer vieler verschiedener Stämme ein, die im allgemeinen militanter waren als die Mitglieder anderer indianischer Gruppierungen, die in den Sechzigern und Siebzigern Wiedergutmachung für die jahrhundertelangen Untaten an ihrem Volk forderten. Viele der anderen Gruppierungen versuchten es mit logischen Argumenten und Kompromißvorschlägen, aber sie erreichten nichts damit.

Dennis Banks, ein Chippewa, und Russell Means, ein großer, gutaussehender Sioux, der Gall, einem der größten Sioux-Krieger, erstaunlich ähnelte, sind bemerkenswerte Menschen. Beide verließen ihr Reservat, verleugneten ihre Wurzeln und ihre Kultur, um zu versuchen, sich draußen durchzuschlagen. Doch außerhalb des Reservats stießen sie auf nichts als Schwierigkeiten und mußten, weil sie nichts Besseres bekamen, entwürdigende Arbeiten annehmen. Wie andere Indianer, die ihre Reservate verlassen hatten, sahen sie sich mit einem Rassismus konfrontiert, der vielleicht der bösartigste von allen ist: Sie wurden nicht nur diskriminiert, was Arbeit und Wohnung betraf, sondern man begegnete ihnen überdies mit völliger Indifferenz. In der amerikanischen Mainstreamkultur betrachtete man sie als Nullitäten. Man nahm sie überhaupt nicht wahr. Es war, als wären sie gar nicht vorhanden. Dennis und Russell trafen sich in Minneapolis und entdeckten, daß sie vor demselben Problem standen: Obwohl sie ihre Reservate verlassen hatten, kamen sie von ihrer Kultur nicht los. Sie machten eine Kehrtwende und versuchten, wieder Teil ihrer Kultur zu werden. Mit anderen gründeten sie das AIM, das bald Ortsgruppen im ganzen Land hatte, um die Regierung zu zwingen, ihre Verträge und Versprechungen einzuhalten. Das FBI, andere Bundesbehörden, Rancher und weiße Bürgerwehrmitglieder, die sich in einigen Fällen mit korrupten Stammesfunktionären, die durch manipulierte Wahlen an ihre Posten gekommen waren, verbündet hatten, fingen einen Krieg gegen das AIM an, der eine Mischung aus modernem McCarthytum und der Art bewaffneten Kampfes darstellte, durch den die Indianer vor einem Jahrhundert beinahe ausgelöscht worden wären. Mit SWAT-Teams, Kampfhubschraubern, Panzerspähwagen und einem häufig voreingenommenen weißen Justizapparat zog die Regierung alle Register, um dem AIM den Boden unter den Füßen zu entziehen. Millionen wurden ausgegeben, um den Tod von Weißen aufzuklären, die während dieser Auseinandersetzungen ihr Leben ließen; wenn aber Indianer ermordet wurden, dann wurde das vom amerikanischen Justizministerium, dem Bureau of Indian Affairs und den lokalen Behörden gewöhnlich ignoriert. Wieder einmal wurden die Indianer behandelt, als seien sie nicht einmal menschliche Wesen.

Anfang 1973 besetzten etwa zweihundert AIM-Mitglieder das

Dorf Wounded Knee im Pine Ridge Reservat in Süddakota. Sie wollten damit lediglich erreichen, daß ihnen die Regierung freie Wahlen der Stammesführer zugestand, daß sie die Korruptionsfälle im Bureau of Indian Affairs untersuchte und daß sie alle Verträge mit den Indianern nochmals überprüfte. Sie besetzten das Dorf einundsiebzig Tage, bevor ihnen unter Vorbehalt versprochen wurde, daß ihre Forderungen erfüllt würden – ein Versprechen, das nur zum Teil eingehalten wurde. Wenn es eine andere Gruppe gewesen wäre – militante Schwarze oder eine abstruse Sekte –, ich glaube, sie wären angegriffen und getötet worden. Aber die Faszination, die die Indianer auf Hollywood ausübten, hatte in dem Fall einen nützlichen Effekt: Die Filme hatten sie international bekannt gemacht, und ich bin sicher, die Regierung hielt den Schießbefehl zurück, weil ihr klar war, daß die Welt ein weiteres Massaker an den Indianern abscheulich finden würde.

Russell Means bat mich, nach Wounded Knee zu kommen. Ich schaffte es auch bis Denver, wo ich mich mit einem AIM-Mitglied treffen sollte, aber der Mann wurde unerwartet woanders dringend gebraucht. Ich kam also zu spät, um noch in das Reservat zu gelangen, das schon von FBI-Leuten und anderen Bewaffneten umstellt war. Ich tat mein möglichstes, um die Indianer zu verteidigen, die wegen Wounded Knee angeklagt wurden, und die skrupellose Art und Weise an die Öffentlichkeit zu bringen, mit der das FBI und andere im Justizministerium die Indianer behandelten, und damit die rechtlichen Grundsätze, die angeblich so hochgehalten wurden, pervertierten. Alles lief immer nach demselben Muster ab: Man verhaftete die Anführer der Indianer aufgrund der dünnsten Beweise (oder ganz ohne), legte sie auf Eis, stellte sie unter Anklage und zögerte den Prozeß so lange wie möglich hinaus. Wenn die Indianer freigesprochen wurden, freuten sie sich über ihren Sieg, aber in der Zwischenzeit hatten sie nichts erreicht. So ist es immer wieder abgelaufen. Als die Anklagen gegen Russell Means und Dennis Banks schließlich abgewiesen wurden, sagte Richter Fred Nichol, die Regierung habe das Rechtssystem »beschmutzt«, indem sie V-Männer in die gegnerische Verteidigung eingeschleust und dem Gericht wissentlich falsche Beweise vorgelegt habe, weil das FBI »das feste Ziel verfolgte, das AIM zu stellen und völlig zu zerschlagen«. In der Zwischenzeit waren dem AIM für Monate zwei wichtige Führungspersonen entzogen worden.

Anfang 1975 bat mich Dennis Banks, nach Gresham, Wisconsin, zu kommen, wo eine Gruppe Menominee ein ungenutztes Noviziat der Alexianer besetzt hatte. Sie machten geltend, daß es auf einem Stück Land stand, das ihrem Stamm unrechtmäßig abgenommen worden sei, und forderten die Rückgabe. Als ich in Gresham ankam, war das Noviziat bereits von behelmten Nationalgardisten umstellt. Unterstützt wurden sie von einer zusammengeschusterten Armee aus ortsansässigen Rednecks, deren Gewehre aus den Fenstern ihrer Pick-ups ragten. Später erfuhr ich, daß manche von ihnen Mitglieder des Ku-Klux-Klan waren. Ich wußte nicht, wie ich in das Lager hineinkommen sollte, aber Dennis arrangierte die Sache mit dem Wissen der Nationalgarde und der Bundespolizei. Ich werde nie erfahren, warum sie mich hineinließen, auch wenn es von offizieller Seite hieß, man hätte mich und Pater James Groppi, einen katholischer Maryknoll-Priester, hineingelassen, weil wir möglicherweise helfen könnten, ein Blutvergießen zu vermeiden.

Spätnachts wurde ich durch den militärischen Gürtel geschleust. Dreißig oder vierzig Menominee, einige hatten Schußwunden abbekommen, hatten sich in dem Lager verschanzt; sie wirkten erschöpft, waren aber fest entschlossen, nicht aufzugeben. Mehrere trugen das Motto »Deed or Death«, also »Vertrag oder Tod« auf ihren Hemden oder hatten es sich auf den Arm tätowieren lassen. Ich hatte keinen Zweifel, daß sie es ernst meinten und bereit waren, zu sterben, wenn ihre Forderungen nicht erfüllt wurden. Es war tiefster Winter und eisig kalt. Draußen lag der Schnee fast einen Meter hoch, und drinnen gab es weder Licht noch Wärme noch Wasser. Der Gouverneur hatte angeordnet, den Strom abzustellen, die Heizung war ausgefallen, die Rohre waren eingefroren, die Toiletten funktionierten nicht, und es herrschte ein fürchterlicher Gestank. Immer wieder fielen Gewehrschüsse – manchmal von der Seite der Rednecks, manchmal von der der Indianer. Es gab nirgendwo einen Platz zum Schlafen, also rollte ich mich auf einem Fensterbrett zusammen und döste vor mich hin, bis mich jemand weckte und in ein anderes Zimmer führte, wo ein Kaminfeuer brannte. Ein anwesender Arzt, ein Halbblut, behandelte gerade einen indianischen Jungen, der einen Beinschuß abbekommen hatte. Während der ganzen Nacht kreisten Hubschrauber der Nationalgarde über unseren Köpfen und schwenkten Suchscheinwerfer hin und her, um umherstreunende Indianer ausfindig zu machen und nebenbei den betrunkenen, schießwütigen Rednecks gute Ziele zu liefern. Junge Indianer, sie nannten sich Dog Soldiers – im neunzehnten Jahrhundert waren das die Elitekrieger der Prärieindianer – tarnten sich mit Bettüchern und liefen ständig hinaus in den Schnee und wieder ins Haus, wobei sie gelegentlich Schüsse auf die Rednecks abfeuerten. Eines Nachts legten sie den verwundeten Jungen auf eine Tragbahre, bedeckten ihn mit einem Laken und rannten nach draußen, um ihn irgendwohin zu bringen, wo er eine bessere medizinische Versorgung bekommen konnte. Etwa vierzig Minuten später kehrten sie jedoch zurück, den Jungen immer noch auf der Trage. Weil sie, getarnt durch die Bettücher, immer wieder regungslos stehengeblieben waren, hatten die Helikopter sie nicht entdeckt, aber beim Versuch, sich durch den Schnee zu kämpfen, hatte der Indianer an der Spitze irgendwann nach rechts geblickt und zwei Trupps bewaffneter Gardisten ausgemacht. Sie drehten also um und rannten zurück; als sie wieder in Sicherheit waren, sagte einer von ihnen: »Jetzt weiß ich, warum sie uns AIM nennen, es heißt ›Assholes in Movement‹, Archlöcher in Bewegung.« Ein paar Minuten später versuchten sie es in die andere Richtung, und es gelang ihnen schließlich, medizinische Hilfe für den Jungen zu finden.

Ständig munkelte man, daß der Gouverneur der Nationalgarde befohlen hätte, das Noviziat wieder einzunehmen, und das wäre fraglos auf ein Blutvergießen hinausgelaufen. Aber wie alle Indianer, die ich je kennengelernt habe, machten auch diese hier auf Teufel komm raus Späße, selbst wenn gerade auf sie geschossen wurde. Wir redeten viel, und in solchen Momenten begriff ich, wie nahe mir ihre Lebensphilosophie war und daß sie meiner sehr ähnelte. Was Religion oder Philosophie betrifft, entsprechen mir die Überzeugungen der Indianer mehr als die jedes anderen konventionellen Glaubens. Im Mittelpunkt steht das Gefühl von Harmonie und Einheit, der Glaube, daß alles auf der Erde – die Umwelt, die Natur, die Menschen, die Bäume, das Land, der Wind, die Tiere – in Beziehung zueinander stehen und daß jede Manifestation des Lebens einen Sinn und einen Zweck hat. Die Indianer glauben auch, daß nichts von Grund auf schlecht ist; wir befinden uns alle im selben Lebenszyklus. Es gibt eigentlich gar keinen Tod, sondern nur Transformation. In vielerlei Hinsicht praktizieren sie nichts anderes als eine reine Form der Demokratie: Wichtige Entscheidungen werden kollektiv durch Mehrheitsbeschluß getroffen, und die Chiefs werden nach ihren Verdiensten gewählt; nur weil ein junger Krieger der Sohn eines Chiefs ist, folgt er seinem Vater nicht automatisch nach, wenn er es nicht verdient hat.

Tag und Nacht fielen immer wieder Schüsse. Die Dog Soldiers kamen ins Gebäude gerannt, um nachzuladen, dann liefen sie wieder hinaus in den Schnee, um unter großem Geheul und Geschrei das Feuer der Rednecks zu erwidern. Es kam mir beinahe unwirklich vor, bis eines sonnigen Nachmittags eine Gewehrkugel nicht unweit von meinem Kopf in einen Kamin einschlug. Es waren um die null Grad, und ich hatte keine Lust mehr, eingesperrt zu sein. Ich ging hoch aufs Dach, um die Sonne ein bißchen zu genießen. Ein paar Sekunden später explodierte in Armeslänge entfernt ein Ziegelstein. Einen Moment lang wunderte ich mich, dann krachte ein Schuß, ich erinnerte mich daran, daß Kugeln schneller sind als der Schall und beeilte mich, in Deckung zu gehen.

Am nächsten Tag bat man mich, die Indianer bei den Verhandlungen mit den Alexianern, jenem religiösen Orden, der den Rechtsanspruch auf das Noviziat hatte, zu vertreten, damit endlich etwas voranging. Mir war zu Ohren gekommen – ich weiß nicht mehr wie –, daß der apostolische Nuntius, der Repräsentant der katholischen Kirche in Washington, den Papst gebeten hatte, die Alexianer unter Druck zu setzen, weil die Kirche ein Blutvergießen wegen eines Streits um Grund und Boden keinesfalls dulden konnte. Bei den Verhandlungen ließ ich nicht durchblicken, daß ich das wußte, aber ich sagte den Vertretern der Alexianer, die von ihrer Zentrale in Chicago kamen, daß die Kirche noch Rechenschaft darüber ablegen müsse, daß sie in den frühen kalifornischen Missionen die Indianer gewissermaßen versklavt habe, daß der Grund außerdem ursprünglich den Menominee gehört hatte und daß die Kirche deshalb geraubtes Land erworben hatte. Unser erstes Treffen endete ohne Einigung, aber es folgten weitere. Schließlich boten die Alexianer einen Kompromiß an: Sie wollten dem Stamm das Grundstück überschreiben, aber die Polizei weigerte sich, der Forderung nach einer Amnestie bei der Übergabe nachzukommen, was bedeutet hätte, daß manche Indianer ins Gefängnis mußten.

Das Licht der Nachmittagssonne ging schnell zur Neige, und ich gesellte mich zu den anderen Indianern in den Hauptraum des Noviziats, um über den Vorschlag zu beraten. Erneut beeindruckte mich der ihnen eigene Sinn für Demokratie und die Achtung des einzelnen. Wie es bei den Indianern Brauch ist, konnte reihum jeder seine Meinung darüber abgeben, ob man das Angebot annehmen oder weiterkämpfen sollte. Bald zeigte sich, daß es zwei Lager gab. Die einen meinten, man hätte den Kampf gewonnen und sollte jetzt besser aufgeben und in den sauren Apfel beißen, aber manche der jüngeren Männer wollten die Entscheidung durch eine Schießerei mit der Nationalgarde herbeiführen. Einer sagte: »Laßt uns als Krieger sterben. Unsere Kinder werden stolz auf uns sein und sich immer daran erinnern, daß wir Krieger waren.«

So ging es also reihum, bis einer von ihnen sagte: »Brando?«

Ich antwortete ungefähr das folgende: »Viele von euch haben einen Aufnäher auf der Schulter oder eine Tätowierung auf dem Arm. Es heißt nicht ›Deed *and* Death‹, sondern ›Deed *or* Death‹, also Vertrag *oder* Tod. Den Überschreibungsvertrag habt ihr nun; eine Übereinkunft ist erzielt worden. Ihr habt erreicht,was ihr wolltet, und ihr habt eine großartige Vorstellung gegeben. Außerdem habt ihr die Chance, weiter für eure Sache zu kämpfen, wenn ihr am Leben bleibt. Wenn ihr lieber sterben wollt, dann geht raus und fangt an zu schießen; die Gardisten werden euch beim Wort nehmen, und innerhalb von ein paar Minuten seid ihr tot. Aber der Tod ist ein einfacher Ausweg. Euren Kindern hinterlaßt ihr nichts als einen Haufen Schwierigkeiten.

Wer soll das Geld verdienen, das eure Familie braucht? Außerdem habt ihr nicht genügend Munition, um noch lange durchzuhalten. Ihr könnt sterben, aber dadurch gewinnt ihr nichts über das hinaus, was nicht schon erreicht worden wäre. Das ist ein kleines Stück Land, und woanders gibt es noch viel zu tun. Ihr werdet die Zeit eines ganzen Lebens brauchen, um das Unrecht wiedergutzumachen, das ihr jahrhundertelang erlitten habt. Ich meine also: ›Nehmt den Vertrag und nutzt die Zeit.‹« Es gab einiges Gemurmel, aber niemand antwortete, und dann war jemand anders an der Reihe zu sprechen.

Am Ende beschlossen sie, nicht zu kämpfen, und ein paar erzählten mir hinterher, daß mein Ausspruch »Es heißt ›Deed *or* Death‹, nicht ›Deed *and* Death‹ sie umgestimmt hätte. Sie wurden festgenommen und von den Truppen der Nationalgarde nach Gresham gebracht. Auf dem Weg dorthin versuchte ich, mit einem der Gardisten ins Gespräch zu kommen, aber er sah mich an, als sei ich ein Stück verfaultes Fleisch. Ich habe noch nie so viel Haß im Gesicht eines Menschen gesehen. Ich hatte keine Transportmöglichkeit nach Milwaukee, wo ich ein Flugzeug erwischen wollte, und so bot Pater Groppi an, mich mitzunehmen. Er gab mir auch eine Mahlzeit und ein Bett für die Nacht, wofür ich sehr dankbar war, denn ich hatte seit mehreren Tagen nicht viel geschlafen und gegessen. Am nächsten Morgen fragte mich der Priester nach dem Frühstück, ob ich nicht mit ihm beten wolle. Als ich in einer der Kirchenbänke saß, überkam mich plötzlich eine heftige Gefühlswallung. Ich fragte ihn, ob er für mich beten wolle und dafür danken würde, daß die Besetzung kein weiteres Massaker nach sich gezogen hatte. Während er das tat, fing ich an zu weinen. Die Tränen strömten mir nur so übers Gesicht. Ich war völlig überwältigt, ich weiß bis heute nicht, warum.

Alles war vorbei, bis auf eines: Am Ende wanderten die Indianer ins Gefängnis, aber den Überschreibungsvertrag bekamen sie nie. Wieder einmal hatten sie einen Vertrag mit dem weißen Mann geschlossen, der ihn dann gebrochen hatte. Der Vorfall bei Gresham war ein weiteres Sinnbild der jahrhundertealten Beziehung zwischen dem weißen Mann und den Indianern.

Mehrere Monate später wurden zwei FBI-Agenten in einem Ort namens Jumping Bull im Pine Ridge Reservat unter ungeklärten Umständen ermordet. Das FBI sprach von einem Hinterhalt, das AIM sagte, die Agenten hätten einen Konflikt provoziert. Ich kenne die Wahrheit nicht. Zwei Nächte später standen sieben oder acht AIM-Mitglieder, von denen mir einige bekannt waren, gegen ein Uhr nachts bei mir in Los Angeles vor der Tür. Sie wollten untertauchen, weil sie befürchteten, vom FBI zur Strecke gebracht und getötet zu werden, als Vergeltung für den Tod der beiden Agenten. Nachdem alle gegessen und sich etwas ausgeruht hatten, überließ ich ihnen ein Wohnmobil, in das ich mich sonst bei Filmarbeiten am Drehort zurückzog. Ich gab ihnen Funkgeräte, so daß sich die Insassen auf der Strecke mit dem Fahrer verständigen konnten. Einige Monate später sah ich in einem Fernsehbericht, daß ein Wohnmobil und ein Kombi in Oregon von der Polizei aufgehalten worden waren. Das FBI hatte die Fahrzeuge überwacht und die örtliche Polizei gebeten, sich nicht einzumischen, aber offenbar hatte das ein Soldat der Nationalgarde nicht mitbekommen und versucht, die Indianer zu stoppen, und so kam es zu einem Schußwechsel. Fünf Insassen des Kombis wurden festgenommen, unter anderem auch Dennis Banks' schwangere Frau Kamook, aber Dennis und sein Kollege auf dem Führersitz konnten fliehen, indem sie aus dem fahrenden Wohnmobil sprangen. Das Wohnmobil fuhr dann führerlos auf der Autobahn weiter, die Polizei verfolgte es, es landete im Graben, und schließlich eröffneten sie das Feuer, während Dennis und sein Freund in der Dunkelheit verschwanden.

Dennis verbrachte einen Monat auf meiner Insel in Tahiti, bevor er nach Kalifornien zurückkehrte, um eine kurze Gefängnisstrafe wegen eines geringfügigen Vergehens abzusitzen, das nichts mit dem Mord an den FBI-Agenten zu tun hatte. Später flog ich mit ihm in ein Reservat in Minnesota. Ein junger Indianer steuerte das Flugzeug. Er erzählte, daß er in Vietnam als Marinepilot gedient habe und wieder zu seinen Ursprüngen zurückkehren wolle. Im Reservat wurden wir zu einer Zeremonie in einer Schwitzhütte eingeladen, an der mehrere Männer des Stammes teilnahmen. Alle zogen sich aus und setzten sich im Kreis, Schulter an Schulter, während ein Medizinmann Wasser auf einen Haufen heißer Steine goß und dadurch die Hütte in eine Sauna verwandelte. Dann begann er zu singen, während wir im Kreis herumgingen, und jeder erzählte, was ihm gerade auf dem Herzen lag: von Sorgen und Enttäuschungen, schlechten Erfahrungen, von Ärger und Haß – es waren außergewöhnliche Offenbarungen zwischen völlig Fremden. Als ich an der Reihe war, sagte ich, daß ich den Indianern dankbar sei, weil ich viel von ihnen gelernt hatte, und daß ich beeindruckt sei von dem Gleichmut in ihren Gesichtern trotz endloser Enttäuschung und Scham. Erst sehr viel später erzählte mir jemand, daß der Pilot, der uns damals in das Reservat gebracht und unser Erlebnis in der Schwitzhütte geteilt hatte, ein Spion des FBI gewesen war.

Dennis' Ausflug in meinem Wohnmobil hatte nicht nur *ein* Nachspiel. Zu den Insassen des Kombi gehörte auch Anna Mae Aquash, eine überzeugte Angehörige des AIM. Das FBI hatte sie unter Verdacht, etwas mit dem Tod der beiden Agenten zu tun gehabt zu haben. Etwa ein Jahr, nachdem sie verhaftet und wieder entlassen worden war, fand man eine übel zugerichtete Leiche in einem Graben auf einer Ranch in Süddakota. Ein Pathologe des Bureau of Indian Affairs machte eine Autopsie und kam zu dem Ergebnis, daß es sich um eine unidentifizierte Indianerin handle, die an Unterkühlung gestorben sei. Das FBI schnitt ihr die Hände ab, steckte sie in eine Plastiktüte und schickte sie nach Washington, um die Frau anhand der Fingerabdrücke zu identifizieren – ein barbarischer Akt, denn sie müssen gewußt haben, daß nach indianischem Glauben jemand nur dann in das nächste Stadium seiner spirituellen Entwicklung eintreten kann, wenn sein Körper unversehrt ist. Als bei der Überprüfung der Fingerabdrücke herauskam, daß es sich bei der Frau um Anna Mae Aquash handelte, bekam ihre Familie Zweifel gegenüber dem ersten Autopsiebericht. Sie ließen die Leiche exhumieren, um erneut eine Autopsie vorzunehmen. Ein zweiter Pathologe fand eine Kleinkaliberkugel in ihrem Kopf und stellte außerdem fest, daß große Teile ihres Gehirns beschädigt waren; sie war regelrecht exekutiert worden.

Als ich davon erfuhr, rief ich den ersten Pathologen an, sagte ihm, wer ich war, und fragte, wie es denn möglich sei, daß er Anna Maes Schädel geöffnet, ihr Gehirn untersucht und dabei die Kugel oder die beschädigte Gehirnmasse nicht bemerkt habe. »Ihre Ergebnisse scheinen mit denen des anderen Gerichtsmediziners nicht übereinzustimmen«, sagte ich, »und ich möchte wissen, wie Sie sich das erklären. Wie können Sie das Loch hinten in ihrem Schädel übersehen haben?« Der Mann antwortete, daß er den zweiten Bericht gesehen und keine Einwände dagegen habe, wurde dann aber ungehalten. »Ich muß diese Fragen nicht beantworten«, meinte er. Ich entgegnete: »Das müssen Sie nicht, aber ich gehe zum Fernsehen, und die Leute werden mich fragen, was vorgefallen ist. Ich habe nur angerufen, weil ich die Geschichte wahrheitsgemäß erzählen will.« Aber der Pathologe wiederholte nur, was er bereits gesagt hatte.

Ich bekam nie eine Antwort auf meine Fragen. Anna Mae ist einem Mordanschlag zum Opfer gefallen, aber bis zum heutigen Tag ist niemand deshalb vor Gericht gestellt worden; für die Bundesregierung war sie nichts als eine weitere tote Indianerin.

Das American Indian Movement hat den amerikanischen Ureinwohnern viele neue Impulse gegeben und ihren kulturellen Stolz gefördert, auch wenn es in seinem Kampf gegen jahrhundertelanges Unrecht keine großen sichtbaren Siege errungen hat. Ich glaube jedoch nicht, daß die Sache vorbei ist. Obwohl die Indianer, die Gleichheit fordern, immer noch als Aufwiegler und gefährliche, militante Aktivisten bezeichnet werden, ändern sich die Dinge; vielleicht bin ich zu optimistisch, aber die Geschichte scheint auf der Seite der eingeborenen Völker zu sein. In Kanada hat die Regierung begonnen, den Ureinwohnern Landstücke zurückzugeben; Australien tut dasselbe, selbst in den Vereinigten Staaten wurden kleine Siege errungen – Gerichtsurteile, die den Indianern Fischgründe zusichern –, und in Hawaii wurden den Eingeborenen ebenfalls manche Ressourcen zurückgegeben. Die Indianer sagen, daß ihnen klar sei, daß die Nachkommen der europäischen Siedler, die ihnen das Land genommen hätten, nicht einfach wieder in die Boote steigen, auf denen sie gekommen sind, um nach Dublin, Minsk,

Neapel – oder wo auch immer sie herkamen –, zurückzufahren. Sie wollen ja nur einen *Teil* des gestohlenen Landes zurück, um für sich und ihre Kinder eine Heimstatt zu haben und ihnen eine Zukunft zu bieten. Sie sagen, daß wir ihnen wenigstens einen kleinen Teil des Kuchens wiedergeben sollten, den wir gestohlen haben.

Ich glaube, der Erfolg der Indianer ist unvermeidlich. Eine Gesellschaft kann nicht einerseits die Rechte der Frauen oder der Schwulen ausweiten wollen oder seinen Reichtum dafür verwenden, einem Land wie Israel zu helfen, die historischen Gebiete wiederzubekommen, und andrerseits nichts für seine eigenen Ureinwohner tun.

55

Ich mache niemandem einen Vorwurf, wenn er anderer Meinung ist als ich, aber ich habe nie viel davon gehalten, daß Schauspieler mit Preisen ausgezeichnet werden; ich finde es unangemessen. Die Academy Awards und das Trara, das um sie gemacht wird, heben die Schauspielerei auf eine Art und Weise in den Himmel, die schlicht übertrieben ist. Wie gesagt, viele Leute in Hollywood nehmen die Academy Awards sehr, sehr ernst, und die Millionen Fernsehzuschauer auf der ganzen Welt zeigen, daß sich auch anderswo zahlreiche Menschen dafür interessieren. Aber genau das ist das Problem: Sie alle nehmen die Sache *zu* ernst. Bei den vielfältigen wirklichen Problemen auf der Welt ist es schon beunruhigend, wenn einem so unwichtigen Ereignis solche Bedeutung zukommt. Ich kenne Leute, die bereits sechs Monate im voraus überlegen, was sie bei der Verleihung anziehen werden, und wenn sie womöglich noch zum potentiellen Kreis der Nominierten gehören, fangen sie schon an, ihre Rede vorzubereiten. Wenn sie dann tatsächlich gewinnen, tun sie so, als seien ihre Worte ganz spontan, obwohl sie monatelang wach gelegen und immer wieder vor sich hin gemurmelt haben, was sie sagen werden.

Die Feierlichkeiten bei der Verleihung haben ihren Ursprung in Hollywoods zwanghafter Selbstdarstellung; die Leute, die mit dem Filmgeschäft zu tun haben, klopfen sich gern gegenseitig auf die Schulter. Vermutlich liegt es daran, daß so viele von ihnen Juden sind, zu deren Credo es gehört, gute Leistungen anzuerkennen und zu honorieren. Das gibt ihnen die Sicherheit, schätzenswerte Leute zu sein – immerhin sind sie in einer Kultur groß geworden, in der es eine ganze Menge Schuldgefühle und Erfolgszwang gibt. Besonders verdiente Juden bekommen sogar einen besseren Platz in der Synagoge, damit sie Gott näher sind. Selbst der Name »Academy of Motion Picture Arts and Sciences« ist eine Übertreibung. Ich muß lachen über

Menschen, die das Filmen eine Kunst und die Schauspieler »Künstler« nennen. Rembrandt, Beethoven, Shakespeare und Rodin – das waren Künstler; Schauspieler hingegen sind Arbeitsbienen; sie mühen sich für Geld ab. Deswegen sagt man ja auch »Filmbusineß« dazu.

Als ich für *Der Pate* nominiert wurde, fand ich es absurd, zur Verleihungszeremonie zu gehen. Eine Industrie zu feiern, die die Indianer sechs Jahrzehnte lang systematisch falsch dargestellt und verleumdet hatte, während gleichzeitig zweihundert Indianer in Wounded Knee unter Belagerung standen, war einfach lächerlich. Doch wenn ich tatsächlich den Oscar bekäme, das war mir klar, wäre dies die erste Gelegenheit für einen Indianer in der amerikanischen Geschichte, vor sechzig Millionen Menschen zu sprechen – eine kleine Revanche für die jahrelange Diffamierung durch Hollywood. Also bat ich Sacheen Little Feather, eine Freundin von mir, an meiner Stelle an der Feier teilzunehmen, und schrieb eine kurze Rede für sie, die sie in meinem Namen halten sollte. Doch Howard Koch, der Produzent der Veranstaltung, ahnte wohl, daß es darin um die schlechte Behandlung der Indianer und den Rassismus im allgemeinen gehen würde, und hinderte sie daran, meinen Text vorzulesen. Statt dessen mußte sie aus dem Stegreif heraus ein paar Worte im Interesse der Indianer sprechen, und sie hat ihre Sache, wie ich finde, sehr gut gemacht.

Ich weiß nicht, was aus dem Oscar geworden ist. Vielleicht hat ihn mir die Motion Picture Academy ja zugeschickt; aber wenn, dann weiß ich wirklich nicht, wo er abgeblieben ist.

Mario Puzo schickte mir kurz nach der Veröffentlichung des *Paten* ein Exemplar des Romans und schrieb mir dazu, daß ich im Fall einer Verfilmung den Don Corleone, das Oberhaupt einer New Yorker Mafiafamilie, spielen solle. Ich las seinen Brief, war aber nicht sonderlich interessiert. Alice Marchak erinnert sich noch, daß ich ihn wegwarf und meinte: »Ich bin kein Pate.« Ich hatte noch nie zuvor einen Italiener gespielt und traute es mir auch nicht zu. Im Lauf meiner Karriere hatte ich gelernt, daß es einer der größten Fehler für einen Schauspieler ist, eine Rolle spielen zu wollen, für die er einfach nicht die richtige Besetzung ist. Natürlich muß man hin und wieder ein Risiko eingehen, aber manche Rollen sollte man einfach nicht übernehmen, egal, wieviel man dafür bekommt. Das gleiche gilt für Rollen, die ein anderer schon so hervorragend gespielt hat, daß das Publikum sie bis ans Ende aller Tage mit einem bestimmten Schauspieler verbindet. Es wäre geradezu hirnrissig, wenn jemand versuchen würde, die Nachfolge von Jimmy Cagney als George M. Cohan, Robert Donat als Mr. Chips oder Charles Laughton als Glöckner von Notre Dame anzutreten.

Alice nahm das Buch trotzdem mit nach Hause, las es und meinte, ich solle die Rolle annehmen, die man mir angeboten hatte. Sie überzeugte mich zwar nicht, aber ich rief Mario an, ohne sein Buch gelesen zu haben, und dankte ihm für seinen Brief. Mario hatte die Filmrechte mittlerweile an Paramount verkauft und fing an, das Drehbuch, das auf dem Roman basierte, zu schreiben.

Von Zeit zu Zeit meldete er sich, um mich umzustimmen, verschwieg mir aber, daß er sich schon bei Paramount für mich einsetzte, wo die Verantwortlichen, wie er mir später erzählte, sich strikt weigerten, mir die Rolle zu geben. Die Hauptgegner waren Charles Bluhdorn, der Leiter von Paramounts Muttergesellschaft Gulf + Western sowie Robert Evans, der Produktionschef. Bluhdorn glaubte die ganzen Geschichten, die er über meine angeblichen Exzesse bei den Dreharbeiten zu *Meuterei auf der Bounty* gelesen hatte, und weil Paramount gerade erst eine Menge Geld verloren hatte, wollte er mit dem *Paten* nicht noch mehr Risiken eingehen. Evans meinte, ich sei zu jung für die Rolle des Don Corleone, der in der Geschichte anfangs knapp Fünfzig und gegen Ende Anfang Siebzig ist. Ich war damals siebenundvierzig.

Als Mario mir das fertige Drehbuch schickte, las ich nicht nur das Skript, sondern auch den Roman, und beides gefiel mir. In der Zwischenzeit war Francis Coppola als Regisseur verpflichtet worden und begann, Teile von Marios Drehbuch umzuschreiben. Auch er wollte mich für die Rolle haben und schlug mir schließlich eine Sprechprobe vor, um die Verantwortlichen bei Paramount zu überzeugen. Ich sagte ihm, daß ich selbst meine

Zweifel hätte, meinte aber, ich würde über die Sache nachdenken.

Daheim fing ich gleich an zu proben, ob ich tatsächlich einen Italiener spielen könnte. Ich legte Make-up auf, stopfte mir Kleenex in die Backen und arbeitete die Rolle zuerst vor einem Spiegel, dann auf einem Fernsehmonitor aus. Nach einer Weile glaubte ich, die Figur wirklich überzeugend darstellen zu können. Die Leute von Paramount sahen sich die Probeaufnahmen an und fanden sie gut, und so wurde ich der Pate.

Einen oder zwei Monate vor Drehbeginn meinte jemand von Paramount – ich glaube, es war Evans –, ich sei zu dick für die Rolle, also machte ich eine Diät. Dabei verlor ich zu viel Gewicht und mußte wieder zehn Kilo zunehmen, bevor wir mit dem Film anfangen konnten.

Gleich von Anfang an interessierte sich die echte Mafia sehr dafür, wie wir sie darstellen wollten, denn ein großer Teil der Geschichte wurde in ihrem Revier in Little Italy in New York City gedreht. Man schickte eine Delegation zu Bluhdorn, um – wie ich später erfuhr – sicherzustellen, daß das Wort »Mafia« in dem ganzen Film kein einziges Mal erwähnt würde. Zusammen mit einigen anderen Vorgaben war das die Voraussetzung für ihre Kooperation. Ich bin sicher, man deutete auch an, daß es für die Freunde der Mafia in den New Yorker Gewerkschaften ein leichtes sein würde, die Aufnahmen zu behindern. Vermutlich versprach ihnen die Paramount auch ein paar Jobs bei dem Film. Mehrere Mitglieder des Filmteams gehörten zur Mafia, vier oder fünf Mafiosi spielten kleinere Rollen. Als wir in der Mott Street in Little Italy drehten, kam Joe Bufalino vorbei und schickte zwei Leute in meinen Wohnwagen, um mir mitzuteilen, daß er mich besuchen wolle. Einer davon war ein rattengesichtiger Mann mit tadellosem Haarschnitt und Kamelhaarmantel, der andere war weniger elegant gekleidet und enorm groß. Der zweite hätte fast meinen Wohnwagen zum Umkippen gebracht, als er hineinkletterte und sagte: »Hallo, Marlo [sic!], Sie sind ein toller Schauspieler.«

Als Bufalino kam, fiel mir als erstes auf, daß sein eines Auge nach links blickte, das andere nach rechts. Ich wußte nicht so recht, in welches ich schauen sollte, also wechselte ich zwischen beiden hin und her, um ihn nicht zu kränken. Sobald er sich hingesetzt hatte, beschwerte er sich darüber, wie schlecht die amerikanische Regierung ihn behandelte. Er sagte, er sei ein guter Amerikaner und ein treusorgender Familienvater, aber die Regierung versuche, ihn abzuschieben. Er hob hilflos die Arme und meinte: »Was soll ich bloß machen?«

Ich wußte keine Antwort, also sagte ich auch nichts. Dann wechselte er das Thema und flüsterte mit rauher Stimme: »Ich hab' gehört, Sie mögen Calamari . . .«

Ich war verblüfft. Irgendwie hatte er erfahren, daß ich mir zum Mittagessen oft Calamari aus einem der italienischen Restaurants in der Mott Street bringen ließ.

Dann meinte er verschwörerisch: »Marlo, ich würde Ihnen gern meine Frau vorstellen. Wir könnten doch mal alle drei zusammen zum Abendessen gehen. Ich möchte, daß Sie meine Familie kennenlernen.«

»Mr. Bufalino . . .«

Er winkte ab und meinte: »Sagen Sie Joe zu mir.«

»Also, Joe, haben Sie dieses Drehbuch schon gesehen?« Ich zeigte es ihm und blätterte durch die Seiten, die wir an dem Tag machen wollten. »Joe, das ist bloß der Stoff für heute; das alles muß ich noch auswendig lernen; das ist gar nicht so leicht. Ich laufe nicht den Mädels nach. Ich sitze hier in meinem Wohnwagen und lerne meinen Text.«

Bufalino wirkte enttäuscht. »Na schön«, sagte er, »vielleicht können wir ja mal zum Mittagessen gehen.«

Ich wußte nicht so recht, was ich darauf sagen sollte, also meinte ich: »Waren Sie schon mal bei Dreharbeiten dabei?«

»Nein, noch nie.«

»Tja, dann«, sagte ich. »Gehen wir doch nach oben, dann zeige ich Ihnen alles.«

Also führte ich ihn durch ein Gewirr von Kabeln zum Büro der Olivenölgesellschaft, in dem die Szenen des Tages spielten. Er hielt sich dicht bei mir und meinte: »Ich weiß ja nicht, wie sie es schaffen, nicht verrückt zu werden bei all den Leuten und den Kabeln und allem anderen . . .«

»Sie haben völlig recht, Joe. Hier könnte man schon große Augen kriegen.« Dann schaute ich in seine schielenden Augen und merkte erst, was ich gesagt hatte. Ich versuchte, seine Aufmerksamkeit auf etwas anderes zu lenken und gleichzeitig aus den Augenwinkeln mitzubekommen, wie er reagierte. Einen Moment lang blinzelte er, und ich hatte das Gefühl, daß er verletzt aussah, aber der Moment ging vorbei, und ich plapperte irgendwelchen Blödsinn vor mich hin, nur um überhaupt etwas zu sagen.

Schließlich lächelte Joe, dankte mir für die Führung und überließ mich wieder meinen Vorbereitungen auf die nächsten Aufnahmen. »Bis dann, Marlo«, meinte er. »Vergessen Sie nicht: Ich möchte immer noch, daß Sie meine Frau kennenlernen und mit uns zusammen Abend essen.«

Im *Paten* machten ein paar tolle Schauspieler mit, besonders schätzte ich Robert Duvall und Al Pacino. Bobby Duvall gehört zu den wenigen Darstellern, die immer wieder Risiken eingehen. Die meisten anderen schuften so hart für den Erfolg, daß sie vorsichtig werden, wenn sie endlich an der Spitze angekommen sind. Sie lassen sich auf nichts Neues mehr ein, weil sie Angst haben, eine Rolle zu übernehmen, mit der sie auf die Nase fallen könnten. Duvall jedoch hat etwas riskiert in seiner Laufbahn und ist damit auch schon mal baden gegangen, aber sehr viel häufiger noch ist es ihm gelungen, einen Charakter zu erarbeiten, der nicht Duvall ist. Er ist ein wundervoller Schauspieler. Das gleiche gilt für Al Pacino. Als ich ihn beim *Paten* kennenlernte, hatte er große Probleme. Inzwischen ist das anders, und wie Duvall hat er bewiesen, daß er bereit ist, Risiken einzugehen, ohne dabei Angst vor dem Ausgang des Experiments zu haben.

Irgendwann drohte Charles Bluhdorn, Francis Coppola zu feuern – ich weiß nicht mehr, warum –, aber ich sagte: »Wenn Francis fliegt, gehe ich auch.« Ich bin überzeugt davon, daß Regisseure Freiheit und Unabhängigkeit brauchen, um ihre Vorstellungen zu verwirklichen – auch wenn Francis uns die Gestaltung der Charaktere überließ. Ich warf ziemlich viel von dem, was im Drehbuch stand, über Bord und erarbeitete mir die Rolle nach meinen eigenen Vorstellungen. Dabei weiß man nie, ob es auch klappt; manchmal tut es das, manchmal nicht. Nachdem ich das Buch gelesen hatte, beschloß ich, die Rolle des Don Corleone eher zurückhaltend zu spielen. Statt ihn als großen Macher zu porträtieren, hielt ich es für eindrucksvoller, ihn als bescheidenen, ruhigen Mann darzustellen, so wie er auch im Buch beschrieben wird. Don Corleone gehörte zu der Welle von Einwanderern, die um die Jahrhundertwende nach Amerika schwappte. Er mußte mit dem Strom schwimmen, um zu überleben. Er hatte die gleichen Hoffnungen für seine Söhne wie zum Beispiel Joseph P. Kennedy. Als junger Mann hatte er vermutlich auch nicht vorgehabt, kriminell zu werden, und als es dann passierte, hoffte er sicher, daß es nur eine vorübergehende Phase wäre. Er sagt zu seinem Sohn Michael, den Pacino spielt: »Ich wollte immer, daß aus dir etwas anderes wird. Ich habe mir vorgestellt, du würdest Gouverneur werden oder Senator oder Präsident – ein wichtiger Mann –, aber es war nicht genug Zeit ... Es war einfach nicht genug Zeit.«

Es reizte mich, vielleicht zum erstenmal in der Filmgeschichte, einen Gangster zu spielen, der ganz anders war als die Bösewichte, die Edward G. Robinson darstellte, der eher eine Art Held war, ein Mann, dem Hochachtung gebührt. Weil Don Corleone so viel Macht und selbstverständliche Autorität besaß, fand ich es auch interessant, ihn im Kontrast dazu als sanften Mann zu spielen, anders als Al Capone, der die Leute mit Baseballschlägern verprügelte. Ich hatte ziemlich viel Respekt vor Don Corleone, für mich war er ein Mann, der für Wohlstand, Tradition, Würde, Manieren stand, ein Mann mit untrüglichen Instinkten, der nun einmal in einer gewalttätigen Welt lebte und sich und seine Familie in dieser Umgebung irgendwie schützen mußte. Ich sah ihn als anständigen Menschen, egal, was er tun mußte, als Menschen, der an die Werte der Familie glaubte und von den äußeren Umständen geprägt wurde wie wir alle. Damals gingen die Leute zur Mafia, weil sie von anderen Leuten bedroht wurden, die sie ausnutzen wollten. In Little Italy herrschte Krieg; Angehörige einer Gruppe mit dem Namen Black Hand forderten Gelder von den Einwanderern, die zahlen mußten, wenn sie ihre Familien schützen und weiter ihren Lebensunterhalt verdienen wollten. Manche ließen sich unterkriegen, andere wie Don Corleone wehrten sich – das war die Geschichte von *Der Pate.* Er unterwarf sich den Männern nicht, die bei allen anderen absahnen wollten. Er war gezwungen, seine Familie zu schützen, und so landete er irgendwann auf der schiefen Bahn.

Anfang der Siebziger, als wir den Film machten, gab es nicht allzu viele Dinge, die in den Vereinigten Staaten ausschließlich für die Mafia gegolten hätten. War denn der Unterschied zwischen den Morden der Gangster und der Operation Phoenix, den organisierten Mordanschlägen der CIA in Vietnam, so groß? Wie bei der Mafia war auch das nur Geschäft, es ging nicht um persönliche Dinge. Natürlich gab es in der Mafia Unmoral und jede Menge Brutalität, aber im Grunde genommen ging es immer nur ums Geschäft; in vielerlei Hinsicht funktionierte sie nicht anders als gewisse multinationale Gesellschaften, die wissentlich und willentlich die Umwelt mit Chemikalien verseuchten. Den Bandenkriegen der Mafia mögen ja viele Menschen zum Opfer fallen, aber während wir den Film machten, mischten CIA-Vertreter beim Drogenhandel im Goldenen Dreieck mit, folterten Menschen, um an Informationen zu gelangen, und ermordeten sie mit weit größerer Effektivität als die Mafia. Ich sehe letztlich keinen großen Unterschied zwischen der Liquidierung von Gangstern wie Joey Gallo und den Diem-Brüdern in Vietnam, bloß vielleicht den, daß die amerikanische Regierung dabei mit größerer Heuchelei vorging. Als Henry Cabot Lodge im Fernsehen den Tod der Diem-Brüder verkündete, wußten alle, daß er ganz offensichtlich log, aber die Leute stellten ihm keine Fragen, weil wir alle an den Mythos glaubten, daß unser Land über jede Amoral erhaben sei. In vielerlei Hinsicht leben die Angehörigen der Mafia nach einem strengeren Kodex als alle Präsidenten und Politiker; ich frage mich oft, was wohl passieren würde, wenn diese Politiker beim Amtsantritt nicht auf die Bibel schwören, sondern versprechen müßten, ehrlich zu sein, weil man ihnen ansonsten die Füße in Zement eingießt und sie in den Potomac wirft. Wahrscheinlich würde die Korruption in der Politik drastisch zurückgehen.

Dank eines Tricks, den ich mir bei den Dreharbeiten zu *Die jungen Löwen* angeeignet hatte, war ich Joe Bufalino gegenüber nicht völlig ehrlich gewesen, als ich ihm erzählt hatte, ich müsse meinen Text lernen. Bei meinen ersten Filmen lernte ich meine Passagen noch auswendig wie die anderen Schauspieler; wenn das Drehbuch schwach war, lernte ich die Dialoge ebenfalls, improvisierte dann aber. Wie schon erwähnt, merkte ich in meinem ersten Film *Die Männer*, wie leicht man seine Rolle durch zu viel Proben vor dem Drehbeginn verderben kann. Wenn es dann wirklich drauf ankommt, hat man nichts mehr zu geben. Danach wußte ich, wie schnell eine Rolle im Film danebengehen kann, wie wichtig Spontaneität ist. Nach einer Weile lernte ich meinen Text also nicht mehr auswendig, sondern konzentrierte mich lieber auf die Bedeutung einer bestimmten Zeile. Ich ging von einer vagen Andeutung dessen aus, worum es in der Szene ging, und improvisierte dann meinen Text, damit er spontan wirkte. Vielleicht unterschieden sich die Worte ein bißchen von denen im Skript, aber das wußten die Zuschauer ja nicht.

Bei den Dreharbeiten zu *Die jungen Löwen* entdeckte ich sogar noch eine bessere Methode, um die Spontaneität zu erhöhen. In dem Film mußte ich einen Großteil meiner Parts im Verlauf der Aufnahmen abändern. Eines Tages hatte ich dann keine Zeit mehr, meinen neuen Text für eine Szene zu lernen, also schrieb ich ihn auf einen Zettel, heftete ihn an das Kostüm eines anderen Schauspielers und las ihn ab. Die Kamera drehte über meine Schulter hinweg und zeigte mein verzweifeltes Gesicht, während ich ablas. Diese Methode hatte einen großen praktischen Vorteil: Man sparte sich eine Menge Zeit damit. Man kann gut und gerne drei oder vier Stunden mit dem Lernen eines Textes für eine Szene verbringen, und manche Schauspieler murmeln ständig ihre Zeilen vor sich hin, wenn sie nicht gerade selbst an der Reihe sind. Es gibt viele Dinge, auf die ich meine Zeit lieber verwende als aufs Textlernen, und so las ich meine Passagen nach *Die jungen Löwen* immer von Zetteln ab. Manchmal schrieb ich meinen Text – natürlich nur, wenn meine Kollegen nichts dagegen hatten – auf die Stirn der anderen Schauspieler oder heftete meine Kärtchen an ihr Kostüm. Hin und wieder brachte ich sie auch außerhalb der unmittelbaren Szene irgendwo in Sichtweite an.

Im *Paten* hatte ich überall meine Kärtchen – an meinen Manschetten, auf einer Wassermelone oder irgendwo auf den anderen Requisiten. Wenn wir die Szenen oft wiederholen mußten, wußte ich meinen Text manchmal am Ende eines langen Tages, aber ich mußte ihn nicht im voraus lernen. Das erhöhte auch die Spontaneität und die Illusion von Realität. Es war ein ziemlicher Fortschritt gegenüber der Nuschelei und der Suche nach Worten, über die sich die Kritiker in *Endstation Sehnsucht* noch beklagt hatten. Die Schauspielerei muß eben in allem spontan sein. Wenn der Schauspieler genau weiß, was er sagen wird, merkt der Zuschauer sehr bald, daß er nur den Text eines anderen wiedergibt. Wenn er seine Passagen jedoch nicht bereits fertig im Kopf hat, weiß er nicht nur nicht, was er sagen wird, sondern hat auch noch keine Vorstellung davon, *wie* er sie sagen wird, wie er seinen Körper dabei bewegt oder mit dem Kopf nickt. Wenn er die Zeilen *sieht*, übernimmt die Phantasie das Ruder, und er reagiert, als drücke er einen Gedanken das allererstemal aus. Auf diese Weise kommen seine Gesten vollkommen spontan.

Später baute ich das noch aus. Als wir *Die Formel* machten, einen ziemlichen Flop, der auf einem Roman von Steve Shagan basierte, schaffte ich auch noch die Zettel ab und dachte mir eine noch bessere Methode aus. Ich sprach meinen Text einfach auf einen kleinen Kassettenrecorder, befestigte ihn am Rücken und steckte mir die winzigen Kopfhörer in die Ohren wie ein Hörgerät. Wenn ich dran war, ließ ich den Kassettenrecorder mit einer Fernbedienung anlaufen und sprach die Passagen simultan zum Band, wie die Vorträge bei den Vereinten Nationen in die unterschiedlichsten Sprachen übersetzt werden. Natürlich war dafür ein bißchen Übung nötig, aber es war keine große Sache, und weil die Kopfhörer so klein und kaum sichtbar waren, merkten die Zuschauer nichts davon. Später fiel mir noch etwas Besseres ein: Anstelle eines Kassettenrecorders versteckte ich ein Mikrofon unter meiner Kleidung an der Brust, befestigte ein Sprechfunkgerät am Rücken und klebte mir Antennen an die Beine. Dann spricht Caroline Barrett, die Nachfolgerin von Alice, meiner früheren Sekretärin, meinen Text aus ungefähr hundert Metern Entfernung ins Mikrofon. Wenn sie etwas sagt, höre ich es in meinem Kopfhörer und kann es nachsprechen. Da Caroline ebenfalls ein Sprechfunkgerät hat, hört sie meine Stimme wie auch die Stimmen der anderen Schauspieler, die gerade an der Reihe sind, und folgt dem Drehbuch einfach Zeile für Zeile. Wenn ich den Text fast gleichzeitig mit ihr wiedergebe, ergibt sich ein hohes Maß an Spontaneität.

Die Leute sagen oft, ein Darsteller spiele seine Rolle »gut«, aber das ist eine ziemlich laienhafte Aussage. Eine Figur zu entwikkeln, bedeutet nicht nur, Make-up aufzulegen, ein Kostüm anzuziehen oder sich die Backen mit Kleenex vollzustopfen. Das haben Schauspieler früher unter der Darstellung eines Charakters verstanden. Bei der Schauspielerei hat alles mit dem zu tun, *was* oder *wer* der Schauspieler ist. Alles ist Teil der eigenen Lebenserfahrung. Jeder Mensch hat ein ganzes Spektrum von Emotionen. Es ist ein breites Spektrum, und Aufgabe des Darstellers ist es nun, diejenigen Gefühle herauszuarbeiten und nachzuempfinden, die für seine Rolle und die Geschichte, in der er spielt, geeignet sind. Durch Übung und Erfahrung habe ich gelernt, mich in unterschiedliche Stimmungen und Gefühlslagen zu versetzen, indem ich an die Dinge dachte, die mich zum Lachen brachten, mich wütend oder traurig stimmten. Ich habe eine Technik entwickelt, die es mir erlaubt, bestimmte Teile meines Ich anzusprechen, eine Emotion anzuklicken und so etwas wie einen elektrischen Impuls vom Gehirn in den Körper zu schicken, der es mir ermöglicht, dieses Gefühl in dem Moment zu empfinden. Wenn ich mir in einer Rolle Sorgen machen mußte, dachte ich an eine Situation, in der ich besorgt war; wenn ich lachen sollte, dachte ich an etwas Lustiges.

Manchmal jedoch mußte ich ein Gefühl empfinden, das mir unbekannt war, zum Beispiel, wie man auf den Tod reagiert; in solchen Fällen mußte ich mir die Emotion einfach vorstellen. Am Ende von *Die jungen Löwen* beispielsweise werde ich durch einen Kopfschuß getötet. Bei so einer Wunde, dachte ich mir, fließt das Blut wahrscheinlich aus dem Gehirn. Ich stellte mir also vor, wie es wäre, wenn mein Gehirn plötzlich nicht mehr mit Blut versorgt würde: Ich spürte, wie mich die Kraft verließ, dann wurde mir mit einemmal klar, daß ich tödlich verletzt und mein Leben vorüber war – all das spielte sich innerhalb von Sekunden ab. In der Sterbeszene von *Meuterei auf der Bounty* wollte ich so aussehen, als habe ich wegen meiner tödlichen Brandverletzungen einen Schock erlitten. Ich bat die Crew, Eis für mich vorzubereiten; dann legte ich mich darauf, bis ich vor Kälte mit den Zähnen klapperte und wie Espenlaub zitterte. Während mein Körper physisch auf die Kälte reagierte, dachte ich daran, wie sehr ich die Frau aus Tahiti mochte, in die ich mich verliebt hatte. Ich dachte darüber nach, wieso ich sie liebte, und über den Schmerz und das Erstaunen über den Tod.

Durch die Bettszene in *Die Männer* lernte ich, mir meine Energien für die Nahaufnahmen aufzusparen, die normalerweise am Ende des Drehtags gemacht werden. In der Totale muß man sich keine Gedanken darüber machen, daß die Emotionen stimmen, es zählt nur die körperliche Aktion. Die Kamera ist so weit weg, daß sie die Gefühle, die man empfinden soll, nicht registriert, obwohl ich inzwischen weiß, daß es immer gut ist, nachzuprüfen, was sich hinter einem abspielt; in einer Szene mit lebhaftem Hintergrund verlieren die Zuschauer den Hauptakteur leicht aus den Augen, also muß er ihnen dabei helfen, sich auf ihn zu konzentrieren.

Bei Aufnahmen aus halber Distanz werden Körpersprache und Gesten wichtiger und müssen mit intensiveren Emotionen gekoppelt werden. Nur bei den Nahaufnahmen muß man sich wirklich am Riemen reißen. Hier läßt sich am meisten mit Nachdenken erreichen, denn wenn man die richtigen Gedanken im Kopf hat, merkt der Zuschauer das auch. Wenn man nicht das Richtige denkt, wenn man zu sehr mit der Tätigkeit des Schauspielens beschäftigt ist, fehlt dem, was man macht, das Leben.

Ich muß mich korrigieren: »Nachdenken« ist nicht das richtige Wort; man *erlebt* das Gefühl, das man vermitteln möchte. Das ist der Augenblick, in dem man ein Signal vom Gehirn in das vorhandene Arsenal von Gefühlen aussendet, um eines davon auszuleben. Die Nahaufnahme verrät alles. Hier merkt der Zuschauer am ehesten, wenn etwas einstudiert ist. Und sobald der Zuschauer das bemerkt, ist seine Illusion der im Film geschaffenen Realität zerstört. Im Idealfall erlebt der Zuschauer die gleichen Gefühle wie der Schauspieler, den er in der Großaufnahme sieht. Ich habe mich oft selbst daran erinnern müssen, daß ich mich in einem Medium ausdrücke, das nicht primär mit Worten, sondern mit Bildern arbeitet. Die Großaufnahme enthüllt Gedanken und Gefühle, weil sie das Heben einer Augenbraue, ein Stirnrunzeln oder eine Zunge registriert, die Essensreste aus den Zähnen entfernt. Bei Nahaufnahmen ist der Zuschauer ganz dicht am Schauspieler, sein Gesicht wird zur Bühne. In größeren Kinos ist es das ganze Proszenium; egal, was der Schauspieler macht – es wird zum Ereignis. Wenn das Bild so groß ist und der Zuschauer das Gesicht so dicht vor sich hat, hat der Schauspieler die Möglichkeit, dem Publikum seine Emotionen auf ganz intime und persönliche Weise zu vermitteln, vorausgesetzt, er versteht sein Handwerk.

Aber wie gesagt: Es gibt Rollen, in denen weniger mehr ist und ein Understatement die beste Lösung. Das gilt besonders für Großaufnahmen, wenn das Gesicht des Schauspielers die ganze Leinwand ausfüllt. Ein Beispiel dafür ist die Szene im *Paten*, in der Don Corleone stirbt, während er mit seinem Enkel im Garten spielt. Kurz bevor er zusammenbricht, überrascht er seinen Enkel, indem er sich ein Stück Orangenschale in den Mund steckt und so tut, als sei es ein Gebiß. Die Idee mit der Orange stammt von mir; ich habe sie während der Aufnahmen improvisiert. Das gleiche habe ich oft mit meinen eigenen Kindern gemacht; das wirkt unter fast allen Umständen lustig, einfach weil es so komisch aussieht, aber in der Szene macht es den Paten menschlicher. Ich dachte mir, daß ein sanfter Mann, wie Don Corleone es meiner Meinung nach war, so etwas tun könnte.

Als ich den *Paten* zum erstenmal sah, wurde mir fast schlecht; ich sah nur meine Fehler, ich haßte den Film. Aber als ich ihn ein paar Jahre später noch einmal im Fernsehen aus einer anderen Perspektive betrachtete, fand ich ihn doch ziemlich gut.

Den *Paten* zu drehen, machte großen Spaß. Ständig schauten Mafiosi bei uns vorbei, um uns zuzusehen, und wir spielten uns gegenseitig die unterschiedlichsten Streiche. In einer Szene, in der die Familie des Paten ihn nach einem mißglückten Attentatsversuch vom Krankenhaus nach Hause bringt, müssen ihn die Angehörigen auf einer Tragbahre eine Treppe hinauftragen. Bevor wir die Aufnahme machten, bat ich den Kameramann, mir hundertfünfzig Kilo Bleigewichte zu geben, die ich unter der Decke versteckte. So wog die Bahre über zweihundert Kilo, aber das wußte niemand außer dem Kameramann und mir. Die Mitglieder meiner Familie fingen also an, mich die Treppe hinaufzutragen, aber sie schafften es nicht; es waren alles starke Männer, doch schon bald waren sie schweißgebadet, keuchten und kamen nicht mehr weiter. Ich sagte: »Na kommt schon, ihr Schwächlinge, ich falle gleich von der Bahre, wenn ihr mich nicht bald raufbringt. Das ist doch lächerlich!«

Der Kameramann fiel fast vom Hocker vor Lachen, während Francis die vier Männer anschnauzte, sie sollten sich beeilen. Einer von ihnen murmelte ständig vor sich hin: »Was, zum Teufel, ist bloß los? Wieso wiegt der Kerl so viel?«

Nach fünf oder sechs Aufnahmen hob ich die Decke und zeigte ihnen die Bleigewichte.

Nach Beendigung der Dreharbeiten rief mich Sam Spiegels Sekretärin an und sagte, ein FBI-Agent wolle mit mir reden. Ich erklärte mich einverstanden. Der Agent wollte mich aus San Diego anrufen, was er auch tat, und wir redeten fast fünf oder sechs Stunden lang. Er wollte alles erfahren, was ich über die Mafia wußte, über die Produktion und Finanzierung des *Paten*, ob ich irgend jemanden unter der Hand Geld gegeben hätte und so weiter. Er gab mir mehr als genug Gelegenheiten, die Mafia zu verpfeifen, aber ich roch Lunte.

»Hören Sie«, sagte ich schließlich. »Ich habe Familie und führe kein schlechtes Leben, und ich möchte nicht, daß irgend jemand wegen mir verletzt oder bedroht wird. Wenn ich was wissen würde, was ich nicht tue« – das stimmte nicht so ganz –, »würde ich es Ihnen nicht erzählen.« Wahrscheinlich war es jemand von der Mafia, der herausfinden wollte, ob ich dem FBI gefährliche Informationen zugespielt hatte. Ich hatte mittlerweile eine ganze Reihe Mafiosi kennengelernt, und sie sagten mir alle, daß ihnen der Film gefiele, weil ich den Paten mit Würde spielte. Selbst heute noch darf ich keine einzige Zeche in Little Italy selbst bezahlen. Immer wenn ich in einem Restaurant einen Teller Spaghetti bestelle, sagt der Geschäftsführer: »Lassen Sie mal, Marlo, Ihr Geld ist hier nichts wert ... Schaut mal alle her, hier ist der Pate. Der Pate ist hier.«

Ein paar Jahre nach dem *Paten* kam ich wegen *Freshman*, einer Komödie, in der ich einen gutmütigen Gangster spielte, der verblüffende Ähnlichkeit mit Don Corleone hatte, wieder nach Little Italy. Als ich eines Abends zusammen mit ein paar Mitgliedern des Teams beim Essen saß, kam ein Mann an unseren Tisch und sagte: »Mr. Gotti würde Sie gern begrüßen. Er steht gleich drüben auf der anderen Straßenseite.«

»Das freut mich«, sagte ich. Ich war neugierig, also ging ich zusammen mit vier oder fünf anderen Filmleuten hinüber in ein Haus, das aussah wie ein schäbiges Geschäft oder ein Klub, in dem lauter Mafiosi saßen. Innen hing ein großes Schild mit der Aufschrift: DIESER RAUM IST VERWANZT.

John Gotti hatte silberne Haare, die so glatt waren wie sein Seidenanzug, und spielte Karten mit mehreren anderen Männern. Ich ging zu seinem Tisch hinüber und sagte: »Hallo!«

Gotti streckte mir die Hand hin, ohne aufzustehen. Ich glaube, er wollte vor den anderen nicht das Gesicht verlieren, indem er mir gegenüber zu viel Respekt bewies, also blieb er lächelnd sitzen und stellte mich seinen Freunden vor, richtigen Mafiosi-Prototypen.

Ich führe gern Zaubertricks vor und habe oft ein gezinktes Kartenspiel bei mir, das ich jetzt aus der Tasche holte. Ich sagte: »Ziehen Sie eine, John.«

Nachdem er das getan hatte, sagte ich ihm, er solle die Karte zurücklegen und den Stoß mischen. Während er mischte, bat ich um ein Taschentuch. Wie auf Kommando holten alle Mafiosi weiße Taschentücher heraus und wedelten damit vor mir herum, so daß es in dem Raum aussah, als habe jemand gerade frischgewaschene Wäsche aufgehängt. Ich nahm ein Tuch, legte es über den Stoß Karten in meiner Hand und sagte zu Gotti, er solle das Taschentuch jetzt wegziehen. Übrig blieb nur die Karte, die er zuvor ausgesucht hatte. Als er sie erstaunt ansah, sagte ich: »Wissen Sie, damit könnten Sie sich Ihren Lebensunterhalt verdienen.«

Dann sagte ich lieber nichts mehr, denn plötzlich war es in dem Raum totenstill geworden; man hörte nur noch, daß irgend jemand von einem Fuß auf den anderen trat.

Jetzt erst merkte ich, was alle dachten: Hatte ich den Boß vor allen anderen lächerlich machen wollen? Sie wußten nicht so recht, was sie von der Sache halten sollten. Sie sahen einander an und versuchten sich darüber klarzuwerden, wie sie reagieren sollten. Ich spürte, wie sie sozusagen innerlich die Schultern hochzogen und sich fragten: »Versucht dieser Typ John gegenüber respektlos zu sein?« Offenbar fand niemand die Angelegenheit besonders lustig.

»Vielen Dank, Mr. Gotti«, sagte ich nach einer unbehaglichen Pause. »Hat mich sehr gefreut, Sie kennenzulernen.« Dann verabschiedete ich mich und ging.

Später rief mich einer der Mafiosi an und sagte, Gotti wolle mich zu einem Boxkampf einladen, aber ich antwortete, ich sei zu beschäftigt und habe keine Zeit.

In vielen Artikeln über den *Paten* hieß es, der Film sei mein »Comeback«. Ich habe nie so recht verstanden, was das heißen sollte. Ich spielte die Hauptrolle und verdiente im Gegensatz zu ein paar Filmen, die ich davor gemacht hatte, eine Menge Geld damit. In Hollywood ist die einzig gültige Währung Geld. Wenn ich in einem blöden Film mitgespielt und Millionen von Dollar damit verdient hätte, hätten mir trotzdem alle zu meinem Erfolg gratuliert. Weil aber ein guter Film wie *Queimada* kein Geld einspielte, galt er als Flop.

In Hollywood wird einem gratuliert, wenn es einem gelingt, den Zuschauern das Geld aus der Tasche zu ziehen. Das ist der einzige Maßstab für den Erfolg. Jeder Film, egal, wie dumm, gewöhnlich oder kindisch er daherkommt, wird als Erfolg gefeiert, wenn er nur Geld bringt.

In anderen Ländern ist das anders. Dort ist die Qualität des Films genauso wichtig wie das Geld, das er einspielt. Mir ist es immer ein Rätsel gewesen, warum es Ländern wie Italien, Frankreich und England, die gute Regisseure und Schauspieler hervorgebracht haben, nie gelungen ist, einen größeren Teil des Marktes zu erobern. Die Briten haben viele wunderbare Filme gemacht, aber selten einen wirklichen Renner produziert. Das britische Fernsehen könnte gar nicht besser sein – ein Gigant im Vergleich zu unseren eigenen Networks –, und trotzdem beherrscht Hollywood nach wie vor den Film- und Fernsehmarkt auf der ganzen Welt. Das ist eine richtige Tragödie.

56

In *Der letzte Tango in Paris*, meinem nächsten Film nach dem *Paten*, spielte ich den frisch verwitweten Amerikaner Paul, der sich auf eine bizarre, anonyme Affäre mit der Französin Jeanne, dargestellt von Maria Schneider, einläßt. Der Regisseur des Films war Bernardo Bertolucci, ein ausgesprochen sensibler und begabter Mann, der jedoch im Unterschied zu Kazan keine Ausbildung als Schauspieler hatte und sich deshalb auch nicht mit der Erarbeitung der Charaktere befaßte. Entweder sie entwickeln sich oder sie entwickeln sich nicht. Basta. Bernardo machte allerdings etwas Ungewöhnliches in diesem Film. Normalerweise müssen die Schauspieler sich an die Geschichte des Drehbuchautors halten und die Eigenschaften übernehmen, die er den Figuren zuweist, aber im *Letzten Tango* schnitt Bernardo die Geschichte auf seine Schauspieler zu. Er wollte, daß ich mich selbst spielte, alles improvisierte und Paul so darstellte, als sei er ein autobiographischer Spiegel meiner selbst. Da Bernardo nicht viel Englisch sprach und amerikanischen Slang kaum verstand, ließ er mich praktisch alle Szenen und Dialoge schreiben. Wir verständigten uns auf französisch und per Zeichensprache.

Manche Zeilen, die ich für den Film schrieb, werden dem Leser dieses Buches bekannt vorkommen: »Ich kann mich nicht mehr an allzu viele gute Dinge in meiner Kindheit erinnern … mein Vater war ein Säufer, hat sich in Bars rumgeschlagen. Meine Mutter hat auch gesoffen. Als ich ein Kind war, hat man sie immer wieder eingebuchtet. Wir lebten in einer ländlichen Kleinstadt … Ich mußte jeden Morgen und jeden Abend eine Kuh melken. Das mochte ich, aber ich weiß noch, daß ich mich einmal schick gemacht hatte, weil ich mit einem Mädchen zu einem Basketballspiel wollte, und mein Vater sagte, du mußt jetzt die Kuh melken … ich hatte keine Zeit, mir andere Schuhe anzuziehen, und ich hatte die ganzen Schuhe voller Kuhscheiße, als ich zum Basketballspiel ging...« Die Dialoge schrieb ich anhand von Erinnerungen, obwohl nicht alles haargenau stimmte und auch nicht alles unbedingt in der Reihenfolge passiert war, wie ich es erzählte. So hatte mir mein Vater zum Beispiel nie unmittelbar vor einer Verabredung gesagt, ich solle eine Kuh melken, aber wie schon erwähnt, ging ich tatsächlich mit Mädchen ins Stadion und hatte schreckliche Angst davor, daß sie den Kuhmist auf meinen Gummischuhen riechen könnten.

Als wir diesen Film 1972 drehten, hatte ich eines der peinlichsten Erlebnisse in meiner beruflichen Laufbahn. Ich sollte eine Szene in einer Pariser Wohnung spielen, in der Paul Jeanne trifft und ich nackt von vorne aufgenommen werden sollte, aber es war so kalt, daß mein Penis auf die Größe einer Erdnuß zusammenschrumpelte. Er welkte einfach dahin. Wegen der Kälte trat mein Körper den Rückzug an; die Anspannung und meine Verlegenheit taten ein übriges. Ich wußte, so konnte ich die Szene nicht spielen, also lief ich splitternackt in der Wohnung herum und hoffte auf ein Wunder. Ich habe schon immer geglaubt, daß der Geist die Materie beeinflussen kann, folglich konzentrierte ich mich auf meine Genitalien und versuchte, meinen Penis und meine Hoden durch bloße Willenskraft zum Schwellen zu bringen; ich unterhielt mich sogar mit ihnen. Aber mein Wille ließ mich im Stich. Ich schämte mich, wollte aber noch nicht aufgeben. Ich bat Bernardo, sich zu gedulden und sagte der Crew, daß ich mich nicht geschlagen geben würde. Doch nach einer weiteren Stunde konnte ich an den Gesichtern der Leute ablesen, daß sie die Hoffnung inzwischen aufgegeben hatten. Ich konnte die Szene einfach nicht auf diese Weise spielen, und so wurde sie gestrichen.

Das war nur eine der Szenen, in denen ich laut Anweisung mit Maria Schneider schlafen sollte, weil das dem Film nach Ansicht von Bernardo mehr Authentizität verlieh. Doch dann wäre es ein völlig anderer Film geworden, der sich ausschließlich auf unsere Genitalien konzentriert hätte, und das wollte ich nicht. So simulierten Maria und ich viele Dinge, darunter auch einen Analverkehr, bei dem ich Butter verwendete, aber das war alles gestellt und nicht echt.

Der letzte Tango in Paris bekam viele positive Kritiken, obwohl der Film meiner Meinung nach ziemlich übertrieben war. Besonders Pauline Kael lobte ihn über den grünen Klee, aber ich glaube, daß ihre Besprechung mehr über sie selbst aussagte als über den Film. Sie ist die beste Kritikerin, die ich kenne, bei der Geschichte jedoch hat sie sich zu sehr hineinziehen lassen; sie hat den Film auf der Basis ihrer ganz persönlichen Werte und Vorurteile besprochen. Deshalb hörte sich ihre Kritik ziemlich schmeichelhaft an, aber ich glaube nicht, daß der Film wirklich so gut war, wie sie meinte. Bis zum heutigen Tag kann ich nicht sagen, wovon *Der letzte Tango in Paris* handelte. Soweit ich das beurteilen kann, ging es Bernardo beim Drehen genauso, aber nach der Premiere hieß es, er habe gesagt, daß er damit herausfinden wollte, ob zwei Menschen eine anonyme Beziehung beginnen und diese dann aufrechterhalten könnten, nachdem diese Anonymität durch die Außenwelt aufgebrochen worden war. Ich denke, der Film handelte von vielen Dingen – vielleicht werde ich eines Tages dahinterkommen, von welchen.

Der letzte Tango in Paris forderte emotional ziemlich viel von mir, und als wir die Dreharbeiten beendet hatten, beschloß ich, daß ich mich für einen Film gefühlsmäßig nie wieder so aufreiben lassen würde. Ich hatte das Gefühl, in mein absolutes Innerstes eingedrungen zu sein, und wollte nicht mehr so leiden. In Rollen, in denen man leiden muß, mußte ich dieses Leiden ja wie gesagt tatsächlich *erleben.* Ich konnte es nicht einfach nur *vortäuschen.* Man muß etwas in seinem Inneren finden, das einem selbst Schmerz bereitet, dann muß man versuchen, den ganzen Tag über in dieser Stimmung zu bleiben und sich die intensivsten Phasen für die Nahaufnahmen aufsparen, in der Totale oder bei Aufnahmen über die Schulter aber nichts verlieren. Man muß sich zum Schmerz zwingen, darf nicht davor fliehen, muß ihn Aufnahme für Aufnahme wieder heraufbeschwören, ihn eine Stunde später noch einmal herzaubern, weil der Regisseur etwas vergessen hat. Das ist unglaublich anstrengend. Nach dem *Letzten Tango in Paris* fühlte ich mich erschöpft und leer, vielleicht auch deshalb, weil ich genau das getan hatte, was Bernardo von mir wollte, und ein Teil des Schmerzes tatsächlich mein eigener war. Danach beschloß ich, mir meinen Lebensunterhalt auf emotional weniger verheerende Weise zu verdienen. In den folgenden Filmen hörte ich auf, die Emotionen meiner Charaktere nachzuempfinden, wie ich es früher getan hatte, und spielte meine Rolle nur noch mit reiner Technik. Das ist weniger schmerzvoll, und die Zuschauer merken den Unterschied nicht. Wenn eine Geschichte gut geschrieben ist und die schauspielerische Technik stimmt, ist der Effekt immer noch der gleiche: In einem dunklen Raum herrscht die Magie des Kinos, und das Publikum nimmt dem Schauspieler den größten Teil seiner Arbeit ab.

Im Sommer 1976 reiste ich auf die Philippinen, wo *Apokalypse Now* gedreht werden sollte, ein Film über den Vietnamkrieg, der auf Joseph Conrads Roman *Herz der Finsternis* basiert. Francis Coppola war abwechselnd deprimiert, nervös und hektisch. Er war mit den Dreharbeiten in Verzug, hatte Probleme mit dem Kameramann, wußte nicht so recht, wie das Ende des Films aussehen sollte, und das Drehbuch war schrecklich. Es hatte nur wenig Ähnlichkeit mit *Herz der Finsternis*; die meisten Passagen ergaben in dramatischer Hinsicht nur wenig Sinn.

»Hören Sie zu«, meinte ich. »Sie haben mich für ein paar Wochen engagiert, und ich werde mir die größte Mühe geben, aber ich finde, Sie machen einen Riesenfehler.« Ich wollte, daß er sich wieder mehr auf die eigentliche Geschichte von Conrads Roman konzentrierte, in dem ein Mann namens Marlow beschreibt, wie er auf der Suche nach Walter Kurtz den Kongo hinauffährt. Kurtz war als junger Mann voller Ideale gewesen, aber seine Erfahrungen hatten ihn in einen rätselhaften, zurückgezogenen Menschen verwandelt, der – wie Conrad es ausdrückt – »unaussprechliche Rituale« vollzieht. Im Originaldrehbuch war Kurtz, den ich spielte, der Prototyp des verkommenen Subjekts; er war schlampig, fett, unmoralisch, ein Säufer, ein Klischee, das man aus vielen Filmen kannte. Im Drehbuch waren für die Rolle fast dreißig Seiten Dialog vorgesehen; es wollte kein Ende nehmen, war dramaturgisch aber völlig sinnlos. Meiner Meinung nach war das Skript idiotisch, aber das sagte ich Francis nicht. Ich habe festgestellt, daß es in solchen Situationen das beste ist, wenn man sagt: »Vielleicht wird das so, wie Sie es drehen wollen, ganz gut, aber ich glaube, wir könnten noch mehr draus machen, wenn wir was ändern.«

»In *Herz der Finsternis*«, erklärte ich Francis, »beschreibt Conrad diesen Kurtz fast schon als mythische Figur, als einen überlebensgroßen Menschen. Mißbrauche ihn nicht in diesem Film. Sorge dafür, daß er die meiste Zeit mysteriös, fern und unsichtbar erscheint und praktisch nur in unserer Vorstellung existiert. Conrads Roman ist deshalb so interessant, weil die Leute seitenlang über Kurtz reden und der Leser sich Gedanken über ihn macht. Er sieht ihn nie, aber er ist Teil der Atmosphäre. Der Roman ist eine Odyssee, und Kurtz ist sozusagen das Herz von *Herz der Finsternis.* Je mehr man liest, desto mehr breitet er sich in der Phantasie aus.« Man könne das auch im Film machen, meinte ich, »aber das geht nur mit Andeutungen. Man muß Kurtz zu einer so rätselhaften Figur machen, daß die Zuschauer immer mehr über ihn nachdenken.« Als Willard, der Offizier, den Martin Sheen spielte und der auf Conrads Marlow basiert, den Fluß hochfährt und beschossen wird, weiß weder der Zuschauer noch er, ob Kurtz auftauchen wird. Je näher Willard kommt, desto mehr Angst bekommt er vor dem Rätsel, das ihn erwartet, und die Zuschauer fühlen mit ihm. Willard weiß nicht, ob er die Fahrt den Fluß hinauf überleben wird; in ihrem Verlauf verliert er allmählich die Zuversicht, und schließlich findet er Kurtz, der *jetzt* die Quintessenz des Bösen verkörpern kann.

Wenn wir uns auf die Rolle des Kurtz aus dem ursprünglichen Drehbuch beschränkten, so meinte ich, konnten wir das Geheimnis, das diesen Mann umgibt, nicht herausarbeiten, das wirklich Bedrohliche, denn nur das, was man nicht sieht, ist wirklich bedrohlich. Ich bot Francis an, das Skript auf der Basis des Romans umzuschreiben, und er stimmte zu. Dann verbrachte ich ungefähr zehn Tage auf einem Hausboot und gestaltete meine Rolle und den Film völlig neu. Conrad charakterisiert Kurtz als »ergreifend kahl. Die Wildnis hatte ihm den Kopf getätschelt, und, schaut nur, er war wie eine Kugel – eine Elfenbeinkugel . . .« Ohne Francis etwas zu sagen, rasierte ich mir den Kopf, zog mich schwarz an und bat den Kameramann und die Leute vom Licht, mich bizarr auszuleuchten, während ich meinen Text mit geisterhafter Stimme aus dem Halbdunkel sprach. Nachdem ich Francis diese Aufnahmen gezeigt hatte, schlug ich ihm vor, daß Kurtz' Stimme das erste Mal, wenn die Zuschauer sie hören, aus der Dunkelheit kommen sollte. Nach einer ganzen Weile sollte dann lediglich sein kahler Kopf sichtbar werden; bevor er sich wieder in den Schatten zurückzog, sollte ein kleiner Teil seines Gesichts beleuchtet werden. In gewisser Hinsicht läuft in Kurtz der gleiche Prozeß ab: Er lebt in der Dunkelheit und den Schatten und driftet immer wieder in die Unterwelt ab, die er sich selbst im Dschungel geschaffen hat; er hat keine moralischen Bezugspunkte mehr in dieser surrealen Welt, die als perfektes Gleichnis für den Wahnsinn des Vietnamkriegs steht.

Es war gar nicht so schwer, Francis von meinen Einfällen zu überzeugen. Er kaufte mir alles ab, aber eigentlich hatte ich von Anfang an nur meine Rolle reduzieren wollen, damit ich nicht so viel tun mußte.

Meine Glatze gefiel mir. Ich hatte noch nie zuvor eine gehabt. Wenn wir damals in dem heißen Klima der Philippinen mit dem Auto an einen anderen Drehort fuhren, rieb ich sie mir mit Hamamelis ein und streckte den Kopf zum Wagenfenster hinaus. Es war himmlisch.

Ich strukturierte nicht nur die Handlung neu, sondern schrieb auch Kurtz' Text, darunter seinen Todesmonolog, der wohl fünfundvierzig Minuten lang war. Stärker habe ich mich wahrscheinlich noch nie in einer Rolle verloren. Es war außerdem eine der besten Szenen, die ich je gespielt habe, weil ich gezwungen war, mich zu disziplinieren. Ich sprach aus dem Stegreif und beschwor Bilder herauf, wie zum Beispiel eine Schnecke, die auf der Schneide einer Rasierklinge entlangkriecht. Ich wurde hysterisch; ich lachte und weinte, es war eine wunderbare Szene. Francis nahm sie zweimal auf – das machte zweimal fünfundvierzig Minuten Improvisation –, verwendete jedoch kaum etwas von dem Material im fertigen Film. Ich hielt den Monolog für höchst wirkungsvoll, auch wenn er vielleicht fehl am Platz war. Ich selbst habe den Monolog aber nie in voller Länge gesehen und weiß es deshalb nicht mit Sicherheit.

57

Im Filmgeschäft gibt es ein derbes, aber amüsantes Sprichwort: »In Hollywood sagen sie *›vertrau mir ruhig‹* und meinen ›leck mich am Arsch!‹« Das stimmt allerdings nicht immer. Ich kenne wunderbare, ehrliche Leute dort, aber mir sind auch schon eine ganze Menge Huren, Betrüger und Diebe über den Weg gelaufen. Wenn einem das passiert, muß man die Sache selbst in die Hand nehmen, sonst fressen sie einen auf. Als ich *Die Männer* machte, gehörte ich zu den ersten Filmschauspielern, die einen Vertrag für einen einzigen Film aushandelten, statt sich langfristig an ein Studio binden zu lassen. Später, nachdem das Studiosystem, dessen Siebenjahresverträge die Schauspieler zu Sklaven machten, sich nicht mehr aufrechterhalten ließ, handelten andere Schauspieler ähnliche Deals aus. Wie alles, richtete sich auch das Geld, das die Produzenten uns boten, nach Angebot und Nachfrage, und genau wie alle anderen Arbeitnehmer versuchten auch wir, die Preise so hoch wie möglich zu treiben.

Irgendwann betrug das Maximum dessen, was Schauspieler von den Bruttoeinnahmen der Produzenten heraushandeln konnten, zehn Prozent – das Minimum lag gewöhnlich bei einer Million oder mehr –, und ich sagte mir: »Marlon, versuch', elf Komma drei Prozent der Bruttoeinnahmen für dich zu bekommen.« Die Zahl war ganz und gar willkürlich gewählt.

Die Produzenten fragten mich: »Warum gerade elf Komma drei?«

»Tut nichts zur Sache«, sagte ich, »ich habe schon meine Gründe.«

Normalerweise zahlten sie mir, was ich verlangte, manchmal jedoch versprachen sie mir etwas und hielten es dann nicht ein. Dann durfte man sich nicht einschüchtern lassen.

Mein nächster Film nach *Der letzte Tango in Paris* war ein Western mit dem Titel *Duell am Missouri.* Damals unterstützte ich immer noch die Indianer finanziell und investierte viel in Teti'aroa, also brauchte ich das Geld. Der Film war nicht sonderlich gut, aber die Dreharbeiten machten Spaß. Wir gingen die ganze Zeit auf Partys, rauchten viel Gras, und mein Freund und Nachbar Jack Nicholson war ebenfalls mit von der Partie. Ein Großteil des Films wurde im Crow-Reservat in Montana gedreht, wo ich einen wunderschönen Fluß entdeckte und eine gute Methode, mich zu entspannen: Ich ließ mich in einer Röhre den Fluß hinuntertreiben. Nachts, wenn die meisten anderen in die Stadt fuhren, blieb ich gern allein zurück, saß in meinem Wohnwagen, der in einem Pappelwäldchen stand, und las. Eines Abends hörte ich, daß ein Sturm herannahte. Die Wolken über mir waren groß wie Kanonenkugeln und lieferten eine spektakuläre Licht- und Geräuschkulisse. Der Himmel verdunkelte sich, der Donner wurde lauter, die Blitze kamen näher. Ich fing an, die Sekunden zwischen Blitz und Donner zu zählen, und als sich die Abstände verringerten, wußte ich, daß der Sturm rasch auf mich zukam. Ich war versucht, draußen zu bleiben, um dem Spektakel zuzuschauen, ging dann aber doch in den Wohnwagen, um nicht vom Blitz getroffen zu werden. Schließlich waren die Abstände so kurz, daß Blitz und Donner fast gleichzeitig kamen, und dann hörte ich plötzlich eine gewaltige Explosion über mir. Als ich am nächsten Morgen aufstand, fand ich einen riesigen verkohlten Ast auf dem Boden neben dem Wohnwagen liegen, der ausschaute, als habe ihn ein Gigant mit einer Lötlampe abgetrennt. Ein paar Meter weiter, dann hätte er den Wohnwagen samt meiner Wenigkeit zerquetscht.

Regisseur von *Duell am Missouri* war Arthur Penn, der uns zum Improvisieren ermunterte. Ich schrieb meinen Text um und erfand eine ganze Menge Blödsinn. Laut Drehbuch sollte ich einen sogenannten *»regulator«* spielen, einen gedungenen Revolverhelden, der im Westen gegen Geld die Leute umlegte. Die Rolle war so langweilig, daß ich beschloß, sie ein wenig abzuändern. Zuerst tat ich so, als sei ich Engländer, dann gab ich ihm einen anderen Namen und machte ihn zum Iren. Ich spielte ihn auch als Revolverhelden, der sich als Frau verkleidet, und erfand eine wunderbare Waffe, indem ich die Enden eines

Schraubenschlüssels zuspitzte; wenn ich ihn warf, segelte er durch die Luft wie ein Frisbee und bohrte sich in alles hinein. Wenn ich mein Ziel mit dem einen Ende verfehlte, traf ich es mit dem anderen. In einer Szene mußte ich auf einem durchgehenden Pferd einem Kaninchen hinterherjagen – und dachte die ganze Zeit an nichts anderes, als daß ich wahrscheinlich auf die Waffe fallen würde, auf die ich so stolz war, wenn das Pferd ins Stolpern kam.

Die Produzenten hatten sich darauf geeinigt, mir meine übliche Gage zu zahlen, aber noch Wochen nach Drehbeginn hatte ich nichts Schriftliches in der Hand. Ich beschwerte mich, wurde aber jedesmal wieder mit Ausreden abgespeist. Ich wußte, daß sie versuchten, die Sache auszusitzen; wenn sie erst genug Material abgedreht hätten, würden sie sagen, ihre Finanzierung habe nicht hingehauen, und sie könnten mir den versprochenen Betrag nicht bezahlen. In solchen Situationen kann man sich nicht immer einfach auf und davon machen. Im schlechtesten Fall hat man für die Arbeit, die man bis dahin geleistet hat, noch keinen Pfennig erhalten oder man wird dann von den Studios vor Gericht zitiert. Nicht selten wird man in aller Öffentlichkeit auch noch des Betrugs bezichtigt. Doch wie schon gesagt: Sobald die Dreharbeiten einmal begonnen haben, hat der Schauspieler normalerweise gegenüber den Produzenten einen taktischen Vorteil. Die Produzenten wollen die Sache gern zu Ende bringen, weil sie sonst das ganze Geld verlieren, das sie in den Film gesteckt haben. Außerdem hassen sie nichts mehr als Verzögerungen, weil ein Drehtag über hunderttausend Dollar kosten kann. Schauspieler können es also zu ihrem Vorteil nutzen, wenn man versucht, sie übers Ohr zu hauen. Das zeigen auch meine Erfahrungen aus *Duell am Missouri.* Nachdem die Produzenten ihre Versprechungen, einen Vertrag mit mir zu machen, nie in die Tat umsetzten, fing ich an, meinen Text undeutlich zu sprechen oder ganz zu vergessen – man muß es nur geschickt anstellen, damit einem niemand beweisen kann, daß man es absichtlich macht.

»Ich weiß nicht, was los ist«, sagte ich Arthur Penn. »Ich habe große Probleme mit der Rolle. Haben Sie Geduld mit mir. Ich weiß, daß ich es früher oder später schon noch hinkriege.«

Nach etwa einer Woche kam einer der Produzenten nach Montana geflogen, und wir hatten in meinem Wohnwagen einen großen Streit wegen des fehlenden Vertrags. Ich warf mit einer Dose Cola nach ihm, die seinen Kopf nur um Zentimeter verfehlte und gegen die Wand knallte. Ich zielte absichtlich daneben und tat so, als sei ich fuchsteufelswild. Er war ein ziemlich pingeliger Mensch, der keinen Dreck ertragen konnte. Also fing er sofort an, das Cola aufzuwischen. Als er damit fertig war, versicherte er mir, daß das Ganze nur ein Mißverständnis gewesen sei und daß der Vertrag bald unterzeichnet würde. So war es dann auch, und plötzlich erinnerte ich mich wieder an meinen Text.

Ein paar Jahre später spielte ich in *Freshman* eine Rolle, die der des Don Corleone sehr ähnelte, und Matthew Broderick mimte einen Studenten, den ich für ein paar ungewöhnliche Jobs angeheuert hatte. Ich fand den Film ziemlich komisch, obwohl er noch komischer hätte werden können. Als ich das Drehbuch las, kugelte ich mich vor Lachen und konnte es gar nicht erwarten, mit den Dreharbeiten anzufangen. Der Film war eine wunderbare Satire von Andrew Bergman, der bereits das Skript für einen ausgesprochen lustigen Film mit dem Titel *The In-Laws* geschrieben hatte. Daß er beschloß, auch die Regie zu übernehmen, war nicht gerade die klügste Entscheidung, weil seine Unerfahrenheit sich in der Art und Weise zeigte, wie *Freshman* geschnitten wurde; ein großer Teil des eigentlichen Potentials ging leider im Schneideraum verloren.

Kurz vor Beendigung des Films, als ich schon ziemlich müde war von den wochenlangen Überstunden, unterhielt ich mich mit einem Reporter in Toronto, wo der größte Teil der Dreharbeiten stattfand. Ich erwähnte, daß dies vielleicht mein letzter Film sei und daß ich von dem Streifen enttäuscht sei. TriStarPictures schuldete mir damals ungefähr hunderttausend Dollar für einige Zusatzarbeiten. Sobald die Story gedruckt war, entschuldigte sich das Studio und zahlte mir das Geld, das noch ausstand. Daraufhin veröffentlichte ich eine Presseverlautbarung, in der es hieß, ich hätte das Ganze nicht so gemeint – ich sei lediglich nach den aufreibenden Filmarbeiten erschöpft gewesen.

Aber ich konnte mich nicht immer durchsetzen. Als mich die Produzentin Paula Weinstein 1988 fragte, ob ich in *Die weiße Zeit der Dürre* einen südafrikanischen Anwalt spielen wolle, der einen fälschlicherweise angeklagten Schwarzen verteidigt, hatte ich schon seit neun Jahren keinen Film mehr gemacht. Jay Kantor erklärte ihr, meine Gage betrage drei Komma drei Millionen Dollar plus elf Komma drei Prozent der Bruttoeinnahmen, aber sie meinte, sie müsse den Film mit geringem Budget drehen, weil die Verantwortlichen im Studio bei politischen Themen vorsichtig wären. Das Skript von Robert Bolt, der normalerweise hervorragende Drehbücher schreibt, war nichts Besonderes, aber Paula versprach mir, es so abzuändern, daß ich damit zufrieden wäre, also sagte ich ihr zu, umsonst in dem Film mitzuspielen. Ich hielt die Geschichte nicht nur deshalb für wirkungsvoll, weil sie zeigte, wie Schwarze unter der Apartheid zu leiden hatten, sondern auch deswegen, weil er den weißen Zuschauern Gelegenheit gab, mit den Augen eines weißen Südafrikaners zu sehen, wie inhuman die dortige Politik war.

Nachdem ich meine Zusage gegeben hatte, gab MGM grünes Licht, und das Drehbuch wurde umgeschrieben – wenn auch meiner Meinung nach nicht befriedigend, meine eigenen Szenen mußte ich selbst überarbeiten. Als ich zu den Dreharbeiten nach London fuhr, mußte ich feststellen, daß die Regisseurin Euzhan Palcy ein dickköpfiges Greenhorn war, das versuchte, sich aufzuspielen. Ich merkte, daß sie kein Konzept hatte – das galt für die einzelnen Szenen genauso wie für die gesamte Durchführung –, aber ich tat mein Bestes, um die Sache noch hinzubiegen.

Ein paar Monate bevor der Film in die Kinos kam, zeigten mir die Leute von MGM eine Rohfassung und meinten, ich solle Verbesserungsvorschläge anbringen. Donald Sutherland wirkte sehr überzeugend in seiner Rolle als der Südafrikaner, der entdeckt, wie korrupt das Rechtssystem seines Landes ist, wenn es um die Schwarzen geht. Er ist gefangen in einem Konflikt zwischen den Traditionen und Werten seiner eigenen Kultur und seinem moralischen Empfinden; er weigert sich, einem seiner Arbeiter den Rücken zu kehren, und wird in tragische Umstände verwickelt, die dazu führen, daß er alles verliert, auch sein Leben. Aber Euzhan Palcy hatte den Film meiner Meinung nach so schlecht geschnitten, daß die innere Spannung dieses Konflikts bestenfalls vage wirkte. Außerdem hatte sie Teile des Films zu offensichtlich polemisch gestaltet, obwohl hier eigentlich Subtilität und Sensibilität vonnöten gewesen wären, nicht Moralpredigten. Dramatisch gesehen trat sie auf der Stelle. Das Ganze verschlimmerte sich noch dadurch, daß sich schwarze Amateurschauspieler, die sie in Afrika angeworben hatte, in wichtigen Szenen produzierten oder einfach unzulänglich agierten. Eine der stärksten Szenen des Films, in der ich dem Richter im Gerichtssaal widerspreche und sage: »Sie sind ein Eiterpickel im Antlitz der Gerechtigkeit« und er mich aus dem Saal führen läßt, war völlig gestrichen. Ich flehte Paula Weinstein und MGM an, mich für das neuerliche Schneiden des Films zahlen zu lassen, damit er spannender würde und einen größeren inneren Zusammenhalt bekäme.

Hier sind ein paar Auszüge aus meinen Briefen:

> Wenn umsichtige Schnitte vorgenommen werden, um zu vermeiden, daß aus dem Film reines Sommertheater wird und gewisse Szenen den Spannungsbogen stören, wäre der Entwicklung der Geschichte sehr geholfen. Wenn nicht, verliert man bei jedem falschen Ton, der angeschlagen wird, einen Teil der Zuschaueraufmerksamkeit. Es wird einen dann einiges kosten, erneut die Bereitschaft des Zuschauers zu wecken, sich auf unsere Geschichte einzulassen. Das ist eine einfache Gleichung: Der Verlust der dramatischen Spannung verhält sich direkt proportional zur Popcornaufnahme ...
> Ich habe noch nie so viel von mir in einem Film gegeben, nie mehr gelitten und im Gegenzug so wenig erhalten ... in keinem meiner Filme in den letzten fünfunddreißig Jahren ... um mir selbst ein wenig auf die Schulter zu klopfen. Ich habe in mehr als dreißig Filmen mitgespielt, die alle kommerziell erfolgreich waren. Manche waren sogar ein Renner. Bei etlichen habe ich selbst Regie geführt. Von Anfang an habe ich meine Rollen selbst gemanagt. Die meisten Leute sehen mich als echten Profi an ... Meiner

Meinung nach wäre dieser Film, wenn er nur richtig behandelt würde und in die Kinos käme, oscarreif ... Lassen Sie mich kurz daran erinnern, daß es von *Mein großer Freund Shane* praktisch vier verschiedene Fassungen gibt. *Lawrence von Arabien* war bereits im Verleih, als die Kopien noch einmal zurückgezogen und neu geschnitten wurden. Der Film gewann mehrere Oscars. Filme entstehen am Schneidetisch. Filme werden von Managern verkauft. Bitte geben Sie mir die Gelegenheit, meine mehr als fünfunddreißigjährige Erfahrung in diesen Streifen einzubringen ... Im Grunde genommen verfolgen wir die gleichen Ziele. Für MGM wäre dieser Film ein Aushängeschild, auf das man stolz sein und mit dem man trotzdem Geld verdienen könnte. Sie müssen verstehen, daß ich viel zuviel Energie, Mühe, Leidenschaft und Hoffnung in diesen Film investiert habe, um ruhig zuzusehen, wie ihn jemand verdirbt, wenn doch für alle so viel auf dem Spiel steht ... Bitte versuchen Sie zu verstehen, daß ich unter den gegebenen Umständen wirklich versuche, vernünftig und kooperativ zu sein ...

Ich machte den Leuten von MGM viele detaillierte Vorschläge, wie man den Film verbessern könnte, ohne ihn vollends neu zu drehen, aber sie beantworteten entweder meine Briefe nicht, behaupteten, die Regisseurin weigere sich, Änderungen vorzunehmen, oder meinten, es sei zu spät, um ihn neu zu schneiden. Ich war ärgerlich darüber, mich für einen Film und eine gute Sache eingesetzt und ohne Gage hart gearbeitet zu haben, ohne wenigstens meine Passagen so schneiden zu dürfen, wie es angemessen gewesen wäre.

Schließlich rief ich Connie Chung von CBS an und sagte ihr, ich würde ihr ein Interview geben, wenn ich über das Ganze reden könnte. Das tat ich dann auch, aber MGM weigerte sich nach wie vor, mir entgegenzukommen. Dann rief mich Paula Weinstein vom Filmfest in Tokio an, wo der Film gezeigt wurde, und wieder flehte ich sie an. »Es ist noch nicht zu spät«, meinte ich.

Doch sie antwortete nur: »Es *ist* schon zu spät, wir können nichts mehr machen, vielleicht, wenn wir mehr Zeit hätten ...«

»Es ist nie zu spät. Ich bin immer noch bereit, für das Schneiden zu zahlen«, sagte ich. »Ich zahle, koste es, was es wolle.«

Paula dachte sich weitere Ausreden aus, bis sie von jemandem gestört wurde. Plötzlich sagte sie: »Sie haben gerade den Preis für den besten Schauspieler gewonnen.«

»Hat der Film auch gewonnen?« erkundigte ich mich, und sie antwortet: »Nein, der Film nicht, aber Sie.«

Sie verstand immer noch nicht, worum es ging, und wollte das Ende einfach nicht verändern. Ich fühlte mich verraten, und der Film wurde ein furchtbarer Flop.

In *Superman* hatte ich nur eine kleine Rolle, aber weil der Film beim Publikum gut ankam und mir laut Vertrag elf Komma drei Prozent der Bruttoeinnahmen zustanden, verdiente ich in weniger als drei Wochen Arbeit ungefähr vierzehn Millionen Dollar. Als Alexander und Ilya Salkind, die Produzenten, mich fragten, ob sie altes Material daraus für *Superman II* verwenden könnten, bat ich um meine üblichen Prozente, aber sie weigerten sich – und ich tat es auch.

Jahre später fragten mich die Salkinds, ob ich in *Christopher Kolumbus: Die Entdeckung* mitspielen wolle, und ich nahm das Angebot an, weil ich eine Gelegenheit witterte, den Stoff der historischen Wahrheit anzugleichen. Natürlich drehte man den Film über Kolumbus anläßlich des fünfhundertsten Jahrestages seiner Reise in die Neue Welt, aber ich wollte nicht, daß man ihn als Helden feierte. Der amerikanische Columbus Day sollte eigentlich kein Feier-, sondern ein Trauertag sein. Ich wollte die Wahrheit darüber erzählen, wie er und sein Gefolge die Indianer, die sie willkommen hießen, ausbeuteten und ermordeten, aber das Drehbuch wollte ihn als großen Seefahrer und Entdekker darstellen.

Ich rief also Ilya Salkind an und sagte: »Ilya, meinetwegen können Sie das Drehbuch verfilmen, so wie es ist, aber ich glaube, dann wird es eine Tragödie; das ist die langweiligste, schlecht geschriebenste und am idiotischsten konstruierte Story, die ich je gelesen habe.« Ich überzeugte ihn davon, daß er und sein Vater einen Flop produzieren würden, wenn sie sich nicht an die Fakten hielten, und überredete ihn, die Geschichte völlig umzuschreiben und Kolumbus als den brutalen Ehrgeizling darzustellen, der er in Wirklichkeit gewesen war, als einen Mann, der vor nichts zurückschreckte, auch nicht davor, die arglosen Indianer umzubringen, die ihm Nahrung und Gold gegeben hatten. Ich brachte die anderen Schauspieler, die ebenfalls nicht sonderlich glücklich über die Geschichte waren, ebenfalls auf meine Seite, und Ilya bat mich, die Story so zu gestalten, wie ich es für richtig hielt. Ich schrieb meine Rolle des Torquemada, des Großinquisitors am Hof von Königin Isabella, um, besorgte mir ein Gebiß, ließ mir die Augen dunkel schminken und trug eine riesige Kapuze, damit ich aussah wie der Tod höchstpersönlich – eine ausgesprochen effektive Maske.

Alles lief gut, bis Ilyas Vater Alexander Salkind am ersten Drehtag in Spanien ankam. Er haßte das Fliegen und war deswegen mit dem Zug aus irgendeinem Teil Europas angereist. Als er das Drehbuch gelesen hatte, weigerte er sich, es zu verwenden, und bestand darauf, die ursprüngliche Story zu drehen, die idiotisch, verlogen und uninteressant war. Das war ein großer Fehler, denn der Film wurde ein riesiger Flop.

Ich war deprimiert und wollte nach Hause, aber ich wußte, daß Alexander mich vor Gericht bringen würde, wenn ich mich vor meinen vertraglichen Verpflichtungen drückte. Es blieb mir also nichts anderes übrig, als meine Rolle bis zum Ende zu spielen. Die anderen Schauspieler und ich hatten kein Material, mit dem wir arbeiten konnten. Sie gaben sich redliche Mühe, ich für meinen Teil muß zugeben, daß ich längst nicht so bei der Sache war, wie ich es hätte sein können. Ich nuschelte vor mich hin und spielte peinlich schlecht. Aber die Bezahlung war nicht übel: fünf Millionen Dollar für fünf Tage Arbeit.

58

In den zehn Jahren zwischen *Die Formel* (1979) und *Freshman* (1989) drehte ich, abgesehen von meiner Rolle in *Weiße Zeit der Dürre* keinen einzigen Film, weil ich kein Geld brauchte. Ich begnügte mich mit anderen Dingen: mit Reisen, Suchen, Entdecken. Ich verbrachte viel Zeit auf Teti'aroa, las viel und interessierte mich für zahlreiche Dinge, unter anderem für die Meditation – ich hatte genug Zeit und Geld in den Achtzigern und frühen Neunzigern, um mir das erlauben zu können.

Das Meditieren fiel mir leicht. Wahrscheinlich, weil es sich ganz organisch aus der Schauspielerei ergab. Die Selbstbeobachtung ist ein Teil der Schauspielerei, und ich wußte deshalb ziemlich genau, wo meine Gefühle saßen und wie ich an sie herankommen konnte. Ich war fasziniert von meiner Fähigkeit, einfach einen Impuls von meinem Gehirn in meinen Körper zu schicken, der es mir möglich machte, die unterschiedlichsten Emotionen zu erleben, und dachte mir, es wäre interessant, herauszufinden, wie das Ganze eigentlich vor sich ging. Ich suchte also einen Spezialisten für Biofeedback auf, der mir seine Methode erklärte, mit der man Körperfunktionen kontrollieren und schließlich entsprechend beeinflussen kann. Ich erzählte ihm von dem Trick, den ich als Schauspieler gelernt hatte, und fragte, ob er ihn mit seinen Instrumenten nachweisen könne, ob er galvanische Hautreaktionen, den elektrischen Widerstand auf den Fingerspitzen, der sich je nach den Vorgängen im zentralen Nervensystem veränderte, irgendwie messen könne. Er bestätigte mir, daß sich die Gehirntätigkeit tatsächlich messen ließ; wenn ich versuchte, meine Emotionen zu kontrollieren, bewegte sich die Nadel auf dem Biofeedback-Gerät, was bewies, daß zwischen den Anweisungen meines Gehirns und den Reaktionen meines Körpers eine Verbindung bestand. Dieser Prozeß ähnelte, natürlich auf sehr viel primitivere Art, dem, was die Yogis und Swamis nach Jahren des Trainings und der Übung konnten, nämlich durch Meditation praktisch jedes beliebige Muster von Gehirnströmen erzeugen. Sie erarbeiten sich einen Zugang zu ihrem Gehirn und erlangen mit Hilfe schwieriger introspektiver Techniken auf der Suche nach religiöser Erleuchtung eine gewaltige Kontrolle über ihren Körper.

Ich kaufte mir mein eigenes Gerät, mit dem ich galvanische Hautreaktionen messen konnte, und begann in einer ziemlich schwierigen Zeit meines Lebens, damit herumzuexperimentieren. Ein Arzt, der mich aus Versicherungsgründen vor einem neuen Film untersuchte, erklärte mir, mein Blutdruck sei zu hoch: 170 zu 114. Als ich ihm von dem Streß erzählte, unter dem ich stand, meinte er: »Da ist es kein Wunder, wenn Sie zu hohen Blutdruck haben.« Er verschrieb mir blutdrucksenkende Mittel, aber ich beschloß, es zunächst einmal mit der Meditation zu versuchen.

Tatsächlich gelang es mir damit sehr wirkungsvoll, mich zu entspannen und meinen Streß abzubauen. Ich konsultierte einen Hindu-Swami und andere Meister, las viel über die verschiedenen Techniken und begann schließlich, täglich zu meditieren. Nach einer Weile konnte ich meinen Blutdruck durch reine Gedankenkraft senken: Wenn ich jetzt unter Streß leide und spüre, daß mein Blutdruck steigt, kann ich ihn mit Willenskraft normalerweise auf 90 zu 60 senken. Allerdings meditiere ich nicht in allen Streßsituationen, weil es auch positiven Streß gibt; wenn ich zum Beispiel Schach spiele, stehe ich ebenfalls unter Streß, aber das ist eine angenehme Erfahrung. Auch beim Sex entsteht Streß, doch auch der ist angenehm. Negativer Streß entsteht beispielsweise, wenn man auf dem Weg zum Flughafen in einen Stau gerät und Angst hat, die Maschine zu verpassen. Oder wenn man jemandem, der gerade ins Zimmer tritt, instinktiv mißtraut. Wenn ich heute in solchen Situationen in Streß komme, knipse ich ihn einfach aus wie einen Lichtschalter.

In einer meiner ersten Sitzungen bei dem Biofeedback-Spezialisten setzte ich Kopfhörer auf, und er spielte ein Band ab mit Klangwellen, die in der gleichen Frequenz aufgenommen waren wie meine Gehirnströme – was ich aber damals nicht wußte.

Ich lehnte mich also zurück und entspannte mich, aber schon bald spürte ich, wie mein Innerstes auseinandergezogen wurde wie Kaugummi, bis es nur noch ein langer, unsichtbarer Faden war. Folgendes geschah mit mir: Mein Geist spaltete sich in zwei Hälften, und ich hatte Angst. Ich bekam Panik, weil ich spürte, daß ich die Kontrolle verlor, und ich begann, mich zu wehren, weil ich dieses Gefühl hasse.

Als ich mich wieder einigermaßen im Griff hatte, fragte ich mich: Warum hast du solche Angst gehabt? Weil du gedacht hast, du wirst verrückt? War das so etwas wie ein Vorgeschmack des Todes? Hattest du Angst, es würde dich zu einem gemeingefährlichen Irren machen? Hast du befürchtet, daß du aus diesem Geisteszustand nie wieder erwachen könntest? All das war eher unwahrscheinlich, dachte ich. Also beschloß ich in Zukunft loszulassen, mich meinen Ängsten hinzugeben, sie die Herrschaft über mich ergreifen und mich einfach treiben zu lassen. Ich wollte sehen, was passierte.

Als ich die Kopfhörer das nächste Mal aufsetzte, wehrte ich mich nicht und ließ mich an den Gefühlen vorbeitreiben, die mir das erste Mal so viel Angst eingejagt hatten. Nach kurzer Zeit kam ich mir vor wie ein Überschallflugzeug, das die Schallmauer durchbricht. Aber sobald ich die anfänglichen Turbulenzen dieser Panik hinter mir gelassen hatte, war alles ganz ruhig, und ich befand mich in einem Zustand, den ich nur als Ekstase beschreiben kann. Er dauerte fünfundvierzig Minuten und hielt sogar dann noch an, als der Arzt wieder ins Zimmer kam und den Kassettenrecorder abschaltete. Ich war in einem Traum, redete mit Gott. Ich empfand ein absolutes Gefühl des Friedens, der Gelassenheit und erklärte dem Arzt, der Tausende von Kilometern entfernt zu sein schien: »Ich habe in meinem ganzen Leben noch nie ein solches Gefühl der Ruhe, der Schönheit und des Friedens verspürt. Ich komme mir vor, als sei ich gestorben und im Nirwana gelandet.«

Der Arzt meinte, ich habe *satori* erfahren, einen Bewußtseinszustand, den Zenmeister als plötzliche Erleuchtung betrachten. Die Erfahrung wurde schwächer, aber es dauerte insgesamt noch drei Tage, bevor ich mich wieder auf einem normalen Level befand.

Inzwischen versuche ich, zweimal täglich eine Stunde oder mehr zu meditieren. Erst dreimal habe ich bislang die Erfahrung des *satori* gemacht, aber jedesmal war es angenehm und tröstend. Die Meditation hat mir in den letzten Jahren sehr dabei geholfen, mit einer Reihe von Problemen in meinem Leben fertig zu werden. Durch ständiges Meditieren lassen sich eingefahrene emotionale Muster verändern, und statt erregt, wütend oder besorgt zu sein, werde ich ruhig. Der Aspekt der Wiederholung ist für die Meditation genauso wichtig wie für viele religiöse Rituale. Katholische Priester geben den Gläubigen nach der Beichte zehn »Gegrüßet seist du Maria« auf; in Afrika, Haiti und anderswo versetzen die religiösen Meister ihre Anhänger in Trance, indem sie sie dem Rhythmus von Trommeln aussetzen, der ihren ganzen Körper durchdringt und Teil von ihnen wird. Die Menschen lassen sich von diesem Rhythmus ebenso mitreißen wie in der Meditation. Die Prozesse, die dabei ablaufen, sind zu schwierig, als daß ich sie verstehen oder auch nur benennen könnte, und auch die Wissenschaftler haben in dieser Hinsicht bislang keine großen Fortschritte gemacht. Aber im Kino habe ich erlebt, wie leicht sich der menschliche Geist durch Suggestion beeinflussen läßt, und ich habe mich schon oft gefragt, ob da nicht verwandte Kräfte am Werk sind.

Wie gesagt: Zu den stärksten Merkmalen der menschlichen Persönlichkeit gehört es, daß sie sich so leicht auf Suggestionen einläßt. Wenn ein Schauspieler eine Rolle in einem gut geschriebenen und gut inszenierten Stück spielt, kann er damit die Körperchemie des Publikums beeinflussen. Er kann den Adrenalinspiegel erhöhen, die Menschen traurig machen, sie zum Weinen bringen, sie wütend oder ängstlich machen. Als Schauspieler versucht man, mit der Kraft der Suggestion die Stimmungen der Menschen zu beeinflussen – und das ist gar nicht so weit entfernt von dem, was bei religiösen Ritualen geschieht.

Der Vatikan brauchte mehr als dreihundert Jahre, um zuzugeben, daß Galileo recht hatte, und manche Dinge auf der Welt haben sich nach wie vor nicht geändert. Ich bin immer wieder erstaunt darüber, wie tief die Vorurteile unter den Intellektuellen der westlichen Welt sind. Zum Faktum werden Dinge erst, wenn sie aus einer Petrischale kommen. Eine bestimmte Form der politischen Korrektheit hindert den Menschen daran, jenseits gewisser Grenzen Fragen zu stellen; die Vorurteile gegenüber vernünftiger wissenschaftlicher Forschung auf bestimmten Gebieten – zum Beispiel der Parapsychologie – sind entsetzlich. Doch nichts schlägt die Apathie und den Skeptizismus, mit denen östliche Meditationstechniken betrachtet werden. Seit mehr als zweitausend Jahren wissen die Yogis und Swamis um die Macht des Geistes über den Körper. Sie können ihren Körper nachweislich in eine Art Schwebezustand versetzen, der es ihnen ermöglicht, mehrere Stunden oder sogar Tage eingegraben unter der Erde zu liegen. Solche Dinge schreien förmlich nach weiteren Forschungen, aber für viele westliche Wissenschaftler sind die Kräfte und die Einsichten, zu denen Swamis, Yogis und andere Interessierte gelangt sind, lediglich Tricks oder wissenschaftliche Absurditäten.

Seit der Landung der Briten in Indien hat sich nicht viel verändert. Schon damals konnte man die außergewöhnlichen Yogi-Disziplinen beobachten, schenkte ihnen aber so gut wie keine Beachtung, sondern betrachtete die westliche Kultur als Quell aller Weisheit und allen Wissens. Sogar heutige Wissenschaftler, wie zum Beispiel Linus Pauling, die anerkennen, daß die östlichen Religionen auf ihrer Suche nach spiritueller Erleuchtung ganz erstaunliche Geist-Körper-Beziehungen entwickelt haben, werden als Scharlatane abgetan. Das ist nicht weiter erstaunlich – denn so ist der Lauf der Dinge gewöhnlich, wenn gescheite Menschen den Status quo auf einem Gebiet durch Leistungen in Frage stellen, den die Spezialisten für gegeben halten. Selbst Einstein galt als Exzentriker, als er sich in fremden Disziplinen äußerte; Arnold Toynbee bekam zu hören, er solle sich auf die Geschichte beschränken und sich nicht in Bereiche der Wissenschaft vorwagen, von denen er keine Ahnung habe. Alles nur, weil seine Ansichten sich nicht mit den damals gängigen vereinbaren ließen. Im nächsten Jahrhundert wird sich diese Einstellung sicher verändern – dann wird sich die Wissenschaft nicht mehr nur wie im zwanzigsten mit der Erforschung der Materie befassen, sondern auch mit der viel interessanteren Welt des Geistes und der Neurogenetik. Oder wie schon Francis Crick gesagt hat: Die Chemie des Gehirns ist verantwortlich für das Denken des Menschen, sein Verhalten und seinen Charakter – einfach für alles, was den Menschen angeht.

Ich glaube fest daran, daß sich der menschliche Geist beherrschen läßt und daß der Mensch irgendwann noch Fähigkeiten an den Tag legen wird, von denen man heute nicht einmal zu träumen wagt. Ich kenne die Grenzen meines eigenen Geistes noch nicht, aber ich werde bis zu meinem Tod nicht aufhören, danach zu suchen. Es ist ein gänzlich neues Gebiet, auf das ich mich da vorgewagt habe, und ich komme mir vor wie ein Entdecker. In vielerlei Hinsicht ist es die aufregendste Expedition, auf die ich mich je begeben habe.

Je mehr ich meditiere, desto mehr bekomme ich den Streß in meinem Leben in den Griff und auch den Schmerz. Wenn ich Kopfweh habe oder mir den Zeh anstoße, gelingt es mir oft, den Schmerz durch reine Willenskraft verschwinden zu lassen.

Als ich vor ein paar Jahren beschloß, mich beschneiden zu lassen, bat ich den Arzt sogar, keine Schmerzmittel zu verwenden. Ich versicherte ihm, ich könne den Schmerz während der Operation kontrollieren. Er war skeptisch, hielt es aber für eine interessante medizinische Erfahrung und setzte die Operation an. Als ich schließlich im Krankenhaus ankam, wartete dort schon die versammelte Ärzteschaft auf mich. Alle waren wohl heiß darauf, dem Ereignis beizuwohnen und mitzuerleben, wie sich ein Filmstar ohne Narkose beschneiden ließ. Die Anwesenheit der vielen ungeladenen Gäste war mir gar nicht recht, und so folgte ich meinem Instinkt und ging wieder nach Hause.

Später erklärte sich ein anderer Arzt ebenfalls dazu bereit, die Operation ohne Schmerzmittel in Angriff zu nehmen. Aber er bekam es schließlich mit der Angst zu tun, und so wartete bei meinem Eintreffen schon ein Anästhesist auf mich. Er meinte, er könne es aufgrund seiner medizinischen Ethik nicht verantworten, mich nicht zu betäuben. Ich war enttäuscht und wütend, aber auch erschöpft von den ständigen Verzögerungen und ließ mir dann doch eine Spritze geben. Trotzdem wollte ich den Ärzten zeigen, was ich durch Körperkontrolle erreichen konnte, und bat sie, meinen Blutdruck zu messen. Ich hatte bereits meditiert, meinen Blutdruck um zwanzig Punkte gesenkt und mich sogar in einen jener seltenen *satori*-Zustände versetzt. Bis heute bin ich fest davon überzeugt, daß ich auch ohne Spritze keinen Schmerz empfunden hätte.

59

Die neun Jahre, in denen ich keinen Film machte, ermöglichten es mir, nicht nur mich selbst, sondern auch meine Kinder besser kennenzulernen. Allmählich kam ich mit der Hilfe von Dr. Harrington besser mit mir zurecht, und ich verbrachte einen großen Teil dieser Zeit unter dem Strohdach meiner Hütte auf Teti'aroa. Ich streckte die Füße zur Tür hinaus und betrachtete durch die Muschelvorhänge die lebhaften Farben der Lagune; genau wie die Sonnenuntergänge auf Teti'aroa verändern auch sie sich ständig, je nachdem, wie die Sonne steht und wieviel Wolken am Himmel hängen. Oft saß ich stundenlang so da und dachte über mein Leben nach, überprüfte meine Werte, ging jedem kleinsten Gedanken nach, der mir durch den Kopf schoß.

Mein Leben auf Teti'aroa ist sehr einfach – ich gehe spazieren, schwimme, angle, spiele mit den Kindern, lache, unterhalte mich. Ich fühle mich hier unglaublich frei. Nachts schaue ich mir die Sterne an, und tags wache ich meist nicht vor elf Uhr morgens auf. Dann werde ich geweckt vom Flügelschlagen über meinem Dach und höre, wie die Vögel vom Himmel herunter auf die Lagune schießen und sich mit der Anmut von Ballerinen einen Fisch zum Frühstück schnappen.

Ich selbst esse frisches Obst von den Bäumen zum Frühstück und gehe dann am Strand spazieren. Oder ich sitze eine Stunde oder zwei vor meinem Funkgerät und unterhalte mich mit Fremden auf der ganzen Welt. Ich erzähle ihnen, mein Name sei Jim Ferguson – ein Spielkamerad aus Kindertagen – und ich lebe allein auf Tahiti. So weiß niemand, daß ich Filmstar bin, und endlich kann ich so sein wie alle anderen.

Einmal war ich während eines Aufenthalts auf Teti'aroa zwei oder drei Wochen lang jeden Tag schon mittags betrunken. Ich ging runter in den Billardsalon, machte ein paar Spiele und ließ es mir gutgehen. Aber das war nur eine kurze Phase; ich lief nie

Gefahr, Alkoholiker zu werden. Gewöhnlich reichen mir ein oder zwei Drinks, um einen Schwips zu bekommen, und dann höre ich normalerweise auf. In meiner Familie hat es viele Alkoholiker gegeben, aber glücklicherweise habe ich von diesen Familiengenen nicht allzuviel abbekommen.

Ich betrachte Teti'aroa als Laboratorium, in dem ich mit Sonnenenergie, Aquakultur und innovativen Bautechniken experimentieren kann. Ich habe eines der ersten Sägewerke in Polynesien gebaut, das die Stämme von Kokosnußpalmen zu Bauholz verarbeitete. Darauf bin ich sehr stolz. Ich koste noch die kleinsten Dinge auf der Insel aus. Einmal habe ich ein hundert Meter langes, galvanisiertes Rohrstück mit Wasser gefüllt, es in der Sonne liegen lassen und durch die Sonnenenergie Dampf produziert, was mich sehr befriedigte. Noch die geringsten Erfolge auf Teti'aroa erfüllen mich mit Freude. Zu meinen größten Triumphen gehört die Reparatur eines fünf Zentimeter langen Eisenpropfens an einem Rohr. Die salzige Luft hatte ihn so zerfressen, daß das Gewinde völlig kaputt war. Ich rieb stundenlang mit einer Drahtbürste daran herum, bekam die dicke Schicht oxidierten Metalls aber nicht ab. Dann erinnerte ich mich daran, daß ich irgendwo gelesen hatte, Zitronensaft helfe wegen seines hohen Säuregehalts gut gegen Rost. Also pflückte ich ein paar Limonen, vermischte ihren Saft mit Salz und pinselte das ganze auf den Propfen. Die Säure fraß sich durch den Rost und brachte das Metall zum Glänzen. Das Gewinde kam wieder zum Vorschein. Was für ein wundervolles Gefühl! Es war nur eine Kleinigkeit, freute mich aber ungeheuer.

In seiner Blütezeit hatte das Hotel auf Teti'aroa achtundzwanzig Bungalows, eine Küche, etliche Bars, einen Speisesaal und eine Rezeption. Im Lauf der Jahre habe ich Millionen hineingesteckt, aber es hat nie Gewinn abgeworfen. Ein Teil des Geldes ging durch Orkane verloren, ein anderer Teil durch Wunschträume und wieder ein anderer durch Projekte, die angefangen, aber nie beendet wurden, der Rest schließlich durch Diebe. Viele Leute bestahlen mich – ein paar von ihnen arbeiteten für mich, andere kamen auf die Insel, versprachen, Dinge für mich zu erledigen, die sie nie machten, nahmen mein Geld und verschwanden wieder. Jemand versprach mir, durch Aquakultur Hummer in der Lagune zu züchten, und ich lud ungefähr zwanzig Wissenschaftler zusammen mit ihren Frauen auf die Insel ein. Wir redeten viel über die Hummerzucht, aber es kam nichts dabei heraus. Die Insel wurde oft von Stürmen heimgesucht; jedesmal, wenn wir ein neues Gebäude fertig hatten, kam wieder ein neuer Orkan, der es beschädigte. Aber ich bereue nichts. Ich habe Projekte seit jeher geliebt und wollte nie die ganze Zeit damit verbringen, faul am Strand herumzuliegen. Wir haben auf der Insel viel für die Umwelt getan und zum Beispiel eine Menge Hawksbill-Schildkröten gerettet. Sie legten ihre Eier auf der Insel ab, doch die meisten davon fielen Räubern zum Opfer. Also zäunten wir das Gebiet ein, gruben ein Becken aus, in dem die Eier sich entwickeln konnten, und fütterten die jungen Schildkröten, bis sie groß genug waren, um im Meer überleben zu können.

In jenem Teil der Welt, das lernte ich schon bald, nehmen die Leute die Orkane nicht ernst genug. Kurz nach der Jahrhundertwende fielen Hunderte von Tahitianern einem gewaltigen Sturm zum Opfer, und Anfang der achtziger Jahre befand ich mich gerade auf der Insel, als die Meteorologen in Papeete Orkanwarnung gaben. Es hieß, der Sturm werde ebenso heftig sein wie jener frühere und sich in einem Tiefdruckgebiet in der Nähe von Bora Bora zusammenbrauen. Schon bald wurden wir von steifen Brisen gebeutelt, das Barometer fiel, die Brandung draußen vor dem Riff stieg, und die Meteorologen sagten voraus, daß der Sturm innerhalb von achtundvierzig Stunden mit voller Wucht auf Teti'aroa treffen würde. Wenn die Vögel wegflogen, so sagte man uns, würde es nicht mehr lange dauern. Dann plötzlich schien alles wieder beim alten; alles war friedlich, der Wind flaute ab, das Meer war ruhig. Wir dachten schon, der Sturm sei an uns vorbeigezogen, bis mir ein Funker auf Bora Bora sagte, wir sollten noch keine Entwarnung geben, weil die Winde sich vor Bora Bora zu sammeln schienen.

Eine Woche später stürzte sich der Sturm mit der Wucht eines Racheengels auf Teti'aroa, und zwar so plötzlich, daß ich nicht einmal mehr Zeit hatte, ein Flugzeug von Papeete zu rufen, damit es die Leute evakuierte. Sogar die Vögel flogen fast zu spät ab. Zuerst herrschte starker Wind, dann türmten sich die

Wellen und prallten mit einer Wucht gegen das Riff, als würde es von einer Armada von Schiffen bombardiert, die gleich vor der Küste vor Anker gingen. Am furchterregendsten war jedoch der Lärm, den der Orkan machte. Es war wie eine Wagneroper, als die Wellen gegen das Riff donnerten und der Wind durch die Bäume kreischte wie eine zehntausendköpfige, berittene Mongolenhorde.

Der Wind warf schon bald den Funkturm um und war so laut, daß jede Unterhaltung unmöglich war; wir schrien, aber hörten nichts; es war, als stolpere man in den Auspuff eines Düsentriebwerks, wenn man draußen herumging. Ich zog mir einen Südwester an und sagte allen, daß sie sich keine Sorgen zu machen bräuchten, aber insgeheim befürchtete ich, daß die Sturmwellen über die Insel schwappen und uns alle mitreißen könnten. Ich hatte viel gelesen über Orkane und Zyklonen auf Tahiti und wußte, daß sie manchmal achtzehn bis zwanzig Meter hohe Wellen erzeugen. Wir steckten mittendrin in diesem Sturm. Die Wellen stiegen, vom Himmel prasselten sintflutartige Regenfälle, und die Lagune trat über die Ufer, während der Strom im Kanal reißender und reißender wurde und schließlich mit wohl zwanzig Knoten an uns vorbeischoß. Auf der Hauptinsel reichte uns das Wasser schon bald bis fast zum Knie, und Möbel begannen, an uns vorbeizutreiben. Ich sagte allen immer wieder, sie sollten sich nicht aufregen, es handle sich lediglich um einen besonders starken Sturm. War es nicht wunderbar, hier zu sein und Zeuge dieses gewaltigen Naturschauspiels zu werden? Schließlich konnte ich nicht zugeben, daß ich schreckliche Angst vor dem Moment hatte, in dem die große Welle über uns hereinbrechen und uns alle ins Meer mitreißen würde.

Bei Tagesanbruch verließ ich, immer noch bei starkem Wind, meine Hütte, um mir den Schaden anzusehen. Auf der ganzen Insel lagen große Palmwedel herum, mit denen man einen Lastwagen hätte ziehen können. An manchen Stellen stieg das Wasser immer noch, aber das Schlimmste schien vorbei zu sein. Der Sturm suchte die Insel noch weitere zwei Tage heim, und alle hockten sich dicht zusammen und sangen und beteten. Ich schlief in meinem Südwester und versuchte, die Leute zu beruhigen – unter anderem auch meinen Besuch, eine New Yorkerin, die bis dahin nichts Schlimmeres erlebt hatte, als einmal in einem Landhaus in Connecticut eingeschneit zu werden. Als der Wind schließlich abflaute, halfen alle, auch die New Yorkerin, mit beim Aufräumen. Ein paar Stunden später funkten die Meteorologen von Papeete herüber, daß ein weiterer Orkan auf dem Weg zu uns sei. Ich rief ein Flugzeug von Papeete, um die Bevölkerung zu evakuieren, aber als es ankam, weigerten sich vier oder fünf Tahitianer zu gehen. Sie sagten, sie vertrauten auf Gott, und wenn sie die Insel verließen, beleidige ihn das. Sie wollten nicht seinen Zorn auf sich ziehen.

Ich hatte gedacht, die Tahitianer, die sich evakuieren ließen, wollten weg, weil sie Angst hatten, aber als sie das Flugzeug bestiegen, hörte ich sie darüber scherzen, wieviel Spaß sie in Papeete haben würden. Erst jetzt wurde mir klar, daß sie lediglich in die Stadt wollten, sich einen Tag freinehmen, Bier trinken, mit den Mädchen herumschäkern und sich einen schönen Lenz machen wollten. Ursprünglich wollte ich mitfliegen, aber als ein paar Leute sagten, sie würden bleiben, konnte ich sie nicht einfach im Stich lassen. Schließlich war ich der Kapitän des sinkenden Schiffs. Es war nicht richtig, sie ihrem Schicksal zu überlassen.

Der zweite Sturm war weniger stark als der erste, aber immer noch ziemlich mächtig, und als er vorbei war, setzte ich mich zusammen mit meiner New Yorker Freundin, einer intelligenten Frau, mit der ich, seit ich neunzehn oder zwanzig war, viele gute und schlechte Zeiten erlebt habe, bis zur Taille in das seichte Wasser der Lagune. Es war ungefähr fünf Uhr nachmittags, und der Himmel war einfach spektakulär. Alle Wolken schienen in zwei Hälften zerrissen, aber der Himmel wirkte nicht mehr länger bedrohlich, und es ging kein Lüftchen. Einen solchen Himmel habe ich weder vorher noch nachher jemals wieder gesehen. Dann plötzlich ging die Sonne unter. Tahitianische Sonnenuntergänge sind unbeschreiblich schön; sie könnten einen fast an Gott glauben lassen. Sie sind wie eine himmlische Symphonie, ein Konzert aus Farben, die sekundenschnell Stimmung und Geschwindigkeit verändern: Grün-, Grau- und jede erdenklichen Pinktöne wechseln sich ab mit Orange, feurigem Rot und engelhaftem Blau, während sich der ganze Horizont immerzu verändert.

Sobald die Sonne untergegangen ist, bricht die Dunkelheit ganz plötzlich herein; dann geht man besser schnell nach Hause, bevor man in der Düsternis herumirrt. In den Tropen gibt es keine Dämmerung, obwohl Tahitianer mir erzählt haben, daß man hin und wieder mit ein wenig Glück ein grünes Leuchten am Himmel sehen kann, gerade kurz bevor die Sonne verschwindet. Das ist Magie, sagen sie. Zu meinen Lieblingsbeschäftigungen auf Teti'aroa gehört es, mich auf das Gras am Ende der Landebahn zu legen, auf den Sonnenuntergang zu warten und auf den kurzen grünen Blitz zu hoffen. Ich habe ihn noch nicht gesehen, aber ich kenne viele Leute, die mehr Glück gehabt haben als ich. Ein strahlend grünes Licht zerbirst am Himmel, hängt dort oben wie ein kurzes Feuerwerk und verschwindet dann. Jedesmal, wenn ich auf Teti'aroa bin, warte ich auf dieses Wunder, und eines Tages werde ich es erleben.

Eine halbe Stunde nach Sonnenuntergang verändert der Horizont seine Farbe, und die Wolken reflektieren das allerletzte Sonnenlicht. Sobald es dunkel ist, legt man sich in den Sand und wartet auf den ersten Stern. Ist man mit Freunden zusammen, wettet man, wer ihn zuerst sieht. Bei völliger Dunkelheit entfaltet sich dann ein himmlisches Panorama über einem: einzelne Lichter gehen an, dann eine ganze Kette, schließlich Galaxien. Der Himmel ist mir nie weiter vorgekommen als auf einem Atoll. Das erste Licht ist normalerweise ein Planet, Venus oder Mars, dann tauchen ganz, ganz langsam entfernte Stecknadelköpfe im All auf, und wenn der letzte Schimmer des Sonnenuntergangs verschwindet und es noch dunkler wird, leuchten die Sterne noch heller. Schließlich öffnet sich der Himmel, die Milchstraße und andere Sternbilder breiten sich zu einem Schirm von Lichtern aus, die vom einen Ende des Horizonts zum anderen reichen.

Als ich an dem Nachmittag nach dem zweiten Orkan mit meiner New Yorker Freundin im seichten Wasser saß und zuschaute, wie die Nacht hereinbrach, fragte sie mich, ob ich jemals eine Sternschnuppe gesehen habe. Ich sagte ja, man könne sie gewöhnlich »dort drüben« entdecken, und deutete zum Himmel hinauf. Gerade als ich das sagte, sahen wir genau an dem Punkt, auf den ich deutete, eine Sternschnuppe. Es war, als reiße jemand ein riesiges Streichholz am Himmel an, aber man hörte nichts, sah nur das Licht.

Wie gesagt, kleine Dinge bedeuten viel auf Teti'aroa.

In meinem Leben hat es mehrere wichtige Einflüsse gegeben. Philosophisch gesehen habe ich mich immer den Indianern am nächsten gefühlt; ich bewundere ihre Kultur und habe eine Menge von ihnen gelernt. Die Juden haben mir neue Horizonte eröffnet und mir beigebracht, Wissen und Gelehrsamkeit zu schätzen. Auch von den Schwarzen habe ich viel gelernt. Aber ich glaube, daß die Polynesier mich aufgrund ihres Lebensstils am meisten beeinflußt haben.

Auf Tahiti lernte ich zu leben, obwohl ich begreifen mußte, daß ich niemals ein Tahitianer sein konnte. Als ich das erstemal hinkam, glaubte ich noch, Polynesier werden zu können. Ich wollte völlig mit dieser Kultur verschmelzen. Aber irgendwann merkte ich, daß sich nicht nur meine Gene von den ihren unterschieden, sondern daß sich auch die emotionale Algebra meines Lebens nicht dazu eignete, etwas anderes zu sein als ich selbst. Also gab ich meine Versuche auf und lernte statt dessen einfach, das zu schätzen, was sie dort haben. Vermutlich lernte ich wieder die gleiche Lektion wie bei den Juden, den Schwarzen und den Indianern: Man kann eine Kultur bewundern und lieben, man kann sich sogar an ihren Rändern ansiedeln, aber man wird nie ein Teil davon. Man bleibt immer der, der man ist.

Als ich Tahiti in einem *National-Geographic*-Heft in der Bücherei von Shattuck entdeckte, beeindruckten mich die zufriedenen Gesichter der Eingeborenen am meisten. Das waren glückliche Gesichter. Mein Leben dort hat mich in dem Glauben bestätigt, daß die Tahitianer das glücklichste Volk sind, das ich je kennengelernt habe. Der Unterschied zwischen der polynesischen und der westlichen Kultur ist trügerisch. Wir in den Vereinigten Staaten glauben, daß wir alles haben – ich betone das Wort »glauben«. Wir haben große Häuser und Autos, eine gute medizinische Versorgung, Jets, Züge und Einschienenbahnen; wir haben Computer, hervorragende Kommunikationsmittel und unzählige andere Annehmlichkeiten. Aber was hat uns das gebracht? Wir haben einen Überfluß materieller Dinge, aber eine gelungene Gesellschaft bringt glückliche Menschen hervor, und ich meine, daß unser Land mehr unglückliche Menschen hervorbringt als fast jedes andere auf der Erde. Ich bin in der ganzen Welt herumgekommen, und ich habe nirgends Menschen gesehen, die so unglücklich sind wie in den Vereinigten Staaten. Wir haben zu viel und doch nichts, und wir wollen immer mehr. Auf der Jagd nach dem Erfolg haben wir alle anderen Werte aufgegeben. Wir haben die Fähigkeit verloren, die Menschen glücklich zu machen. Unser einziger Lebenssinn ist die Gier nach dem Materiellen geworden, nicht der Genuß des Lebens an sich.

Auf Tahiti gibt es pro Quadratkilometer mehr lachende Gesichter, als mir jemals an anderen Orten begegnet sind. Wir haben zwar einen Mann zum Mond geschickt, aber auf der Erde bringen wir frustrierte, zornige Menschen hervor.

Ich höre schon, wie manche Leser sagen werden: »Warum machst du Amerika so nieder, Marlon? So schlecht ist es dir doch auch wieder nicht gegangen, oder?«

Tja, Amerika hat es tatsächlich nicht schlecht mit mir gemeint, aber ich habe das nie als Geschenk verstanden: Ich habe mir alles im Schweiße meines Angesichts und mit Hilfe meines Improvisationstalents und meines Überlebenswillens hart erarbeitet. Wenn ich nicht eine Menge Glück gehabt hätte und im richtigen Moment am richtigen Ort gewesen wäre, wer weiß, was aus mir geworden wäre. Vielleicht wäre ich als Gauner im Gefängnis gelandet, oder wenn ich ohne High-School-Ausbildung das Glück gehabt hätte, einen Job zu finden, hätte ich vielleicht mein ganzes Leben am Fließband verbracht, drei Kinder gezeugt und wäre dann mit fünfzig oder fünfundfünfzig zum alten Eisen geworfen worden, wie das in letzter Zeit mit vielen Amerikanern passiert. Auf Tahiti passiert das nicht, weil es dort eine klassenlose Gesellschaft gibt. Das ist wahrscheinlich auch der Grund dafür, warum ich in den letzten dreißig Jahren so oft wie nur irgend möglich dorthingeflogen bin. Auf Tahiti kann ich immer ich selbst sein. Dort streicht man den

Leuten nicht um den Bart, nur weil sie glauben, berühmt und wichtiger als andere Menschen zu sein. Tahitianer haben etwas, was ich bei keiner anderen Gruppe von Menschen beobachtet habe: Es fehlt ihnen der Neid. Natürlich gibt es anmaßende Tahitianer, die sich brüsten, viel von der Welt zu wissen, aber ich persönlich habe nur wenige von ihnen kennengelernt. Am meisten bewundere ich an den Tahitianern, daß sie für den Moment leben und genießen können, was *jetzt* ist. Es gibt keine Berühmtheiten, keine Filmstars, Reiche oder Arme; sie lachen, tanzen, trinken und schlafen miteinander, und sie wissen, wie man sich richtig entspannt. Als wir *Die Meuterei auf der Bounty* drehten, vermißte eine Tahitianerin ihren Freund so sehr, daß sie beschloß, wieder nach Hause zu fahren. Der Produzent sagte: »Sie können nicht weg hier; Sie haben einen Vertrag unterschrieben. Wenn Sie trotzdem gehen, verklage ich Sie.« Das Mädchen antwortete: »Tja, ich hab' einen Hund und ein paar Ziegen, die können Sie haben.«

Der Produzent meinte: »Dann lasse ich Sie eben verhaften«, und sie antwortete: »Na, schön.« Dann ging sie, und der Film mußte umgeschrieben werden. Hollywood war ihr nicht wichtig.

Wenn ich auf Tahiti aufwache, habe ich einen Puls von achtundvierzig, in Amerika liegt er meistens bei sechzig. Das macht das Leben in unserer sogenannten zivilisierten Gesellschaft. Auf Tahiti gibt es keine Obdachlosen, weil einen immer irgend jemand aufnimmt. Wenn überhaupt an etwas Mangel herrscht, dann an Kindern; die Tahitianer lieben Kinder. Natürlich ist auch hier nicht alles perfekt. Es gibt durchaus Verbrechen, Kämpfe und Familienstreitigkeiten, aber im großen und ganzen ist es eine Gesellschaft, in der ausgeglichene, lachende, fröhliche, optimistische Menschen zu Hause sind, die jeden Tag so nehmen, wie er kommt. Leider verändert sich auch dort das Leben, weil Kräfte von außen versuchen, das, was sie als primitive Kultur erachten, zu verbessern und auszubeuten. In ganz Polynesien gibt es nur etwa zweihunderttausend Menschen, und sie sind ständig in Gefahr, durch selbstherrliche Missionare oder Profiteure ausgebeutet zu werden, die sie für einfältig halten. Doch sie sind weder primitiv noch einfältig, sondern wissen besser als alle anderen Völker, wie man das Leben bis zur Neige genießt. Leute von außen, die sie aufgrund von Vorurteilen und rassischem Snobismus rückständig schimpfen, setzen fälschlicherweise technologischen Fortschritt mit Zivilisation gleich. Leute aus dem Westen lassen nur selten die außerordentlichen Leistungen der frühen polynesischen Seefahrer gelten, die ohne Kompaß, Radar oder Satelliten, dafür aber mit viel Geschick und Kenntnis der Winde Tausende von Meilen in unerforschten Gewässern und auf offenen Schiffen zurücklegten. Die Polynesier besiedelten zusammen mit den Mikronesiern den ganzen Pazifik. Die tahitischen Frauen sind zäher als alle anderen mir bekannten. Sie sind unabhängig und haben keinerlei Hemmungen, sei es nun beim Sex oder bei anderen Dingen. Nachdem sie sich verliebt und Kinder bekommen haben, bleiben sie gewöhnlich mit demselben Mann zusammen, doch das ist kein Muß; manchmal ziehen auch zwei oder drei Frauen zum gleichen Mann. Sie sind eifersüchtig, streiten sich wie jeder andere auch, und wenn eine Tahitianerin etwas gegen einen Mann hat, plaudert sie all seine kleinen Geheimnisse in der Dorfgemeinschaft aus.

Vor allen Dingen aber lieben die Tahitianer Feste. Als Charles de Gaulle einmal seinen Besuch ankündigte, sprach sich das in Windeseile herum. Die meisten Leute machten sich nichts aus seiner Anwesenheit, bis es hieß, es gebe ein Fest. Da plötzlich bestiegen sie Busse, brachten ihre Trommeln und Röcke mit und feierten schließlich nicht De Gaulle, sondern das Leben an sich. Sie machten sich nichts aus ihm, wußten nicht einmal, wer er war. Als er jedoch in den Hafen fuhr, standen die Menschen bis zum Hals im Wasser, Tausende von ihnen, mit Essen, Blumen, Tränen und Gesang. Damals verliebte ich mich in die Seele der Tahitianer.

Ich habe noch immer viele Träume für meine Insel. Vor allen Dingen hoffe ich, sie wieder in das verwandeln zu können, was Polynesien früher einmal war. Wenn man bedenkt, wie viele Übergriffe von der Außenwelt sich das Gebiet hat gefallen lassen müssen, ist es bemerkenswert, wie widerstandsfähig die polynesische Kultur doch gewesen ist. Sie ist immer wieder von fremden Kulturen heimgesucht worden: von den Spaniern, den Engländern und Franzosen; von Missionaren, Walfängern, Touristen, Straßenhändlern, Profiteuren, jetzt sogar vom Fernsehen – dem vielleicht heimtückischsten Einfluß überhaupt. Der Druck ist gewaltig, und die Polynesier müssen sich der Tatsache stellen, daß sie im Zeitalter der modernen Technologie leben und nicht mehr zurück können. Jetzt gibt es nun mal Fernsehen, Satellitenschüsseln, Düsenjets, Versicherungspolicen, Bankkonten, Immobilienhaie und andere Wegelagerer, die die Tahitianer bis aufs Hemd ausziehen wollen.

Wenn es nach mir ginge, würde Teti'aroa auf ewig ein Ort bleiben, der die Tahitianer daran erinnert, was sie sind und schon vor Jahrhunderten waren – was sie immer noch sind, trotz der Missionare und Profiteure. Daß sie an einem Ort leben, an dem man sich erholen und fortpflanzen und das Leben genießen kann, ohne von Außenstehenden ausgebeutet zu werden. Ich hätte es gern, daß die Insel ein Meerespark mit technologischen Systemen wird, die dazu beitragen, die Einwohner mit Nahrung zu versorgen. Weil die Bevölkerung ständig wächst, müssen Wege gefunden werden, wie sich die Erträge des Landes und des Meeres erhöhen lassen. Wenn ich das schaffe, freut mich das mehr als alles andere, was ich in meinem Leben erreicht habe.

60

Letztlich kann ich keine Schlüsse über mein Leben ziehen, weil es sich dabei um einen Prozeß der ständigen Weiterentwicklung handelt. Ich weiß nicht, was als nächstes kommt. Ich wundere mich mehr darüber, was aus mir geworden ist, als über alles andere, denn ich kann mich nicht erinnern, jemals ehrgeizig gewesen zu sein. Der Erfolg kam ganz einfach. Ich wollte lediglich überleben. Wenn ich betrachte, was ich im Leben alles so gemacht habe, geht es mir manchmal wie einem frisch geschlüpften Küken: Ich registriere es voller Erstaunen. Vor fünfzig Jahren kletterte ich bei einem Fest in meiner New Yorker Wohnung aus dem Fenster und klammerte mich zum Scherz an eine Balustrade elf Stockwerke über der 72nd Street. Heute kann ich mir gar nicht mehr vorstellen, daß ich so etwas je gemacht habe. Ich habe Probleme, den Jungen von damals mit dem Mann von heute in Verbindung zu bringen.

Wahrscheinlich ist die Geschichte meines Lebens eine Suche nach der Liebe. Ich habe immer nach einer Möglichkeit gesucht, die Schäden zu beheben, die mir in meiner Kindheit und Jugend zugefügt wurden, und meinen Verpflichtungen gegenüber mir selbst und den Menschen im allgemeinen nachzukommen. Wer bin ich? Was soll ich mit meinem Leben anfangen? Ich habe auch nach einer langen, schmerzlichen Odyssee, in der es freudvolle Momente voller Lachen gegeben hat, noch keine Antwort gefunden. In einem Brief aus Shattuck schrieb ich meinen Eltern: »In einem Stück von Sophokles . . ., der Antigone, heißt es: ›Das birgt die Zukunft: Heute gilt's zu handeln. Die Zukunft aber liegt in anderer Hand.‹« Diese Worte, die vor zweitausend Jahren geschrieben wurden, gelten heute so wie damals. Kaum zu glauben, daß sich unsere Spezies in den fünfzehntausend Jahren seit ihrer Entstehung nicht weiterentwickelt haben soll.

Mit fünfzehn war mir schon klar, daß wir wenig aus unseren Schwächen gelernt haben. Wir neigen dazu, die Behebung von

Übeln und Mißständen der Zukunft zu überlassen, für die wir nicht verantwortlich sind. Trotzdem verbrachte ich den größten Teil der folgenden fünfundfünfzig Jahre damit, genau das Gegenteil zu versuchen. Da es mir nicht gelungen war, mich um meine Mutter zu kümmern, wollte ich wahrscheinlich den Indianern, den Schwarzen und den Juden helfen. Ich dachte, Liebe, gute Absichten und edle Taten könnten etwas an den Ungerechtigkeiten, Vorurteilen, Aggressionen und Völkermorden in der Welt ändern. Ich war davon überzeugt, daß ich die Menschen mit Fakten aufrütteln könnte – indem ich ihnen zum Beispiel einen Film zeigte, den ich in Indien über die Hungersnot gedreht hatte. Ich dachte, man würde mir dann helfen, das Leiden der Welt zu lindern. Ich fühlte mich verantwortlich dafür, eine bessere Welt zu schaffen, wurde angetrieben von der Gewißheit, daß Mitleid und Liebe alle Probleme lösen würden. Heute glaube ich nicht mehr daran, daß große Veränderungen im Verhalten auch dauerhafte Veränderungen im Dasein bewirken. Erst spät im Leben habe ich etwas gelernt, was mich aufrechterhält: Mein Leiden nützt meinen Mitmenschen nichts. Ich tue noch immer, was ich kann, aber ich muß jetzt nicht mehr leiden dafür. Früher habe ich mich in Menschen hineinversetzt, die weniger Glück im Leben hatten als ich. Dieses Mitgefühl ist immer noch da, aber ich setze es auf andere Weise ein. Ich habe das Gefühl, durch Meditation und Selbsterforschung dem näherzukommen, was es bedeutet, ein Mensch zu sein. Außerdem stelle ich allmählich fest, daß ich dasselbe empfinde wie alle anderen Menschen auch. Wir sind alle zu Haß und Liebe gleichermaßen fähig.

Die Neugierde darauf, warum Menschen an das glauben, woran sie glauben, gehört zu den Konstanten in meinem Leben. Trotzdem weiß wahrscheinlich keiner von uns so genau, warum wir bestimmte Dinge machen oder inwiefern unser Verhalten ein Produkt unserer Gene oder unserer Umgebung oder eine Mischung aus beiden ist; diese Frage läßt sich nicht eindeutig beantworten. Ich weiß nach wie vor nicht, warum ich lebe, und es tröstet mich, daß ich es auch niemals herausfinden werde. Die Nebel der falschen Wahrnehmung sind stärker als wir alle.

Trotzdem habe ich nicht mehr das Gefühl, die Welt retten zu müssen, denn inzwischen habe ich verstanden, daß das nicht geht. Vermutlich hat sich meine Einstellung verändert, als ich den Film über die Hungersnot in Indien machte. Auf dem Heimweg besuchte ich in Kalkutta den indischen Filmregisseur Satyajit Ray, und wir gingen gemeinsam zum Mittagessen. Als wir aus dem Restaurant kamen, stürzte eine ganze Schar von blinden, verkrüppelten, kranken Kindern in abgerissenen Kleidern auf uns zu, um zu betteln. Als wir uns einen Weg durch den Schwarm von Kindern bahnten, merkte ich, daß Satyajit völlig unbeteiligt blieb, sie nicht einmal wahrnahm, sondern einfach geistesabwesend beiseite schob. Es sah aus, als suche er sich einen Pfad durch ein Weizenfeld. Ich fragte ihn, wie er das tun könne, und er antwortete: »Wenn man in Indien lebt, sieht man das jeden Tag. Selbst wenn ich alles, was ich habe, für diese Kinder verkaufen würde, entspräche das nicht einmal dem milliardstel Teil einer Rupie für jedes von ihnen, und alle würden sie morgen wiederkommen. Ich kann nichts tun, um dieses Problem zu lösen, manche Probleme sind unlösbar.«

Ich hatte mein ganzes Leben versucht, Gutes zu tun, aber jetzt begriff ich, daß das, was Satyajit über die Kinder in Kalkutta sagte, stimmte: Es gibt Probleme, zu deren Lösung ich nichts beitragen kann.

Ich habe auch einige Ansichten über die Natur des menschlichen Verhaltens geändert. In jungen Jahren glaubte ich an das jüdisch-christliche Konzept von Gut und Böse und an sein Korrelat, daß wir aufgrund der Entscheidungen, die wir gefällt haben, für unsere Taten selbst verantwortlich sind. Das glaube ich mittlerweile nicht mehr. Philosophen wie Platon, Sokrates, Kant und Spinoza streiten sich seit Jahrtausenden über das Wesen von freiem Willen und Gut und Böse. Epikur meinte, Gott kümmere sich entweder nicht darum oder ignoriere das Böse einfach, oder er sei unfähig, es zu verhindern, und deshalb nicht allmächtig. Der heilige Augustinus versuchte das christliche Paradox, daß ein angeblich wohlgesonnener Gott das Böse zuläßt, zu lösen, indem er argumentierte, das Böse sei kein Produkt Gottes, sondern seine Abwesenheit. Das, was auf den ersten Blick böse erscheine, könne sich im Kontext der Ewigkeit als gut erweisen. So werden beispielsweise der Holocaust oder die massenhafte Eliminierung der Indianer erklärt. Ich jedoch bin der Meinung, daß die Wurzeln des Verhaltens, das wir »böse« nennen, genetisch bedingt sind. Ich habe bisher kein System gefunden – kein religiöses, soziales, philosophisches, ethisches, politisches oder wirtschaftliches –, das es geschafft hätte, die angeborene Feindseligkeit des Menschen und seine Neigung, sich zu Gruppen zusammenzurotten, deren Ziel es ist, aus Glaubensgründen, Profitgier, Haß oder zum Spaß andere Gruppen auszulöschen, zu unterdrücken. Im Namen der Religion und der Dogmen sind mehr Menschen umgebracht worden als aus irgendeinem anderen Grund. Das menschliche Verhalten scheint schließlich doch von Genen bestimmt zu werden. Umwelteinflüsse kommen dann später dazu. Meiner Meinung nach sind unsere genetischen Impulse so stark, daß wir nicht dagegen ankönnen. Egal, wie groß unsere Fähigkeit zur Reflexion ist – unser Geist unterliegt unmittelbar unseren Gefühlen, und immer noch klammern wir uns an die überholten Mythen von Gut und Böse aus Bibel und Talmud. Weder Geld noch religiöser Eifer, noch politische Umwälzungen, ja noch nicht einmal Wissen kann die grundsätzlich animalische Natur des Menschen verändern. Nichts hat den Menschen je gut gemacht. Ich habe Millionen von Dollar verschenkt, aber mittlerweile ist mir klar, daß der größte Teil davon den Menschen, denen ich das Geld zugedacht hatte, nichts genutzt hat.

Über fünfzig Jahre lang hat der kalte Krieg unser Leben überschattet wie Gewitterwolken den Himmel, und der Kommunismus war verantwortlich für die meisten Übel der Welt. Jetzt, wo der kalte Krieg vorbei ist, splittert die Welt auf, und überall brechen ethnische Konflikte auf, sogar auf den Straßen der Vereinigten Staaten, wo Armut, Gewalttaten, Morde und Ungerechtigkeit zu Hause sind. Unsere Angst vor dem Kommunismus hat lediglich die Tatsache kaschiert, daß das politische und wirtschaftliche System, auf das wir so stolz sind, morsch ist. Die ganze Geschichte hindurch haben wir daran geglaubt, daß der »Fortschritt« mit seinen modernen Technologien dem Menschen zu besserer Kommunikation und damit zu mehr Möglichkeiten verhelfen würde, Konflikte zu lösen und Mißverständnisse abzubauen. Aber jetzt, wo wir Satellitenschüsseln, die globale Berichterstattung durch CNN, interaktives Fernsehen, Telekommunikation, hochentwickelte Geräte und das forensische Wissen der Rand Corporation haben, ist unsere Situation schlechter denn je.

Die letzten Reste meines Optimismus hinsichtlich der Entwicklung der Menschheit konzentrieren sich auf den Glauben, daß die genetische Veränderung, egal, welche Gefahren sie mit sich bringt, die einzige Lösung für das darstellt, was Hannah Arendt die Banalität des Bösen genannt hat. Meiner Meinung nach ist die bedeutendste Entdeckung in der Geschichte des Menschen – bedeutender noch als das Feuer, die Waffen oder das Rad – Francis Cricks und James Watsons Entschlüsselung der DNA-Struktur. Sie wird Auswirkungen auf die Gesellschaft, die Religion und unser eigenes Selbstverständnis haben, die wir in ihrer Tragweite noch gar nicht absehen können. Schon in wenigen Jahren werden es die Wissenschaftler geschafft haben, das menschliche Genom auf der Basis von Crick und Watsons Entdeckung weiter aufzuschlüsseln, und dann haben wir die Möglichkeit, die Natur des Menschen zu verändern. Die Wissenschaftler sind bereits dabei, die Ursachen jener Dysfunktionen zu entwirren, die Wut und Frustration produzieren, den Drang zu töten und die Aggression, die zu Kriegen führt. Es ist ihnen bereits gelungen, gewisse genetische Defekte mit bestimmten Formen aggressiven und gewalttätigen Verhaltens in Verbindung zu bringen; sie machen beeindruckende Fortschritte in der Biogenetik und der Neurogenetik und stoßen Türen auf, die zu einem klareren Verständnis darüber führen werden, wie Gene unser Verhalten beeinflussen und wie sich dieses Verhalten ändern läßt. In der Verhaltensgenetik stehen wir vor einer gewaltigen Umwälzung. Es wird nicht mehr lange dauern, bis die Gene eines Schimpansen so verändert werden können, daß er reden kann. Die genetische Manipulation menschlichen Verhaltens wird sich parallel dazu entwickeln. Wenn die Menschheit einen genetischen Fehler haben sollte, der Fehlverhalten oder Selbstzerstörung verursacht, beseitigt man ihn einfach.

Zukunftsmusik, sagen Sie? Ich glaube, diese Entwicklungen sind unausweichlich – und notwendig, wenn unsere Spezies je aufhören soll, sich selbst zu vernichten.

Natürlich wird es in allen Kirchen einen Aufschrei des Entsetzens geben, wenn die Wissenschaftler erst die Macht haben, die Menschen genetisch zu manipulieren. Man wird argumentieren, daß die Schöpfung des Menschen einzig und allein das Vorrecht Gottes ist. Vielleicht werden die Gegenstimmen sogar laut genug sein, um den Fortschritt in Sachen Verhaltensgenetik vorübergehend einzufrieren, aber alles, was machbar ist, wird früher oder später auch in die Tat umgesetzt. Die Welt hat sich immer im Umbruch zwischen Alt und Neu befunden, und neue Entdeckungen lassen sich nicht aufhalten. Das einundzwanzigste Jahrhundert wird eine weit größere Revolution in den biologischen Disziplinen herbeiführen, als es das zwanzigste in den physikalischen getan hat. Ich habe siebzig Jahre alt werden müssen, um gewisse Dinge nicht mehr zu tun, die mir oder anderen schaden, und emotionale Konflikte zu lösen, die soziales Fehlverhalten erzeugen. Mit genetischen Implantaten hätte ich nicht die Last der emotionalen Dysfunktionen tragen müssen, die dazu führten, daß ich den größten Teil meines Lebens in emotionalem Chaos verbrachte. In Zukunft werden Spezialisten die Probleme, die ich in der Kindheit hatte, frühzeitig erkennen und etwas dagegen unternehmen können.

Wenn man mich geliebt und sich um mich gekümmert hätte, wäre ich ein anderer Mensch geworden. Ich habe den größten Teil meines Lebens unter der Angst vor Zurückweisung gelitten und meinerseits fast alle zurückgewiesen, die mir ihre Liebe anboten, weil ich unfähig war, ihnen zu vertrauen. Wenn die Presse sich Lügen über mich ausdachte, versuchte ich, gleichgültig zu wirken, aber insgeheim war ich zutiefst verletzt. Inzwischen ist es mir wirklich egal, was die Leute über mich reden. Ich stehe den Meinungen anderer tatsächlich indifferent gegenüber, es sei denn, es handelt sich um Menschen, die ich liebe oder schätze.

Clifford Odets hat mir einmal gesagt: »Ich habe erst mit vierzig gehört, was Beethoven sagen wollte.« Man lernt allein durch das Leben viel dazu. In mancher Hinsicht habe ich mich nicht verändert. Ich bin immer schon sensibel gewesen und neugierig auf mich selbst und andere; ich habe seit jeher einen guten Instinkt für Menschen gehabt, habe schon als junger Mann gern gelesen und meine Scherze getrieben, was ich wahrscheinlich von meinen Eltern geerbt habe, weil sie beide Menschen waren, die gerne lachten. Aber in anderer Hinsicht bin ich heute ein ganz anderer Mensch als in Kindertagen. Den größten Teil meines Lebens habe ich stark erscheinen müssen, obwohl ich es nicht war, und nichts habe ich mir sehnlicher gewünscht als Kontrolle. Wenn ich das Gefühl hatte, daß man mir Unrecht tat oder mich abwertete, sann ich auf Rache.

Das mache ich heute nicht mehr. Ich verachte zwar immer noch jede Form von Autorität sowie die Art der Konformität, die zu Mittelmäßigkeit führt, aber ich habe nicht mehr das Bedürfnis, mich gewaltsam dagegen zu wehren. Als ich Anfang Zwanzig war, wollte ich immer der Beste sein, heute ist mir das egal. Ich habe aufgehört, mich selbst mit anderen Menschen zu vergleichen. Es macht mir nichts mehr aus, wenn jemand mehr Talent hat als ich oder wenn Leute boshafte Geschichten über mich erfinden; ich weiß jetzt, daß sie Menschen wie ich sind, die irgendwie das Geld für die Miete zusammenbekommen müssen und die Augen verschließen vor der Vulgarität ihrer Taten. Mir ist bewußt, daß sie ihre Gründe haben für das, was sie tun. Nachdem ich in diesem Buch meine Lebensgeschichte erzählt habe, muß ich zugeben, daß auch ich mich mancher Sünden schuldig gemacht habe, die ich anderen vorwerfe.

Ich glaube, es war gut, daß meine Eltern damals gestorben sind; sonst hätte ich wahrscheinlich das bißchen Leben, das sie noch hatten, zerstört, weil ich selbst nicht wußte, wohin ich mit meinem eigenen wollte. Jetzt bin ich glücklicher, als ich es je gewesen bin. Meine Schwestern und ich haben den Sturm gemeinsam überstanden. Die beiden sind zu klugen, unabhängigen Frauen geworden, die dem Alkoholismus Paroli geboten und sich ein neues Leben aufgebaut haben. Frannie ist dieses Jahr gestorben und hat eine Lücke in meinem Leben hinterlassen, die sich nicht mehr füllen läßt. Aber bevor sie starb, hat sie ebenfalls das Glück gefunden; mit Ende Vierzig ging sie noch einmal aufs College und wurde eine erfolgreiche Lehrerin. Tiddy war zuerst Schauspielerin und dann Geschäftsfrau und wurde schließlich eine wunderbare Therapeutin, die ihre außergewöhnliche Sensibilität in den Dienst anderer stellt.

»Das ist ein ganz schön anstrengender Weg den Narrenhügel rauf«, hat meine Großmutter immer über das Leben gesagt, und Tiddy, Frannie und ich haben es bis ganz nach oben geschafft.

Dieses Buch ist nicht nur eine Niederschrift vieler Dinge, die ich bis jetzt niemals öffentlich hinausposaunt habe, sondern auch so etwas wie eine Freiheitserklärung für mich. Endlich fühle ich mich wirklich frei und schere mich nicht mehr darum, was die Leute über mich denken. Mit siebzig habe ich außerdem mehr Spaß als je zuvor. Noch die kleinsten Dinge bringen mir Freude – etwas zu bauen oder zu erfinden, beispielsweise mit meinen Kindern zusammenzusein oder mit meinem Hund Tim zu spielen, mit meinen Freunden zu lachen oder eine Ameise dabei zu beobachten, wie sie in meinem Bad herumkrabbelt. Dr. Harrington, meinen eigenen Bemühungen und dem Verstreichen der Zeit ist es zu verdanken, daß ich jetzt endlich das Kind sein kann, das ich früher nie sein durfte.

Vor kurzem habe ich Kevin Costners *Der mit dem Wolf tanzt* gesehen und mitten im Film zu weinen angefangen. Ich wußte nicht, warum. Dann gab mir das Bild des Indianerjungen auf der Leinwand die Antwort: Es war so etwas wie eine Heimkehr für mich. Mir wurde klar, daß ich in den letzten Jahren einen Teil von mir wiederentdeckt hatte, der einmal sauber und rein und geradeheraus war und seit meiner Kindheit verschüttet lag. Irgendwie hatte sich der Kreis geschlossen, und ich fühlte mich frei.

Schließlich merkte ich auch, daß ich meinem Vater vergeben mußte, weil ich sonst ein Leben lang Sklave meines Hasses und meiner Wut wäre. Wenn ich ihm das, was er uns allen angetan hatte, nicht vergab, würde ich auch mir selbst nicht vergeben können für die Dinge, die ich gemacht habe, für die ich mich schuldig und verantwortlich fühle. Jetzt habe ich ihm und mir verziehen, obwohl ich weiß, daß das Vergeben im Geiste nicht immer auch ein Vergeben im Herzen bedeutet.

Diese Geschichte hat kein Ende. Ich würde es Ihnen gern erzählen, wenn ich es nur selbst schon wüßte. Genausowenig, wie ich mir vorstellen kann, wo ich war, bevor ich damals unter dem Baum am Ende der 32nd Street saß und die Hände nach den wunderbaren Libellenflügeln ausstreckte, bleibe ich mir nach wie vor selbst ein Rätsel in dieser verwirrenden Welt. Das Leben bleibt unergründlich, es hat keinen Sinn, sich darüber Gedanken zu machen, wo ich in der »geheimnisvollen Zukunft« sein werde, aber ich bin mir sicher, daß mein Tod mich auch nicht mehr erstaunen wird als damals meine Eindrücke aus der 32nd Street.

Ich werde immer ganz ruhig, wenn ich mir vorstelle, wie ich in der Nacht im sanften Wind auf meiner Südseeinsel sitze, den Mund geöffnet, den Kopf in den Nacken gelegt, und die glitzernden Lichtpunkte beobachte, auf den schaurig-grünen, stillen Streifen warte, der sich über den schwarzen Himmel legt und von neuem mein Erstaunen wecken soll. Ich strecke meine Hand nicht mehr aus, aber ich werde auch nie müde, auf das nächste kleine Wunder zu warten.

Personenregister

Bildnachweis

Abkürzungen: oben (o), unten (u), links (l), rechts (r), Mitte (M)

Robert LaRose 21

UPI/Bettmann 29 (o), 30 (o)

AP/Wide World Photos 29 (u), 30 (u)

Universal/mit freundlicher Genehmigung der Academy of Motion Picture Arts and Sciences 33

Stanley Kramer/mit freundlicher Genehmigung der Academy of Motion Picture Arts and Sciences 34, 35

Eillen Darby 36/37

Charles Feldman Group Productions 38/39

Phil Stern Photo 40, 41, 44/45, 46, 47 (Ml), 55

Mit freundlicher Genehmigung von Columbia Pictures/Academy of Motion Picture Arts and Sciences 42/43, 47 (Mr)

The Kobal Collections 42 (o), 43 (o), 64

Tri Star 47 (o)

Fox/mit freundlicher Genehmigung von Kobal Collection 50 (ol)

Universal/mit freundlicher Genehmigung von Kobal Collection 50 (ul)

United Artists 50 (or)

Mit freundlicher Genehmigung der Academy of Motion Picture Arts and Sciences 50 (ur)

Mit freundlicher Genehmigung von Columbia Pictures 51 (ol)

Mit freundlicher Genehmigung von Paramount Pictures 51 (or), 60

Turner Entertainment Co./mit freundlicher Genehmigung der Academy of Motion Picture Arts and Sciences 52

Warner Bros. – Seven Arts International Ltd./mit freundlicher Genehmigung der Academy of Motion Picture Arts and Sciences 54

United Artists/mit freundlicher Genehmigung von Kobal Collection 58

MGM/mit freundlicher Genehmigung von Kobal Collection 59
Film Export A. G. 61
Stephanie Kong/SYGMA 62, 63 (ol; or)
Omni/Zoetrope/mit freundlicher Genehmigung der Academy of Motion Picture Arts and Sciences 63 (u)

Alle anderen Fotos stammen aus dem Privatbesitz von Marlon Brando